KB109886

그들이 말하지 않는 진실

그 페미니즘이
당신을 불행하게 하는
이유

그 페미니즘이 당신을 불행하게 하는 이유

발행일	2019년 4월 15일
지은이	오세라비, 박가분, 김승한, 박수현
펴낸이	김승한
펴낸곳	리얼뉴스(주)
출판등록	제2018-000087호
주소	서울특별시 서대문구 연세로5다길 41, 2층 174호(창천동)
홈페이지	https://realnews.co.kr/
전화번호	02-332-9693
팩스번호	02-828-8603
이메일	realnewskorea@gmail.com

편집/디자인	(주)북랩
제작처	(주)북랩 www.book.co.kr

ISBN	979-11-966491-0-4 03330 (종이책)
	979-11-966491-1-1 05330 (전자책)

이 도서의 국립중앙도서관 출판예정도서목록(CIP)은 서지정보유통지원시스템 홈페이지(http://seoji.nl.go.kr)와 국가자료공동목록시스템(http://www.nl.go.kr/kolisnet)에서 이용하실 수 있습니다.
(CIP제어번호: CIP2019013377)

그들이
말하지 않는
진실

그 페미니즘이 당신을 불행하게 하는 이유

오세라비
박가분
김승한
박수현

공저

리얼뉴스

2016년 5월 강남역 살인사건 이후 3년에 가까운 세월이 흘렀다. 해당 사건은 사건의 본질이 무엇인지와는 별개로 당시 온라인 일각의 소모전 수준에 머물던 젠더 갈등을 오프라인으로 확대시킨 기폭제가 됐다. 이후 메갈리아·워마드라고 불리는 남성 혐오 커뮤니티가 등장했고, 넥슨 게임의 성우 교체 논란, 홍대 누드 모델 몰카 사건, 천주교 성체 훼손 사건, 이수역 사건 등이 잇달아 터지며 한국 사회를 시끄럽게 만들었다. 여성계에선 20~30대 여성들을 중심으로 '그동안 외면받은 여성 혐오에 대한 울분'이라는 명분 아래 새로운 페미니즘 운동이 전개됐고, 실제로 많은 여성이 SNS에서 페미니스트를 선언하며 페미니즘의 대중화를 이끌어나갔다. 남성들 또한 편해 보이진 않는다. 문재인 정권의 20대 남성 지지율 급락 현상에서 보이듯이 이들의 불만 여론은 이미 임계치를 넘어섰다. 이들은 지금까지의 여성 문제를 남성 일반의 책임으로 전가하는 페미니스트들의 관행, 메갈리아·워마드의 맹목적인 남성 혐오 비호도 모자라 오히려 자신들에게 원죄 의식을 강요하는 언론과 지식인 등에 정신적 피로감을 보여 왔다.

건국 이후 이 정도로 남녀 간의 긴장 상태가 심각했던 적이 있을까. 《파우스트》의 저자 괴테는 "태초에 갈등이 있었다."라는 말을 했다. 이 말이 내포하는 의미는 갈등은 그 자체로 나쁜 것이 아니며, 때로는 갈등이 성장을 위한 디딤돌이 되기도 한다는 뜻이다. 문재인 대통령 또한 2019년 신년 기자회견에서 젠더 갈등에 대해 "사회가 바뀌는 과정에서 생기는 갈등."이라고 말한 바 있다. 이런 관점에선 현재 완전히 갈피를 못 잡고 있는 젠더 논쟁을 긍정하는 것도 어려운 일이 아니다. 하지만 문제는 남녀 대립 구도가 젠더 의식 수준 향상에 기여할 수 있느냐의 여부에 있다. 이를 단순한 잡음으로 치부하기엔 작금의 남녀 대립 구도는 양쪽 모두 한 치의 손해도 감내하지 않으려는 치킨 게임(Snowdrift Game)에 가깝기 때문이다. 이제 젠더 갈등은 더 이상 사회 발전 과정의 항상성(Homeostasis)을 위한 성장통으로 넘겨짚기 어려운 지경에 이르렀으며, 그동안 한국 사회를 주름잡던 진보/보수의 보혁(保革) 갈등, 영남-호남의 지역 갈등에 이어 새로운 전선을 조성하고 있다고 봐도 과언이 아니라는 뜻이다.

이렇게 젠더 갈등이 불거질 때마다 소위 강단 페미니스트들이 관행처럼 써먹던 방법이 있다. 여성의 피해 서사를 읊으며 여성들에겐 피해 의식과 분노를, 남성들에겐 대의와 원죄 의식을 요구하는 방법이다. 전자는 어느 정도 효과가 있었던 것으로 보인다. 하지만 남자는 대의를 생각해야 한다는 해묵은 당위는 적어도 현재의 한국 사회에서는 더 이상 통용되기 힘들다. IMF 이후 꾸준히 증가한 여성의 경제 활동 참여율은 노동 시장 구조를 변화시킴과 동시에 교육과 문화라는 상부 구조에도 지대한 영향을 미쳤다. 따라서 그 시대부터 양성평등 교육을 지겹도록 듣고 자란 80~90년대생 남성들에겐 여성의 일방적 피해 서사나 가부장적 억압 가설은 납득이 어려운 것들이다. 과거 가부장제라고 불리는 사회 구조가 지금보다 훨씬 뚜렷해 여성에 대한 부채감이 존재하던 당시의 남성들에겐 통했을지도 모르나, 적어도 여성을 동등한 경쟁자로 인식하고 자란 지금의 20~30대 남성들에겐 한계가 명확하다는 것이다.

필자가 생각하기에 페미니즘은 이제 도전을 직면할 시기가 왔다. 18세기 말 메리 울스턴크래프트가 《여성의 권리 옹호》를 저술하며 자유주의 여성 운동의 기치를 든 이후 20세기 중반에 급진적인 여성 운동이 등장하고 현재에 이르기까지 페미니즘은 다양한 딜레마와 모순들을 끌어안으면서도 꾸준히 독자적인 영역을 구축해 왔다. 기존의 전통 철학과 이데올로그들 중에선 이 정도로 여성의 정체성을 진지하게 반영했던 것이 없었기 때문에 작업은 비교적 수월하게 이뤄졌다. 이들은 '여성의 입장 대변과 권익 향상'이라는 공통된 구호 아래 사회의 보편적 통념에 도전하길 마다하지 않았고, 그 결과 많은 것들이 변화시킬 수 있었다. 사람들은 이제 '가부장제'라는 이름 네 글자만 봐도 '식탁을 엎는 폭력적인 아빠'의 모습 따위를 자동반사적으로 떠올리며, '미소지니'가 정확히 무엇인지는 몰라도 그런 메커니즘이 존재한다는 사실에 고개를 끄덕인다. 그들은 인정하지 않을지 모르나 페미니즘이 축적한 수많은 텍스트는 대중들의 인식 속에 엄청난 영향력을 행사하고 있다. 하지만 이제 페미니즘은 도전을 직면해야 한다. 최소한 페미니즘에 대한 불만 여론이 어쩌다가 이 지경까지 이르렀는지에 대한 고찰 정도는 필요한 시기가 왔다.

독자들이 보기에 필자 또한 페미니즘에 대해 불만을 품고 비판하는 사람들 중 한 명일 수도 있다. 구태여 부정할 필요를 느끼지 않는다. 필자의 입장에서도 현재의 페미니즘은 남녀 모두를 불행하게 하는 불쏘시개 이상으로 보이지 않기 때문이다. 제2차 세계대전, 냉전, 민주화 등 수많은 역사적 과정을 거쳤던 이 시대에 페미니즘의 혐오 정치와 특정 정체성에 대한 악마화는 과거에 우리가 극복해야만 했던 나치당의 모습마저도 연상케 한다. 또한 이들은 자신들의 잘못된 관행에 불만을 제기하는 대중들의 여론을 '백래시(Backlash)' 현상 내지는 여성 혐오의 연장선상으로 치부하며 냉소하는 것을 습관처럼 반복하곤 한다. 페미니즘 조류에 반대하는 여성을 명예남성(혹은 흉내X지)으로 비하하는 건 덤이다 (물론 이 또한 '자기혐오로서의 여성 혐오'라는 페미니즘 이론에 근거한다). 이들은 아직도 설득의 자세보단 자신들의 권위를 내세우며 계몽적인 스탠스를 취하는 데 오히려 더 익숙해져 있다는 것이다.

하지만 이런 모순적인 태도는 자신들이 사회의 통념에 도전했던 과거를 잊은 '내로남불'에 지나지 않는다. 이는 페미니즘의 보편적 설득력을 떨어트리고 있다는 점에서 자신들 스스로에게도 이롭지 않다. 또한 급변한 사회 속에서 페미니즘 조류에 결코 동의하기 힘든 젊은 남성들에게 '원죄 의식'을 강요하는 것 외에 긴장을 해소할 만한 보편타당한 대안 담론을 제시하지 못한다면 성평등을 지향한다는 구호는 무색해질 것이다. 사실 이런 식으로 대중들이 소비 가능한 범위를 넓히는 듯 호도하면서 오히려 한정된 범위 내에서만 대중들을 길들이는 것은, 사회가 진보함으로 인해 더 이상 새로운 것을 제공할 수 없는 빈곤한 이데올로그가 그나마 쉽게 선택할 수 있는 전략 중 하나다. 그렇기 때문에, 필자가 보기에 현재 갈 곳을 잃은 페미니즘은 결국 모두를 불행하게 하는 것 외엔 아무것도 남지 않은 것이다.

이 책은 젠더 이슈에서 길을 잃은 페미니즘이 행한 잘못된 관행들과 그로 인해 나타나는 각종 병폐, 그리고 그동안 도전받지 않은 이론적 오류들을 담았다. 《혐오의 미러링》과 《포비아 페미니즘》을 집필한 진보 논객 박가분 작가와 《그 페미니즘은 틀렸다》로 급진적 페미니즘을 비판한 오세라비 작가, 《리얼뉴스》에서 진보 언론비평을 다루는 김승한 기자, 그리고 같은 언론사에서 젠더 관련 칼럼을 쓰고 있는 박수현 기자가 공동으로 참여했다. 모두 《리얼뉴스》의 기자와 필진이며 이 책 또한 《리얼뉴스》에 기고된 칼럼과 기사를 담았다.

이 책은 7장으로 구성되어 있다. 1장 '페미니즘 오류를 바로잡다'에서는 보통 일반인들 사이에서 헛소리로 치부되거나 납득이 어려운 페미니즘 일각의 오류를 지적하고, 2장 '메갈리아·워마드 논란'에서는 메갈리아·워마드 신드롬으로 대변되는 사회 병리 그 자체에 주목하며, 외부에 알려지지 않았던 각종 혐오 현상의 실태를 고발하는 데 중점을 두고 있다. 그리고 3장 '젠더 문제 바로 보기'에서는 그동안 기울어진 젠더 담론에서 관행과도 같았던 통계 왜곡을 파헤치고, 보다 상식적인 방법으로 각종 젠더 문제를 바로잡는다. 4장 '미디어가 기울인 운동장'에서는 젠더 이슈에서 길을 잃은 미디어, 언론들의 선정적 보도 형태, 황색 저널리즘에 대한 문제의식을 담았으며, 5장 '문화 비평'에서는 페미니즘이 문화·예술계에 끼치는 영향력에 주목하고 새로운 방향성을 서술했다. 그리고 6장 '정체성 정치의 행방'에서는 현대 사회에 떠오른 '정체성 정치'의 모순, 쟁점들을 담았다. 그리고 마지막 7장 '인터뷰'에서는 청강대 아르바이트생의 성희롱 무고로 인해 폐업과 입원까지 한 SJ 레스토랑 사장, 《한국일보》 황수현 기자의 오보로 성범죄자 누명을 썼던 박진성 시인, 현재 검찰 수사 중인 하일지 전 동덕여대 교수, 성추행 누명을 쓰고 자살한 전북 부안 상서중학교 송경진 교사의 아내 강하정 씨, 감독이 지시한 연기로 성추행 실형을 선고받은 조덕제 영화배우와의 심층적 인터뷰를 담았다.

누군가는 이 책을 최근 일각에서 유행하고 있는 안티-페미니즘 조류의 연장선으로 생각할 수도 있다. 하지만 무언가의 안티테제로 남는 것과 구체적인 비판과 함께 합리적인 대안을 제시하는 것은 다르다. 필자는 적어도 이 책에 담긴 칼럼들이 문제 해결에 도움을 주지 못하고, 갈등만 연장하는 글들은 아니라고 생각한다. 물론 대안과 해결책 없이 자신들의 행동을 두고 정의 집행이라는 신념만 내세우는 페미니스트들이 자신들의 안티테제를 비웃는 일은 재밌는 사실이지만 말이다.

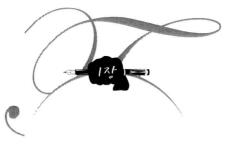

페미니즘 오류를
바로잡다

e   m   s   m

페미니즘의 다양한 관점과 이론 프레임

오세라비(2016년 8월)

한국의 페미니즘 현상을 비판한다
- 페미니즘의 필연적 역설

"나는 페미니스트가 아니며, 앞으로도 그럴 것이다. 페미니즘
이 가진 본질적인 모순 때문이다." 페미니즘에 대한 필자의 기본
입장이다. 19세기 무렵 미국과 유럽에서 집단화된 페미니스트 운
동은 시대에 따라 변화해 왔다. 19~20세기 초 여성 운동은 참정
권 획득을 포함한 법적 권리, 사회적 권리 투쟁을 해 왔다. 여성
인권, 평등에 기여한 투쟁의 역사를 인정함은 당연하다. 하지만
21세기 현대 페미니즘 이론과 정치적 실천 방식에 대해서는 비판
하지 않을 수 없다. 페미니즘의 기본 전제, 즉 '여성 피해자 담론'
은 바뀌지 않았기 때문이며, 페미니즘이라는 남녀 이분법으로는
여성의 피해자화에서 벗어나기 어렵다.

그렇다면 현 시기 한국 사회를 덮친 페미니즘 현상을 제대로
이해하기 위해서는 페미니즘의 다양한 이론과 개념에 대해 알아
둘 필요가 있다. 페미니즘 이론가들은 끊임없이 새로운 이론과
페미니즘적 언어를 만들어내는 특징이 있다. 그중 기본적인 이론
프레임을 소개한다. 페미니즘 이론서나 다양한 페미니즘에 관한
저서를 읽을 때 지은이가 어떤 유형의 페미니즘 연구자인지 파악

한 후 이를 염두에 두고 읽는 것이 중요하다. 자유주의 페미니즘 인지, 급진적 페미니즘을 선호하는지에 따라 원인과 문제점, 해결 방안, 그리고 대안 제시가 달라지기 때문이다.

 필자가 읽었던 페미니즘에 대한 여러 권의 저서 중 종합적인 이론서로 탁월한 저서 두 권을 소개할까 한다. 아울러 페미니즘의 다양한 이론과 개념에 대해 간략하게 정리해 보도록 하겠다. 여기서 반드시 짚고 넘어가야 할 부분은 페미니즘의 정의는 한마디로 규정하기 어렵다는 것과 페미니즘은 백인 여성, 유럽 페미니스트, 그것도 백인 여성 중간 계급에 의해 주도된 부르주아 운동이었다는 것이다. 다양한 인종의 여성, 민족, 문화의 다양성이 간과됐다는 점에서 비판적 시각이 필요하다. 페미니즘 운동은 미국식 모델이 서유럽 등지로 영향을 미쳐 뻗어 나갔다. 하지만 원래 아메리카 대륙에 살았던 북미 원주민 여성이나 흑인 여성에 대한 페미니즘 운동은 애초부터 없었던, 철저히 백인 여성 중심이었고, 그들의 투쟁이었다.

 페미니즘의 목적은 '여성의 지위 향상과 권한 강화'이며, 목표는 '여성과 남성이 더 평등해지는 데' 있다. 페미니즘의 역사적 흐름은 19세기에서 20세기 초에 일어난 제1물결(first-wave), 제2차 세계대전이 끝날 무렵 등장한 제2물결로 규정한다. 페미니즘 제1물결은 참정권 획득이 주요 목표였다. 정치적 권리, 법적 권리, 교육, 고용에 접근할 권리 쟁취를 얻기 위해 투쟁한 시기였다. 페미니즘 제2물결의 서막은 시몬느 드 보부아르로부터였다. 1949년《제2의

성》을 출판한 보부아르는 남성은 제1의 성, 여성은 제2의 성으로 구분했다. "여성은 태어나는 것이 아니라 만들어진다."라는 명제는 여성은 남성에게 사회적으로 종속된 존재라는 문제의식을 던져 여성 운동의 중요한 교리가 됐다. 본격적인 제2물결 발발은 1960년대 말, 신좌파 운동인 68 혁명과 함께 청년 저항 운동이 일어나며 일련의 여성들이 광범위하게 정치에 참여하고 페미니스트 단체들이 증가하면서 오늘날의 페미니스트들이 출현했다. 1970년 초에는 본격적인 급진적 페미니즘의 전성기가 시작됐다.

페미니즘 이론은 학자나 연구자가 여러 가지 유형에 대해 정리해 놓았다. 서구 페미니즘 연구자들은 자신이 펴낸 저서에서 어떤 유형의 페미니즘을 본인이 선호하는지 밝히고 있다. 필자가 읽었던 책 중 다음 두 권은 페미니즘의 충실한 이론서였다. 캐롤린 라마자노글루의 《페미니즘, 무엇이 문제인가》(문예출판사), 주디스 로버의 《젠더 불평등-페미니즘 이론과 정책》(일신사)이다. 전자는 영국의 학자고, 후자는 미국 학자다. 페미니즘 이론을 이해함에 있어 지은이가 미국 여성인지, 혹은 서유럽, 북유럽, 흑인 페미니즘 연구자인지 알고 읽는다면, 저자가 주장하는 바를 잘 이해할 수 있을 것이다. 페미니즘은 사회 이론이어서 각 나라의 사회 구조와 발달 과정에서 전개되기 때문에 논쟁점과 정책 방향이 다르다.

서구 페미니즘 이론서는 1970년 초 급진적 페미니즘 등장 시기에 숱한 이론서가 쏟아져 나왔고, 현재 급진적 페미니즘 이론의 기본 틀은 대부분 이 시기에 출판된 저서들을 바탕으로 하고 있다.

2000년 이후에 들어서 서구에서는 새로운 저서 출간이 뜸하다. 이는 서구 여성 운동의 성취와 그에 따른 공백기와도 무관하지 않다. 또한 페미니즘의 기본적인 이론 자체가 사회 운동의 전개 상황에 따라 이루어졌기 때문에 이해하기 어렵지 않다. 현재 《페미니즘, 무엇이 문제인가》는 절판된 상태다. 이 책에서 저자는 자신이 마르크스주의 페미니즘을 선호한다고 책을 통해 밝혔다. 비록 저자가 마르크스주의 페미니스트지만 페미니즘 이론과 여러 유형의 페미니즘이 가진 딜레마에 대해 매우 예리하게 파헤치고 있으며 페미니즘을 '모순의 정치학'이라는 비판적인 시각과 동시에 '성의 정치'에 주력하는 급진적 페미니즘의 모순점을 정확히 인식하고 있어 페미니즘 저서 중에서도 매우 훌륭한 책으로 꼽을 수 있다.

《젠더 불평등》의 저자 역시 다음의 말로 자신의 정체성을 분명히 하고 있다. "대부분의 페미니스트는 시간이 지남에 따라 자신의 시각을 바꾼다. 나의 경우 자유주의 페미니즘에서 시작하여 사회주의 페미니즘을 거쳐 지금은 젠더 저항 페미니스트이다."[1] 저자가 말하는 젠더 저항 페미니즘은 급진적 페미니즘을 가리킨다. 국내의 강단 여성학자나, 페미니즘 연구자, 페미니스트들은 자신의 관점과 시각이 불분명하다. 서구의 페미니스트들은 이론적 지향점을 명확히 하며 독자를 대한다. 필자는 강연에서 청자를 대하거나 저서에서 독자에게 자신의 사상을 먼저 정확히 말하고 시작하는 것을 선호한다. 그래야만 청자나 독자 입장에서 지은이의 의도를 제대로 이해할 수 있기 때문이다. 특히 사회 이론이나 페미니즘은 다양한 유형이 존재하고 추구하는 이념이나 실천 방향이 차이가 있어 이점을 정확히 밝혀야 한다. 현재 국내 페미니즘은 급진적 페미니즘과 포스트모던 페미니즘, 레즈비언 페미니즘이 모두 혼재돼 있어 단순히 "나는 페미니즘을 지지한다.", "나는 페미니스트다."라고 주장하기 전에 추구하는 페미니즘 유형에 대하여 분명히 해야 한다. 아인슈타인은 "설명할 수 없으면 이해한 것이 아니다."라고 말했다. 페미니스트들은 자신들이 추구하는 페미니즘에 대해 명확한 설명을 해야 한다.

페미니즘 이론에 있어 기초적인 개념으로 젠더, 성, 섹슈얼리티에 대해 먼저 이해하는 것이 중요하다.

❶ 젠더(gender)

- 사회적 성으로 정의. 부모와 직장인의 역할.
- 여성과 남성 간의 관계에서 작용하는 사회적 지위와 개인의 정체성.
- 성별화된 사회과정을 통해 젠더 구분과 역할은 경제, 가족, 국가, 문화, 종교와 성별화된 사회 질서인 법과 같은 주요한 사회 제도 속에 내재돼 있다.
- 여성(woman), 남성(man)은 젠더를 언급할 때 사용된다.

❷ 성(sex)

- 생물학적으로 주어진 성.
- 남자(male), 여자(female), 간성(intersex, 음경도 아닌 질도 아닌 애매한 성기를 갖고 태어난 이를 말한다)을 언급할 때 사용된다.

❸ 섹슈얼리티(sexuallity)

- 다양한 친밀 관계에서 일어나는 강한 욕구, 정서적 개입과 환상, 동성애, 이성애, 양성애는 섹슈얼리티를 언급할 때 사용된다.[2]

《페미니즘, 무엇이 문제인가》에서 저자가 말했듯 젠더와 성, 생물학적인 것과 사회적인 것이 확실히 구분될 수 있는가에 대해 많은 논쟁이 있다. 생물학적 사회적이 본질적으로 어떤 관계를 갖는지의 문제는 페미니즘에서 여전히 논쟁적이다. 여성과 남성의 어떤 측면이 생물학적이고 어떤 측면이 사회적인 범주인가에 대한 문제, 생물학적 성은 모든 여성이 공통으로 가지고 있지만, 여성들이 남성에게 억압당하는 것은 사회적 성 때문일까. 페미니즘에 있어 여자다움의 가치는 폄하돼야 하는 것인가에 대해서 페미니즘의 모순점이 드러난다.

제2물결 시기에 해당하는 1960년대 말부터 1970년대 초에 이르자 페미니즘은 본격적인 이데올로기를 내세웠다. 이른바 성 권력, 성 갈등, 성 전쟁이 시작됐던 것이다. 이때부터 다양한 페미니즘의 유형이 등장한다. 현대 페미니즘은 계속 또 다른 유형의 페미니즘을 만들어 가지만 그 중 대표적인 유형 몇 가지의 개념을 알아보자. 제2물결은 급진적 페미니즘으로 통칭되지만 그 속에는 여러 유형이 존재한다. 1970년대 초기의 대표적인 페미니즘 유형은 자유주의 페미니즘·마르크스와 사회주의 페미니즘이다. 이때 페미니즘 운동은 기존의 남성/여성으로 구분된 사회 구조 내에서 여성과 남성의 지위를 동등하게 하기 위한 운동으로, 남녀 불평등의 원인으로 보는 가족과 경제 활동에서 여성의 일에 중요하게 초점을 맞췄다. 여성의 경제 활동에서 일어나는 일의 공식적, 비공식적으로 존재하는 차별 관행을 가시화시켰다. 그 목적은 여성이 남성과 동등하게 평가되고, 인정과 보상을 받도록 하는 데 있다.

❶ 자유주의 페미니즘

부르주아 중심의 평등권이 특징으로 스칸디나비아 국가, 유럽, 북미 국가들의 중·상류층에 집중된 젠더 평등을 발전시켰다. 가정과 양육의 공동 분담, 낙태 합법화 운동, 여성의 정계 진출, 직장에서 전문직 여성으로 인정받기 위한 유리 천장 깨트리기에 주력했다. 젠더 평등을 이루기 위해서는 생물학적 차이는 무시돼야 하며, 여성과 남성은 젠더 중립적인 방식으로 대우받아야 하며 특히 법이 이를 보장해야 한다.

❷ 마르크스주의 페미니즘·사회주의 페미니즘

마르크스주의 이론과 분석에 근거해 역사적 유물론에 기초를 뒀다. 사회, 국가, 국가 제도를 가부장적 관점으로 분석한 마르크스주의 페미니즘이 시초다. 여성의 지위 향상을 위해 사회주의 혁명만이 유일한 길임을 주장한다. 젠더 불평등의 원인으로 가족을 위한 무임금 노동 여성 착취를 전면에 내세웠다. 또한 노동 시장에서 여성의 저임금 정책을 젠더 불평등의 주요 원인으로 규정하며 자본주의와 가부장제가 남성이 여성을 종속시키는 제도로 분석했다.

❸ 급진적 페미니즘

마르크스주의 페미니즘·사회주의 페미니즘의 비판과 한계에서 출발한 것이 급진적 페미니즘이다. 급진적 페미니즘은 다양한 분파를 만들었다. 레즈비언 페미니즘·정신분석학 페미니즘·관점 페미니즘, 에코 페미니즘 등이다. 급진적 페미니즘은 가부장제를 전면에 등장시켜 여성 착취의 근본 원인을 가부장제로 개념화했다. 섹슈얼리티, 남성의 폭력과 문화적 표현에서 여성이 받는 억압과 착취에 주목하며 여성은 잠재적 희생자임을 강조한다.

매스미디어에 그려지는 여성의 성적 대상화, 성희롱, 스포츠의 남성성 과시를 남성 지배문화로 본다. 포르노와 매매춘은 여성에 대한 성 착취와 남성우월이라 주장한다. 데이트 강간, 결혼 강간이란 용어도 남성의 폭력성에 주목하며 사용하기 시작했다. 여성우월주의도 일부 급진 페미니스트가 말하기 시작했으며, "자매애는 강하다."는 여성들 간의 연대 의식을 강화한 구호가 등장했다. 급진적 페미니즘은 대학교 여성학의 중심 이론이 됐다. 급진적 페미니즘에는 여러 분파가 있는데, 그중 에코 페미니즘은 환경, 생태 문제에 중점을 두며, 여성이 자연에 더 가까운 여성우월성을 내세운다.

❹ 급진적 페미니즘의 또 다른 분파 레즈비언 페미니즘: 급진 페미니즘과 레즈비언 페미니즘의 결합, 래디컬 페미니즘의 주류인 레즈비어니즘

1970년대 초기 레즈비언 운동으로 조직화되기 시작했다. 이성

애에 대한 극단적인 거부와 전통적인 가족제도를 비판한다. 이성애 제도 자체를 가부장제로 본다. 레즈비언 페미니즘은 여성 동성애를 가장 이상적인 형태로 여긴다. 동성애를 법적으로 인정받기 위해 성차별에 대항하며, 급진적 페미니즘의 주류로 자리 잡기 시작했다. 레즈비언 페미니즘은 1960년대 말부터 등장한 급진 페미니즘이 레즈비언들을 배제하자 그 반발로 시작됐다. 이 시기 레즈비어니즘은 미국 백인 여성들을 중심으로 출현해 주로 서유럽으로 퍼져 나갔다. 레즈비언들은 당시 주류 페미니즘인 급진 페미니즘에 적극적으로 참여했다.

1970년대 후반 무렵 레즈비언 페미니즘은 급진 페미니즘의 한 분파로서 규정됐다. 페미니즘 운동 내에 레즈비언을 받아들이는 문제로 큰 논쟁이 벌어졌다. 하지만 그 시기는 게이 권리 운동과 레즈비언 활동가들의 정치적 세력이 커져 결국 급진 페미니즘은 레즈비언 페미니즘을 수용하게 된다.

1980년대 말 무렵부터 레즈비언 연구, 즉 여자 동성애 연구와 토론 활성화, 레즈비언 이론가들이 등장한다. 미국 페미니스트 대모 격인 베티 프리단의 주도로 1966년 창설된 NOW(전국여성협회)도 레즈비언들의 성적 성향을 문제 삼지 않음으로써 더 많은 회원을 확보할 수 있었다. 급진 페미니즘 속으로 들어온 레즈비어니즘으로 인해 다수의 레즈비언 페미니즘 연구자의 활발한 저술이 나오기 시작했다. 대표적인 레즈비언 페미니즘 이론가는 쉴라 제프리스, 안드레아 드워킨, 주디스 버틀러, 게일 루빈, 주디스 할

버슈탐 등을 꼽을 수 있다.

❺ 제3물결 페미니즘 시기: 포스트모던 사조 속에 포스트모던 페미니즘

1980년대 말 무렵, 문화적 현상인 포스트모던 사상과 함께 시작했다. 포스트모던 페미니즘, 다문화주의 페미니즘, 남성 페미니즘, 퀴어 이론이 그것이다. 다문화주의 페미니즘은 교차성에 주목하는데 젠더, 인종, 민족성, 사회계층은 모두 하나의 사회적 지위로 묶였다고 본다. 남성 페미니즘의 등장도 포스트모더니즘 흐름에서 나타나기 시작했다. 포스트모던 페미니즘은 젠더 해체다. 급진적 페미니즘을 더욱 급진적으로 발전시킨 포스트모던 페미니즘은 남성과 여성을 구분하지 말자는 게 핵심이다. 성 정체성을 해체해 퀴어적 연출을 주장했다.

지금까지 페미니즘의 다양한 관점과 이론 프레임에 관해 서술했다. 현대 페미니즘 이론과 실천 방향은 1960년대 말부터 1970년대 중반까지 급진적 페미니즘의 사조 흐름에서 확립됐다. 1980년대 말, 포스트모던 사상에서 영향을 받은 포스트모던 페미니즘을 젠더 해체라는 담론으로 더욱 급진적으로 발전시킨 후 약 30년이 흘렀다. 급진적 페미니즘이 정점을 이루었던 시기로 치면 반세기가 지났다. 정확히 말하자면 페미니즘은 구시대적 담론에 불과하다. 물론 수십 년 전의 시대적 요구는 불가피한 면이 있었다. 하지만 21세기는 남성과 여성이 상호 협력하며 삶의 모든 영역에서 정책과 제도를 체계적으로 만들어나가야 하는 시대다.

수십 년 전 페미니즘 담론인 여성을 열등한 지위에 놓고, 여자다움의 가치를 폄하하는 것은 낡은 이론이다. 페미니스트들이 그토록 열정적으로 주장하는 남성 중심사회도 이제는 끝난 시대다. 차원이 다른 기술 혁명의 시대를 살아가면서, 반세기 전의 페미니즘 사상을 머리에 담고 행동한다면 심각한 현실 부정이 일어날 수밖에 없다. 여성과 남성의 인권은 동등한 위치에 놓아야 한다. 또한 다차원적으로 접근해서 진전시켜야 한다. 불평등 문제는 경제적, 사회적 차원으로 해결해 나가야 할 과제다. 한국 사회를 휘감은 페미니즘은 비현실적인 이념으로 특히 젊은 여성들을 극단적으로 선동하고 있다.

　페미니즘의 끝은 무엇일까. 1971년 슐라미스 파이어스톤은《성의 정치학》에서 말했다. "페미니즘 혁명의 최종 목표는 (중략) 단순히 남자의 특권이 아니라 성 구분 자체를 제거하는 것이어야 한다. 사람들 사이의 생식기적 차이는 더 이상 문화적 중요성을 갖지 않을 것이다."[3] 반세기 전 파이어스톤이 말대로 성 구분 자체를 제거한 후 무엇을, 어떻게 하자는 걸까. 여자/남자 구분을 없앤 다음에는 어떤 것이 남을까. 여자의 본성, 남자의 본성을 제거한 끝에는 '허무주의'만 존재하지 않겠는가. 페미니즘의 딜레마, 필연적 역설은 성차의 영향을 없애려는 투쟁이 오히려 그 차이를 야기한다는 점이다. '여성'을 위한다고 자청했던 페미니즘이 그 스스로 없애려 한 '성적 차이'를 야기했다. '성적 차이'를 수용도 하고 거부도 해야 하는 역설은 처음부터 줄곧 정치적 운동으로서의 페미니즘의 구성 조건이었다.[4] 이상으로 페미니즘의 다양한 개념과 이론을 살펴보았다. 페미니즘의 필연적 역설, 즉 각 이론들의 모순점은 현대 사회에서 더욱 확연히 드러난다. 페미니즘이 오히려 성차별과 성 불평등을 발생시키는 모순과 구시대적 담론에서 벗어나지 못한다는 점이다. 페미니즘 운동은 백인 여성 중간계급에 의해 주도됐으며, 그들의 주장과 이슈를 다루는 데서 출발했다. 19세기 중반 여성 참정권 획득 투쟁에서 출발해, 민권 운동, 학생 운동의 영향으로 성장했다. 지난 세기 페미니즘 운동이 만들어 낸 실질적인 성과는 인정한다. 국내 페미니즘은 미국식 페미니즘 모델을 도입했기 때문에 한국 여성들의 특성과 고유한 가치에 기반을 둔 페미니즘 운동이 아니다. 더구나 현재 한국은 실질적인 성 평등을 성취한 나라다. 이미 수년째 유엔개발계획(UNDP)이 전 세계 189개국 대상으로 조사한 지수에서 세계 10위, 아시아 1위 성 평등 국가다.

페미니즘 운동은 사회 운동이다. 사회 운동은 이익 집단의 성격을 가진다. 국내 페미니즘 운동 역시 이익 집단과 구분되지 않는다. 지금의 페미니즘 운동은 광범위한 여성 대중을 위한 운동이 아니다. 페미니즘의 열매는 과거나 현재나 언제나 상층부 소수 엘리트 계층의 여성들이 차지했다는 것이다.

중산층 언니들의 인정 투쟁 '페미니즘'

오세라비 (2016년 10월)

소수 엘리트 페미니스트만의 권력을 공고히 하는 페미니즘

예나 지금이나 페미니즘은 소수의 엘리트 계층과 중산층 이상 여성들에게나 유리하다. 자유주의 페미니즘, 마르크스주의 페미니즘, 급진적 페미니즘 등 다양한 페미니즘 유형들은 모두 모순점과 딜레마를 갖고 있다. 빈곤층 여성들의 실질적인 문제는 언제나 빠졌다는 것이다.

반기문 유엔 사무총장이 자신의 유엔총회 마지막 연설에서 '페미니스트' 선언을 했다. 반 총장은 2016년 9월 20일 미국 유엔본부에서 열린 제71차 유엔총회 개막 연설에서 "나는 재임 중 유엔 고위직에 과거 어느 때보다 더 많은 여성을 임명했고 그런 의미에서 나 자신을 페미니스트로 부를 수 있게 돼 자랑스럽다."며 "민족·종교·성적 지향과 관계없이 모든 사람의 권리를 수호해 왔다."고 했다. 반 총장의 말대로 고위직에 여성을 임명하면 페미니즘의 성과인가? 전 세계 인간의 절반은 여성이다. 유엔 고위직에 오르는 여성은 극소수 중 극소수로 선택받은 여성들이다. 소위 말하는 유리 천장을 뚫은 소수 여성의 성공이 페미니즘의 실현이고 그것이 자랑스럽게 여겨야 할 일인가?

유럽사에서 최고의 역사학자로 꼽히는 토니 주트의 생애 마지막 저서 《20세기를 생각한다》에서 페미니즘에 관한 비평은 예리하다. "20세기에 만들어 낸 페미니즘은 돈을 많이 버는 여성 변호사들에게 이롭고, 여성 교수들에, 대학교 여학생들에게도 이롭다. 페미니즘이 진정으로 대다수 여성을 위한 출발점이 될 수 있는 유일한 지점은 출산 휴가와 아동 보호이다. 수많은 페미니스트는 상층 중간 계급 출신이며, 이들이 지닌 단 한 가지 불리한 조건은 기껏해야 사소한 결점뿐인 여성이라는 사실이다. 이들은 여성이라는 사실이 결코 자신들의 가장 큰 어려움이 아닌 부류의 더 많은 사람이 있음을 보지 못한다. 여성 변호사와 여성 사업가가 많다는 점에서 직장 내 유리 천장이 산산이 조각났다는 점에서 페미니즘은 성공했다고 할 수 있다. 그러나 밑바닥에는 훨씬 더 많은 여성이 남편 없이 혹은 경제적으로나 사회적으로 쓸모없는 남편과 가족을 건사하며 살아간다. 노동 시간은 길고 아동 보호 제도는 부족하다."[5]

현대 페미니즘 모델인 급진적 페미니즘 1970년대 급격히 성장하며 남성과 여성을 계급 투쟁의 관계로 설정했다. 계급 투쟁의 당사자는 누구일까. 대학교 여성 교수, 법조계 여성, 메이저 여성 단체, 시민 사회 단체 상층부 간부급 여성, 여성 정치인들이다. 그들에게는 계급 투쟁의 필요성이 존재한다. 반면 계급 투쟁을 하고 싶어도 발판조차 없는 대다수의 여성 노동자, 빈곤층 여성은 아예 그 판에서 제외된다.

페미니스트는 자신들의 권력과 이익을 위해 정치 행동에 나설 뿐, 진짜 사회적 약자 입장에 처한 여성들의 삶과 차별에 대해서는 간과해 왔다. '유리 천장 뚫기'도 권력을 얻은 여성들이 성공적인 목표를 향해 뚫고 나아갈 때 성취하는 길이지, 뚫을 천장도 갖지 못한 대다수의 여성에게는 젠더 불평등한 개념일 뿐이다. 인정받는 직장, 높은 수입을 가진 여성들의 더 나은 수준을 이루기 위한 유리 천장 깨기에 불과하다. 또한 유리 천장은 남성에게도 더욱 가혹한 경쟁으로 존재한다. 언제나 소수의 집단이 페미니즘의 과실을 독차지할 뿐이다. 나머지 여성들을 배제해야만 가질 수 있는 유리 천장인 것이다.

수십 년 전의 페미니즘 이론으로는 현대 사회 구성원의 다층적이고 다차원적인 문제를 해결할 수 없다. 1970년대 급진적 페미니즘 이론이 대학교 여성학으로 자리 잡은 이래, 우리는 반세기 전의 구시대적 담론을 여전히 되풀이하는 중이다. 여기에 경도된 대학교 여학생들은 페미니즘을 외쳐야 사회에 진출했을 때 사회, 경제적으로 유리한 고지를 얻을 수 있다는 사실에 고무돼 있다. 페미니즘은 여성 권력 투쟁인 것이다.

권력을 얻는 길은 험난하고 열매는 늘 소수에게만 허락된다. 대다수 여성의 이익과는 거리가 멀다. 진정한 여성 운동은 다수의 여성을 위한 정책과 제도로서 결실을 얻어야 한다. 또한 남성을 적대시하는 페미니즘 문화에서 벗어나 여성과 남성이 상호 협력하는 연대 의식이 밑바탕이어야 한다. 소수의 엘리트 페미니스트의 권익 강화가 아닌 저소득층 여성들의 삶을 개선하고, 저소득층 남성들의 삶도 함께 풀어가는 '인간적인 길'로 나아가야 한다. 서구에서 오랜 기간 축적된 페미니즘 운동이 태평양을 건너 한국에 상륙해 우리 사회에 휘몰아치고 있다. 일찍이 경험할 수 없었던 남녀 간 증오는 사회를 혼돈으로 몰아넣고, 그 페미니즘은 폭력성을 띠고 있다. 소수의 페미니스트의 탐욕과 거짓 선동을 멈추어야 할 때다.

셀러브리티 페미니즘과
페미니스트의 자기기만

—
박가분(2017년 4월)

종종 할리우드 셀러브리티의 페미니즘 지지 선언이나 페미니스트 선언이 화제가 되곤 한다. 그러나 최근 유명인사들 전부가 페미니즘에 대한 지지 발언을 한 것도 아니다. 내친김에 그 사례들을 길게 열거해 보자.

《택시》, 《퓨리아》, 《러브 미 이프 유 데어》 등에서 열연한 마리옹 꼬띠아르는 "평등은 가령 영화 10편 중 5편은 남자, 5편은 여자가 연출하는 식으로 —기계적으로— 만들어지는 것은 아닙니다. 오히려 그런 행위는 분열입니다. 내가 하고 싶은 말은 내가 나 자신을 페미니스트라 생각하지 않는다는 겁니다."라고 발언했다.[6] 겉보기의 평등을 추구하는 페미니즘과 선을 그은 것이다.

메릴 스트립은 여성 참정권 운동을 다룬 영화 《서프러제트》 관련 인터뷰에서 "당신은 페미니스트입니까?"라는 질문에 대해 "저는 휴머니스트입니다."라고 대답하며 페미니즘이라는 자기 규정을 완곡하게 거부한 바 있다. 그가 페미니즘을 거부했다는 논란이 일자 메릴 스트립은 다른 인터뷰에서 재차 다음과 같이 주장했다. "아세요? 저는 어머니입니다. 저는 한 아들의 어머니이고 한 남자와 결혼했습니다. 저는 남자들을 사랑합니다. 페미니즘이 역사적으로 의미해왔던 것이 아니라 페미니즘이 젊은 여자들에게 의미하게 된 것, 바로 그것이 그들로 하여금 페미니즘은 그들을 그들이 삶 속에서 사랑하는 사람들로부터 소외시킨다고 느끼도록 합니다. 그게 저를 어지럽히지요."[7] 이 발언은 최근 페미니즘 조류를 둘러싼 논의를 완곡하게 비판한 것으로 볼 수 있다.

더불어 스트립은 "나를 페미니즘에 대한 자기 정체화(self-iden-tification)가 아니라 페미니즘적 행동으로 평가해 달라."고 부탁했다. 이념에 대한 자기 규정이 사실상 큰 의미가 없다는 취지의 발언은 노배우로서의 연륜이 묻어나오는 대목이다. 또한 《스노든》 등에 출연한 쉐일린 우들리는 한 인터뷰에서 "당신은 페미니스트입니까?"라는 질문에 다음과 같이 대답했다. "아닙니다. 전 남자를 사랑하니까요. 여성이 권력을 가지고 남자에게서 힘을 뺏는다는 생각은 절대 통하지 않습니다. 밸런스가 필요하니까요."[8]

한편 《뱀파이어와의 인터뷰》와 《마리 앙투아네트》에 출연한 커스틴 던스트는 한 인터뷰에서 다음과 같이 말했다. "'여성성'이 조금 폄하되어온 느낌이 있습니다. 우린 직업을 갖고 돈을 벌어야죠. 하지만 집에서 돌보고, 어머니가 되고, 요리하는 것, 이건 제 어머니가 창조한 가치 있는 것들입니다.", "때로 당신은 빛나는 갑옷을 입은 기사를 필요로 할 때가 있습니다. 남자가 남자답고, 여자가 여자다워야 할 때가 있습니다. 그게 관계가 작동하는 방식이죠." 이같이 발언한 커스틴 던스트를 '전통적인 성 역할을 옹호한다'며 여성계가 비난을 쏟아낸 것은 물론이다. "커스틴 던스트는 젠더 이론가가 아니기 때문에 젠더 문제에 대해 멍청한 건 이상한 일이 아니다."는 비아냥도 있었다.[9]

　앞서 언급한 페미니즘의 일부 조류를 비판하거나 페미니즘과 거리 둔 여배우들의 발언은 많은 논란에 휩싸였다. 심지어 던스트의 경우처럼 페미니즘에 대한 공격이 아님에도 페미니즘 이슈화가 돼서 논란이 된 배우도 있었다. 또한, 영국의 여성 참정권 운동을 다룬 영화에 비중 있는 역으로 출연한 메릴 스트립에 대해서는 '페미니스트냐 아니냐, 정체를 분명히 하라'는 식의 항의가 쏟아지는 웃지 못할 해프닝이 벌어졌다.[10]

　그가 평소 영화계 내 성차별에 대해 문제를 제기했던 개념 배우(?)라는 사실을 염두에 둔 일종의 배신감이었다. 그러나 배신감을 느끼는 사람들이 오히려 이상하다. 애초 평소 여성의 임금 차별에 대해 항의했다고 해서 한 배우가 본인도 생각지 못한 사이에 어느 순간 급진적 페미니스트 투사가 됐다가, 또 어느 순간 자신의 견해를 솔직하게 말했다는 이유로 페미니즘의 배신자로 규정되는 것 자체가 우스운 현상일 뿐이다. 게다가 개별 배우가 어떤 사상을 갖느냐의 문제를 떠나, 남녀 간의 평등한 권리를 주장하고 차별을 개선하라는 목소리를 냈다고 해서 그가 반드시 페미니스트가 되는 것은 아니다. 그것은 마치 누군가 노동자의 노동권을 주장한다고 해서 그가 반드시 사회주의자나 마르크스주의자가 아닌 것처럼 말이다.

사실 사회주의나 마르크스주의가 단순히 노동자의 권리를 보장한다는 것 '이상'을 말하는 사상이듯이, 페미니즘 역시 단지 성평등을 추구한다는 것 '이상'을 말하는 사상이라고 정직하게 말할 필요가 있다. 그러나 정직함을 발휘해야 할 대목에서 대부분의 페미니스트는 자기 기만에 빠져든다. '페미니즘은 성 평등을 추구하는 사상이므로, 우리가 모두 페미니스트가 되어야 한다'라는 레토릭이 페미니스트의 단골 메뉴이다. 그러나 그것은 실제로도 자기 자신도 믿지 않는 거짓말이다. 성 평등을 추구하는 방법론에서 페미니즘은 논란의 소지가 있는 투쟁과 표현의 수단을 종종 선택해 왔기 때문이다. 그렇기 때문에 성차별에 반대하는 어배우나 셀러브리티 중에서도 종종 페미니즘이라는 규정에 완곡하게 거리를 두는 사람이 있는 것은 전혀 이상한 일이 아니다. 결국, 배우들의 발언 하나하나에 페미니즘이냐 안티페미니즘이냐는 사상 검증 소동이 벌어진 이러한 일련의 해프닝들은 상당수 페미니스트 스스로가 부지불식간에 얼마나 허구적인 진영 논리에 중독됐는지를 보여준다. 이것은 자신도 정확히 그 외연을 정의할 수조차 없는 페미니즘이라는 사상에 영문을 알 수 없는 도덕적 우월성을 부여한 채, 그것을 자의적으로 편을 가르는 잣대로 휘둘렀다는 사실을 보여 준다. 나아가 이것은 전체주의적인 여론 형성을 강요하는 것에 동참해 놓고서도 스스로 문제의식조차 못 느끼는 지적 불감증을 불러들였다.

사실 배우 한 명, 한 명의 발언에 페미니스트이든 안티페미니스트이든 일희일비할 필요는 없다. 영화계의 차별에 대해 문제를 제기한 배우조차 페미니즘이라는 자기 선언 내지는 자기 규정에 집착하지 않는다는 사실은 많은 것을 시사한다. 그리고 다음과 같은 사실을 직시할 필요가 있다. 셀러브리티의 페미니즘 선언에 환호성을 지르곤 했던 페미니스트들이 생각하는 것과 달리 페미니즘은 여전히 논란이 많은 주제다. 그리고 어떤 사람에게 페미니즘은 언급하기 꺼려지는 논란이 많은 주제일 수밖에 없다. 그 이유는 앞서 본 것처럼 개개인의 솔직한 발언을 검열하고 사상 검증을 하면서 그 무수한 논란을 만들어내는 일부 페미니스트의 '광신적 태도'가 잘 설명해 준다. 페미니스트들은 페미니스트라는 선언이 낙인을 불러들인다고 불평하곤 하지만, 바로 그만큼 페미니즘의 구호 자체가 다수의 남성과 여성에게 낙인을 찍어 왔다는 사실을 인지하는 데는 아무래도 시간이 필요해 보인다.

신화가 된 페미니즘

—
박수현(2017년 8월)

　여성 혐오는 성별이원제 젠더 질서의 깊고 깊은 곳에 존재하는 핵이다. 성별이원제의 젠더 질서 속에서 성장하는 이들 가운데서 여성 혐오로부터 자유로운 사람은 존재하지 않는다. 그것은 마치 중력처럼 시스템 전체 구석구석까지 영향을 미치고 있으며 너무나도 자명하게 존재하고 있는 탓에 상당한 노력을 기울이지 않으면 의식조차 할 수 없다.[11]

　우에노 치즈코를 대표적인 여성학자로 단정 지으면 비판이 나올지도 모른다. 또한, 모든 페미니스트가 위의 문단에 동의한다고 볼 수도 없다. 하지만 자신을 스스로 페미니스트라고 지칭하는 사람들에게 해당 내용에 대한 찬성, 반대표를 돌린다면 아마 찬성하는 응답률이 월등히 높게 나올 것은 분명하다. 우에노 치즈코는 '여성 혐오'를 중력에 비유했다. 그만큼 우리들의 일상생활 속 깊숙이 스며들어 있기 때문에 얼마나 강력한 힘인지 보통 사람들은 인식조차 하지 못한다는 의미다. 여성 혐오가 공기와 물처럼 보편적이고 사회에 만연한 현상이라는 주장은 거의 모든 페미니스트의 일치된 의견일 것이다. 이것을 풀어 설명하자면 '남성 중심' 사회는 오랜 기간 '가부장적 질서' 아래에서 공고한 여성 혐오 연대를 구축해 여성에 대한 배타적 소유권을 쥔 채 그들을 억압 및 핍박해 왔으며 —많이 나아지긴 했지만— 그것이 아직도 현재 진행 중인 상태라는 뜻이 된다.

하지만 이러한 가설은 사실 음모론에 불과하다. 필자는 이를 일종의 페미니즘 신화(feminism myth)라고 생각한다. 신화의 특징은 어떤 자신들이 믿고자 하는 관념이나 체제를 신성 혹은 자명한 것으로 간주하면서, 그에 내포된 잘못된 구조나 오류를 정당화한다. 그 근거로 먼저 여성주의자들은 자신들의 가설을 입증하기 위해 자신들에게 유리한 증거들만을 지나치게 취사 선택하는 경향이 있다. 역사를 놓고 볼 때도 가정 폭력, 칠거지악, 열녀제 등을 증거로 가져오며 여성을 '남성 중심' 사회에서 타자화 혹은 대상화되고 때론 폭력에 노출되는 일방적 피해자였다고 주장하곤 한다. 문제는 이러한 것들이 '토대와 상부구조(Basis and super-structure)'에서 '토대(Basis)'가 될 만큼 확고한지 의심해보지도 않은 채 몇 가지 일례들을 당시의 사회 문화 구조를 규정하는 근간으로 단정 지어버리는 오류를 범하고 만다.

역사적으로 가정 폭력이, 특히 가장이 아내에게 휘두르는 폭력이 정당화된 적은 단 한 번도 없었다. 오히려 숙종의 사례나 궁예가 아내에게 저지른 반인륜적 행위에 대해 당시 사회적 분위기 등을 놓고 보면 전통사회에서 여성에게 폭력을 휘두르는 행위는 사회적 지탄의 대상이었지, 그 나라의 전통이나 문화가 아니었다. 그리고 대명률에 명시된 아내를 내쫓을 수 있는 7가지 조항인 칠거지악과 더불어 그럼에도 불구하고 함부로 내쫓아선 안 될 '삼불거'라는 3가지 조건이 함께 따라붙었다. 열녀제 또한 '과부'라는 사회적 약자를 '열녀'라는 이름으로 지위 상승시킴으로써 사회적 멸시로부터 보호한다는 접근 또한 가능하다. 물론 필자는 칠거지악과 열녀제를 옹호하거나 두둔하고 싶은 의도가 전혀 없다. 어찌 됐든 여성에 대한 스테레오 타입을 강제로 규정하는 제도들이었으며 역사는 '인권'이라는 부분에 있어서 거의 항상 틀려왔다고 생각한다.

한 가지 예를 덧붙여서 조선 후기 민비(명성황후)가 시해당했을 때 "'국모'가 시해당했다."는 격문을 돌렸던 것은 다름 아닌 '유학자'들이었다(여성주의자들에게 있어서 '유교'는 가부장제의 원흉과도 다름없다). 즉, 남성의 권위가 여성의 우위를 누리고 있었다고는 하지만 여성을 마치 백인 중심 사회에서의 '흑인'이나 '노예'와 같은 선상에 놓고 접근하기엔 너무나도 많은 허점이 노출된다는 뜻이다.

칙칙한 역사 이야기는 옆으로 치워두자. 사회가 여성을 '혐오'의 대상으로 보지 않았다는 것은 역사적 접근이 아니더라도 영화나 매스컴, 미디어 등 대중매체를 통해서도 쉽게 알 수 있다. 남성의 스테레오 타입을 대표하는 '기사도 정신'이 잘 묘사된 중세 전쟁 영화들이나 《타이타닉》과 같은 재난 영화를 보더라도 '여성'과 '아이'를 외부의 위협으로부터 보호하는 것은 거의 불문율로 여겨진다. 실제 타이타닉 침몰 사건에서도 여성과 아이를 먼저 대피시키느라 일등칸의 유력자 남성들의 사망률은 삼등칸 여성의 사망률을 상회했다고 한다.[12]

이 외에도 여성 혐오의 일상적 반례들은 조금만 생각해봐도 무수히 많다는 것을 알 수 있다. 애니메이션이나 소설과 같은 가상현실 속에서도 여자 주인공 혹은 여자 캐릭터를 지키기 위해 목숨을 바치는 남자 캐릭터들은 찬사의 대상이 되고 멋있게 묘사된다. 반면, 자신의 목적 달성을 위해 여자 캐릭터를 이용(예:《데스노트》 - 야가미 라이토)하거나 사리사욕의 대상(혐오 기제)으로 써먹는 남자 캐릭터들은 대부분 악역이거나 반사회성 성격장애를 지닌 싸이코로 나온다. 즉, 사회가 여성을 바라보는 기본적인 시선은 '혐오', '멸시' 따위가 아닌 '보호'이자 '배려'였으며, 여성은 남자들에게 있어서 자신의 남성성을 인정받기 위한 최종 '주체'가 되기도 했다는 것이다.

사회가 여성을 혐오하기보단 온정적인 스탠스를 취했다는 점은 인적 자원의 측면에서 확실하게 드러난다. 여태까지 항상 노역, 전쟁터로 팔려나가거나 일회성 소모품으로 취급됐던 성별은 단연 남성들이었으며 여성의 경우에는 남성보다 국가적인 차원에서 보호받아야 할 대상이며 '어머니' 같은 존재로 간주됐다. 실제로 1842년 영국에서는 광산의 작업 실태에 대한 조사 보고서가 출판되자 대중들이 충격에 빠졌던 일례가 있었다.[13]

광부들은 장시간의 노동 착취에 시달리고 있었고 사고도 다반사였으며, 심지어 그곳엔 어린아이들도 있었다. 결국, 영국 정부는 광산의 업무 환경을 개선해 사상자를 줄이려는 조치를 시도했다. 가장 이상적인 조치라면 이 위험한 업무 자체를 전면 금지해야 했지만, 국가에서는 석탄이 필요했으므로 결국 '수요 유지'와

'국민의 생명 보호'라는 둘 사이의 균형을 맞춰야 했다. 즉, 국가에겐 이 일을 해 줄 사람들이 필요했다는 건데 그 해결책은 이 사회의 가장 소모적 존재들이 남아서 작업을 하도록 배치하는 것이었다. 당연히 그 소모적인 존재는 바로 남성들이었다. 영국은 10세 미만 아동들의 광산 노동을 금지했으며 더불어 여성들도 나이와 관계없이 광산에서 일하는 것이 금지됐다(1842년 8월 10일 영국 「광산법」 제정). 지금은 어떠한가. 산업 재해 사망률의 1등은 언제나 항상 성인 남성들(95%)이며[14] 저임금 육체 노동직 종사자 비율도 남성이 월등하게 높다.

필자가 이러한 예시들을 내세우는 이유는 여성주의자들의 주장들과 달리 실제 주류 사회의 지배적인 분위기는 여성 혐오가 아닌 '보호'와 '배려'였으며 가부장적 질서에서 이뤄지는 '여성=맹목적 피해자'설은 또 다른 중요 요소들을 깡그리 무시한 지나친 비약이라는 설명을 하기 위해서이다. 물론 이러한 사회 구조 속에선 여성에 대한 폭력과 혐오가 나타날 수 있다. 하지만 그것만으로는 절대 모든 사회 문화 구조를 설명할 수 없으며 그 사회의 토대가 된다고 볼 수도 없다는 것이다.

하지만 페미니즘 신화는 여기서도 가히 종교적 수준의 논리적 곡예를 펼치곤 한다. 바로 여성에 대한 '보호', '우상화', '동정' 모두 여성을 규정하는 '여성 혐오'라는 것이다. 대다수의 여성주의자가 주장하는 것처럼 여성 혐오는 마치 중력이나 물, 공기와 같은 존재이기 때문일까. 이들은 자주 기존의 통념과 다소 다른 의미를 띠거나 심지어는 정반대의 개념들까지도 모조리 '혐오'라는 범주 안으로 끌어들이는데 이러한 원천 봉쇄식 논리는 애초에 논의를 불가능하게 만들 뿐이다. 소모되는 남성이나 남성성 강조 등 남성에 관한 스테레오 타입 모두 젠더 이분화 과정에서 이뤄지는 '여성 혐오'로 만들어버리는 기이한 상황을 연출하고 만다.

시대착오적 페미니즘,
최대 피해자는 젊은 세대

—
오세라비 (2017년 10월)

우리 사회를 떠도는 '양성 간의 혐오 전쟁'은 일시적 유행이 아니라, SNS상의 남혐·여혐 논쟁으로 커지면서 사회적 갈등이 심각해지고 있다. 사회적 전개에는 반드시 사회적 원인이 있기 마련이다. 그 시초가 메갈리아식 페미니즘의 등장이었고, 확산되는 양상은 마치 1970년대 초 미국의 급진적 페미니즘 전성시대로 돌아간 것 같은 현상을 보인다. 급진적 페미니즘도 여러 유형이 존재하지만 왜 이렇게 남성 혐오를 내세운 극단적인 페미니즘이 한국 사회를 휩쓸고 있을까. 필자는 여러 차례 이 문제에 관해 글을 쓴 바 있으나, 1970년대, 이른바 페미니즘이라는 단어가 대중적으로 정립됐던 시기, 오늘날 최고의 성 평등 국가를 이룬 노르딕 국가들 중 노르웨이와 스웨덴에서 벌어졌던 논쟁도 이와 유사했다는 점을 언급하고자 한다.

서구 페미니즘 역사, 그중에서도 오늘날 가장 성 평등에 가까운 국가를 이룬 스웨덴·노르웨이의 페미니즘 투쟁은 서구의 각 나라에 크나큰 영향을 미쳤다. 그전에 1880년대 영국 여성들의 '참정권 보장' 투쟁을 시작으로 여성들의 법적·정치적 권리 신장을 향한 페미니즘의 물결이 시작됐고 이는 진정 값진 역사다. 영국 여성들의 참정권 쟁취 투쟁은 1928년에야 비로소 이루어졌다. 세계 최초로 여성 투표권을 허용한 나라는 1893년의 뉴질랜드다. 유럽의 최초는 핀란드가 1906년, 독일이 1918년이다. 프랑스가 1944년에야 완전한 여성 투표권을 허용했다.

급진 페미니즘의 산실이었던 노르웨이·스웨덴은 현재 세계 최고 수준의 성 평등 국가를 이루었다. 노르웨이·스웨덴의 급진 페미니즘 운동은 그 어느 나라보다 격렬했으며, 다른 나라 여성 운동에도 큰 영향을 끼쳤다. 두 나라는 과거 연합왕국이었던 역사와 독일 사회민주당의 영향력을 크게 받았으나 혁명적 마르크스주의에서 탈피해 개량주의 사회민주주의 정치 체제로 서로 영향을 미치며 유사하게 발전했지만, 스웨덴과 노르웨이의 페미니즘 전개 양상은 약간의 차이가 존재했다. 이유는 스웨덴의 여성 참정권 문제는 노동 계급과 부르주아 여성들 간의 협력이 있었고, 노르웨이는 그렇지 못했다는 차이가 있다. 노르웨이의 여성 운동은 사회주의적 정치사상이 주류를 이뤄, 마르크스적 관점의 여성 운동이 강했기에 미국식 모델인 급진적 페미니즘 확산에 미온적이었던 조류가 있었고, 노동 계급과 부르주아 계급 간의 협력이 약했다. 반면 스웨덴의 여성 계급 간 협력에는 알바 뮈르달의 지도력이 큰 역할을 했다. 알바 뮈르달은 뛰어난 사회학자이며 사회민주주의 이론가로 특히 스웨덴 여성 정책의 기틀 확립에 지대한 업적을 남겼다. 알바 뮈르달의 남편인 군나르 뮈르달은 1974년 노벨 경제학상 수상자로 뮈르달 부부는 1934년에 미래 세대를 내다보는 《인구 문제의 위기》를 공저로 발행해 전간기 인구정책과 사회정책에 가장 큰 영향을 미쳤다. 알바 뮈르달은 출산율 저하 문제에 대해 독창적인 방법으로 대치했다. 즉, 여성에게 아이를 낳도록 하는 최선의 방법은, 그들이 아이를 원치 않으면 낳지 말도록, 그리고 아이를 원한다면 양육하도록 돕는 것이었다. 알바 뮈르달은 가정과 일이 서로 모순되지 않기를 바랐다.

노르웨이·스웨덴의 급진적 페미니즘 양상은 한층 격렬히 전개됐는데, 이때의 슬로건은 "저항하라. 울지 말라. 기뻐하라. 선제공격을 가하라.", "개인적인 것이 정치적인 것이다."로 남성 중심 사회에 본격적으로 항의하는 국면이 전개됐다. 노르웨이 여성 운동가들은 당시를 이렇게 회고한다. "만일 당신이 나에게 1970년대에 관해 묻는다면, 그 시기는 진군하는 여성들의 활기와 함께 기쁨의 10년이자 여성 공동체의 10년 그리고 우리가 처음으로 '해방'이란 단어를 말하게 된 10년이었다." 스웨덴·노르웨이의 페미니즘 운동은 좀 더 나은 보육 서비스, 좀 더 나은 직장 환경, 자유낙태 등을 주장했는데, 오늘날에도 여전히 부르짖는 의제들이 이때부터 시작됐다.

1970년부터 시작된 급진 페미니즘은 '양성 간의 권력 문제'가 핵심이었다. 복지국가로 황금기를 구가하던 노르웨이·스웨덴은 상당수 여성이 내각에 진출하는 등 여성 권리 신장이 타 국가보다 월등히 앞섰음에도 더욱 급진적 성향을 띠었다. 바로 '양성 간의 권력 문제'가 급진적 페미니즘의 중심이 된 것이다. 1975년 급진적 페미니즘의 확산이 누그러질 무렵 성 평등에 대한 개념이 확산돼 여성들의 공적 참여가 활발히 일어나며 성 평등 상위 국가로 거듭나게 됐다.

필자가 노르웨이·스웨덴의 페미니즘 역사를 언급하는 이유는 이들 나라는 이미 40~50년 전에 겪었던 급진적 페미니즘 운동으로 인한 사회 갈등이 한국에서는 이제야 재현된다는 것이다. 페미니스트들이 들고나오는 슬로건도 이미 북유럽 국가나 영미권의 급진 페미니스트들이 수십 년 전에 사용했던 상징적 언어들이다. 노르웨이·스웨덴은 이미 급진적인 페미니즘이 상당히 약화된 채 성 평등, 이퀄리즘의 실현에 그 어떤 나라보다 앞서고 있다. 예컨대 노르웨이의 '남녀 공동 징병제'야말로 진정한 성 평등 정책의 일환이 아닌가? 여성 의무복무제는 노르웨이 여성들이 주체가 돼 이를 관철시켰다.

필자는 현재 국내를 강타한 극단적인 페미니즘 조류에 대해 이렇게 진단한다. 정당이 중심이 된 일단의 구좌파 세력과 대학 강단에서 이제는 유명무실해진 여성학을 되살려 개인적인 경력 쌓기에 열중하는 강단 페미니스트, 구좌파가 상층부를 장악하는 여성 단체 간 상호 암묵적 협력이 크게 작용한다고 본다. 더 깊이 들어가면 정치권과 연관된 정치 페미니스트들의 작품이라 추측한다. 정당은 주로 군소정당의 일부 구좌파들의 페미니즘에 대한 이념적 소유권 주장과 ─물론 감추고 드러내지는 않지만─ 여기에 한 가지 더, 좌파 언론에 포진한 언론계 종사자들의 급진적 페미니즘 경도가 양성 간의 혐오 전쟁으로 비화된 상황을 더욱 부채질하고 있다.

입으로는 진보를 외치고 진보 포지션에 있으나, 머리는 구(舊) 진보에 머무르고 있는 부류, 진보주의자니까 페미니즘 옹호는 당연하다고 인식하는 이들, 본인들이야말로 남아선호사상이 지배적이었던 시절 가장 수혜를 입은 남성들(80년대 학번)의 '회개성 남성 페미니스트' 선언 등이 뒤섞여 있는 현실이다. 또 하나 중요한 점은, 모든 이념에는 헤게모니 다툼이 자리 잡고 있다는 사실이다. 페미니즘 역시 이들 간의 보이지 않는 헤게모니 쟁탈전을 통해 페미니즘을 자기 진영에 유리한 국면으로 끌어당기려는 힘이 작용하고 있다고 필자는 생각한다.

현 시대 페미니즘, 이퀄리즘에서 휴머니즘으로 진화

필자는 살아온 이력을 보면 당연히 페미니스트가 되어야 할 사람이다. 그것도 급진 페미니스트로 말이다. 주변 지인은 필자가 급진 페미니스트라고 해도 전혀 거부감을 보이지 않을 것이다. 아니, 오히려 급진 페미니스트가 아닌 게 이상할 정도일 것이다. 하지만 필자는 페미니즘과 성 평등은 결코 양립할 수 없다는 점을 이미 오래전부터 인식하고 있었다. 필자는 개량주의자로 현실은 끊임없이 개량해야 한다고 믿는다. 여성의 문제 해결을 위해서 '여성주의'만을 외치는 시대는 이미 지나갔기 때문이다.

원래 급진 페미니즘은 양성평등에 비판적이다. 1960년대 말부터 1970년대 초, 청년 반란의 일부로 불붙은 급진 페미니즘은 의제를 '여성 해방'을 내세운 반계급적이고 반권위적인 페미니즘이었다. 그러므로 남성 중심 사회에 항의하는 게 핵심이었다. 시대는 변했고 페미니즘의 패러다임도 변한 지금은 페미니즘이 아니라 이퀄리즘을 말해야 한다. 그래야만 휴머니즘이 넘치는 세상이 가능하기 때문이다.

불행히도 우리나라는 모든 이데올로기, 개념을 우리 손으로 만들지 못하고 서구의 개념을 수입했다. 페미니즘 역사도 마찬가지다. 서구 여성들이 피 흘리며 획득한 여성 참정권도 우리나라는 1948년 제정된 제헌헌법의 민주적인 법체계 도입에 의해 자동으로 얻었다. 페미니즘의 투쟁 역시도 전무한 상태로 1970년대 대학 강단에서 문화의 일부분으로 받아들인 것에서 시작됐다.

그렇다 보니 지금의 페미니즘 전개 양상은 매우 우려하지 않을 수 없다. 서구 여성들의 짧게 잡아도 약 140년간 걸친 투쟁의 역사의 결과물로서의 페미니즘과는 달리, 페미니즘 역사가 없는 우리나라에서는 양성 간 혐오 전쟁만 벌이고 있는 데다, 구좌파 세력, 구좌파주의자들, 강단의 급진 페미니스트, 진보 언론, 여성단체가 뭉쳐 양성 혐오를 부추기는 실정이다. 노르웨이·스웨덴은 급진 페미니즘으로부터 시작했으나 성 평등 관점으로 정교하게 이행됐고, 무엇보다 공동체 의식이 밑바탕을 이루고 있었다. 그러나 현재 한국에서 벌어지는 페미니즘은 뒤죽박죽에 근본적인 공동체 의식이 결여됐고, 이론적 개념도 부실하다.

오늘날 한국 여성들이 사회적 약자인가? 힘은 분명 남성이 우위에 있지만 그렇다고 해서 여성들이 보호받아야 하는 약자인가? 예컨대 남성 사기꾼 못지않게 여성 사기꾼도 많다. 남성 범죄자만큼 여성 범죄자도 막상막하다. 이렇게 구분 짓기 방식의 대결 양상은 개개인이나 공동체 발전에 전혀 이롭지 않다. 더구나 SNS에서 벌어지는 양성 혐오 전쟁은 유튜브를 통해 상호 간에 광고 수익을 내는 혐오 비즈니스로 전락했다.

시대착오적이고 정체불명의 페미니즘이 아니라, 이퀄리즘을 말해야한다. 모두가! 페미니스트가 아닌 휴머니스트가 되자!

이른바 '영페미'들이야 말로 페미니즘을 거부해야 한다. 양성 간의 혐오 전쟁, 누가 더 피해자인가? 이러한 경쟁은 어리석다. 그 피해는 예전과 달리 성 평등 의식을 당연한 일로 여기며 성장한 젊은 세대들에게 돌아오기 때문이다. 40대 후반이 넘는 기성세대들은 자신들이 겪은 사회 환경적인 경험, 심리적 측면으로 가치판단을 한다. 인간은 자신들의 경험과 방법에 익숙해지면 반드시 거기에 의존하고 늘 하던 방식대로 사고하게 된다. 기성세대와 고령의 나이대가 압도적인 정치권 인사들이 페미니즘을 옹호하는 이유도 여기에 있다. 그들은 페미니즘을 바라보는 젊은 세대들과 현격한 차이가 존재한다. 또한 페미니즘으로 인한 갈등 또한 갈수록 심화될 것이 분명하다.

페미니즘은 피해자 담론이다. 절대로 벗어나지 못하는 뫼비우스의 띠와도 같다. 남성은 억압자요, 여성은 피해자다. 페미니즘을 주장하면 남녀가 평화롭게 공존하기는 힘들어진다. 대다수의 남녀는 공히 불평등한 다양한 문제들을 함께 겪는다. 급진적 페미니즘이 기승을 부리면 부릴수록 그 최대 피해자는 젊은 남녀가 될 것은 자명한 일이다.

페미니즘, 정말로 성 평등을 지향할까?

박수현(2017년 11월)

> "남성: 다리와 다리 사이에 덜렁거리는 살덩이가 있다는 이유만으로 온 우주로부터 환대받는 존재. (중략) 촉망받는 남성이라면 성범죄자가 되더라도 이 사회에서 살아가는 데 지장이 없도록 온 인류가 힘써준다. 태어남과 동시에 무료 자동 가입한 남성 연대에서 온 힘을 다해 도와주러 올 것이기 때문이다."**15**

페미니즘에는 다양한 논리와 주장이 존재한다. 하지만 만약 누군가 필자에게 페미니즘에서 가장 핵심이 되는 통념이 무엇이냐고 묻는다면 은하선 작가의 칼럼을 예시로 보여 줄 것이다. 이 주장은 "성 불평등의 기원이 여성을 억압, 착취하는 구조의 끈끈한 남성 연대 때문이다."라는 페미니즘의 핵심적인 논리가 아주 직설적으로 표현돼 있다. 이를 쉽게 말하자면 남성이 여성을 억누르기 위해 한데 뭉쳤다는 뜻이다. 애석하게도 이 음모론에 가까운 수사를 지지하는 증거는 지구상에 없다. 대신 페미니스트들은 유리 천장과 임금 격차 등의 몇 가지 사회적 현상을 가져와 사람들에게 이 모든 것이 남성들의 음모 때문이라는 연역적 추론을 유도하는 방식을 택했다. 일리가 아예 없다고 보진 않으나 성 불평등 현상을 해석하는 과정에서 생기는 모든 균열을 끌어안기에 '남성 연대' 이론은 지나치게 잉여적이다.

사회를 남성들의 거대 음모로 표현한 이러한 분석은 '여성들의 연대와 해방'이라는 페미니즘 운동의 원동력으로 연결되기도 한다. 그 원동력은 남성들의 공고한 연대를 부수기 위해서는 여성들도 단결해야 한다는 명목으로 작동한다. 실제로 메갈리아와 그들을 비호하는 페미니스트들이 '미러링'이라는 대의명분하에 타깃으로 삼았던 것은 '한남충(한국 남성을 비하하는 메갈리아발 신조어)들의 계몽'보다는 여성들의 자의식을 벗기는 일에 조금 더 가까웠다.

어쨌든 성 불평등의 기원을 남성들의 끈끈한 연대로 연관 지으려는 시도는 인상적이다. 하지만 그 과정에서의 남성 사회에 대한 이해는 너무 피상적이지 않았나 싶다. 남성과 그들의 사회를 진단하면서 남성의 소모적인 특성을 제외하면 제대로 된 이해조차 불가능해지기 때문이다. 오히려 위렌 패럴, 우테 프레베르트, 로이 바우마이스터 등 남성성을 연구한 여러 학자가 지적했듯 사회의 주류 문화는 남성을 두둔하고 도태되지 않게 힘쓴다는 페미니스트들의 환상과는 달리 소모품으로 쓰거나 압박감을 주는 방식에 가깝다. 물론 여성으로 태어난 이상 남성의 사회를 이해하는 것이 어려운 일임은 당연할지도 모른다. 하지만 적어도 '남성 연대'라는 개념을 정립하려면 최소한 남성에 대해 이해해 보려는 노력 정도는 보여주는 것이 옳지 않을까 싶다.

서점가나 영화계를 보면 여성이기에 당하는 차별과 고통을 담아놓은 작품들이 매우 많다. 100만 부가 넘게 팔린 《82년생 김지영》이 대표적이다. 하지만 상대적으로 남성의 고통을 헤아려주는 문화·예술 작품은 거의 없는 편이다. 이에 필자는 《548일 남장 체험》이라는 책에 대해 짧게 이야기하고자 한다.

> 나는 남자들의 연대감이 어디에서 비롯되는지 알고 싶었다. (중략)
> 나는 남자 노동자들의 대표적인 사교클럽인 볼링팀에 가입했다. (중략)
> 하지만 그들 사이엔 보이지 않는 벽이 있었다. 그것은 수컷 특유의
> 생존 본능이었다.[16]

《548일 남장 체험》은 남성들이 누리고 있는 특권을 폭로하기 위해 스스로 남자가 되기를 택한 레즈비언 페미니스트 노라 빈센트가 무려 18개월간의 남장 체험 기록을 담은 책이다. 그녀는 남성이 누리는 특권을 폭로하겠다는 처음 계획과는 달리 특권은커녕 그동안 보지 못했던 남성 세계의 험난함을 느끼고 다시 여성의 삶으로 돌아왔다. 심지어 그녀는 정작 남자의 입장이나 남성성의 본질에 대해 신중하게 생각할 여지가 없었던 사회를 통찰하기에 이른다. 역사상 전례가 없었던 이 과감한 도전은 앞서 제시한 페미니즘의 통념에 정면으로 반박하는 사례가 됐다. 매우 흥미로운 이야기이긴 하나 그녀가 남장 체험을 하며 겪은 부당한 일들은 남자들의 입장에서는 당연하거나 대수롭지 않던 것들이 대부분이다. 남자들에겐 이미 일상적인 일이며 심지어 고통이 아니라고 느껴질 정도로 당연시되기 때문이다.

이는 경찰이나 군대, 기업, 프로 축구팀 등 남성들이 만들어낸 조직들을 생각해 보면 알 수 있다. 조직에 속한 개인들은 이미 다른 사람으로 교체된 적이 있거나, 언젠가는 다른 사람으로 교체될 것이다. 그리고 조직은 각 개인의 자리가 언제라도 다른 사람

으로 대체될 수 있다는 점을 구성원에게 인지시킨다. 이러한 집단의 종속 방식은 남성들을 끝없는 경쟁으로 몰아넣고 집단을 위해 끊임없이 노력하도록 만들어왔다. 여기에서 이 점을 간과한 페미니스트들은 여성이 사회에 진출했을 때 생기는 부당함을 오로지 여성이기 때문에 겪는 차별로 오해하고 마는 불상사가 생기기도 한다. 그도 그럴 수밖에 없는 게, 역사적으로 여성들에겐 자신이 조직에 필요한 존재임을 꾸준히 증명해내야 한다는 압박감을 느껴볼 기회가 거의 없었기 때문이다.

다른 주제로 넘어가 보자. 2017년 9월 26일 '여성 징병제' 국민 청원이 청와대 홈페이지에 올라왔다. 해당 청원은 동의자 12만 명을 넘기며 남녀 공동 징병에 관한 성 평등 논의가 다시 수면 위로 떠 오르게 했다. 논의는 여성에게 군대가 과연 신체적으로 적합한지에 대한 것도 있었지만, 누구에게도 좋지 않은 징병제를 여성에게도 권하는 것이 과연 옳은 것인지에 대해 더 활발하게 이루어졌다. 여성 징병을 반대하는 측에서는 결국 징병이 여성들에게 좋지 않으며, 심지어 여성 징병을 찬성하는 청원 참여자들이 해로운 것을 여성들에게도 공유하려는 피해 의식에 찌든 찌질한 남성들이라고 매도하기도 했다.

현재의 징병 제도는 남성들에게도 분명 좋지 않은 일이다. 그런데도 그 좋지 않은 것을 남성들이 독박으로 짊어지고 있다. 그런데 왜 이 점에 대해선 이상하다고 생각하지 않을까. 이를 생각하기에 앞서 군대라는 집단의 근본적인 특성을 짚어보자. 군대는 궁극적으로 전쟁을 대비하기 위해 창설된 집단이고, 전쟁은 역사적으로 수많은 인명 피해를 남겨왔다. 총알은 그 누구에게도 자비롭지 않지만, 전쟁에서 가장 많이 죽는 사람을 꼽는다면 당연히 전장에 사지로 내몰리는 젊은 남성들이 될 것이다. 혹시 전투에서 승리하기 위해 자국의 여성들을 총알받이로 썼다는 역사적 근거를 본 적이 있는가? 필자는 그런 경우를 찾아보지 못했다. 이미 전쟁에 참여하는 젊은 남성으로 구성된 병사들이 총알받이 역할을 하고 있기 때문이다. 이러한 역사적인 현실은 오늘날 남성의 독박 징병과 그 흐름을 같이 한다. 여기서 필자는 여성에게 징병을 권하는 것이 옳은지에 대한 논의도 좋지만, 남성의 생명이 여성의 생명에 비교해 가치가 낮다고 여겨지거나 소모되는 자원으로 쓰여 왔던 것은 아닌지에 대해서도 한번 고찰해 보는 게 어떨까 한다.

다소 극단적인 예를 들었는데 이번에는 수위를 조금 낮춰보자. 산업 재해 피해자의 대다수는 남성이다. 산업 재해 피해 남성 비율(96%)[17], 그 바탕에는 여성보다 월등히 많은 남성이 위험한 직업에 종사하고 있다는 현실이 존재한다. 그러나 이 통계를 보고 단한 번이라도 남성의 문제에 대해 논의가 이뤄진 적이 있던가? 남성들의 높은 자살률이나 산업 재해 피해에 대한 문제 제기가 이뤄진 것은 비교적 최근이었고, 그마저도 페미니즘에 대한 반발로 인한 것이었다.

필자가 이러한 예시들을 열거하는 이유는 여성만 차별받고 고통받는 것이 아니니 그만 입 다물라는 뜻이 아니다. 또한, 어느 성별로 사는 게 더 힘든지 한번 견주어보자는 것은 더더욱 아니다. 여성의 문제 이면에는 남성의 문제가 존재하며, 그 관점에서 '여성을 억압하기 위한 남성 연대'라는 통념이 얼마나 허무맹랑한지 말하기 위해서다. 페미니스트들의 입장에서는 이 말이 다소 황당하게 받아들여질지도 모르겠다. "너무 이기적인 소리를 하는 것 아니냐. 여자들에겐 기회가 주어지지도 않았다. 피해자만 힘든 게 아니라 가해자도 힘들다는 소리를 하는 것이냐?"라는 반발이 나올 수도 있다. 또는, 세계 최고라는 남녀 임금 격차를 떠올리고, 남자들의 부담감을 오히려 팔자 좋은 소리라고 생각하는 사람도 있을 것이다.

하지만 필자가 보기에 여성의 문제와 남성의 문제는 동전의 양면이다. 예를 들어 그동안 여성에게 가사 노동이 더 전가됐다는 현실은 남성이 바깥 노동에 더 투자됐다는 이면의 현실과 양립한다. 또한, 여성이 남성보다 공적 사회 진출을 보장받고 경쟁할 기회가 적었다는 사실은, 반대로 남성에겐 여성이 거주했던 사적 영역에서의 평화로운 삶을 누릴 기회가 그다지 없었다는 뜻이기도 하다. 기본적으로 남녀가 전통사회에서 떠맡았던 역할은 《남성의 역사》의 저자 우테 프레베르트 박사가 잘 지적하고 있듯 상호 지시적 관계로서 긴밀히 얽혀있는 관계였다. 즉, 여성의 스테레오 타입을 해결하기 위해선 그와 긴밀히 얽혀있는 남성의 스테레오 타입에 대한 문제를 지적하지 않을 수 없고, 그 반대 또한 마찬가지라는 것이다. 따라서 "여성 인권 문제가 주(柱)고 남성 인권 문제는 부차적이다."라는 말은 필자의 입장에서는 이런 상호관계를 파악하지 않기 때문이라고 보인다.

　필자 역시 성 불평등의 기원이 무엇 때문이라고 확실히 단정 지어서 말할 수 없다. 여성이 열등하고 경쟁력이 떨어지기 때문이라는 통설의 오류는 오늘날 거의 밝혀졌다. 하지만 여성을 억압하는 '남성 연대' 이론 또한 성 불평등 현상을 설명하기엔 너무나도 많은 잉여나 흠결을 만든다. 이제는 여성과 남성 양쪽 성별 모두의 상호 관계를 파악한 새로운 이론이 필요할 때다. 중요한 것은 남녀관계가 쌍무적인 관계인만큼 굳이 서로 이빨을 세우고 싸우지 않아도 타협점을 찾아 해결을 논하는 것이 충분히 가능하다는 점이다. 그럼에도 불구하고 그저 남성이 가해자이며 여성은 맹목적인 피해자일 뿐이라는 식의 주장을 끝까지 고집한다면 페미니즘이 남성에게도 좋다거나 성 평등을 지향한다는 말은 이제 그만했으면 한다. 그렇게 편협하고 이율배반적인 태도로 일관하면서 남녀 모두에게 좋다고 말하는 것은 '성 평등'을 지향한다기보다는 '성 평등'이라는 이데올로기 뒤에 숨어버리는 위선에 가깝게 보이기 때문이다.

유아인 '애호박 대첩'이 보여 주는 넷페미니즘의 민낯

박가분(2017년 11월)

사건의 발단은 2017년 11월 24일 오후 유아인을 언급한 '애호박' 트윗에서 시작됐다. 한 트위터 유저는 "유아인은 20미터 정도 떨어져서 보기엔 좋은 사람, 친구로 지내라면 조금 힘들 것 같은 사람. (중략) 냉장고 열다가도 채소 칸에 뭐 애호박 덜렁 들어 있으면 가만히 들여다보다가 갑자기 '나한테 혼자라는 건 뭘까?' 하고 코 찡끗할 것 같음."이라고 남겼다. 이어서 의미를 알기 힘든 이 의문의 트윗에 대해 유아인은 "애호박으로 맞아봤음? (코 찡끗)"이란 트윗을 남긴다. 이에 대해 일부 트위터 유저들은 '애호박으로 맞아봤음?'이라는 표현을 문제 삼으며, 한국 남성 특유(?)의 폭력 성향(?)을 드러낸다는 반응을 쏟아내기 시작했다. 이후 논쟁이 격화되자 한 트위터 유저가 유아인에게 "포장해서 멋있는 척하는 전형적인 한남 짓 그만."이라는 글을 트윗한다. 그러자 유아인은 이에 대해 "증오를 포장해서 페미인 척하는 메갈짓 이제 그만."이라는 트윗으로 응수한다. 이 같은 맞대응이 넷페미(넷페미니스트) 진영과 여초 커뮤니티 일각의 벌집을 건드린 셈이다.

일부 여초 커뮤니티와 넷페미니스트로부터 "유아인이 여성 일반(?)의 정당한(?) 분노(?)를 메갈짓이라고 폄하했다."는 불만이 제기됐다. 하지만 이는 사실과 매우 거리가 먼 현실 인식이다. 유아인의 트위터 설전을 보도한 뉴스 중 포털 네이버에서 가장 많은 조회 수를 기록한 게시물 중 하나를 보면, 20대 남녀의 반응이 53:47 거의 과반으로 나온 기사에서조차 유아인 지지 발언이 더 압도적으로 나타났다.[18] 그만큼 타인의 일상적인 대화에서(예: 유아인의 '애호박' 발언) 범죄 프레임을 씌우고 일상적인 논의를 봉쇄하는 넷페미니즘의 자폐적인 화법에 대한 피로감이 남녀를 불문하고 널리 확산됐다는 방증이다.

메갈짓은 메갈짓이다

이처럼 대화의 문맥을 살펴봤을 때 문제의 "애호박으로 맞아봤음?" 발언이 정말 '죽을죄'인지도 의문이지만, 애초에 이 '메갈짓'이라는 발언이 나온 직접적인 계기는 유아인에 대해 '전형적인 한남'이라는 시비로부터 시작됐다고 볼 수 있다.

잠깐 에둘러 가자. 어떤 이들은 유아인의 문체가 현학적이고 자의식 과잉이라고 지적하기도 한다. 그 때문에 그를 '관종'이라고 폄하하는 이들도 쉽게 볼 수 있다. 하지만 일반인과 연예인을 막론하고 SNS에서 자의식 과잉 문체는 보기 드문 일이 아니다. 그런데 이보다 더 심각한 진짜 '관종'들은 아무 맥락 없이 타인의 계정에 몰려가서 자신의 해석 문맥을 강요하고 낙인찍으며 그 과정에서 무례한 언행을 일삼는 인간들이다. 바로 '애호박 발언'을 '애호박 대첩'으로 비화시킨 악플러들이 전형적인 대표 사례다. 이러한 악플러들은 '애호박 발언'을 의문의 성차별 증거로 둔갑시키고

'전형적인 한남' 등과 같은 낙인 발언을 쏟아냈다. 그렇다면 우리는 이들에게 되물을 필요가 있다. 성차별에 민감하게 반응하게 된 당신들의 문맥은 중요하고, 타인이 SNS에서 멘션을 주고받는 맥락은 안 중요한가? 전자는 중요하지만, 후자는 중요하지 않다는 이중 잣대 적용으로 논의 자체를 봉쇄하는 작태는 우리가 SNS와 인터넷에서 흔히 보는 전형적인 '메갈짓'이다.

'메갈짓'의 정의를 또 하나 추가해 볼 수 있다. 일부 넷페미는 악플러들이 유아인에 대해 '전형적인 한남' 운운하는 낙인을 찍었으면서, 그 결과 돌아온 '메갈짓'이라는 응수에 "어떻게 그럴 수 있냐?"며 세상 억울한 온갖 우는 소리들을 쏟아낸다. 그것 역시 바로 또 하나의 '메갈짓'이다. 여기서 '메갈짓'이란 자신이 타인에게 한 무례한 짓을 생각하지 않으면서 피해자인 양 하는 행동을 의미한다.

유아인의 '쾌도난마' 이전의 여초발(發) '마녀사냥'

유아인의 대응 이전에 그동안 일부 여초 커뮤니티에서 벌어진 마녀사냥의 방식을 복기할 필요가 있다. 실제로 지금까지 여초 커뮤니티와 트위터에서 벌어진 연예인에 대한 '문제 제기'란 대개 공인(?)이라고 불리는 연예인들을 여론전을 통해 막무가내로 무릎 꿇리는 방식이었다. 이때 그들은 어떠한 정당성도 갖지 않아도 타인에게 마음에도 없는 '고해성사'를 강요하는 방식을 활용했다. 이러한 기형적인 여론화의 방식 속에서 여성 연예인들이 가장 손쉬운 표적이 됐다. 예를 들어 과거 아이유, 설리, 수지 등을 둘러싼 논란이 대표적이다. 이들에게는 이른바 '롤리타(어린 여성 연기를 하면서 아동 성애를 조장했다는)'라는 시비가 제기됐다. 그러나 이는 누가 봐도 성인으로 인식되는 화보, 뮤직비디오, 셀카 콘셉트 등에 대해 무리한 '아동 성애' 혐의를 뒤집어씌우는 방식이었다.[19] 그런데 다들 알다시피 정작 허구적인 아동 성애 혐의를 씌운 이들이 옹호하던 사이트 '워마드'에서야말로 진짜 아동 대상의 범죄 사건(호주국자 사건)이 일어났다.

이처럼 이성이 마비된 무리 안에서나 통할 마녀사냥을 막무가내로 자행함으로써 가장 큰 피해를 받은 사람들은 역설적으로 '여성' 연예인들이었다. 이에 반해 이번 유아인의 대응은 마녀사냥에 대해 정면 돌파하는 노선을 택했다. 실제로 유아인은 2017년 11월 27일 "실체는 드러내지 않고 '피해자'라는 이름을 무기로 사용하며 실제 피해 여성들의 명예를 더럽히고 무차별적인 비난과 인신공격을 쏟아내는 비정상적 폭력 집단에게 사용한 '메갈짓'이라는 발언에 대한 사과를 바라십니까? 꿈 깨세요." 발언을 트윗했다.

한편 일부 넷페미들은 과거 하연수 등의 여성 연예인이 대중의 비난 여론 앞에서 쉽게 사과하고 무릎 꿇었지만, 유아인은 너무나 당당하게 처신한다는 것을 근거로 남성의 젠더 권력(?)이 사회적으로 만연해 있다는 주장을 펼치기도 한다. 그러나 이는 사실이 아니다. 과거 이희은과 같은 유사한 포지션의 여성 모델은 마찬가지로 자신에게 쏟아진 '롤리타' 논란에 대해 "말 같지 않은 개소리는 그만 좀 하란 말이에요.", "미니스커트가 성범죄를 조장한다는 식의 쌍팔년도 구라 논리를 그렇게 당당하게 설파하고 있어." 등의 일침으로 당당하게 대응한 바 있다.

누구도 부당할 공격을 감내해야 할 의무는 없다

또한 상식적인 인간이라면 '유아인은 마녀사냥에 대해 당당하게 할 말을 한 반면에 왜 하연수는 당당하지 못했을까?' 하는 의문에 대해 '상향 평준화'를 바라는 해답을 추구할 것이다. 그리고 상식적인 인간이라면 정작 그러한 '상향 평준화'를 가로막는 진짜 세력이 누구인지를 되물을 필요가 있다. 진정한 '성 평등주의자'라면 하연수도 유아인처럼 자신의 언어와 자신의 논리로 악플러들에게 대응할 수 있는 사회가 도래했으면 좋겠다는 희망을 견지할 것이다.

하지만 일부 자칭 페미니스트는 왜 하연수가 유아인처럼 당당하지 못했는지를 되묻기보다는, '왜 하찮은 일개 연예인 따위가 내 환상을 충족시켜 주고 얌전히 무릎을 꿇지 않는지'에 대해 짜증을 내는 식으로 반응한다. 그것이 바로 전형적인 '메갈짓' 그리고 그 거울상으로서의 '일베짓'이라고 하는 것이다. 남녀 연예인을 인격으로 대하는 것이 아니라 자신의 수준 낮은 정치적 환상을 충족시켜 주는 수단으로만 대우하는 것 말이다.

무례하고 수준 낮은 '페미니스트=메갈' 공식 성립

유아인의 '메갈짓' 발언을 계기로 불쾌함을 느끼는 사람들이 느끼는 불편함의 정체는 무엇일까. 그것은 바로 무례하고 수준 낮은 일부 페미니스트가 '메갈'이라는 대표격의 단어로 규정짓는 것에서 느껴지는 불편함이다. 하지만 그것은 자업자득이다. '메갈짓'이라는 것은 앞서 보았듯이 타인과의 소통 능력이 부재한 수준 낮고 무례한 페미니스트들에게 잘 어울리는 규정이다. 예컨대 이미 수많은 식견 있는 남녀가 지적했듯이, 메갈리아와 워마드 역시 결코 페미니즘의 이념으로 정당화될 수 없는 마녀사냥과 개인에 대한 인격 침해를 자행했으며, 그 전례는 이미 충분히 누적됐다.[20]

유아인의 '메갈짓' 발언은 그동안 무고한 남녀 개인을 마녀사냥해 오면서 아무런 문제의식도 느끼지 않는 넷상의 무반성적인 페미니즘을 겨냥한 것이라 할 수 있다. 현실을 직시할 필요가 있다. 유아인의 발언은 기실 언중(言衆)의 인식을 반영하는 것이다. 오늘날 성차별적인 편견으로 가득 찬 젊은 남성 악플러들을 전형적으로 표현하는 단어가 '일베'가 됐듯이, '메갈' 역시 마찬가지로 무례하고 수준 낮은 젊은 페미니스트들을 전형적으로 수식하는 단어가 됐다. 이러한 규정이 싫다면 이 젊은 페미니스트들 스스로가 남들에게 권하는 '공부'를 할 필요가 있다. 다른 것을 떠나 자신과 전제와 세계관이 다른 타인과 소통하는 능력 말이다. 만일 이러한 소통 능력과 최소한의 합리성마저도 '남성 중심적' 사회의 발현으로 치부한다면, 그는 실제로는 페미니스트가 아니다. 대화 능력과 합리성을 남성만의 미덕으로 암묵적으로 치부하는 남성 우월주의자에 불과하기 때문이다.

모두가 알지만 '그들만' 모르는 페미니즘 신뢰 상실 이유

—
박가분(2017년 12월)

드디어 페미니즘의 위기가?[1]

　페미니즘을 '대세'로 밀던 일부 진보 언론도 요사이 여론의 조짐이 심상치 않음을 느끼고 위기의식을 갖는 모양이다. 2017년 12월 20일 《한겨레21》은 〈페미니즘, 반격을 맞다〉라는 제목의 기사를 메인으로 내보냈다. 내용은 페미니즘에 대한 '반격'이 점차 세력을 얻고 있다는 것이다. 한편 기사의 내용을 보면 과연 기사를 쓴 기자나 기사를 통과시킨 데스크나 '제정신'인가 싶을 정도의 현실 인식을 보이고 있다. 해당 기사의 내용을 인용하면 이렇다. "그렇다면 반격의 수뇌부는 누굴까. 김현미 연세대 교수(문화인류학)는 '페미니스트 대통령이라고 주장하는 진보 정권을 이끄는 이들일 가능성이 높다.'고 말했다. 각종 '여성 혐오'적 글쓰기로 사임 압력을 받아온 탁현민 행정관이 제자리를 지키는 등 현 정부가 페미니즘에 대한 반격을 허용하는 '암묵적' 메시지를 준다는 것이다." 여성을 성적으로 모욕 주고 대상화해 온 이를 국가의 통치 이미지를 만드는 자리에 그대로 두고 있다. 여성부 장관까지 나서서 이야기해도 듣지 않는다.

—
1)　"드디어 마르크스주의의 위기가"라는 서구 마르크스주의 철학자 알튀세르의 발언 패러디

반면 '낙태죄 비범죄화' 관련 청와대 국민 청원에 조국 민정수석이 한 답변을 천주교계가 "교황의 발언을 왜곡했다."고 항의하자, 대통령의 지시로 곧 답변을 수정했다. 여성들의 요구에는 하나같이 '나중에 해도 되는 사안'으로 유보하면서 종교계의 요구에는 민감하게 대응한다. 새 정권이 출범했지만, 여성들의 삶이 나아진 점은 없다. 아무도 그렇게 못 느낀다. 정권의 이런 태도가 사회적 좌절을 겪는 남성 일부 집단의 '반격'보다 더 책임이 크다. 《한겨레21》의 주장에 따르면, 현 정부의 반여성적(?) 행태가 페미니즘에 대한 남성 집단의 반격을 조장하고 있다는 것이다. 그러나 이 기사의 내용은 몇 가지 기본적인 사실관계에서부터 잘못됐다. 우선 조국 민정수석이 '낙태죄 비범죄화' 청원에 대한 답변 과정에서 교황의 발언 인용을 정정한 이유는 실제로 인용에 오류가 있었기 때문이다.

조 수석은 당시 "프란치스코 교황이 임신 중절에 대해 '우리는 새로운 균형점을 찾아야 한다.'고 말씀하신 바 있다."라고 말했지만, 실제 교황의 발언 내용의 핵심은 '낙태에 반대한다'는 것이 천주교의 설명이다. 물론 이러한 인용상의 오류를 정정한다고 해서 낙태죄에 대한 입장이 변할 필요는 없으며, 실제로 임신 중절 여성에 대한 처벌 기조를 재고해야 한다는 청와대의 입장은 지금까지 변하지 않았다. 더군다나 후보 시절 '페미니즘 대통령 후보' 선언을 한 문재인 정부가 페미니즘에 대한 문제 제기에 힘을 싣고 있다는 분석도 설득력이 없기는 마찬가지이다. 오히려 일부 남초 커뮤니티에서는 문재인의 '친페미니즘 행보'를 이유로 문재인에 대

한 지지 철회나 지지 유보를 표명한 네티즌들이 잇달았기 때문이
다. 탁현민의 과거 문제 발언도 페미니즘 자체에 대한 공격과 아
무런 관련이 없기는 마찬가지다.

역풍의 계기, '문화계 성폭력 누명'과 '워마드' 그리고 '연예인 마녀사냥'

그렇다면 페미니즘에 대한 대중여론이 2017년 말이 되어 악화
한 이유는 무엇일까. 우리는 이를 《한겨레21》 기사에서처럼 멀리
서 찾을 필요가 없다. 그 이유는 사실 가까이 있기 때문이다. 사
례를 몇 가지 거론하자면 다음과 같다.

우선 일련의 문화계 인사의 성폭력 고발 사건이 무고로 밝혀졌
다. 여기서 잠시 과거를 회상해 보자. 지난해 SNS에서 #문화계_
내_성폭력 고발이 줄을 이었다. 그리고 이러한 고발 관행은 사실
여부와 관계없이 페미니즘의 대의를 빌려 무차별적으로 정당화됐
다. 하지만 다들 알다시피 결국 박진성 시인과 박성준 시인을 비
롯한 일련의 문학계 인사들이 억울하게 성폭력범으로 몰린 사실
이 드러났다. 아울러 미술계 내 성폭력 사건의 경우에도 석연치
않은 이유로 고발자들이 글을 지우고 폭로 피해자들을 회유하려
하는 등 무고의 정황이 속속 드러났다.[21]

그런데 이러한 고발 분위기에 편승해 폭로 피해자의 얼굴을 기
사에 공개하는 등 2차 가해를 저지른 《한국일보》 황수현 기자와
같은 당시 핵심 관계자들은 뒤늦게 아무런 해명 없이 기사를 수

정하는 등 책임 회피로 일관했다. 집단의 이름으로 자행된 폭력에 아무도 책임지지 않는 무책임한 모습이 페미니즘 담론의 신뢰성 전체에 큰 타격을 줬다.

그다음으로 '호주국자 사건'이다. 워마드 유저로 알려진 유튜버 '호주국자'는 아동을 대상으로 한 성희롱 글과 사진을 게재하다 호주 현지에서 체포·기소돼 재판을 받았다. 한편 호주국자가 즐겨 이용한 사이트인 '워마드'에서는 이미 오래전부터 남성 어린이, 장애인, 성 소수자, 비정규직에 대한 혐오 발언이 만연했다. 문제는 평소 정치적 올바름을 내세웠던 진보 언론이 정작 이러한 혐오 사이트에서 제기됐던 각종 위험 신호를 외면했다는 점이다. 나아가 《한겨레》를 비롯한 각종 진보 매체와 지식인들은 메갈리아·워마드를 페미니즘 투사로 추켜세웠다. 이처럼 '약자를 옹호한다'는 명분으로 또 다른 약자에 대한 혐오 발언과 폭력을 정당화하는 모습에 대중은 신물이 난 것이다.

마지막으로 연예인에 대한 무분별한 마녀사냥도 페미니즘 담론에 대한 피로감을 부추긴 주범 중 하나다. 이미 오래전부터 페미니즘 완장을 휘두른 일부 여초 커뮤니티에서는 아이유, 설리, 수지 등 여성 연예인 대상으로 근거 없는 '롤리타=소아 성애' 논란을 부추기며 마녀사냥을 일삼았다. 또한, 2017년 11월 24일에는 '전형적인 한남짓'이라는 무례한 댓글에 '메갈짓'이라는 댓글로 응수했다는 이유로 유아인 역시 일부 여초 커뮤니티와 페미니즘 진영의 조리돌림 타깃이 됐다. 이뿐만 아니라 2017년 12월 18일 사망한 샤이니 종현에 대해 넷페미니스트 일각이 살아생전 자행한 마녀사냥이 다시 알려지면서 과격 성향의 페미니즘에 대한 우려의 목소리가 일고 있다. 과거 종현은 성 소수자에 대해 '그쪽'이라는 단어를 썼다는 이유 하나만으로 트위터 페미니스트로부터 온갖 인신공격을 동반한 조리돌림에 시달려야 했다.

페미니즘 담론의 패인, 낙인 프레임에 대한 집착

필자는 국내 페미니스트와 진보 언론이 왜 여론의 악화가 일어났는지를 한결같이 오판하는 것에 놀라움을 느낀다. 이는 어쩌면 그만큼 진영 내부의 성찰 능력이 마비됐다는 방증일 수도 있겠다. 그렇다면 페미니즘 담론이 봉착한 위기의 뿌리는 어디에 있을까. 우선 페미니즘 담론이 파행으로 치닫는 가장 큰 원인은 '문제 해결 프레임'이 아닌 '낙인 프레임' 집착에서 찾을 수 있다.

오늘날 대중적 페미니즘 담론은 사회 문제 해결 방법에 대한 논의가 아니라 타자에 대한 낙인을 통해 지지자를 결집하는 방식으로 작동한다. 아이유를 소아 성애 옹호자로, 유아인을 여성 혐오주의자로, 종현을 호모포비아로 매도한 넷페미니즘의 마녀사냥이 그 전형을 보여준다. 대중적 페미니즘에서 유통되는 '한남', '흉자(흉내X지)', '명자(명예X지)' 등의 낙인 프레임도 빼놓을 수 없다. 이러한 낙인 프레임은 단지 남성만이 아니라 여성에게도 가해진다는 사실을 명심하자. 이것은 일부 페미니즘 지지자마저도 이런 사태로 인해 등을 돌리게 하는 배경이 됐다.

반면 정상적인 정치 사회 담론은 '낙인 프레임'이 아니라 '문제 해결 프레임' 아래에서 작동한다. 갈등 상황이 일어나면 그것을 해소하는 데 공론의 지혜를 모으는 것이 정상적인 방식이다. 그리고 그러한 공론을 방해하는 극단주의자가 출몰한다면 이념적 성향을 막론하고 이들과 맞서 싸우는 것이 상식인의 방법이다. 문제 해결을 위한 공론장 자체가 붕괴한다면 모든 사회적 이념과 지향은 무용지물이 되기 때문이다. 이와 같은 맥락에서 남녀 네티즌들이 극단주의자와 맞서 싸운 선례는 얼마든지 찾아볼 수 있다. 예를 들어 과거 일베가 한창 흥했던 2013년 당시 남녀 커뮤니티가 힘을 합쳐서 일베 원정을 떠난 '일베 대첩' 사건이 있었다.[22] 네티즌들이 일베 게시판에 몰려가서 '산업화'를 패러디한 '농업화' 게시글을 도배하는 등 일베를 조롱하는 사건이었다.

그럼에도 불구하고, 자칭 진보 매체와 페미니스트 지식인들은 마치 메갈이 혼자 일베에 대항한 것처럼 사태를 왜곡하며 —아동, 노인, 성 소수자, 장애인, 비정규직 등의 약자를 향한— 이들의 혐오 발언을 두둔하는 데 온 힘을 쏟았다. 그러나 실제로는 모두가 일베와 맞서 싸울 때 오직 메갈만이 일베의 혐오 발언을 모방했다. 이처럼 페미니즘 진영 전체가 낙인과 혐오를 끌어안으면서 젠더 이슈에서 많은 이들이 논의 자체에서 배제됐다.

진영 논리와 굿즈로 전락한 페미니즘

이처럼 페미니즘 진영은 고의든 실수이든 기본적인 사실관계를 왜곡한 잘못을 저지르곤 한다. 이것은 그 자체로는 큰 잘못은 아니다. 이를 사후에라도 정정하는 노력을 기울이면 되기 때문이다. 하지만 페미니즘 진영은 그러한 노력을 기울이기는커녕 진영 내부의 잘못된 관행에 대해 아무런 문제의식도 느끼지 않는 것처럼 보인다. 최근 통계청의 '통계 바로 쓰기' 공모전에서 여성계에서 행한 각종 통계 왜곡(성별 임금 격차, 가사 노동 격차, 데이트 폭력, 강력 범죄, 성 격차 지수 통계에 대한 왜곡)이 지적됐음에도 이에 대한 내부의 자성의 목소리 역시 찾아보기 힘들다. 페미니즘의 대의를 빌린 성폭력 무고 사건에 대한 자성은 말할 것도 없다. 이렇게 된 근본적인 이유는 진영 논리에 대한 집착이 앞선 나머지 내부 비판의 목소리가 실종됐기 때문이다.

일부 국내 페미니스트도 메갈리아·워마드 등 과격파 분리주의 성향의 페미니즘 조류를 내심으로는 우려하면서도 이를 대놓고 말하지는 못한다. 페미니즘 전체가 상업적 진영 논리로 뭉쳐 내부 비판을 허용하지 않기 때문이다. 한국의 페미니즘 진영에는 실명 비판과 치열한 논쟁이 존재하지 않는다. 그리고 이는 국내 페미니즘의 오랜 관행이다.

비록 일부의 사례이긴 하나, 외국에서는 페미니즘 진영 내의 비판적 의견 교환이 간혹 이루어지곤 한다. 가령 미국의 저명한 흑인 페미니스트인 벨 훅스는 분리주의 성향의 백인 페미니스트의 위선을 다음과 같이 통렬하게 꼬집는다. "수많은 백인 여성 해방 운동가의 수사법 속에는 페미니즘 운동에서 남성이 얻는 것은 아무엇도 없으며 페미니즘 운동이 성공하면 남성을 패배자로 만들 것이라는 함축적 의미가 담겨 있다.", "전투적인 백인 여성들은 페미니즘 운동을 통해 여성이 남성보다 우위를 차지하기를 열망했다. 그들은 노여움, 적개심, 분노로 격앙되어서 페미니즘 운동이 그들의 공격을 위한 공론장으로 바뀌는 것을 막을 수 없었다."[23]

　남성에 대한 낙인 프레임과 그 아래에서 일어나는 공격성의 분출로는 페미니즘이 제기하는 문제 중 어느 하나도 해결할 수 없다는 것이 벨 훅스의 입장이다. 이러한 벨 훅스의 '이름'과 그의 저작의 '제목'을 인용하거나 인스타그램에 올리는 페미니스트는 많다. 페미니즘 담론이 사실상 에코백과 같은 굿즈로서 기능하고 있기 때문이다. 반면 흥미롭게도 메갈리아·워마드류의 과격 페미니즘과 이들의 낙인 프레임에 대해 벨 훅스 자신이 행한 문제 제기에 진지하게 고민하고 답변하는 페미니스트는 거의 없다. 바로 이러한 표리부동함이 페미니즘 담론 전체의 신뢰 상실과 위기를 재촉하는 주범이라는 것을 페미니스트 스스로가 인식하는 것이 중요하다.

여성은 진짜로 '타자화' 됐을까

—
박수현(2018년 1월)

    페미니스트는 특정 단어를 사전적 개념 이상으로 확대하여 재생산한다. '미소지니(Misogyny)'가 대표적인 예다. 이들은 본래 여성 혐오를 의미하는 'Misogyny'의 사전적인 개념을 무한하게 확장했으며, 결국 사회적 통념으로 통용되는 '혐오'가 뜻하는 의미 이상으로 쓰기에 이르렀다. 왜 그런지에 대한 해명은 부족한 채로 말이다. 그럼에도 불구하고 페미니스트가 말하는 '여성 혐오' 개념은 분명히 존재한다. 여성에 대한 멸시, 혐오, 공포, 숭배, 칭찬 등 전혀 성질이 다른 단어들은 '타자화'라는 공통분모로 묶일 수 있기 때문이다. 즉, 일각에서 무분별한 낙인 행위로 남발하는 '여성 혐오'는 '여성에 대한 타자화'라는 의미에 가장 부합한다고 한다. 이러한 타자화는 가부장제라고 불리는 '남성 중심' 사회에서 꾸준히 축적된 문화적 산물이며, 그것이 오늘날에도 만연한다는 주장으로 이어지곤 한다.

    하지만 이는 틀린 주장이다. 필자는 이 글을 통해 역사적으로 여성은 타자화된 적이 없었으며 지금도 없다는 말을 전하고 싶다. 더욱 정확히 말해서 그 누구도 그렇게 할 수가 없었다. 타자화는 말 그대로 '중심'과 '주변화'를 분리하는 개념이지만 역사적으로 여성들은 분명 기존 사회 문화 구조 속에서 여성으로서의 영역을 차지해왔기 때문이다.

물론 물적 토대(공적인 영역) 위에서 남성이 여성보다 월등한 우위를 점한 것은 명백한 사실이다. 하지만 이는 여성을 타자화했다는 주장과는 전혀 다른 맥락으로 해석되어야 한다. 실제로 타자화되기 쉬웠던 집단은 그 사회가 규범화한 정상적인 남성상과 여성상에 부합하지 않았을 경우였다(여기서 말하는 정상적인 남성상과 여성상을 젠더 '스테레오 타입'이라고 부른다). 이러한 정상의 범주에 부합하지 않는 자들은 주로 유대인이나 집시 같은 전통적인 국외자들, 유럽의 흑인들, 그리고 사회적 규범을 거부하거나 이에 적합하지 않은 떠돌이, 정신병자, 상습적인 범죄자였고, 끝으로 '남자답지 않은' 남자와 '여자답지 않은' 여자가 포함됐다. 이는 아이와대 교수였던 독일 출신의 역사학자 조지 L. 모스가 그의 저서 《남자의 이미지》에서 지적한 말이기도 하다.

　우리는 여기서 '남자답지 않은 남자'와 '여자답지 않은 여자'에 주목할 필요가 있다. 이 말은 국가의 도덕성과 행동의 규범적인 양식을 결정하는 주요 기준에는 남성성이라는 문화적 기준과 여성성이라는 문화적 기준이 함께 존재하고 있었음을 뜻한다. 즉, 정상과 비정상을 구분하는 기준에는 남성성만이 아닌 여성성 또한 포함됐다는 의미이다. 또한, 여성성이라는 것은 남성성만큼의 보편성을 대변하지는 못했지만, 일정 부분 국가의 역사와 전통을 상징하는 기준이었다는 것이다. 남성성이 미덕으로서의 보편적인 규범을 구현했다면, 여성성은 국가의 모성적인 성격을 대변하고 전통과 역사를 가리켰다.

여기에 설명을 조금 첨가하자면 이러한 스테레오 타입 때문에 여성은 공적인 영역에서 빛을 발하는 게 거의 불가능했다. 하지만 어머니로서 자애롭고 헌신적이었던 여성상을 보여 주었던 성모 마리아와 신사임당 같은 인물들은 종교적 상징이나 위인으로 남을 수 있었다. 두 인물 모두 어머니의 표상이자 최고의 여성상으로 불리는 대표적인 인물들이다. 즉, 여성성은 어머니와 양육자의 위치로서 확고한 존재감을 나타냈고, 이것은 남성이 침범할수 있는 영역이 아니었다는 것이다. 다만, 남성은 이성적이고 여성은 감성적이라는 관념이 있었기 때문에 인류의 보편성을 대변하기엔 남성성이 더 적합하며 여성은 미숙한 존재로 취급받았을 뿐이다.

과거 '백인 중심' 사회의 흑인들을 떠올려보자. 당시의 정상과 비정상을 판가름하는 기준은 바로 피부색이었다. 따라서 피부색이 하얗지 않은 흑인들은 그 자체로 이질적 존재였으며 타자화되기 쉬운 인종이었다. 이러한 사회 구조 속에서 흑인은 노예로 쓰이는 것 외엔 아무런 가치가 없었다. 혹자들은 여성들에게 참정권이 부여된 시기가 흑인들보다 늦었다며 이를 여성의 인권이 얼마나 외면당해왔는지에 대해 내세우는 근거로 삼는다. 그러나 그것은 사적 영역 내에만 머물러있던 여성들에게 공적 영역 진출이라는 토대가 마련된 시기가 흑인들이 인격적 존재로서 인권을 부여받게 된 시기보다 늦은 것으로 해석해야지, 어느 쪽의 인권이 먼저였냐는 식으로 접근할 문제가 아니다.

그렇다면 지난날 남성들의 권위가 우위를 점해 오던 사회에서 여성은 과연 이질적인 존재였는가? 그렇지 않다. 앞서 설명했다시피 여성성은 국가의 상징으로서 의미가 있었기 때문이다. 쉽게 말해 백인 중심 사회에서의 백인들은 흑인 없이도 충분히 살 수 있었고 그들을 타자화할 수 있었지만, 남성과 여성은 서로 그럴 수 없었기 때문에 타자화란 것 자체가 불가능했다. 오히려 남성은 여성을 보호하고 지키기 위해 다른 남성들과 필사적으로 경쟁하고 싸워야 했으며, 때론 목숨까지 내던질 수 있어야 했다. 그것이 바로 규범화된 남성성을 인정받을 수 있는 길이었다. 여성도 마찬가지로 용모를 단정히 하고 어머니로서 아이를 잘 키워야만 여성성을 인정받을 수 있었다. 그렇지 못한 남성과 여성들은 모두 사회로부터, 각자로부터 인정받기 힘들었다. 이는 어느 한쪽에게만이 아니라 양쪽 모두에게 불편할 수 있는 현실이다.

　필자는 이 글을 통해 남성의 힘듦을 설파하는 것도 아니고 여성이 차별받지 않았다고 주장하는 것도 아니다. 무엇보다 필자는 기존의 규범화된 남성성과 여성성을 옹호하고 싶은 마음이 조금도 없다. 이는 남성과 여성을 넘어 이들 개개인의 개별성을 필연적으로 억압할 수 있기 때문이다. 개별성이 존중받는 사회는 남자가 돈을 잘 못 버는 대신 아이를 훌륭하게 키워도 가치를 인정받을 수 있고, 여자의 외모가 뛰어나지 않아도 실력으로서 인정받으며 합당한 보상을 받을 수 있는 사회를 말한다. 그러한 점에서 사회가 아무리 변화했다고 하지만 여전히 가진 재산과 직업 따위로, 혹은 외모만으로 개개인의 가치가 결정되는 것은 앞서 말한 스테레오 타입이 오늘날에도 남아있기 때문이라고 본다.

이 글에서 진정으로 하고 싶은 말은 균형 잡힌 젠더 담론을 형성하면서 어떤 성별이 중심이 되며 어떤 성별은 타자화된다는 논거는 적합하지 않다는 것이다. 이러한 전제는 가해자와 피해자, 혹은 지배자와 피지배자라는 이분법적 구도를 만드는 것 외에는 할 수 있는 게 아무것도 없다. 단지 혐오만을 양산할 뿐이다. 메갈리아와 워마드 같은 집단의 혐오적 언행에 '미러링'이란 대의명분이 따라붙고, 이들을 언론사들과 속칭 지식인이란 사람들이 나서서 비호하는 현상은 여기서 출발했다고 본다. 이들의 변호는 "너넨 지금도 기득권이고 여태까지 횡포를 부려왔으니 당해도 싸다." 정도로 요약할 수 있다. 그러나 그 반대급부로 단지 여성이기에 차별받은 경험과 불편함을 인정해달라는 목소리조차 '메갈'로 낙인찍히는 현상이 나타났다. 이렇게 혐오가 혐오를 낳는 악순환이 끊임없이 되풀이되는 것이다.

진정한 젠더 해방은 남성과 여성이 서로의 문제를 자신의 문제라고 인식하는 데에서부터 출발한다. 남녀의 문제는 동전의 양면과 같이 맞물려있기 때문에 한쪽의 문제를 인정한다고 해서 다른 한쪽의 문제가 부정되는 성질도 아니다. 그리고 이 악순환의 고리를 끊는 열쇠는 우리 모두가 쥐고 있다.

홍익대 회화과 누드모델 몰카 사건,
페미니즘이 그 원인

—
오세라비(2018년 5월)

초유의 사건이 홍익대 회화과 18학번 누드 드로잉 수업 중에 벌어졌다. 수업에 참여한 누군가가 남성 누드모델의 사진을 몰래 촬영해 남성 혐오 사이트인 '워마드'에 업로드하여 발생한 사건이다. 이때가 2018년 5월 1일 늦은 밤이었다. 남성 누드모델 사진은 얼굴과 하반신이 완전히 노출된 채 다음날인 2일 밤 10시경까지 워마드 사이트에 있었으나 SNS를 통해 파장을 일으키자 사이트에서 삭제됐다. 하지만 사진은 이미 SNS상에서 순식간에 퍼진 후였다.

이 사건이 벌어지게 된 배경을 살펴볼 필요가 있다. 약 3년 전에 등장한 극단적인 남성 혐오 사이트 '메갈리아'가 생긴 게 그 시초였다. 메갈리아 사이트는 1년 정도 유지되다 워마드로 탈바꿈했다. 혹자는 메갈리아와 워마드는 다르다는 말을 하는데 이는 '양두구육(羊頭狗肉)' 격으로 메갈리아 회원과 워마드 회원은 대부분 교집합 상태이며 메갈리아가 곧 워마드이다. 필자는 메갈리아 사이트와 워마드 사이트를 지속해서 모니터해 본 결과 회원 중 상당수가 상위권 여자 대학생이거나 비교적 괜찮은 직장에 다니는 여성들이라고 이미 진단한 바 있다. 워마드 사이트에는 상상을 초월하는 저급한 글, 음란물 공유, 아동 음란물, 한국 남성 특히 남성의 페니스 크기에 집착하며 조롱하는 글이 하루에만 수십 개씩 업로드된다.

이들에게서는 인터넷 익명을 가장한 이중성과 변태 성향이 만연해 있음을 알 수 있다. 상위권 대학에 다니지만 미성숙한 인성과 비뚤어진 정신 상태, 턱없이 높은 자만심으로 포장된 마인드는 페미니즘 이념을 만나면서 더욱 자신들을 정당화하기에 이르렀다. 정말 심각한 문제는 이들을 페미니즘의 새로운 물결이라 치켜세우며 페미니즘 운동을 확대하기 위해 이용하는 정치 페미니스트, 강단 페미니스트, 직업 페미니스트 부류들의 행태다. 페미니즘은 사회 운동으로서의 이념이며, 정치적 실천 운동이다. 그렇다면 물어보자. "어떤 사회 운동이 이렇듯 극단적인 남성 혐오와 남성들의 성 본능을 고발하는 데 혈안이 됐던가."

이들에게 페미니즘이라는 정당성을 부여하며 완장을 차게 해준 결정적인 계기는 바로 2016년 9월 22일에서 23일까지 이틀에 걸쳐 한국여성재단이 주최한 '2016년 여성회의: 새로운 물결 페미니즘 이어달리기'라는 행사였다. 이 행사에 1세대 페미니스트, 여성학자, 메갈리아 세대 약 160명이 모였다. 메갈리아 사태가 뜨거운 화제로 떠오른 시점이었다. 메갈리아·워마드의 준동을 페미니스트 진영은 놓치지 않았다. 권력은 이익과도 직결되기 때문이다. 당시 김현미 연세대 교수(문화인류학)는 이날 강의에서 메갈리아를 환영하며 다음과 같은 발언을 했다. "메갈리아로 대표되는 최근의 온라인 기반 페미니즘 운동이 한국의 그 어느 페미니즘 운동

보다 더 자장을 확대했고 온라인과 오프라인을 빠르게 횡단하며 놀랄 만한 변화를 만들어냈다. 메갈리아 세대의 페미니즘은 페미니즘의 정동적 회로망을 구성했다는 점에서 큰 의의가 있다." 페미니스트 진영 수뇌부들이 모여 메갈리아·워마드를 새로운 페미니스트 집단으로 규정한 것이다. 곧이어 김현미 교수는 격월간 문학 잡지인 《릿터 2호》(민음사)에 기고한 글에서 이런 말을 했다. "메갈리아는 일베에 맞서 싸울 수 있는 유일한 현존 페미니스트들이다." 이는 페미니스트 학자 정희진의 발언과도 똑같다. 정희진은 "메갈리아는 일베에 조직적으로 대응한 유일한 당사자"라는 장문의 기고 글을 《한겨레》에 썼다.[24] 결국 워마드를 괴물로 키운 것은 페미니스트 진영이다.

현 시기의 페미니스트 세력은 막강한 정치 권력과 이익집단이 됐기 때문에 기고만장하며 세상에 두려울 것이 없다. 그러니 홍익대 회화과 학생이 남성 누드모델 사진을 몰래 촬영해도 아무런 죄의식 없이 워마드 사이트에 올려놓고 온갖 조롱과 음담패설을 늘어놓는 것이다. 사건이 일어난 당일인 1일 회화과 누드 드로잉 수업을 들은 인원은 20명이었다고 한다. 사태의 파장이 커지고 공분을 일으키자 학생회와 학교 측은 사진 유출자를 찾겠다는 다짐과 몇 차례 입장문을 발표했다. 사건 발생 열흘 만에 피의자를 검거했는데 사진을 유출한 범인은 당시 누드 드로잉 모델로 함께 수업에 참여한 동료 여성 모델로, 그녀 또한 워마드 회원이었다. 그 와중에 워마드 사이트에는 삭제된 남성 누드모델 사진 대신, 이를 그림으로 그려서 업로드 한 후 또다시 조롱과 성희롱을 한껏 즐겼다. 이들의 무자비하고 패륜적인 남성 혐오 행위는 부끄러움도, 이성이 마비된 병적 상태이다.

　누드 드로잉은 인체의 구조를 이해하는 회화의 기초다. 그런데도 남성 누드모델의 인권과 인격권은 그 어디에 없는 만행을 저지른 것이다. 만약 남성 누드모델이 아니라 성별이 바뀌어 여성 누드모델 사진을 찍어 유포했다면 페미니스트 진영, 여성 단체들은 전부 벌떼처럼 들고일어났을 게 분명하다. 하지만 페미니스트 진영은 조용히 입 다물고 있었을 뿐이다. 그녀들은 본인들의 전매특허인 "여성은 사회적 약자이며, 피해자이고, 남성은 지배자였던 수천 년 역사 중에서 이 사건이 뭐 대수라고?"와 같은 반응을 보였다.

　잘못된 페미니즘, 빗나간 페미니즘 폐해의 가장 피해자는 다름 아닌 워마드와 이에 동조하는 여성들이다. 또한 이들을 괴물로 만든 페미니스트들 역시 마찬가지다. 사회를 어지럽히고, 예술 정신을 짓밟고, 남성과 여성이 불신과 대립하게 만든 책임은 누가 질 것인가?

'탈코르셋 운동'이
실패할 수밖에 없는 이유

—

오세라비(2018년 6월)

탈코르셋의 진실을 들여다본다

여성에게만 가해지는 사회적 억압을 벗어나자는 탈코르셋은 현재 한국에서 불고 있는 급진적 페미니즘 열풍과 관계가 깊다. 서구 특히 미국은 급진적 페미니즘 물결이 일어나던 1970년대에 초 탈코르셋 운동이 불었다. 68 혁명 신좌파 운동을 시작으로 뉴욕의 급진 페미니스트들은 미스 아메리카 선발 대회를 반대하는 시위를 시작으로 여성의 성적 대상화에 주목하며, 이를 여성에 대한 성 착취와 남성우월주의 문화라 규정했다. 브래지어를 벗어 술통에 던져 넣고, 가짜 속눈썹을 떼어내 쓰레기통에 버리는 퍼포먼스가 이어졌다. 누구(바로 남성) 좋으라고 브래지어를 하고, 화장하며, 예쁜 옷을 입냐는 식의 페미니즘적 발상이었다. 이처럼 페미니스트는 가부장적 코르셋, 여성 외모 코르셋, 여성 억압 코르셋 등을 남성 권력이 여성에게 씌운 억압이라 강변한다.

하지만 이들의 주장과 달리 패션의 발전은 여성들 간의 미의 경쟁에서 발전해 왔다. 예컨대 프랑스 루이 14세 시대의 문화 사조인 로코코 양식은 전 유럽 여성들의 화려한 미를 뽐내는 경연장이었다. 여성들은 앞다투어 허리를 최대한 가늘게 보이도록 보정 속옷인 코르셋으로 조여 드레스의 자태를 살렸다. 궁중 연회장에서 여성들의 미의 경쟁은 불꽃을 튀겼다. 루이 16세의 왕비 마리 앙투아네트의 화려함은 전 유럽 여성들의 선망과 질투의 대상이었다. 유럽 여성들 간의 미의 경쟁은 패션, 액세서리, 화장품, 헤어 스타일의 발전을 가져왔다. 이처럼 여성들은 경쟁을 통해 미모와 부를 과시했고, 자기 만족감을 충족시켰다.

코르셋의 역사는 르네상스 시절로 거슬러 올라간다. 이 당시 코르셋은 여성만 착용하는 것이 아니라 남성에게도 유용한 보정 속옷이었다고 한다. 최초로 코르셋을 입은 사람은 (왕족·귀족) 남성이었다는 설도 존재한다. 현대로 넘어와 미국의 전설적인 가수 엘비스 프레슬리는 30대 후반부터 급격히 체중이 늘어 무대 공연에 나설 때는 남성용 코르셋을 입었다고 한다. 비단 엘비스 프레슬리뿐만이 아니다. 이같이 코르셋은 시대의 사조에 따라 변해왔고, 여성뿐만 아니라 남성도 시대의 의상에 따라 필요하면 입었다는 게 역사적 사실이다.

서구 여성 복식사에 혁명적인 변화를 가져온 이는 샤넬 스타일로 유명한 디자이너 코코 샤넬이다. 코코 샤넬은 스무 살이 되기 전까지 보육원에서 자랐다. 스무 살에 의상실 점원에서부터 시작해 재능을 발휘한 코코 샤넬은 유행을 선도하는 디자이너가 됐다. 최초로 여성용 바지를 만든 코코 샤넬은 당시 복식인 코르셋을 입고 드레스를 입는 스타일을 단번에 바꿔버렸다. 단순하고 우아한 라인과 실루엣을 살린 투피스는 여성들의 의상에 획기적인 변화를 이끌며 새로운 유행과 스타일을 창조해 샤넬룩을 완성했다. 코코 샤넬의 미의 도전은 71살에 패션계를 다시 평정할 정도로 세상을 떠나기 직전까지 거듭됐다. 코르셋으로 몸을 조이고 드레스를 걸친 여성 의상에 획기적인 변화를 가져오고, 최초로 여성용 바지를 만든 바로 위대한 여성 디자이너가 바로 코코 샤넬이다. 이어 크리스티앙 디오르, 피에르 가르뎅 등 유명 남성 디자이너의 출현이 이어지며 패션은 발전에 발전을 거듭해왔다. 즉, 미를 향한 추구와 염원은 여성들이 가진 고유의 본능이며, 여성들 간의 은밀한 미의 경쟁 속에서 발전해 왔다. 만약 여성들의 미의 경쟁이 없었다면, 패션은 발전하지 못했을 것이다. 이것이야말로 탈코르셋이 실패할 수밖에 없는 이유다.

서구 급진적 페미니스트들이 반세기 전에 벌였던 탈코르셋 퍼포먼스를 국내 페미니스트들은 '꾸밈 노동'이라는 신조어까지 만들어내며 화장품을 버린다, 머리를 짧게 자른다, 겨드랑이털을 기른다, 안경을 쓴다, 다이어트를 하지 않는다, 옷은 내키는 대로 입고 다니겠다면서 행동으로 옮기는 중이다. 탈코르셋 열풍이 거센 여자 대학교에서는 선배 페미 장교들이 후배 여학생들에게 탈코르셋을 강요하기도 한다. 또한 쉴라 제프리스의 《코르셋》, 안드레아 드워킨의 《여성 혐오》 등 탈코르셋의 원조인 미국의 레즈비언 페미니스트들이 쓴 책을 열심히 읽는다. 탈코르셋의 발로가 레즈비언 페미니즘의 하나의 조류였다는 점은 분명한 사실 아닌가?

페미니스트가 탈코르셋을 하든 말든 그건 그들의 자유로이 선택할 문제다. 하지만 아름다움의 추구가 남성들이 만든 족쇄로부터 해방이라는 자기 기만적인 탈코르셋 운동은 우스꽝스러운 해프닝으로 기록될 것이다. 아름다움의 가치, 여자다움의 가치, 미를 향한 고유의 본능은 폄하될 수 없다.

페미니즘의 지적 사기, 맨박스

박수현(2018년 9월)

맨박스: 가부장제 아래에서 남성에게 씌워지는 억압, 즉 '남성이 남성다울 것'을 강요하는 것을 뜻한다. 하지만 이러한 남성성 강조는 결국 여성성을 가진 남성을 부정적으로 바라보는 것이기에 이 또한 여성 혐오에 해당한다.[25]

처음 이 개념을 접했을 땐 페미니스트가 남자들에게도 젠더 감수성이란 걸 발휘하기 시작한 건가 싶었다. 한쪽 성별만을 중심으로 젠더를 해석하고 체계화시킨 페미니즘에서도 남성 스테레오 타입에 대한 고찰이 필요하다고 느꼈기 때문일 테니 말이다. 하지만 이 역시 남녀 사이에서 일어나는 일련의 현상들을 자기들 방식으로 진단하고 개념화시키는 데에 익숙해진 페미니스트가 다시 한번 저지른 지적 사기에 불과했다.

맨박스에 내재된 오류의 핵심으로는 '가부장제' 내지는 '남성 중심 사회'가 있다. 이는 페미니즘의 이론적 토대이기도 하다. 애초부터 이들은 남녀 사이에 발생하는 현상들을 대부분 가부장제 혹은 남성 중심 사회라는 거대하고 추상적인 명사로부터 찾는 데에 익숙해졌다. 예컨대 페미니스트라고 하는 사람들에게서 흔히 들을 수 있는 "여성 혐오는 존재하지만, 남성 혐오는 존재할 수 없다.", "롤리타 컴플렉스와 쇼타 컴플렉스를 같게 볼 수 없다."라는 비상식적인 말들, 혹은 △젠더권력 △시선 강간 △맨스플레인 △맨스프레딩(쩍벌남) 같은 언어들은 모두 '가부장제라는 사회 구조에서 주체인 남성과 타자인 여성'이란 이론적 토대가 있기에 태동할 수 있었다. 애초에 사회가 기울어진 운동장(가부장제·남성 중심 사회)이니 남성 혐오는 존재할 수 없고, 로리콘과 쇼타콘은 동일할 수 없다는 게 이들의 주장이다. 또한 워마드의 온갖 반사회적 행위들도 사회적 약자들의 대담한 용기이자 분노이지만, 남초 커뮤니티의 김치녀 논란은 거세 심리로 인한 혐오 기제에 불과하다는 것이다.

먼저 '맨스플레인'이란 단어를 보자. 이렇게 간단히 정의해버려도 될까 싶은 개념이지만 어쨌든 페미니스트가 만들어낸 이 신조어가 가진 의미는 '여성을 가르치려 드는 남성들의 행동 양식 내지는 습관'이다. 물론 실재하는 현상이긴 하다. 어떤 남자가 자신의 여자 친구나 여자 후배에게 "오빠가 알려줄게."라는 말을 하며 지식을 뽐내는 행위는 일상 속에서 가끔 접할 수 있는 광경이기 때문이다. 하지만 이 안에서 우리는 여성이 남성에게 바라는 똑똑한 남성상이 여성에게 인정받고 싶은 남성의 동물적 본능을 어떻게 현실화시키는가에 대해 알아볼 수 있고, 이를 통해 각자의 욕망이 이성의 행동 양식을 어떻게 통제할 수 있는지를 논의할 수 있다. 나아가 가치 있는 젠더 연구이자 인문학적 탐구로 발전할 수도 있다. 그러나 페미니스트는 이 현상을 '맨스플레인'이라는 추상적 명사로 개념화시킴으로써 그 어떠한 논의조차 불가능하게 만든다. 이들의 '가부장제'라는 이론적 토대에서 남자들의 가르치려는 행동은 '여성을 남성보다 낮은 존재로 여기고 종속시키기 위한 의식적 행동'에 지나지 않기 때문이다.

맨박스 또한 다르지 않다. "남성성 강조는 결국 여성성을 가진 남성을 부정적으로 바라보는 것이기에 이 또한 여성 혐오에 해당한다."에서 알 수 있듯, '남성성 강조' 또한 여성 혐오 산물로 보는 게 이들의 수준이다. 왜냐하면 이 사회는 가부장적 질서 아래에 여성 혐오가 공고화된 남성 중심 사회고 기울어진 운동장이니까. 쉽게 말해 남자가 만든 틀에 남자들이 스스로 간혔다는 것이다. 여기에서도 마찬가지로 페미니스트는 여성의 선택이, 여성의 시선이, 여성이란 존재가 소위 '남자다움'이란 영역에 어떠한 영향을 미치는지에 대해 그다지 고려하지 않는다. 이들은 여성이 하나의 주체로서 어떤 가치를, 그것도 남성성이란 엄청난 걸 만들어낸다는 사실을 지독하게도 인정하기 싫어한다. 그걸 인정하는 순간 '남성 중심 사회에서 주체인 남성과 타자인 여성'에 균열이 생기기 때문이다. 따라서 맨박스라고 정의된 '남자다움'에 관한 논의가 "남자들에게도 여성에겐 없는 어떤 사회 구조적 피해가 있을지는 몰라도 그 역시 자기들이 만들어냈다."는 정도로 일축될 수밖에 없다.

또 "남성성 강조가 '여성성을 가진 남자'를 부정적으로 바라보는 것이기 때문에 여성 혐오다."라는 주장에도 함정이 존재한다. 물론 전통 사회에서 여성성을 가진 남자는 부정적인 존재로 취급받았다. 하지만 그 부정적인 대상이 단지 '여성성'인지, '여성성을 가진 남자'인지에 따라 내용은 완전히 달라진다. 여기서 페미니스트들은 '여성성'이란 것 자체를 남자들이 여성을 종속시키기 위해 만들어낸 부정적인 관념으로 보고 있다. 그렇기 때문에 '여성성을 가진 남자'가 부정적으로 바라보이는 것까지도 여성 혐오의 연장선상으로 간주하는 것이다.

하지만 실제로 타자화된 대상이 '여성성'이 아니라 '여성성을 가진 남자', 다시 말해 '남성성을 가지지 못한 남자'라면 어떨까. 그렇게 보면 '여성성' 자체에는 문제가 없지만, 그 '여성성'을 가진 대상이 '남자'이기 때문에 부정적으로 보였다는 이야기가 성립된다. 이를 좀 더 확장해 말하면 '여성성을 가진 여자'는 '남성성을 가진 남자'와 함께 부정적인 대상이 아닌 '정상'의 범주에 포함될 수 있었다는 말이 된다. 필자는 남성성과 여성성이라는 가치가 여성을 억압하고 착취하기 위해 만들어졌다고 생각하지 않는다. 이는 오히려 인류에 가족 공동체가 생긴 이후부터 꾸준히 만들어져 온 역사적 산물에 가깝기 때문이다.

따라서 남녀 간의 상호성을 전혀 고려하지 않은 이 맨박스라는 개념은 잘못됐다. 이 역시 다른 것들과 마찬가지로 가부장제·남성 중심 사회라는 거대한 이론 체계 안에 억지로 우겨넣어 만들어낸 반쪽짜리 결과물에 불과하다. 이렇게 말하면 십중팔구 "어쨌든 맨박스에서 벗어나려면 페미니즘이 필요한 것 아니냐?" 또는 "결국 여권 신장(페미니즘)은 남자들에게도 이로운 것 아니냐?"는 반문이 나올 것이다. '맨박스'의 원인이 가부장제이기 때문에 여권 신장이 이뤄져 가부장제가 타파된다면 남자들도 자연스럽게 해방된다는 주장이다. 페미니스트의 주장처럼 여권 신장이 이뤄진다고 해서 맨박스 따위가 없어질까? 남자들이 남성 스테레오타입으로부터 벗어나기 위해선 무엇보다 여성들의 변화가 절실하며 그 반대의 경우도 마찬가지다. 페미니스트가 진정으로 성 해방을 원한다면, 혐오가 아니라 남녀 모두 서로에 대한 존중과 이해를 기반으로 한 올바른 젠더 담론을 만들기 위해 노력해야 한다.

서울권 대학 총여학생회 폐지가 갖는 의미는?

박가분 (2018년 11월)

총여학생회 폐지 흐름

2018년 총여학생회가 재개편되거나 폐지된 연세대, 성균관대에 이어 동국대에서도 총여학생회가 학생 투표를 거쳐 11월 22일 폐지됐다. 이로써 서울권에서 총여학생회는 전무한 상태다. 경희대, 한양대 등에는 여전히 학생 회칙상 총여학생회가 존재하지만, 공석인 상태가 오래됐다. 마찬가지로 학생 투표를 통해 사실상 총여학생회가 폐지된 연세대에서는 총여학생회의 재개편 논의가 진행 중이다. 동국대 총여학생회 폐지 투표가 눈길을 끌렸던 점은 앞선 경우와 달리 상당히 격렬한 반발 때문이다. 동국대의 경우 총여학생회의 방만한 지출 내역이 문제 제기된 이후 폐지안이 발의되자 반대 측에서는 대자보와 현수막 그리고 여학생 총회라는 수단을 통해 적극적으로 저항했다. 또한 이에 호응해 총여학생회의 존치를 주장하는 학내 집회가 열리기도 했다. 이러한 반발에도 불구하고 동국대 총여학생회 폐지안 학생 투표는 이례적으로 하루 만에 과반 투표율(55.7%)을 넘겨 성사됐고, 결국 75.9% 찬성으로 폐지가 확정됐다. 동국대 대나무숲에서는 총여학생회 존치론자들이 홍보물로 걸어놓은 "우리는 조개가 아니라 해일이다." 등과 같은 선정적인 문구가 오히려 투표율 상승에 도움이 됐다는 반응이다. 동국대 총대위원회에 따르면 총여학생회 폐지를 발의한 측은 '학내 갈등 조장과 통합 저해', '총여학생회 실질적 운영 성과 및 소통 부재', '총여학생회의 사법 기관화 및 정치 세력화', '총여학생회의 학생회비 사용', '남학생들이 총여학생회에 학생회비를 납부하지만 투표권이 없는 문제' 등을 제시한 것으로 알려졌다.

총여학생회 폐지의 객관적·구조적 배경

어떤 이들은 총여학생회에 대한 비토를 페미니즘에 대한 '반발' 혹은 —나쁘게 말하면— '백래시'로 해석하기도 한다. 물론 총여학생회가 폐지되거나 개편된 데에는 요사이 래디컬 페미니즘의 조류에 대한 반발을 배제할 수 없다. 그러나 이러한 분석은 페미니즘에 대한 학생 각자의 주체적인 태도와 별개로 총여학생회 설립 당시와 지금의 사회적 구조가 크게 달라졌다는 점을 간과한다.

80년대 중후반에서 90년대 초반까지 서울 수도권 대학 및 국공립대학 중심으로 일었던 총여학생회 설립 붐 당시만 해도 여학생은 캠퍼스에서 소수였다. 또한 학생 운동이 활발하던 당시 운동권 내의 남성 중심적 분위기에 대한 보다 적극적인 이념적 대응이 필요한 상황이기도 했다. 총학생회와 별개로 총여학생회를 설립한 배경에는 이처럼 소수자에 대한 배려(affirmative action)의 측면 외에도 이른바 운동 사회 내 여성 활동가의 참정권을 보장받으려는 성격이 짙었다. 실제로 최초의 총여학생회 설립은 80년대 학생 시절의 심상정 의원이 서울대에서 주도한 것으로 알려졌다.

하지만 2000년대 이후부터 학생 운동권은 서울 수도권 캠퍼스에서도 소수파로 전락하게 된다. 총학생회가 더 이상 대학 내 진보적 대중 운동을 대표하는 기구가 아니게 된 이상 마찬가지로 운동 사회 내 여성 활동가를 별도로 대의하는 기구가 학생사회 내에 존재해야 할 필요성 역시 사라지게 됐다. 또한 2005년 이후부터는 여학생의 대학 진학률이 남학생을 앞지르기 시작했다. 2017년 기준 여학생의 대학 진학률은 72.7%로 남학생(65.3%)보다 7.4% 높다.[26] 여학생은 더 이상 캠퍼스 내의 소수자가 아니다. 총여학생회 설립을 가능하게 했던 객관적 조건 중 하나가 해소된 셈이다.

주체적 요인, 래디컬 페미니즘의 대중 확장성 한계

물론 총여학생회의 존폐를 좌우하는 데 이러한 사회적 조건만 작용했던 것은 아니다. 총여학생회는 한동안 대학 내 페미니즘을 정치적으로 대표하는 기구로 자리 잡았는데, 이러한 페미니즘이 학생 대중 다수의 이익을 대변한다는 합의가 존재하는 한 총여학생회는 유지될 수 있었다. 실제로 이것이 학생 운동이 몰락한 90년대 후반 이후에도 한동안 다수 대학에서 총여학생회가 유지된 배경이 되었다. 페미니즘은 남성뿐만 아니라 성 소수자를 위한 담론이라는 인식이 캠퍼스 내에 한동안 영향력을 미쳤다. 이렇게 볼 때 총여학생회 폐지에는 '페미니즘은 모두(남성은 물론 성 소수자 포함)를 위한 것'이라는 이데올로기적 합의가 붕괴한 것 역시 크게 작용했다. 그리고 이러한 합의가 붕괴한 사정은 주류 페미니즘 담론이 분리주의·래디컬 페미니즘에게 잠식당한 것과 무관하지 않다. 2015년 이후 발흥한 메갈리아·워마드류의 페미니즘은 남성 혐오를 표방하고 있을 뿐만 아니라, 게이·트랜스젠더에 대한 아웃팅(당사자의 의사에 반하는 성 정체성의 폭로) 등을 통해 남성 성 소수자에 대한 적대감을 공공연하게 드러낸 바 있다. 바로 이것이 총여학생회 폐지에 대해 '백래시'를 운운하는 논평가들이 놓치고 있는 지점이다. 실제로 정희진, 이나영 등을 비롯한 강단 페미니스트조차 이러한 메갈리아·워마드류의 페미니즘을 적극적으로 끌어안음으로써 과거 주류 페미니즘이 표방한 '페미니즘의 보편성(예: 페미니즘은 모두를 위한 것)'에 대한 이념적 호소를 스스로 훼손했다.

그뿐만 아니라 최근 '탈코르셋'을 표방하는 래디컬 페미니즘은 여성의 화장과 옷차림에 대한 공격과 비난으로 이어짐으로써 젊은 여성 사이에서도 논란을 낳고 있다. 이러한 사태 역시 '페미니즘은 모두를 위한 것'이라는 명제에 심각한 의문을 불러일으켰으며, 이러한 의문은 고스란히 '총여학생회는 모두를 위한 것'이라는 명제에 대한 의문으로도 이어졌다.

그동안 대학 캠퍼스는 래디컬 페미니즘의 온상으로 지목됐다. 하지만 총여학생회 폐지 흐름은 캠퍼스 내에서조차 이러한 래디컬 페미니즘의 확장성이 한계에 부딪혔다는 신호로 읽을 수 있다. 다시 동국대 총여학생회 폐지 투표 결과로 돌아가 보면, 적극적인 존치 운동에도 불구하고 대표적인 여초 학과인 문과대학과 예술대학에서조차 총여학생회 폐지 찬성률이 의외로 반대를 앞지른 것을 볼 수 있다(문과대학 찬성률 51.7%, 예술대학 찬성률 54.7%).
이뿐만 아니라 사실상 존폐를 물은 연세대 총여학생회 재개편 투
표의 경우에도 여학생의 총여학생회 재개편 찬성률은 62.04%를
기록했다. 물론 여학생의 투표율이 남학생보다 상대적으로 저조
했다는 점을 고려하더라도, 이는 총여학생회의 존립에 의문을 표
하는 여학생의 수가 적지 않다는 것을 보여준다.

총여학생회의 폐지흐름은 여학생이 더 이상 대학사회 내의 '소
수자'가 아니게 된 사회적 환경 변화는 물론, 이러한 변화에 대한
페미니즘 진영의 주체적 대응의 실패가 낳은 합작품이라고 할 수
있다. 아울러 이런 일련의 사건은 보편적 호소력을 잃은 이념 운
동이 봉착할 수밖에 없는 한계마저 보여준다고 할 수 있다. 이와
관련해서 여전히 총여학생회가 활동 중인 충북대 후보 출마자의
인터뷰는 시사적이다.

후보자로 출마한 허난희는 한 언론 인터뷰에서 "총여학생회는
변화해야 한다. 여학생이 보호받아야 하는 사회적 약자라는 시
각에서 벗어나겠다. 대대적인 개혁과 구조 개편을 통해 모두에게
신뢰받는 학생자치기구가 되겠다."며 "많은 오해가 있을 수 있다.
건전한 비판에 대해서 적극적으로 수용하고 더욱 진심을 다하겠
다."고 발언한 바 있다. 진보적 논평가들이 총여학생회를 둘러싼
주·객관적 조건의 변화는 물론, 페미니즘 내부의 실천적·이론적
오류를 직시하지 않고 '백래시'만을 탓한다면 이는 변죽만 울리는
진단이 될 수밖에 없다.

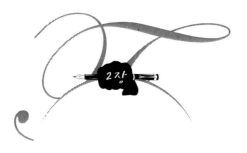

메갈리아·워마드 논란

'메갈리아'는 사회병리 현상의 한 부분

—
오세라비(2016년 8월)

페미니스트들의 매카시즘적 경향

"나는 페미니스트였던 적도 없고, 앞으로도 페미니스트가 되지 않을 것이다."[27] 독일이 서독과 동독으로 분단됐을 당시에 서독 사회당 여성 대표 젤버트가 선언한 말이다. 필자 역시 같은 입장이다. 여기서 의문이 든다. 페미니스트를 자처하는 여성은 여성을 위해 행동하는가? 또한 페미니스트를 자처하는 남성은 진정으로 여성을 위해 행동하는가? 필자의 경험상 페미니스트를 자처하는 여성이든, 남성이든 정말로 여성들의 정치적, 사회적, 경제적 권한 강화를 위해 실행에 옮기는 이들은 거의 없었다. 이들의 공통점은 단지 '태도적으로 페미니스트'인 경우가 대다수다.

필자는 정당의 당원이었을 때나, 어느 단체에 몸담았을 때나 여성 부문에서 참여를 많이 했다. 원해서였기보다 어쩔 수 없이, 맡을 사람이 없어 참여한 경우다. 그렇지만 일단 맡으면 누구보다 열성적으로 참여했고, 현재는 여성 단체와는 전혀 관계를 맺지 않고 있다. 여성 부문에 참여하면서 여성 인권 향상에 관한 학습도 많이 했고 페미니즘에 관하여 누구보다 많은 저서를 읽었다. 사회과학 분야에 책을 읽다 보면 사회 운동으로서 페미니즘 운동의 역사를 자연스레 접했기 때문이다. 그런데 최근 '메갈리아'라는 여성 커뮤니티가 자칭 페미니스트를 자처하며, 마치 페미니즘을 이끄는 전위대 노릇을 자처하고 있다. 저러한 병리 현상을 보이며 일탈 행위로밖에 볼 수 없는 커뮤니티가 페미니즘을 말하는지 참담한 심정이다.

필자는 2015년 8월에 메갈리아 사이트가 개설될 때부터 지속해서 그들의 글을 읽어보았다. 아연실색할 글과 사진이 줄을 이어 게시됐고, 글 쓰는 회원들이 적은 숫자에 그치고 있었으나, 처음 사이트가 개설될 때부터 도저히 정상적인 사고를 하는 이들이 모인 커뮤니티가 아니었다. 그냥 그대로 두면 고사할 사이트였는데, 좌파 정당인 정의당의 부문 위원회 중 한 곳에서 메갈리아를 옹호하는 논평을 내면서 비정상적인 병리 현상을 보이는 곳을 되살려버렸다.

메갈리아는 여성 혐오에는 혐오로 맞선다며 일명 '미러링' 수법을 사용한다. 원래 '미러링'은 심리학에서 쓰는 용어다. 거울 작용(mirroring)은 감정의 동조 현상을 말한다. 심리학에서 상대방과 유사한 행동을 함으로써 상대방에게 친근하게 다가가는 현상을 말한다. 이는 감정의 동조 현상을 통해 서로의 간격을 좁히고 소통을 원활히 하는 것인데, 이것을 메갈리아는 혐오를 그대로 반사하는 용도로 변질시켜버렸다. 그것도 페미니즘이라는 외피를 두르고 정당화하며 페미니즘조차 변질을 시도하고 있다. 이런 일탈 행동에 동조하는 메이저 좌파 여성 단체와 좌파 군소정당의 페미니스트들, 기타 페미니스트 세력들이 상당수 존재한다. 대다수 좌파는 페미니스트라고 자처해야 제대로 된 좌파라 믿는 이들이다. 여기서 페미니즘 역사를 짧게나마 더듬어 보자.

페미니즘의 목적은 무엇인가

'여성의 지위와 권한 강화'이다. 이걸 모르는 이는 없을 것이다. 여성의 정치적·법적 권한 획득의 역사는 그리 길지 않다. 불과 70여 년 전이다. 남성들과 달리 여성들의 참정권 역사는 짧다. 프랑스가 1944년에야 여성 투표권을 허용했으니 말이다. 세계에서 최초로 여성 투표권을 허용한 나라는 놀랍게도 뉴질랜드로 1893년이다. 유럽 최초로 핀란드가 1906년, 독일이 1918년이다. 게다가 제2차 세계대전 후에야 남편의 허락 없이 취업이 허용된 것은 독일이 1950년대, 프랑스가 1975년이다. 프랑스의 경우 여성 투표권 허용에 강하게 반발한 역사를 자랑한다. 여기에는 좌파·우파 모두 반대했다. 이유는 여성들의 친 종교적 성향이 공화제나 사회주의에 반대하는 교회 측에 영향력을 제공해 줄 것이라는 우려 때문이었다. 이처럼 여성의 권한 획득의 역사는 짧은 가운데에서도 엄청난 변화와 발전을 이룩했다.

수천 년 동안의 남성 지배에서 여성의 권한 향상을 위한 캠페인에 헌신한 여성 운동가들의 노력도 크게 작용했다. 물론 남성과 여성의 지위 격차는 여전히 존재하며, 가사 및 육아 문제는 대부분 여성 몫이다. 그것은 더욱 진전해야 할 일이며, 제도와 정책을 통해 향상해야 한다. 이제는 여성 유권자의 파워를 무시 못할 시대로, 지구상에 여성 인구수가 더 많다. 여성들이 남성보다 더 오래 살기 때문에, 여성들의 정치, 사회적 권한은 더 확대되리라 믿는다.

현 시기는 여성과 남성 다 같이 불평등을 외치는 시대다. 그런데 메갈리아 같은 커뮤니티가 병적인 남성 혐오를 줄곧 외치며 페미니스트라 자처하고 또 페미니스트라 인정받는다. 이런 커뮤니티를 지지하고 박수를 보내는 이들은 정말 이들의 일탈 행동과 병리 현상이 정상적으로 보인단 말인가? 메갈리아에 동조한다면 같은 부류이거나, 또 다른 정치적 목적과 자신들의 경력 쌓기에 활용하는 집단이리라 짐작한다. 메갈리아 현상도 부디 일시적인 현상이기를 바란다. 사회·경제적 불평등이 깊어지는 국내에서 일어나는 사회적 병리 현상의 한 부분일 것이다.

미러링 옹호자는 사실상 남성우월주의자

—
박가분 (2017년 10월)

2016년 전 사회적으로 논란을 확산시킨 메갈리아·워마드는 어떤 측면에서는 페미니즘 진영에게도 곤혹스러운 존재이다. 이들은 성 소수자뿐만 아니라 어린이·노인·비정규직 등의 사회적 약자에 대해서도 공격적인 혐오 발언을 일삼는 세력[28]이며 현재에도 이들이 확산시킨 밈(meme)은 인터넷 게시판과 SNS에 광범위하게 퍼져 있다. 2016년 11월에는 워마드 유저들이 트랜스젠더 커뮤니티의 신상 정보를 타 커뮤니티에 유출하는 테러를 저지르기도 했다. 이들의 극단주의적인 언행은 '이론상'으로 소수자와 사회적 약자의 권리를 옹호한다는 페미니즘 진영에 곤혹스러움을 안겨준다.

한편, 이러한 곤혹스러움을 지우기 위해서라도 페미니즘 진영에서 '전가(傳家)의 보도(寶刀)'로 휘두르는 무적의 논리가 있다. 그것은 바로 '미러링'이다. 쉽게 말해 여성은 사회적 약자이자 피해자이므로 이들이 하는 극단적인 행동은 그동안 누적된 피해에 대한 복수심의 발로라는 것이다. 이러한 입장에도 물론 편차는 있다. 여성학자 정희진·이나영처럼 메갈리아·워마드를 마치 독립투사처럼 묘사하며 무한한 정당성을 부여하는 입장이 있는가 하면, 이들의 극단주의적 언행을 경계하면서도 이들의 행위가 일종의 불가피한 정당방위(?)였다는 변호론도 있다. 어찌 됐든 이들 모두 메갈리아·워마드가 '피해 여성'을 대표하는 존재라고 강변한다는 점에서는 같은 입장을 공유한다. 다음과 같은 페미위키의 설명은 미러링의 논리에 대한 옹호론을 잘 요약한다.

미러링 논리에 대한 그동안의 반론

이러한 입장에 대해서는 이미 《혐오의 미러링》과 《포비아 페미니즘》에서 자세하게 반론해 놓았으므로 길게 재론하지는 않겠다. 다만 아직 읽지 못한 독자들을 위해 간단하게만 요약하도록 하자. 우선 여성이라는 집단 전체를 마치 계급으로 변별되는 일방적인 피착취, 피억압, 피해 집단인 것처럼 상정하는 전제 자체가 의심스럽다. 게다가 남녀 간의 대립처럼 보이는 사회 현상의 이면에는 실제로는 계층 대립과 세대 간의 대립이 놓여 있는 경우가 빈번하다. 예컨대 대한민국에서 35%에 달하는 남녀 간의 임금 격차를 벌려놓은 주범은 중·장년층 기성세대이며 정작 상호 간의 젠더 혐오 발언이 제일 빈번한 20대 남녀 간의 임금 격차는 5%에 지나지 않는다.[29]

정작 남녀 격차가 가장 적은 세대에서 이성 혐오가 가장 심한 것에서 볼 수 있듯이, 일자리와 미래가 불안정한 계층일수록 혐오 발언과 극단주의 경향에 취약해지기 마련이다. 이러한 인구 집단의 세대 차이와 계급 격차를 고려한다면 인터넷 커뮤니티에 익숙한 일부 젊은 여성 네티즌들을 중심으로 이용된 메갈리아·워마드가 피해 여성 전체를 대표한다는 전제 자체도 의심에 부쳐질 수밖에 없다. 두 번째로, 이들의 미러링이 정확히 무엇에 대한 미러링인지 불분명하다는 것이다. 설사 메갈리아·워마드의 공격적인 언어가 피해자와 약자의 위치에서 시작된 것이라고 인정하더라도 그 공격성이 남성 어린이(한남유충), 장애인(읍엑), 비정규직(구의역 희생자), 노인(최초 메르스 감염자)과 같은 피해자와 약자로 향한다면 애초에 '미러링'이라는 논리가 성립할 수 없다. 그것은 약자가 같은 만만한 약자를 혐오하고 공격하는 노예근성에 불과하기 때문이다. 세 번째로, 메갈리아가 일베의 여성 혐오 발언에 대한 '저항 행위'로 만들어졌다는 서사 자체가 사실관계에서부터 거짓이다. 실제로 메갈리아·워마드는 메르스 사태가 터지기 한참 이전부터 음지에서 일베의 혐오 발언을 모방하고 일삼아왔던 일군의 여성 네티즌(예: 디시인사이드 남자 연예인 갤러리)에서 시작된 혐오 신드롬이다.

더군다나 여성 네티즌들이 혐오 발언과 사이버 폭력의 책임에서 면제된 순진무구한 존재라는 것은 대표적인 페미니즘 신화 중 하나이다. 여성 네티즌 역시 빈번히 사이버 폭력과 조리돌림의 가해자였으며 SNS와 인터넷 게시판의 교류가 활성화되면서 이 진상이 나중에 수면 위에 드러나게 됐다. 인터넷 커뮤니티의 역사에 대해 조금이라도 일가견이 있다면 여성이 넷상에서 일방적이고 순진무구한 피해자라는 환상은 버릴 수밖에 없다.

여성의 도덕적 자기 객체화

이미 충분히 근거와 사실관계들이 정리된 만큼 위와 같은 논점을 다시 길게 반복할 필요는 없을 것 같다. 사실은 미러링의 논리가 주류 담론에 진입하면서 발생한 다른 더 심각한 폐단이 있으므로 여기에 화제를 집중할 필요가 있다. 다시 미러링의 정당성을 강변하는 입장으로 돌아가 보자. 작가 목수정은 언젠가 다음과 같이 말한 적이 있다. "메갈이 틀렸다고는 말하지 않겠다. 그 싸움에 뛰어든 그들은 전술을 선택했다기보다, 불가항력적으로 이 살벌한 전선에 섰다고 본다. —불가항력은 일베라는 집단으로 대변되는 광범위한 어험 현상이었고— 내가 아는 한, 그 어떤 여자도, 폭력적 어휘를 오래 난사하면서 기쁠 수 없기 때문이다."³⁰

필자는 이러한 종류의 발언을 전형적인 '여성의 도덕적 자기 객체화'라고 이름 붙이고 싶다. 실제로는 소수자와 약자에 대한 '폭력적 어휘를 오래 난사하면서 기쁠 수 있는' 여성들이 있다는 점도 문제이지만, 이들에 대한 목수정식 옹호론은 그 논리적 귀결에서 궁극적으로 여성의 도덕적 주체성 자체를 부정하게 된다는 점에서 더 큰 문제이다. 여성의 도덕적 자기 객체화는 오늘날 현대 페미니즘 담론에 만연한 문제다.

무분별한 미러링에 대한 옹호론자들과 논쟁하다 보면 "먼저 남성들이 혐오를 그만두면 메갈리아·워마드도 없어지지 않겠느냐?"는 항변을 자주 들을 수 있다. 혐오 발언을 난사하는 일부 여성 측을 변호하려는 의도에서 행해지는 이러한 발언은 근본적으로 "여자는 남자 하기 나름이다."와 같은 옛날의 성차별적 편견과 논리적으로 다르지 않다. 미러링의 논리는 "여자가 오죽하면 그러겠느냐."는 말로 요약될 수 있다. 이것 역시 '여성의 도덕적 객체화'의 한 사례다.

사실 과거에도 여성의 도덕적 주체성을 전면 부정하는 입장이 사상적·철학적 형태로 포장된 바 있다. 예컨대 ―해석상의 논쟁 여지는 있지만― "여자는 남자의 중상이다."[31]라고 발언한 자크 라캉과 같은 정신분석학자의 발언이 대표적인 반여성적 사유를 담고 있다. 그에 따르면 여성에게는 어떤 도덕적 실체도, 책임도 없다. 여성이 표출하는 징후적인 행위들은 오로지 남성이 무엇을 생각하고 의욕하고 행위하는지를 비틀어서 비추는 거울에 지나지 않는다. 비슷한 예로, 과거 낭만주의 계열 예술 작품들은 남성의 은밀한 환상과 부끄러운 기억을 끄집어내는 수동적 매개체로 기능하는 여성 캐릭터들을 묘사하곤 했다. 이 역시 여성을 도덕적 객체로 사고하는 흐름이다. 역사상 가장 악명 높은 반여성주의 사상가 오토 바이닝거는 《성과 성격》에서 "여성에게는 지적 양심이 없다."고 말하며 여성에게는 도덕적 책임 의식과 자아가 결여되어 있다는 식의 극언을 서슴지 않는다. 동시에 다른 곳에서 그는 그만큼 남성 측의 책임 의식과 윤리 의식의 회복을 더욱 강조한다. 어디서 많이 들어본 이야기 같지 않은가?

일부 여성 측의 잘못을 옹호하기 위한 수단으로 사용되는 '미러링'의 논리가 남용되면 남용될수록 이는 역설적으로 남성우월주의적인 사상에 더욱 가까워진다. 여성이 궁극적으로는 자신의 행위에 대한 책임을 지지 않는다는 관점은 도리어 여성의 도덕적 주체성과 행위능력 자체를 박탈하는 것과 다름없기 때문이다. 일례로 《윤리 21》에서 가라타니 고진은 칸트의 도덕 철학을 요약하면서, "어떤 사건에 대해 사후적인 책임을 지는 것에서 비로소 주체의 도덕적 행위능력이 발생한다."고 주장한다. 예를 들어 자신이 시작한 일이 예상치 못한 결과로 이어질 때 거기에 대해 "어쩔 수 없었다.", 혹은 "불가항력이었다."라고 말하는 것은 역설적으로 인간의 도덕적 주체성을 박탈한다는 것이다.

　누차 반복했듯이, 메갈리아·워마드와 같은 일부 극단주의자들의 언행이 사회적 신드롬이 된 근본적인 원인은 남녀의 문제보다 더 깊은 곳에 있다. 이에 반해서 오늘날 페미니즘 담론의 주류를 점하게 된 '포비아 페미니즘'은 그 근본에서는 세대갈등과 계급 갈등이 중첩된 젠더 문제를 오로지 남녀 간의 적대적인 대결 구도로 풀어 나고자 한다. 그러나 그런 방식으로 풀릴 수 있는 젠더 문제는 단 하나도 없다. 이러한 구도 자체에 집착하는 과정에서 포비아 페미니스트들은 여성에게 불리한 것으로 보이는 어떠한 사실과 사건(예: 일부 젊은 여성들 역시 소수자와 약자에 대한 혐오신드롬에 동참하는 현실)도 탈진실화(Post-truth)하려곤 하는데, 그 과정에서 정작 자신이 옹호하는 집단의 주체성 자체를 전면적으로 부정하는 논리에 깊게 사로잡힌다. 메갈리아·워마드의 혐오 발언 자체에 대한 책임을 묻기보다는 그 책임을 지속해서 외부에 전가하는 관행이 대표적이다. 이것은 그 논리에서는 여성의 도덕적 책임 능력을 원칙적으로 인정하지 않던 남성우월주의자들의 입장과 동일하다.

많은 양식 있는 시민 그리고 다수의 여성이 포비아 페미니즘의 조류를 의심하는 이유는 명확하다. 왜냐하면, 많은 사안에서 정작 다수의 페미니스트가 남성과 여성을 자유롭고 평등한 도덕적 주체로 사고하거나 최소한 그러한 상태를 지향하는 '평등관'에서 멀어지고 있다고 느끼기 때문이다.

한서희의 트랜스젠더 발언,
'개인적 일탈'일까

—
박가분(2017년 11월)

아이돌 그룹 빅뱅의 탑과 함께 대마초 흡연 혐의로 입건된 이후 '페미니즘 선언'으로 연일 화제를 모은 한서희에게서 나온 트랜스젠더 관련 발언이 화제가 됐다. 한서희는 2017년 11월 11일 인스타그램에서 "트랜스젠더는 여성이라고 생각하지 않습니다. 생물학적으로도 여성이라고 생각하지 않습니다."라고 발언했다. 이어 그는 페미니즘 운동과 관련해서 "여성만 안고 간다."고 발언했다. 페미니스트로서 트랜스젠더 인권도 챙겨달라는 한 댓글에 대한 반응으로 보인다. 이러한 발언은 즉각 논란이 됐다. 하리수는 이에 대해 반발하며 "이 사람의 인성도, 저지른 행동도 참으로 안타까울 뿐."이라는 공개 저격을 하기에 이르렀다. 이어서 그는 자신에게도 쏟아지는 자궁이 없다는 등의 악플에 대해 "병 때문에 혹은 암에 걸려 자궁 적출 받으신 분들도 계시는데 저 글에 따르면 그분들도 다 여자가 아닌 거죠?" 등의 항변을 이어갔다.

트랜스젠더를 불편해하는 여성들

수많은 언론과 기자가 한서희의 발언을 비판적으로 다뤘다. 한편 한서희의 입장에서는 이 같은 공중의 날 선 반응은 다소 억울하게 느껴질 수 있다. 그의 발언은 여초 커뮤니티와 넷페미니즘의 전반적인 인식의 단면을 보여주기 때문이다. 실제로 메갈리아·워마드와 같은 혐오 사이트에서는 트랜스젠더에 대해 '젠신병자(트랜스젠더+정신병자)'와 같은 극단적인 언행이 일상어로 정착됐다. 여성이 아니면서 여성을 흉내 내는 정신병자라는 반감이 담겨 있는 언어다. 이뿐만 아니라 여초 커뮤니티 일각에서는 성 소수자 인권을 중시하는 일부 페미니즘 조류에 대해 '쓰까페미'라고 비아냥거리는 신조어도 널리 사용되고 있다. '페미위키'에도 등재된 이 단어는 '여성 인권'만을 챙겨야 할 페미니즘이 타인(예: 성 소수자, 남성)의 인권을 '섞는다'고 반발하는 데서 생긴 말이다.

이러한 신조어들은 메갈리아나 워마드와 같은 극단적인 부류뿐만 아니라 여초 커뮤니티 내에서의 일반적인 인식에 의해 뒷받침된다. 설사 '젠신병자'나 '쓰까페미'와 같은 비아냥으로까지 이어지지 않는다고 해도, '생리도 해 보지 않는 것들이 무슨 여자냐' 등과 같이 트랜스젠더에 대해 위화감을 표출하는 모습은 여초 커뮤니티 내에서 흔하다.

트랜스젠더에 대한 사이버 테러

여성 커뮤니티 내의 트랜스젠더에 대한 반감은 현실의 사이버 테러로도 이어진다. 워마드 회원들이 트랜스젠더 커뮤니티 회원 신상 정보를 외부에 유출한 일이 대표적이다. 《포비아 페미니즘》에 실린 사례를 제보한 한 트랜스젠더는 이와 관련한 실상을 전한다. "그들은 트랜스젠더 커뮤니티로 들어와서 트랜스젠더들의 사진을 외부 사이트로 퍼 나르고 있습니다. 꽤 전에 봤는데 아마 지금도 하고 있을 겁니다. 아무도 그것으로 고소하지 못하고 당할 수밖에 없는 처지에 있었거든요. 그 때문에 한동안 모든 트랜스젠더 커뮤니티가 신규 회원을 받지 않는 상황까지 갔습니다.", "자기들 커뮤니티에 크로스드레서나 트랜스젠더 사진이 포함된 게시물을 복사해 오는 게시판을 따로 만들어서 자기들끼리 올려서 비웃거나, 아니면 아예 관계없는 다른 카페로 퍼가기도 하는 것을 봤습니다.", "제가 워마드에 가입되어 있지 않아서 어디로 주로 퍼 날랐는지는 정확히 모르지만, 다음카페 '취X 뽀개기'에 퍼 간 것을 실제로 확인했습니다."[32]

여기서 페미니즘에서 한동안 회자되었던 '혐오의 피라미드' 이론을 복기해 보도록 하자. 현실의 소수자·약자에 대한 테러는 일상 속에 켜켜이 쌓인 혐오 문화의 관행 위에 성립한 것이다. 그렇다면 트랜스젠더에 대한 워마드의 사이버 테러 역시 여성 커뮤니티에 만연한 트랜스젠더에 대한 반감과 차별 의식을 뿌리에 두고 있지는 않을까.

여성계의 트랜스젠더 혐오

페미니스트를 자처하는 이들이 트랜스젠더에 대해 경멸감을 드러내는 일은 외국에서도 예외는 아니었다. 실제로 줄리 빈델과 같은 페미니스트는 지난 2004년 《가디언》에 기고한 한 글에서 "남자들이 자기 성기를 잘라내는 것은 개의치 않지만, 그런다고 해서 그들이 여자가 되는 것은 아니다. 이와 마찬가지로 청바지 안에 진공청소기 호스를 집어넣는다고 해서 남자가 될 수 있는 것도 아니다."라며 트랜스젠더를 야유했다.

페미니스트들이 트랜스젠더에 대해 가지고 있는 차별 의식은 오랜 역사를 가지고 있다. 지난 1970년대에 페미니스트 작가로 활발하게 활동한 젠시 레이먼드 역시 "모든 트랜스젠더는 여성의 몸을 일개 인공물로 환원하고 여성의 몸을 착취한다."고 격렬하게 비난했다.[33] 심지어 일부 페미니스트는 트랜스젠더를 여성 연대를 교란하기 위한 가부장제 음모의 결과물로 해석하기도 한다. 이러한 관행이 믿기지 않는다면 지금 당장 구글 검색을 통해 '트랜스포비아 페미니즘'이라는 검색어를 입력해 보라. 지금도 수많은 자칭 페미니스트가 자신의 블로그와 SNS 계정에 트랜스젠더에 대한 외국 페미니스트의 혐오스러운 언행들을 인용하며 트랜스젠더에 대한 반감과 혐오 의식을 이론적으로, 지적으로 정당화하는 짓을 서슴지 않고 있다.

여성계 내부의 소수자·약자 '포비아' 돌아봐야

지금도 수많은 자칭 페미니스트는 트랜스젠더들이 '본연의', '올바르고', '도덕적'인 여성성과 여성의 신체를 희화화한다고 분개하고 있다. 그렇다면 적어도 이들에 한해서 '페미니즘은 모두를 위한 것'이라는 명제는 거짓이 아닐까. 또한, 성 소수자에 대한 페미니즘 일각이 드러내는 천박한 의식은, '가부장제'만이 남성과 여성의 위치를 본질화하고 성 소수자를 탄압하며 주변화하는 유일한 주범이라고 소리 높어 외쳤던 페미니스트 자신들의 이론적 거짓말을 보여 주는 대표적인 사례이기도 하다. 그들 스스로가 차별 의식의 주체가 되어 가기 때문이다.

다름을 관용하지 못하는 페미니즘은 페미니즘 내부에서도 문제가 제기된 적 있다. 대표적으로 벨 훅스는 《페미니즘: 주변에서 중심으로》라는 저서에서 남녀 간의 증오를 부추기고 흑인들이 겪는 인종적 문제와 빈곤층이 겪는 계급적 차별 문제를 부차적인 것으로 취급하는 백인 페미니스트들의 위선을 폭로했다. 특히 그는 여성우월적 관점에서 남성을 적대시하는 페미니즘 일각의 문제를 다음과 같이 적시했다. 페미니즘 운동에 참여하기를 거부하는 흑인 여성들이 많았다. 반남성적 태도는 페미니즘 활동을 하는 데 있어 정상적인 기반이 될 수 없다고 느꼈기 때문이다. 반남성적 태도와 같은 증오심에 찬 감정 표현은 여성과 남성 사이에 이미 존재했던 적개심을 증가시킴으로써 성차별을 강화했다고 그들은 확신했다.

흑인 여성들은 흑인 남성에게 이렇게 말하곤 했다. "우리는 서로 적이 아니다.", "우리는 자신을, 그리고 서로를 미워하도록 가르치는 사회화를 거부해야 한다." 흑인 남성과 여성 사이의 유대를 이런 식으로 주장하는 것은 일종의 반인종주의 투쟁이었다.[34] 물론 혐오 의식에 기반을 둔 다수의 페미니즘 지지자에게 벨 훅스는 전형적인 '쓰까페미'에 지나지 않을 테지만 말이다.

자칭 페미니스트들의 성 소수자에 대한 몰이해와 반감의 대상은 트랜스젠더에만 그치지 않는다. 여성 커뮤니티에서 '똥꼬충' 등의 게이 혐오 발언이 만연하다는 것은 잘 알려진 사실이다. 또한, 워마드의 "태일해."와 같은 산업 재해 피해자 조롱 발언에서 엿보이듯이 빈곤 남성과 약자에 대한 혐오 역시 활발하다. 한편 지금 이 순간에도 여성계는 이 사회에 만연해 있는 '여성 혐오'가 많은 사회문제와 범죄를 일으켰다고 믿고 있다. 하지만 보다시피 혐오와 차별 의식의 문제는 특정 성별의 문제만은 아니다. 혐오 문제에 대한 전 사회적인 자성을 요구할 자격을 얻기 위해서는 자신들 스스로 내부에 만연해 있는 성 소수자·약자 혐오를 돌아보고 자성하는 것이 우선 아닐까.

그 많던 메갈·워마드 옹호자는 어디로 갔을까

박가분 (2017년 11월)

네티즌들의 활약으로 아동 성범죄 성향의 워마드 회원 붙잡혀

2017년 11월 21일 호주 현지에서 아동을 대상으로 한 성희롱 사진과 영상을 연달아 게재한 워마드 회원(닉네임 하용가젠신병자59)이 체포됐다는 소식이 전해졌다. 현지 언론에 따르면 호주 북부의 아동 학대 방지 합동 수사대에서 이 27세 한국인 여성을 다윈시에서 체포했고, 그는 곧이어 아동 학대물을 양산한 혐의로 기소돼 다윈시 지방 법정에 서게 됐다. 호주는 법으로 아동 대상의 학대 표현물(child abuse material)을 제작하거나 유포하는 것을 금지한다. 문제의 워마드 회원은 트위터 계정과 워마드 그리고 유튜브 계정 등지에서 남아를 '쇼린이(쇼타+어린이 합성어)' 등으로 지칭하며 "따먹고 싶다." 등의 발언을 일삼았고, 심지어 남성 어린이를 대상으로 도촬마저 행한 것으로 드러났다. 그 밖에도 평소 남성 혐오 성향을 거침없이 표현한 것으로 알려졌다. 한편 그가 워마드에 올린 것으로 추정되는 "남자 아동 포르노를 공유하겠다."는 글에는 공유를 부탁하는 댓글들이 이어졌다.

범죄자를 체포하게 된 데에는 네티즌 수사대의 공이 컸다. 워마드 회원의 행위에 분노한 네티즌들은 그의 인상착의와 여러 단서를 종합해 다수의 계정을 사용하는 그가 동일 인물임을 확인했고, 곧이어 거주지를 알아내 현지 기관에 신고했다. 일부 언론과 여성계가 외면한 혐오 사이트의 범죄를 네티즌들이 직접 잡아낸 셈이다.

이미 존재했던 위험 신호를 외면한 언론과 여성계

위마드는 여성 혐오에 대해 자칭 '미러링'을 한다고 주장하는 메갈리아에서 파생된 혐오 사이트이며, 일베와 더불어 대한민국의 대표적인 젠더 혐오(특정 성에 대한 증오) 집단으로 자리 잡았다. 한편 그들이 일베의 여성 혐오 발언을 '미러링(패러디)'했다는 것은 한국 사회의 대표적인 집단 사고에 기반한 오류 중 하나이다. 메갈리아는 평소 일베의 혐오성 말투와 밈을 모방해 오던 디시인사이드 남자 연예인 갤러리의 여성 유저들이 주축이 돼 남성 노인 메르스 감염자에 대한 혐오 발언을 일삼다가 여초 커뮤니티에서 유행이 된 남성 혐오 신드롬이다.[35] 메갈리아와 위마드가 분화되기 이전에도 메갈리아라는 사이트에서는 이미 한 여교사가 "X린이 따먹고 싶다." 등의 발언으로 물의를 빚은 바 있다. 당시에도 사이트 내에서는 범죄 모의 글과 성기 절단 사진 등이 일상적으로 올라오는 분위기였다. 이처럼 극단적으로 폭주하는 메갈리아 사이트 내의 혐오 발언은 이미 오래전부터 위험 수위에 도달해 있었다. 조금만 들여다보아도 이것이 범죄로 이어질 수 있다는 위험 신호를 감지할 수 있었을 것이다.

반성 없는 언론과 자칭 전문가

2016년 여름, 〈클로저스〉 성우 계약 해지 논란을 계기로 온갖 진보 매체와 유사 전문가들이 메갈리아와 워마드에 대한 미화와 옹호론을 쏟아냈지만, 지금은 대다수가 '침묵 모드'로 돌아섰다. 이들이 저지른 고(故) 김주혁과 구의역 산재 사망자에 대한 조롱 등의 패륜적 행위와 반사회적 범죄 행위들이 알려졌기 때문이다. 그런데도 그들이 과거 진실과 여론을 호도한 행위에 대한 반성적인 평가는 찾아볼 수 없다. 대표적으로 메갈리아에 대해 "메갈리아는 일베에 조직적으로 대응한 유일한 당사자"라는 여성학자 정희진의 글을 대대적으로 실은 《한겨레》의 경우, 2017년 5월 이후, 그동안 고 김주혁 사망 사건에 대한 조롱 등의 논란이 끊이지 않았음에도 현재까지 워마드 관련 기사가 나오지 않는다는 것을 확인할 수 있다. 또한 메갈리아 논쟁 당시 기회가 되면 메갈리아·워마드 옹호론 내지는 변명을 내놓았던 정희진·이나영·진중권 등의 진보 인사 내지는 전문가들 역시 워마드발(發) 추문에 대해서 침묵 모드를 이어나가고 있다. 특히 이들 중 일부는 과거 메갈리아를 변호하는 과정에서 '남근 다발' 등의 막말을 일삼기도 했다.

혐오의 피라미드 이론을 복습해야 할 때

페미니즘 담론에서 자주 인용되는 '혐오의 피라미드' 이론에 따르면 현실에서 일어나는 소수자·약자에 대한 공격 행위와 증오 범죄는 일상 속에서 누적된 혐오와 증오 발언의 결과로 나타난다. 이러한 관점에서 볼 때 워마드발 아동 성범죄 사건은 소수자 약자에 대한 혐오 발언에 관해 불관용으로 일관해야 할 대표적인 집단인 언론인, 정치인, 그리고 지식인이 '여성의 혐오 발언과 범죄 성향은 정당한 저항 행위'이라는 궤변을 일삼다가 낳은 비극이라고 할 수 있다. 한편, 대상에 따라 잣대를 달리 적용하는 이와 같은 궤변의 대표주자는 EBS의 《까칠남녀》에 출연한 이현재 교수이다. 그는 해당 방송에 출연해 "롤리타(여성 아동에 대한 성애)와 쇼타 콤플렉스(남성 아동에 대한 성애)는 동일선상이 아니다."라는 주장을 내놓아 논란을 일으켰다. 앞서 체포된 워마드 회원 역시 워마드 게시물에서 이현재 교수의 발언을 인용하며 그의 논리를 답습한 것으로 보인다.

이처럼 혐오 문제나 증오 범죄에 대해 일관성 있는 잣대를 적용해야 할 집단이 스스로 도덕적 일관성을 상실함으로써 결국 각자의 정체성에 기반해 상대를 혐오하고 배제하는 문화가 형성되고 말았다. 이 문제를 키운 관련 언론과 집단은 문제 자체를 먼저 직시해야 한다.

2차 가해로 얼룩진 혜화역 '워마드' 시위, '박사모'와 판박이

박가분 (2018년 5월)

잘못된 '팩트'에 근거한 '편파 수사 규탄'

2018년 5월 19일 혜화역에서 열린 워마드 시위의 참여자들은 '동일 범죄 동일 수사(처벌)', '편파 수사 규탄' 등의 구호를 외쳤다. 2018년 5월 11일에 올라와 온라인 서명자 40만 명을 넘긴 청와대 청원도 이와 비슷한 주장을 하고 있다. 사건의 발단은 지난 1일에 홍대 누드 크로키 수업 남성 모델 몰카를 촬영하고 유출한 워마드 회원(여성 모델 안 모 씨)이 10일 검거되고 이튿날 구속되자 몰카 사건 여성 용의자만 경찰의 사건 처리가 이례적으로 신속했다는 '물타기' 주장이다. 이는 지난날 여성을 대상으로 유흥업소 종사자라고 폭로하는 사진을 올린 '강남패치' 용의자를 잡고 보니 같은 여성이라는 사실이 드러나자, 일각에서 "여자라서 빨리 잡았다.", '유X무죄 무X유죄' 등의 구호를 내세운 전례와 판박이다. 이러한 일련의 주장들은 여초 커뮤니티와 SNS 일각에 유포된 '가짜 뉴스'에 기반한다. 이미 언론을 통해 여러 번 지적된 사항이지만 다시 한번 종합해서 정리해 보자.

#팩트 1. 홍대-워마드 몰카 사건 수사속도가 이례적으로 빠른 게 아니다

남성 모델이 워마드에서 몰카 유출 피해를 입은 시점은 1일이고 여성 용의자가 검거되고 구속된 시점은 10일이다. 대략 열흘가량 소요됐다. 2016년 기준 대검찰청 범죄 분석에 따르면, 몰카를 비롯한 약 40%의 성범죄가 1일 이내에 검거되고 10일 이내에 약 50%의 성범죄가 검거된다. 이러한 검거율에 비춰볼 때 남성 모델 가해자가 검거된 속도는 결코 빠르다고 말할 수 없다. 오히려, 3일쯤 몰카 범죄가 일어난 장소가 수강생 20여 명과 모델이 머물렀던 홍익대학교 강의실이라는 사실이 인터넷에 알려졌음에도 불구하고 대학 당국과 경찰의 미진한 초기대응 때문에 가해자를 특정하는 데 일주일이나 남짓한 시간이 걸렸다. 그 사이에 범인이 주요 증거물인 핸드폰을 한강에 버리는 등 증거 인멸의 시간이 주어진 것은 물론이다.

#팩트 2. 몰카 사건 검거율은 일반 형사사건 검거율보다 더 높다

2016년 기준 '대검찰청 범죄분석'에 따르면 몰카 범죄 검거율은 94.6%이다. 이는 같은 해 전체 형사 사건 검거율(84.2%)보다 월등히 높은 수준이다. 이뿐만 아니라 같은 기간 ─여성 대상의 범죄가 대부분인─ 성폭력 범죄 전체의 검거율은 96.0%에 달한다. 여성 대상 범죄에 유독 수사력이 소홀했다는 주장의 근거가 희박한 것이다.

#팩트 3. 워마드 몰카 범인은 나쁜 죄질과 증거 인멸 시도 사유로 구속됐다

남녀 몰카 유포자 모두가 구속된 2015년의 '워타파크 몰카 사건'의 경우 경찰청은 보도 자료를 통해 "성별과 상관없이 △촬영물을 영리 목적으로 온라인에 유포 △중요 신체 부위 반복 촬영 △공공장소에서 중요 신체 부위를 촬영·유포한 경우 구속을 원칙으로 한다."고 밝혔다. 한편 워마드 몰카 사건도 '공공장소에서 신체 부위를 촬영한' 구속 사유에 해당한다. 게다가 워마드 몰카 사건 범인은 주요 증거물인 핸드폰을 한강에 버리고 수사관에게 핸드폰 공기계를 제출하며 수사 초반에 거짓말로 일관하자, '도주'와 '증거 인멸 염려'로 인해 구속됐다. 대부분의 형사 사건의 경우 도주와 증거인멸 가능성이 클 때 구속 수사가 원칙이다.

#팩트 4. 워마드 몰카 범인은 아직 처벌받지도 않았다

워마드 몰카 사건을 계기로 "여성 가해자가 유독 가혹하게 처벌받는다."고 주장하는 사람들은 워마드 몰카 가해자가 아직 처벌받지도 않은 단계라는 사실을 간과하고 있다.

#팩트 5. 몰카 범죄의 경우 남성의 구속 수사율이 3배 더 많다

경찰청 범죄 통계를 보면 2012~2017년까지 6년간 검거된 남성 몰카 피의자 2만924명 중 구속된 인원은 538명이며, 구속 비율은 전체 남성 피의자의 2.6%다. 같은 기간 여성 몰카 피의자는 총 523명으로 이 중 4명만 구속됐는데 이는 여성 피의자 전체의 0.8% 수준이다. 결국 남성 피의자 구속 수사율이 여성 피의자보다 3배 이상 높은 것이다.

#팩트 6. 몰카 범죄 '기소율'도 일반 형사 사건보다 더 높다

2016년 대검찰청 범죄 분석에 따르면 일반 형사 사건의 기소율(피의자 대비 실제 기소건)은 38.8%(76만 8,382건/198만 2,859명)인 반면 성범죄의 기소율은 41.8%(1만 1,401건/2만 7,248명)이었다. 또한 이 중에서도 몰카 범죄(카메라 등 이용 촬영)의 기소율은 41.7%(1,716건/4,112명)다. 이처럼 기소율에 비춰볼 때 몰카 범죄를 비롯한 성범죄를 일반 범죄에 비해 사법기관이 소홀히 취급했다고 볼 수는 없다. 또한 전체 기소건에 대한 구속 기소의 비율인 구속 기소율을 보면 전체 형사 사건의 경우 4.4%(3만 3,433건/76만 8,382건)인 반면 몰카 범죄의 구속 기소율은 9%(154건/1,716건)에 달했다. 일반 형사 범죄에 비해 2배 높은 수치인 셈이다.

#팩트 7. 경찰은 포토라인을 운영하지 않는다

마스크와 모자로 얼굴을 가린 채 경찰에게 호송되며 플래시 세례를 받게 된 워마드 회원에게 '감정 이입'하는 이들은 경찰이 이례적으로 여성 용의자만 노려 포토라인에 세웠다는 비판을 가했다. 하지만 지난 2015년에도 남성 워터파크 몰카 유출범 역시 언론 취재에 노출된 적이 있다는 점에서 이러한 비판은 사실관계와 다르다. 이번 워마드 몰카 범인은 경찰이 영장 실질 심사를 위해 법원으로 압송하는 과정에서 취재의 대상이 됐을 뿐이다. 게다가 실제로 경찰은 포토라인 제도를 운영하지 않는다. 이와 관련해한 전직 기자는 "애초에 포토라인이라는 게 경찰이나 검찰이 아니라 기자들이 자기들 편의에 의해서 —사회적 관심이 쏠려서 기자들이 몰릴 경우 취재하려고— 세우는 건데 그게 왜 남성/여성 범죄자에 대한 공권력의 차별 대우 문제와 이어지는지 이해하지 못하겠다."는 반응을 전해왔다.

#팩트 8. 워마드 몰카 사건에 대한 언론의 높은 관심의 탓은 워마드 자신

워마드 몰카 사건 초반 문제 해결에 소극적인 대학 당국과 수사 당국을 압박한 여론의 배후에는 워마드에 대한 여론의 공분이 있었다. 워마드는 이미 예전부터 남성 대상 몰카를 유출해 왔으며 이러한 몰카 범죄가 수면에 떠 오르자 이를 한양대와 고려대 총학생회가 경찰에 고발한 바 있다. 현재도 워마드와 트위터 등에서 워마드 몰카 피해자가 "일부러 공연 음란을 저질렀다."는 식의 허위 사실을 유포하고, 피해자의 모습을 대상으로 '사생 대회'를 열며 조롱하는 등의 2차 가해를 서슴지 않았다. 워마드가 이토록 여론의 주목을 받은 이유는 몰카 등 성범죄 문제를 제기해 왔던 당사자(?)가 성범죄와 2차 가해를 태연히 저지르는 이중적인 행태 때문이다.

워마드의 논리에 그대로 편승하며
2차 가해가 난무했던 집회 현장

문제는 이러한 잘못된 사실에 기초한 '분노'에 편승한 2차 가해가 집회 현장은 물론 인터넷에 난무했다는 점이다. 특히 대부분의 방송과 언론 보도에서는 집회 현장을 모자이크 처리를 하며 뭉개고 말았지만, 실제 시위 현장에서는 워마드 몰카 피해자에 대한 2차 가해 구호와 피켓들이 난무했다. 한 여성은 몰카 피해자의 유출 당시의 모습을 '사생 대회' 형식으로 조롱한 피켓을 들고나오는가 하면, 다른 이는 애먼 남성 경찰들을 대상으로 한 'X 창' 등의 욕설이 적힌 피켓을 들고나왔음에도 불구하고 이는 되려 주변의 박수와 웃음으로 호응을 받는 등 제지의 모습은 전혀 없었다.

이번 청원과 집회의 주최 측은 워마드 몰카 사건 피해자를 두고서 피해자가 남성이라는 이유로 더 빨리 수사하고(실제로는 빠르지 않았다), 더 빨리 처벌하고(애초에 워마드 몰카 가해자는 처벌조차 되지 않았다) 특혜를 봤다는 식의 '워마드의 논리'를 있는 그대로 수용하고 있다. 또한, 이러한 틀린 주장에 집착하는 한편, 이번 몰카 사건 논란의 직접적인 발단이 결국 워마드에 있었으며 워마드 피해자에 대한 2차 가해가 현재 진행 중이라는 사실을 조직적으로 은폐하고 물타기를 하는 모습은 기본적으로 2018년 5월 19일 혜화역 시위의 성격이 사실상 워마드 지지 시위라는 점을 보여 준다. 결국 이번 시위와 청원에 참여한 여성들의 심리는 한 마디로 "나 외에 다른 남성이 피해자로 주목받는 것이 싫다."라는 것이다. 비록 의식적으로 워마드를 지지하지 않는다고 하더라도, '워마드'에서 몰카 촬영과 유출을 일삼는 집단적인 범죄 행위가 수면 위에 드러나는 것을 마치 자신의 피해에 대한 정당한 주목을 가로막고 있는 것처럼 여기는 셈이다. 뒤틀린 성 대결 심리가 대중적으로 만연한 현상이 된 것이다. 이러한 지극히 유아적이고 자기중심적인 심리 상태야말로 집회 현장에서 워마드 몰카 사건 피해자에 대한 2차 가해를 일삼거나 방조하는 데 놀랍도록 무감각한 이유를 설명해 준다.

'팩트'에도 아랑곳하지 않는 폭력 분출, 박사모와 유사한 사회 문제

5월 19일 열린 집회에 대해 청와대와 여성가족부 그리고 경찰청은 바로 다음 날 발 빠른 대답을 내놓았다. 물론 그 내용은 '당연히' 몰카 범죄에 대한 수사를 강화하고, 몰카 적발 활동을 늘려가겠다는 '원론적인' 내용에 그쳤다. 이러한 원론적인 내용에 그칠 수밖에 없었던 것은 애초 이번 워마드 시위와 청원이 기반한 주장 자체가 내용이 없는 주장이자 100% 틀린 정보에 기초한 것에 불과하기 때문이다. 누차 반복해서 말하자면 지금까지 워마드 몰카 범죄 수사는 여성에 대한 (역)차별을 전혀 보여 주고 있지 않으며, 애초에 몰카 범죄에 대한 대응과 처벌 강화는 남녀 모두에게 적용되어야 할 사항이다. 사실 대부분의 전문가는 이미 워마드 시위와 청원이 잘못된 팩트와 논리에 기반했다는 것을 알고 있다. 이번 사건을 보도한 상당수 언론 기사는 "워마드 몰카 사건의 구속 수사가 이례적이다."라든가, "남성 가해자만 수사나 처벌의 강도가 가볍다."는 주장이 사실과 다르다는 전문가 코멘트를 '예의상' 하나씩 달고 있다.

그러나 그들이 대부분 가져오는 논조는 '동정론' 이상을 벗어나지 못한다. 디테일에서는 틀렸지만 '오죽하면 여자들이 그러겠냐'는 식이다. 물론 여성이 몰카 범죄에 분노하는 것은 문제가 아니다. 진짜 문제는 그동안 여초 커뮤니티와 페미니즘 진영이 조직적으로 후원하고 옹호한 워마드 범죄에 대한 물타기까지 동정론의 대상이 되어서는 안 된다는 점이다. 게다가 이러한 '여성에 대한 맹목적인 동정론'에 대한 호소야말로 페미니즘이 줄곧 비판해온 '맨박스(주류 남성사회의 여성 대상의 온정주의적이고 보호주의적인 태도)'에 완벽히 부합한다는 점에서 비판을 면할 수 없다. 틀린 팩트와 근거는 그 자체로 비판받아야 한다. 더군다나 —남성들이 겪은 고충과 별개로— 여성들이 겪어온 고충을 빌미로 남성 피해자에 가해지는 '2차 가해'는 어떤 이유에서도 정당화할 수 없다.

결국 혜화역 워마드 집회는 "피해자가 남자라서 빨리 잡았다(실제로는 빨리 못 잡았다).", "피해자가 남자라서 빨리 처벌받았다(워마드 몰카 가해자 처벌 아직 안 받았다).", "남자만 여성에 비해 약하게 처벌받는다(형사 사건과 성범죄를 통틀어서 그렇지 않다)."는 '가짜 뉴스'에 기반한 대중 집회였다. 다시 말해, 가짜 뉴스를 철석같이 믿고 범죄자를 옹호하며 물타기를 일삼은 박사모 집회와 판박이인 셈이다. 워마드가 저지른 범죄에 대해 여성 네티즌들이 집단으로 나서서 워마드를 두둔하고 워마드 피해자에 대한 2차 가해를 일삼는 일종의 '워마드 신드롬'을 지난날 태극기 집회에서 드러난 '박사모 신드롬'과 동일한 사회 문제로 접근할 필요가 있다. 이들 모두 '정상적인 상황'에서는 걸러져야 할 가짜 뉴스에 기반한 분노가 무의미한 분열과 대결에 정치적으로 이용되는 현상이기 때문이다.

혜화역 시위와 워마드 논란, '일부'의 일탈일까

—
박가분 (2018년 7월)

혜화역 시위에서 문재인 대통령을 겨냥한 "재기해.", '곰' 등의 구호가 논란이 된 것에 이어, '성체 훼손 사건', '버스 내 식칼 위협 사건' 등이 워마드에서 잇따라 터져 나왔다. 점점 통제 불능 상태로 치닫는 워마드에 부담감을 느꼈는지 '워마드는 페미니즘이 아니다'는 페미니스트들의 선 긋기가 이어지고 있다.

첫 스타트는 여성주의 문화평론가 손희정이 끊었다. 그는 《한겨레》에 기고한 글에서 "워마드는 페미니즘이 아니다."라고 선언했다.[36] 홍대 몰카 피해자에 대한 조롱을 일삼는 워마드의 모습은 본연의 페미니즘과 거리가 멀다는 이유에서이다. 《까칠남녀》 등 방송에서 자주 등장한 이현재, 은하선 등의 페미니스트도 워마드와 본격적인 '선 긋기'에 나섰다. 이현재 교수는 CBS 《김현정의 뉴스쇼》에 출연해 "워마드는 지금 구분의 정치로 가고 있다."고 비판했으며, 은하선은 자신의 개인 매체에서 "워마드와 엮지 마라. 성 소수자를 혐오하는 인간들과 엮이는 것은 불쾌하고 역겹다."라고 발언한 바 있다.[37] 실제로 워마드에서는 게이나 트랜스젠더에 대한 혐오 발언(똥꼬충, 젠신병자 등)이 난무한 실정이다. 여성계 인사 중에서 가장 적극적인 '워마드 지지파'로 분류되는 윤김지영 교수도 미묘한 선 긋기에 나섰다. 그는 한 언론과의 인터뷰에서 "워마드 안에서는 자신을 페미니스트가 아니라고 주장하거나 극우 남성우월주의자 사이트인 '일베'와 같은 주장을 하는 사람들도 있는 만큼, 단일 의제를 가진 여성 집단으로 규정하기 어렵다."라고 말했다.[38] 윤김 교수는 난민 논란에서도 난민 추방을 주장하는 대다수 워마드 회원의 입장과 보조를 맞췄는데 그조차도 워마드 내에 '극우 경향'이 있다고 인정하며 한발 물러선 것이다. 전 녹색당 서울시장 후보 신지예 역시 처음에는 문재인 대통령에 대한 "재기해." 등의 발언이 "여성들이 당해온 것에 비해 그렇게 큰일은 아니라고 생각한다."고 발언했지만, 이후의 성체 훼손 사건에 대해서는 "워마드 성체 훼손은 굉장히 잘못된 것이다."라고 발언했다. 이는 워마드에 대한 녹색당 내의 논란을 의식한 것으로 풀이된다.

메갈리아에 대한 집단최면이 화를 키웠다

지금이라도 다수의 페미니스트가 워마드의 극단 성향과 일정 부분 선을 그은 것은 다행스러운 일이다. 그런데도 이들은 여전히 '워마드'를 주류 페미니즘은 물론이고 혜화역 시위와도 기계적으로 분리하려 시도하고 있다. 앞서 본 신지예 후보도 "잘못된 구호와 여성들의 시위를 등치시키면 안 된다."라고 발언했으며, 이현재 교수 역시 "워마드의 (잘못된) 행위에 집중해서 말하는 방식이 성 평등의 문제를 해결할 방안인가라는 의심을 둔다."라고 발언한 바 있다.

그러나 이들은 워마드의 잘못된 언행이 단지 일시적·우연적 일탈에 의해 발생한 것이 아니라는 점을 분명히 해야 한다. 오늘날 논란이 되는 워마드의 폭주는 근본적으로는 메갈리아의 남성 혐오를 '사회 운동의 방법'으로 승인한 데서 연원한다. 사실 지금의 워마드는 2015년에 탄생한 메갈리아를 계승한 집단이다. 나아가 2016년 당시 한국여성재단 주최로 열린 '여성 회의'에서는 이러한 메갈리아를 '3세대 페미니즘'으로 공식 승인한 바 있다. 윤김지영 교수 또한 2018년 6월만 해도 메갈리아·워마드의 극단 노선에 대해 "남성이 정한 '올바름' 안에서 운동의 정당성을 확보해서는 안 된다. 역사적으로, 때로는 법의 범주를 넘어서는 전술도 생각해야 한다."라며 남성 전반에 대한 멸시적인 언행을 두둔한 바 있다. 이처럼 여성계가 적극적으로 나서서 메갈리아·워마드로 대표되는 인터넷상의 혐오에 '도덕적·이론적 정당성'을 부여해 왔는데 결국 이러한 여성계 전체의 '담론적 후원'이 워마드라는 괴물을 낳은 것이다.

　한편 당시 메갈리아도 여성 혐오에 대한 '미러링'을 명목으로 '남성 혐오'를 정당화했다. 이것은 결국 성 소수자(똥꼬충·젠신병자), 장애인(장애한남·윽엑), 아동(X린이·한남유충), 노인(느X비X장) 등에 대한 혐오 표현으로 정립됐고 고스란히 워마드 내 유행어로 자리 잡았다. 워마드에서 물의를 빚은 범죄 행위 및 모방 범죄의 기원도 대부분 메갈리아에서 찾을 수 있다. 일례로 워마드 유저로 알려진 유튜브 스트리머 '호주국자'가 아동 학대물 소지 및 유포 혐의로 호주에서 기소됐던 사건은 메갈리아에서 한 초등학교 병설

유치원 교사가 남자 어린이를 두고 'X린이' 운운하다가 징계를 받은 사건에서 그 기원을 찾을 수 있다. 워마드가 홍대 누드 크로키 남성 모델 몰카 사건을 저지르기 한참 이전에도 메갈리아에서는 게이 포르노 사이트에서 유출된 것으로 보이는 남성 대상 몰카를 공유하고 높은 추천 수를 주고받은 일이 만연했다. 이처럼 문제의 신호가 다수 있었음에도 불구하고 애써 이를 외면한 것이 워마드로 대표되는 극단주의의 폭주를 낳은 것이라 할 수 있다. 워마드 문제는 일부의 일시적·우연적 일탈이 아니라 메갈리아를 여성 운동의 한 조류로 인정한 여성계 전체의 실천적·이론적 오류와 연결된 셈이다.

혜화역 시위의 진짜 문제를 직시해야

이미 수많은 사람이 지적한 사항이지만 워마드의 '막장스러운' 성향은 혜화역 3차 시위 이전에도 홍대 몰카 피해자에 대한 2차 가해를 통해 여러 번 드러난 바 있다. 우선 혜화역 시위의 출발점 자체가 홍대 몰카 사건과 그 피해자에 대한 왜곡된 인식(남성 몰카 피해자가 범죄의 빌미를 제공했다 등)에 있었다. 실제로 혜화역 시위에서는 홍대 몰카 피해자를 조롱하는 피켓과 구호가 난무했으며 시위 참여자 다수는 워마드 몰카 가해자를 일명 '홍본좌'로 부르며 두둔하고 있다. 시위 주최 측 또한 다음 카페에 공식적으로 '홍대남'이라는 주소명(cafe.daum.net/hongdaenam)을 붙이며 피해자를 조롱하고 있다. 지금도 워마드에서는 피해자의 몰카 유출 순간을 패러디한 그림을 공유하는 등의 조롱이 이어지고 있다.

대통령이나 가톨릭에 대한 공격 이전에도 홍대 몰카 피해자에 대한 2차 가해의 문제가 심각했음에도 불구하고 대부분 언론과 지식인 그리고 여성 단체는 정작 혜화역 시위에서 만연한 왜곡된 인식에 대해서는 '침묵'을 선택했다. 그리고 그러한 경향은 지금도 이어지고 있다. 평소 '약자와 소수자를 위한다'라고 자처한 여성계 일각이 대통령과 종교가 논란의 대상이 되자 비로소 워마드의 극단적 성향에 선을 긋기 시작한 것도 문제다. 이번 사태에서 가장 보호받지 못하는 약자는 바로 홍대 워마드 몰카 피해자 자신인데 정작 그는 철저히 외면받은 것이다.

사실 워마드 몰카 가해자가 경찰에 붙잡힌 것은 어떤 의미에서는 평소 몰카 등의 성범죄 문제를 공론화한 여성 단체의 '승리'라고 할 수 있다. 몰카 범죄에 대한 여성계의 문제 제기로 인해 만들어진 제도가 남성 피해자도 구제한다는 사례로 해석될 수 있기 때문이다. 이처럼 '여성 인권의 신장은 남성에게도 도움이 된다'는 것이 평소 여성계의 주장이었다. 하지만 혜화역 시위를 기해서 사태를 이런 공동선을 지향하는 방향으로 받아들인 여성 단체나 지식인은 거의 없었으며, 도리어 '홍대 워마드 몰카 가해자가 붙잡힌 것은 편파 수사 처벌'라는 워마드의 주장에 사실상 동조하고 말았다. 이는 여성계 전체가 메갈리아 사태 이래로 남녀 간의 성별분리주의 프레임에 집단으로 굴복한 결과이기도 하다. 이처럼 혜화역 시위 문제는 단순히 소수 참여자에 의해 제기된 과격한 방법론이나 구호가 아닌, 보다 심층적인 데 있다. 우선 해당 집회가 여성 일반의 우려를 전달하는 것이 아니라 워마드식 성별

분리주의에 기반한 '증오 선동'에 기울어져 있다는 게 근본적인 문제다.

주최 측은 워마드와의 관련성을 언론에서 부인했지만, '느X비', '웜런', '메갈' 등을 닉네임으로 삼은 다음 카페의 주요 회원들의 면면을 보면 이 같은 해명의 설득력은 희박하다. 특히 공식적인 행사 식순에서 "문재인 재기해." 등의 구호가 가져올 파장을 처음부터 예상하지 못했다는 것부터가 이미 주최 측이 워마드의 세계관에 깊숙이 침잠해 있다는 증거이기도 하다. 사태가 왜 이 지경까지 이르렀는지에 대한 보다 근본적인 성찰이 필요하다.

극단주의를 배격한다는 사회적 메시지가 필요

혹자는 일베에서 일어난 사건·사고에 비해 메갈리아·워마드의 문제가 지나치게 부각됐다고 불평하곤 한다. 하지만 실제로는 일베에 대한 사회적 경각심은 꾸준히 이어져 왔다.

우선 사회적 주목도로만 본다면 일베에 대한 주목이 워마드보다 훨씬 높았다. 7월 15일 자 네이버 뉴스스탠드 검색어 기준으로 보면 '워마드' 관련 기사는 워마드가 등장한 2016년 1월부터 2018년 7월까지 2년 반 동안 4,140건가량 나타났지만 같은 기간 '일베' 기사는 1만 1,771건으로 나타났다. 물론 일베에 관한 기사는 예나 지금이나 대부분 비판적인 논조였다. 또한 과거 표창원 의원 역시 국회에서 공식적으로 일베 문제를 거론하며 사회적 경각심을 환기한 것처럼 일베는 국가적·사회적인 문제로 다뤄졌다. 이에 반해 메갈리아·워마드의 진짜 문제는 그 실상에 대한 공론화가 부족했다는 데 있다. 여성계와 일부 지식인 및 언론은 실태에 대한 제대로 된 관찰 없이 메갈리아·워마드를 일종의 '저항적인 정치적 주체성'쯤으로 승인하고 말았다.

반면 그동안 일베에 대해서는 사회적으로 용납하지 않는다는 신호를 지속해서 보냈다. 2012년에도 일찍이 남녀 커뮤니티가 합세해서 일베에 대한 디도스 공격을 감행한 적이 있었다(일명 일베 대첩). 현재 대부분의 인터넷 남성 커뮤니티에서는 일베 관련 밈(유행어)을 쓰면 일명 '일베충'으로 단정 짓고 곧바로 당사자를 소위 '매장'한다. '일베가 나라를 지키는 중심'이라고 세월호 폭식 투쟁 집회에서 발언한 것으로 알려져 물의를 빚은 탈북자 출신 남성의 경우에는 인터넷에서 신상이 털리고 그가 운영하는 음식점에 스프레이가 칠해지는 등의 비공식적인 사회적 제재가 가해진 바가 있다. 물론 개개인에 대한 사회적 제재로 문제를 해결할 수 있다고 생각되지는 않지만, 그 정도로 우리 사회는 일베에 대한 불관용의 원칙을 관철한다는 것이 필자가 강조하고 싶은 핵심이다.

워마드 문제에 대해서도 일베와 동일한 불관용의 원칙이 필요하다. 우선 워마드는 이성에 대한 혐오를 강령으로 삼고 있으며, 남성에 대한 적대적 행위를 고취하는 게 여성 인권 신장의 지름길이라고 진지하게 믿는 동질적 집단이다. 만일 워마드 회원 사이에 이질성이 존재한다면 단지 어떻게 하면 남성을 더 효과적으로 공격할 수 있는지와 관련해서만 그럴 뿐이다. 실제로 워마드의 공지사항을 보면 "소수 인권 안 챙긴다. 도덕 버려라." 등을 말하고 있으며 "여자도 한남충 짓 하면 팬다."고 규정하고 있다. 과거 인종 분리주의를 방불케 하는 남성 혐오 및 성별분리주의가 워마드의 핵심 교리라는 것을 알 수 있다. 이성에 대한 혐오를 행동 강령으로 삼으며 성별분리주의를 획책한다는 점에서 일베와 워마드는 동일하다. 특히 일베와 워마드의 이러한 극단적인 분리주의 성향은 즉각적인 난민 추방 요구 등과 같은 극우주의적 경향으로도 수렴한 바 있다. 과거 나오미 울프도 〈페미니즘의 얼굴을 한 파시즘〉이라는 글을 통해 일부 페미니즘의 불관용적 극단 노선이 극우주의로 이어질지도 모른다는 위험성을 경고했다.

일베든 워마드든 그 배후에는 심층적인 사회·경제적 불안과 남녀 젊은이의 사회화 실패가 놓여있다. 이러한 심층적인 원인을 해소하는 것도 중요하지만, 그보다 먼저 '이러한 극단주의는 사회가 용납하지 않는다'는 메시지를 우리 사회가 지속해서 공식화할 필요가 있다. 젠더 문제는 남녀는 물론이고 다양한 사회 구성원의 대화와 공론을 통해 해결할 수 있다. 반면 일베와 워마드가 공통으로 기초한 분리에 입각한 극단주의 노선은 이러한 사회적 대화의 가능성 자체를 파괴한다는 점에서 대단히 위험하며 절대 용납되어서는 안 된다.

워마드 몰카범 실형 판결의 의미는?

—
박가분 (2018년 8월)

2018년 5월 1일 홍대 누드 크로키 수업에서 남성 모델을 대상으로 몰카를 촬영 및 유포한 워마드 회원 안 모 씨(25)가 실형(징역 10개월 및 성폭력 교육 40시간 이수)을 선고받았다. 이에 여성계에서는 몰카 초범에게는 이례적이고 편파적인 판결이라며 반발하지만, 이는 평소 몰카 범죄에 대한 엄정 대응 주문에 비춰 모순이라는 지적이 많다. 오히려 여성계에서 외쳐온 '성별 동일 범죄 동일 처벌'이라는 구호가 여성계가 평소에 지향했던 대로 실현된 셈이다. "피해자의 의사에 반해서라도 가해자 안 모 씨를 선처해야 한다."는 주장을 노골적으로 할 게 아니라면, 몰카 범죄에 대한 경각심에 힘입어 나온 이번 판결에 대해 '편파' 운운하는 발언은 결국 하나 마나 한 소리다. 또한 이미 여러 언론과 전문가가 지적했듯이 이번 판결이 실제 법리적인 '형평성'에도 어긋나지 않기 때문에 이러한 논란은 결국 해프닝으로 끝날 전망이다. 흔히 비교 대상이 된 —집행유예 등으로 끝난— 다른 몰카 사건들은 대개 피해자의 처벌 불원, 피해자의 얼굴이 나오지 않았음 등을 고려한 경우가 많다.

이와 달리 홍대 몰카 사건의 경우에는 피해자의 강력한 처벌 의사뿐만 아니라, 얼굴 등의 신상 유출, 몰카의 2·3차 유포 및 재가공 정황이 판결에 영향을 미쳤다. 이 때문에 2018년 8월 14일

TBS 《김어준의 뉴스공장》에 출연한 이은의 변호사는 —비록 워마드에 동정적인 입장으로 보이지만— "홍대 누드모델 몰카 공판에서 나온 실형 선고 역시 형평성에 어긋나는 것은 아니다."는 견해를 밝혔다. 오히려 이번 판결에서 곱씹어야 할 의의는 다른 데 있다. 이를 정리하면 다음과 같다.

워마드의 2차 가해가 형량을 키우다

사실 재판부가 워마드 몰카범에게 실형을 선고하게 된 1등 공신은 정작 워마드 회원 자신이라는 점을 당사자들이 깨달을 필요가 있다. 판결문에서는 워마드에서 피해자의 신상이 유포된 점을 판결의 직접적인 배경으로 다음과 같이 언급하고 있다. "피고인은 남성 혐오 사이트에 피해자의 얼굴이 그대로 드러나게 해 심각한 확대 재생산을 일으켰다." 물론 이번 판결은 몰카범 안 모 씨를 대상으로 나왔지만, 워마드 회원들이 홍대 몰카 피해자의 사진을 악의적인 방식으로 반복해서 게시한 행위가 형량에 영향을 미쳤음을 짐작하게 하는 대목이다. 실제로 워마드에서 유포된 사진과 피해자를 조롱하는 그림은 '혜화역·광화문 워마드 시위'에서도 그대로 나타나 시위 피켓으로 쓰였다. 워마드 성향의 네티즌들은 이러한 행동이 가해자를 엄호한다고 생각했으나, 오히려 가해자에게 독이 되어 돌아온 것이다. 결국 워마드 회원 자신들의 '멍청함'이 일을 더 키웠다고 할 수 있다.

망상에 기반한 집단행동은 사회적 상식을 이길 수 없다

아울러 워마드뿐만 아니라 다수의 어초 사이트에서 홍대 몰카 피해자가 일부러 신체를 노출했다는 등의 헛소문이 사실인 양 유포됐지만, 이번 판결로 이러한 주장 중 어느 하나도 사실이 아니라는 점이 명확해졌다. 그런데도 이 같은 헛소문에 기반한 집단 망상이 혜화역 시위 등의 도화선이 됐던 점을 돌아보아야 한다. 집단 망상에 빠진 집단행동의 규모가 얼마나 됐든 그것이 사회적 상규와 논리를 이길 수 없다는 교훈을 이번 판결을 통해 얻을 수 있다.

'남성 혐오'라는 사회적 실체를 명시하다

그동안 많은 페미니스트는 '남성 혐오'는 성립하지 않는다거나, '남성 혐오'는 '여성 혐오(미소지니)'와 달리 그 수준이 경미하다는 주장을 반복적으로 제기했다. 하지만 이러한 논의는 실제 현실 규범에서는 통하지 않는다는 사실을 이번 판결이 재확인시켜 줬다. 과거에도 이미 여성 혐오 발언인 '김치녀' 등에 뒤이은 '한남충' 등의 남성 비하 발언을 모욕죄로 인정한 판례가 있었지만, 이번에는 재판부(여성판사)가 직접 워마드를 '남성 혐오 사이트'라고 명시한 것이다. 이 판결 앞에서 '남성 혐오는 허구에 지나지 않는다'는 여성계의 각종 주장은 힘을 잃게 됐다. 사실 이들의 '이론적' 주장이 '현실적' 규범에 영향력을 미치지 못하는 이유는 결국 이들의 주장이 처음부터 그 이론에서도 틀렸기 때문이다. 애초에 '여성 혐오와 달리 남성 혐오는 성립하지 않는다'는 주장은 '여성 혐오'에 대한 일부 페미니스트의 '조작적 정의'에 기반했기 때문이다.[39]

사실 페미니즘계의 여성 혐오 담론은 '미소지니'라는 고대 그리스어 합성어에 '본래부터' 무언가 특별한 의미(예: 여성 혐오는 하나의 초역사적인 사회구조다)가 있다고 주장하는 일종의 '지적 사기'에 가깝다. 미소지니를 '여성 멸시'로 번역하든 '여성 혐오'로 번역하든, 그 어원 미소지니(misogyny)는 마찬가지로 '남성 멸시', '남성 혐오' 등으로 번역될 수 있는 미산드리(misandry)에 비해 더 특별한 의미를 지니지 않는다. 거기에 특별한 의미가 있다고 해석하는 행위는 후대의 페미니스트일 뿐 심지어 그 해석에도 이렇다 할 역사적, 학문적, 이론적 근거가 존재하지 않는다.

분노하는 이유조차 까먹은 그들

물론 어떤 여성 혹은 남성들은 단지 '여성에게 실형이 나왔다'는 이유만으로 이번 판결에 분노할 것이다. 하지만 그들은 대부분 어느 순간부터 '왜', '무엇에' 대해 분노했는지 잊은 사람들이다. 성별 외의 어떤 변수가 사건에 영향을 미쳤을지에 대한 사고 능력을 잃어버린 사람들이기도 하다. 그들의 분노에 공감하기 이전에 그들이 사고 능력 상실은 물론 자아 망실 상태에 빠지게 된 불행한 사태의 이유를 '멈춰서 생각할' 필요가 있다. 실제로 우리 사회에는 일베, 태극기 부대에 이어서 메갈리아, 워마드까지 남녀노소를 막론하고 '분노를 위한 분노'가 만연해 있다. 이것은 분명 진지한 분석이 필요하다. 하지만 또 중요한 점은 그 분노에 다른 정상인들도 휩쓸리지 않는 것이다.

　우리 사회 일각은 이유를 불문한 맹목적 분노에 공론의 에너지를 지나치게 허비해 온 나머지 이성적 논의가 불가능할 지경이 됐다고 해도 과언이 아니다. 우리 사회의 극단적 분노를 낳은 경제적 불평등, 사회적 불안정성, 상업주의적 언론, 세대와 성별 간 문화적 단절 등의 '뿌리'를 잊지 않되, 현실의 대안과 규범에서는 이성적 태도를 견지해 나가는 균형 감각이 필요할 때다.

극단적 페미니즘 '워마드' 등장 3년,
무엇을 남겼는지 복기해 보자

오세라비(2018년 8월)

2015년 8월 메갈리아 개설부터 워마드 운영자 체포 영장 발부까지
- 최악의 남성 혐오 커뮤니티 메갈리아·워마드, 넷페미의 탄생

메갈리아에서 시작해 워마드로 변모한 지 만 3년이 됐다. 2015년 8월 메갈리아 커뮤니티가 개설됐다. '여성 혐오에 대항한다'는 명분으로 만들어졌으며, 남성 혐오를 목적으로 하는 여성우월주의 사이트다. 메갈리아는 2015년 6월 초 국내 최대 커뮤니티인 '디시인사이드' 내 '메르스 갤러리'에서 남성 혐오를 과격하게 하다 기존 회원과 마찰을 일으켜 따로 떨어져 나온 커뮤니티다. 여기서 깊게 들여다봐야 할 대목은 일련의 정치적인 기획이다. 바로 한국여성민우회에서 활동 계획으로 제시한 운동이다. 그것은 '여성 혐오'라는 키워드다. 한국여성민우회는 '여성 혐오 근절 캠페인' 운동을 2015년 7월부터 10월까지 활동을 이어나가겠다고 선언했다. 생각해보자. 그전까지 한국 사회에서 '여성 혐오'라는 용어가 회자됐던 적이 있었던가? 없었다. 한국여성민우회는 메갈리아 사이트가 2015년 8월에 개설되기 직전에 '여성 혐오'라는 키워드를 한국 사회에 던졌던 것이다.

이때부터 '여성 혐오 사회', '여성 혐오가 공기처럼 떠돈다' 등의 생소한 용어들이 난무하기 시작했다. 한국여성민우회는 메갈리아 사이트가 개설되자마자 첫 번째 운동으로 메갈리안, 대학 내 여성주의 그룹, 흩어져 있는 여성주의 활동가들을 한 곳으로 모으는 기획 활동을 진행했다. 이들은 한국여성민우회의 진두지휘 아래 '여성 혐오'에 반대하는 오프라인 시위, 언론사 연재 등 주로 온라인 활동에 주력했다. 이른바 '넷페미'들의 탄생이었다.

이와 더불어 메갈리아 사이트는 개설되자마자 주목을 받았다. 극단적인 남성 혐오 발언과 남성의 생식기를 소재로 한 이미지 만연, 사이트의 나치 문양 사용, 회원 가입 시 엽기적인 절차는 이들이 얼마나 과격하고 극단적인 방식을 추구하는지 증명한 바 있다. 또한 메갈리아는 장애인 비하, 성 소수자(게이) 강제 아웃팅 등의 일련의 사건을 일으키면서 세간의 큰 비난을 받으면서도 승승장구했다.

2016년 4월, 20대 총선을 앞두고 메갈리아 회원들은 더불어민주당 진선미 국회의원을 '갓선미'라는 애칭으로 부르면서 1,200만 원 가까이 후원금을 전달하며, 장차 키워야 할 여성 정치인에 대한 전폭적인 지지와 정치적 세력화라는 목적을 명확히 보여주기도 했다. 하지만 더욱 과격한 남성 혐오와 여성우월주의를 주장하는 회원들이 점차 세력을 넓히며 메갈리아는 분열됐다. 2017년 1월 말 현재의 워마드를 개설하며 결국 메갈리아는 사라지고, 메갈리아·워마드 회원의 교집합이 이루어졌다. 그러므로 '메갈리아와 워마드가 같다, 다르다'는 논쟁은 무의미하다.

강단 페미니스트·직업(정치) 페미니스트·진보 지식인·진보 언론에 페미니즘 작위를 수여하다

2016년 7월로 되돌아가 보자. 당시 벌어진 티셔츠 사건은 메갈리아가 뜨거운 화제로 떠오르며 세간의 시선을 끌게 만들었다. 바로 'GIRLS DO NOT NEED PRINCE'라는 문구가 새겨진 티셔츠다. 당시 게임 업체인 넥슨은 새로운 온라인 게임인 〈클로저스〉를 만들며 '티나'라는 게임 캐릭터의 목소리를 성우 김자연 씨에게 맡겼는데, 그녀가 이 문구가 새겨진 티셔츠를 입고 소셜 미디어에 올린 한 장의 사진으로 사태는 일파만파로 번졌다. 메갈리아가 법적 분쟁에 휘말린 회원을 돕기 위해 티셔츠를 제작·판매했다는 사실이 드러나 넥슨은 김자연 씨와 계약을 해지했다. 이를 두고 찬반 격론이 벌어지며 김자연 씨를 옹호하던 정의당은 당원들이 대거 탈당하는 등 저항에 부딪혔고, 메갈리아를 옹호하는 논조를 이어가던 《시사인》·《한겨레》·《경향신문》 등도 독자들과 큰 갈등을 일으켰다.

혐오를 옹호하는 지식인들의 등장은 이 시기에 시작됐다. 포문은 진중권 동양대 교수가 《매일신문》 2016년 7월 26일 자에 실은 〈나도 메갈리안이다〉라는 칼럼으로 열었다. 곧이어 여성학자 정희진은 《한겨레》 2016년 7월 30일 자에 "메갈리아는 일베에 대항한 유일한 당사자."라고 추켜세웠고, 《시사인》은 2016년 8월에 메갈리아 특집호(분노한 남자들)를 마련해 메갈리아를 숭고한 페미니즘 이념의 전사로 치켜세웠다. 고려대 박경신 교수는 《경향신문》

2016년 8월 1일 자에 <혐오는 우리의 소중한 자유다. 메갈리아 이제 눈치들 보지 마시라>라는 글을 실었으며, 단국대 서민 교수는 《여성신문》 2016년 8월 16일 자에 <남자는 잠재적 범죄자, 이를 자각하는 것이 좋은 남성이 되는 첫걸음>이라는 칼럼으로 남성 혐오 경향을 부채질했다. 이른바 매스컴 지식인들의 극단적 페미니즘에 대한 지지 물결이었다.

극단적 페미니즘의 시대를 연 중대한 모멘텀이 된 사건이 바로 2016년 5월 22일 강남역 여성 살인사건이었다. 범인은 조현병 환자로 이미 4차례의 입원 경력이 있었다. 경찰은 강남역 여성 살인사건이 조현병에 의한 묻지마 살인에 해당한다는 결론을 내렸지만, 여성 단체는 이를 '여자라서 죽었다'는 프레임으로 설정했다. 그리고 '남성 모두는 잠재적 가해자'라는 딱지가 한국 남성 일반에게 씌워지게 됐다. 강단 페미니스트, 여성 단체에 적을 둔 직업 페미니스트들이 호기를 맞았다. 2005년 호주제 폐지 국회 통과 이후 여성 단체들의 운동은 침체기를 맞았다. 약 10년간 침체기를 거쳐 메갈리아·워마드 등의 남성 혐오 여성들을 만나자, 곧바로 이들을 페미니즘 운동 부활의 불쏘시개, 지렛대로 삼으며 페미니즘 부흥의 로켓을 쏘아 올리는 추진체로 활용하기 시작했다.

국내 여성 단체는 물론이고 중앙부처 산하 138개, 시·도 지방자치 산하 600여 개 등 여성 단체 이름을 건 전국 3,000여 개에 이르는 단체들의 대동단결이 이루어졌다. 이를 통해 침체기를 맞고 시대의 뒤안길로 사라지던 강단 여성학을 끌어올림과 동시에 강단·직업 페미니스트들의 활발한 강연과 저술, 번역서 출간 등 수십 년 전의 급진 페미니즘 번역서들이 속속 출간돼 페미니즘 이데올로기 의식화 작업이 진행됐다. 이로써 대다수 여자 대학생은 물론 10대, 20대, 30대 여성들의 페미니스트화가 광범위하게 진행됐다. 국내 여성 단체 수뇌부 또한 발 빠르게 움직였다. 한국여성재단이 2016년 9월 22~23일의 이틀간 충남 아산시 교원 구몬 도고 연수원에서 개최한 '2016년 여성 회의: 새로운 물결 페미니즘 이어달리기' 행사가 그것이다. 이 행사는 '새로운 페미니즘 주체들'과 함께 페미니즘 연대 전략을 모색하는 자리였다. 여기서 '새로운 페미니즘 주체들'이란 메갈리아·워마드를 새로운 페미니즘 주체로 인정하고 이들에게 이른바 영페미니스트라는 금관을 수여하는 의식이었다. 요즘 유행어가 된 '영페미'들 탄생의 출발점이 된 것이다. 이날 행사가 치밀하게 준비됐다는 증거는 136페이지에 달하는 문건이 말해 준다. 행사의 식순은 다음과 같다.

개회사	이혜경 한국여성재단 이사장
강연 1	김현미 연세대학교 교수
강연 2	정희진 여성학 강사
사회	손희정 연세대학교 젠더연구소
분과별 토론	김홍미리, 김신현경, 김신효정, 장이정수 등
마무리 사회	이미경 한국성폭력상담소 소장

이날 행사 참가자의 면면을 보면 △조한혜정 연세대 명예교수 △페미니스트 문화단체 △젠더정치연구소 여.세.연 △녹색당 △정의당 △노동당 여성당원 △한국여성민우회 김민문정 대표 △경남

여성회 △불꽃페미액션 △알바 노조 △한국여성의전화 △충남여성정책개발원 △안양YWCA △한국여성 인권재단 △페미당당 △한국청소년성문화센터협의회 △여성환경연대 △여성신문 기자 △다수의 연세대·이화여대 학생 등 활동가 160여 명이 모여 페미니즘의 새로운 물결로 메갈리아·워마드를 승인했다.

손희정, 권김현영 등 래디컬 페미니스트 활동가들의 활발한 언론 기고가 이어졌다. 손희정은 《르몽드 디플로마티크》 2016년 9월 30일 자 글에서 "이제 메갈-이후를 봐야 할 때"라고 말했으며, 권김현영은 《르몽드 디플로마티크》 2016년 9월 30일 자의 〈메갈리아의 거울에 비춘 세상〉 기고문을 통해 이들을 '시민권을 획득하지 못했던 여성들이 스스로 주체가 되기 위한 몸부림'으로 규정했다. 즉, 메갈리아·워마드가 기존의 페미니스트들과 같은 패밀리가 되는 의미를 부여하는 작업을 시작했다.

페미니즘 전성시대,
역사성과 이론적 기반 없이 혐오를 자양분으로 삼다

페미니즘 전성시대가 되자, 남성 페미니스트들의 활약이 두드러지기 시작했다. 이들은 방송 출연과 페미니즘 강연으로 여성 페미니스트들을 능가하는 활약을 보여줬다. 남성 페미니스트들의 발언을 소개한다. 대표적인 인물이 손아람 작가다. 그는 "페미니즘은 유일한 해결책이다."라고 단언했다. 서민 교수는 "여혐과 남혐은 똑같이 볼 수 있는 개념이 아니다. 남혐은 실재하지 않는다."라고 말했으며, 박경신 교수는 "여성들은 우리 사회에서 신체적 약자일 뿐 아니라 사회적 약자이기 때문이다."라고 말했다. 또한, 홍성수 교수는 "남성 혐오는 성립하지 않는다."라고 했다. 문화 권력을 행사하는 위치에 있는 남성 식자층의 이어지는 이러한 발언들은 자신들은 교양 있는 남성의 미덕을 갖추었다고 생각할지 모르나, 한국 남성 일반을 잠재적 범죄자로 만들었고, 남성은 모두 적이요, 악당으로 만들어 젊은 여성들에게 피해 의식과 한국 남성에 대한 공포감과 적개심을 심어 줬다. 여성을 바라만 봐도 시선 강간이요, 데이트 강간, 결혼 강간 등 급진 여성학에 나오는 단골 용어가 퍼져 나가 연애, 결혼을 두려워하는 풍토 조성, 농담 한마디 건네기 어려운 살벌한 사회가 된 것이다. 그런 와중에 지레 남성 페미니스트임을 자인하는 남성들이 한편으로 증가하기 시작했다.

현대 페미니즘은 1970년 초에 미국을 중심으로 일어난 모델이다. 1969년에 과격한 페미니스트의 출현이 이어졌는데, 레드스타킹(Redstockings)이 대표적인 단체다. 이 단체는 1969년에 설립됐다. 레드스타킹은 자유 낙태와 유명한 슬로건으로 "자매애는 강하다.", "개인적인 것은 정치적인 것이다."를 내세웠으며, 여성 해방을 전면적으로 들고나왔다. 슐라미스 파이어스톤은 1969년 7월 7일 레드스타킹스 선언문을 작성했다. 이때 '의식화'라는 용어를 페미니즘에서 처음 사용했는데 의식화는 마르크스가 사용한 용어로 페미니즘이 좌파에서 유래됐다는 근거를 보여 준다. 레드스타킹스 선언은 총 7장의 선언문을 통해 다음과 같이 주장했다.

"여성 계급 의식을 발전시켜 나가는 것이다. 이 의식화는 단순히 개인적인 차원의 해결을 암시하는 것이 아니다… 남성의 지배권은 가장 오래되고 가장 기본적인 지배 형태이다. 다른 모든 형태의 착취와 억압은 남성 지배권의 연장선에 있다. (중략) 지금까지 개인들이 벌여왔던 국지전은 끝났다. 이제 우리는 전면전을 선포한다."는 말로 끝난다. 국내에도 슐라미스 파이어스톤의 '레드스타킹스 선언문'은 번역 출판돼 페미니스트들의 경전이 됐다. 레드스타킹의 과격 급진 페미니스트인 슐라미스 파이어스톤은 후에 조현병으로 사망했다. 그녀의 대표작인 《성의 변증법》은 오늘날 급진 페미니스트들의 주요 이론서이다. 또 다른 극단적 페미니스트인 발레리 솔라나스는 1960년대 중반에 작가로 활동하며 뉴욕으로 이주하여 아티스트 앤디 워홀을 저격해 총상을 입혔으며 "남성의 성을 제거하라."는 선언으로 일약 시선을 끌었다. 그녀는 후에 편집증 정신분열 진단을 받았다. 당시 미국은 극단적인 페미니스트 다수가 산발적으로 출현했는데 "남성의 비율을 인류의 약 10% 수준으로 줄여야 하며 그 수준에서 유지해야 한다."라고 말하기도 했다.

또 다른 급진적 페미니스트 이론가는 케이트 밀렛이다. 1970년 출간한 《성의 정치학》으로 유명한 밀렛은 가부장제 개념을 페미니즘으로 끌어들인 장본인이다. 그녀는 가부장제가 여성 억압의 원천이며 남성이 폭력과 성 착취로 여성을 종속시키는 제도라 규정했고, 이는 곧 급진적 페미니즘의 교리가 됐다. 이처럼 국내 메갈리아·워마드로 이어지는 페미니즘, 그 전 페미니스트 운동가들이 남성의 성 본능에 규제를 가하는 방식은 1970년에 등장한 미국의 급진적 페미니즘을 모델과 그 양상이 흡사하다. 미국 페미니즘은 철저히 앵글로 색슨 백인 중산층 여성들의 주장과 투쟁, 이상을 일반화했다. 여기에는 미국의 북미 원주민 여성, 흑인 여성, 멕시칸, 히스패닉, 아시아 여성들의 삶은 간과됐다는 점에서 크나큰 딜레마를 안고 있다. 페미니즘이 백인 여성들의 전유물이 되자 1980년대 들어 흑인 여성 소설가이자 시인인 엘리스 워커가 '우머니즘'이란 용어를 제시하기도 했다.

이러한 페미니즘의 모순점과 딜레마에도 불구하고 국내 페미니스트들은 고스란히 이를 받아들여 오늘날까지 신봉하고 있다. 여성의 피해자화, 희생자화를 바탕으로 여성은 억압받는 존재라는 거짓 선동과 책략을 21세기에도 여전히 연출하는 것이다. 이런 비유를 해 보면 어떨까. "스탈린은 레닌을 잘못 읽었고, 레닌은 마르크스를 잘못 읽었고, 마르크스는 헤겔을 너무 읽었다."며 어떤 이는 말했다고 한다. 그렇다면 국내 페미니스트들은 애초부터 페미니즘을 잘못 읽었으며, 극단적이고 과격한 페미니즘만을 골라서 그 부분만 너무 읽고 억지로 국내에 적용했다고 말할 수 있지 않을까.

현재 워마드의 방식은 1969년에 설립된 미국의 레드스타킹이 초창기에 시도한 행동방식과 유사하다. 레드스타킹 페미니스트들은 빨간색 스타킹을 신고 집회에 참석했다(혜화역 시위자들의 드레스 코드 역시 빨간색이다). 또한, 워마드는 앞서 말한 대로 과격하고 극단적인 페미니즘 모델에 너무 심취해 있는데, 역사성과 이론적 기반 없이 무분별하게 미국식 급진 페미니즘을 수입해 들여와 우리 사회에 적용하고 있는 것이다. 또 한 가지, 급진적 페미니즘은 레즈비어니즘이 주류를 이루고 있다.

남성은 혐오 받아 마땅한 존재인가?
- 워마드의 무차별 저주 활극

워마드가 페미니즘 작위를 얻은 후 워마드 사이트에는 남성 혐오가 매일같이 반복되는 일이 벌어진다. 일일이 사례를 들기 어려울 정도이다. 가장 큰 특징은 워마드 사이트에 포르노 사이트를 방불케 하는 음란물, 특히 아동 음란물 공유와 저급한 글이 하루에도 수십 개씩 업로드된다는 점이다. 한국 남성의 페니스를 두고 갖은 성희롱 글과 사진이 게재된다. 병적인 성 놀이 문화를 즐기며 페미니즘이란 이데올로기까지 두르고 거침없는 질주가 현재까지 연속되고 있다. 예를 들어 시기별로 6·25 참전용사 비하, 광복절에는 독립운동가와 국기 모독, 노동 운동가 전태일 모욕, 유명 연예인이 사망하면 환호작약하며 잔치 분위기로 이어지는 것이 그것들이다. 2018년 5월 1일에 발생한 홍익대 회화과 누드 드로잉 남성 모델 나체 사진을 몰래 촬영해 워마드에 업로드한 사건은 남성 모델에 대한 잔인한 인권 모독의 행태였다. 워마드 회원으로 밝혀진 피의자가 구속되자 이번에는 여자라서 빨리 잡았다는 '불법 촬영 편파 수사 규탄 시위'를 혜화역 시위를 시작으로 광화문 시위에 이르기까지 4회째 진행 중이다(2018년 8월 기준).

이들의 막무가내 적반하장격 시위는 각 여성 단체의 측면 지원, 물밑 작업으로 공권력마저 무력화시키는 지경이 됐다. 문재인 대통령을 나체 상태인 남성 모델과 얼굴만 바꿔 극한 조롱을 자행하지만, 통제 불가능한 상태다. 여기에 2018년 2월 중순에 발발한 할리우드발 #ME TOO 운동(미투 운동)은 국내 연예계, 문화계, 법조계, 대학 강단을 강타했다. 할리우드 거물 영화제작자 하비 와인스타인이 약 30년간 저질러 온 성범죄 폭로 사태는 곧바로 국내에 상륙해 현재까지도 진행 중이다. 국내 미투 운동의 특징은 주로 유명인, 성공 가도를 달리는 이들을 상대로 이루어진다는 특이점이 있다.

미투 운동 창설자 '타라나 버크'의 말이다. "미투는 성폭력을 겪은 모두를 위한 것이지, 여성 운동이 아니다. 남자들은 적이 아니라는 점을 분명히 해야 한다. 우리는 매우 구체적이고 신중해야 하며, 실명과 얼굴을 드러내고 당당해야 한다. 당신이 어떤 것이 폭력이라고 말한다면 이는 법적인 의미와 파문을 불러올 수도 있다."

극단적 페미니즘이 횡행하는 시기와 함께 일어난 미투 운동은 우리 사회에 깊은 불신을 드리우며 남녀분리주의를 가속화하고 있다. 유무죄를 떠나 성범죄에 연루됐다는 사실만으로도 당사자는 직장, 가정, 사회적으로 매장 상태에 직면한다. 더러 스스로 목숨을 끊은 이들도 있지만, 그들을 바라보는 여성계의 시작은 냉혹하기만 하다.

일례로 박진성 시인의 무고 사건은 2016년 10월 18일 3학년 여고생이 거짓으로 작성한 성희롱을 당했다는 트위터 폭로로 시작됐다. 이를 《한국일보》 황수현 기자가 사실 확인 없이 곧바로 박 시인의 사진을 싣고 기사화했다.[40] 이후 박 시인은 죽음의 고비를 여러 차례 넘나드는 참혹한 고통을 겪고 있다. 지난 7월, 그는 언론사를 상대로 한 소송에서 승소해 《한국일보》 측의 정정 보도 게재와 《한국일보》 측에서 박 시인에게 손해 배상액 5,000만 원을 지급하라는 판결을 받았다. 하지만 《한국일보》는 항소했다. 박진성 시인의 전쟁은 아직도 진행 중이다.

또 기억해야 할 사건은 2017년 4월 전북의 모 중학교에서 발생한 송경진 교사의 성희롱 무고 사건이다. 야간 자율 학습에 빠진 한 여학생이 선생으로부터 추궁을 당하자 송 교사가 성추행·성희롱을 했다고 거짓말을 했다. 송 교사는 억울함을 호소했지만, 전북 교육청, 학교 당국은 오히려 비아냥으로 일관, 송 교사는 직위 해제를 당했고, 누명을 벗을 길이 없었던 송 교사는 그해 8월 스스로 목숨을 끊었다.

워마드 사이트 운영자 체포 영장 발부와
3년간의 페미니즘 광풍은 무엇을 남겼나?

경찰이 드디어 미국에 서버를 두고 사이트를 관리해 온 워마드 운영자 체포 영장을 발부받고 추적에 나섰다. 그동안 상시로 올라오던 아동 음란물 유포 방조 혐의였다. 하지만 경찰이 과연 워마드 운영자 체포를 실행에 옮길지는 믿기 어렵다는 것이 필자의 생각이다.

한편으로, 워마드의 엽기적 패악에 거리를 두는 듯한 제스처를 잠시나마 보이던 여성 단체들이 일제히 '성차별 편파 수사'라며 행동에 돌입했다. 여성이 관련되면 '성차별' 문제로 변환하는 것은 그들이 지닌 도깨비방망이인 셈이다.

한국여성단체연합, 한국여성민우회, 한국여성의전화 등 메이저 여성 단체들은 워마드 옹호에 나섰다. 이들은 경찰 측에 편파 수사라 항의하지만 팩트를 보면, 2018년 접수된 일베 관련 신고 69건 중 53건을 검거해 검거율 76.8%이다. 반면 워마드는 서버가 외국에 있는 데다 운영진 협조가 없어 0건이다.[41]

지금까지 2015년 8월 메갈리아 사이트 개설 후, 워마드 운영자 체포 영장 발부에 이르기까지 3년의 세월이 흘렀다. 필자는 일찌감치 메갈리아·워마드는 사회병리 현상이라고 진단했다. 3년 동안 극심한 남녀 갈등은 대학교, 고교, 중학교 가릴 것 없이 이어

저 남녀 분열이 매우 심각한 정도에 도달했다.

우리 사회는 남녀가 서로 상호 파트너이자 동반자이다. 그런데 래디컬 페미니즘은 남녀 관계를 성 권력 문제로 접근한다. 그렇기 때문에 남녀분리주의로 나아가고 있는 것이다. 여기에 직업 페미니스트들이 주류를 이루는 여성 단체들의 이기주의, 권력 지향적인 행태가 더욱 갈등을 깊고 넓게 만들고 있다.

1970년대에 등장한 급진적 페미니즘은 반세기가 흘렀다. 하지만 여전히 1970년대식 페미니즘 교리와 경전을 높이 치켜들고, 프로크루스테스의 철 침대에 끼워 맞추는 행태와 페미니즘 틀에 갇힌 여성들을 해방하는 것이 진정으로 필요한 시점이다. 지난 3년간 발생한 시대착오적이고 광적인 페미니즘은 우리 사회에 크나큰 암운을 드리웠다. 언제쯤 걷힐까, 그때는 무엇을 남기게 될까, 누가 책임을 질까, 우리 사회의 미래는 어떻게 될까, 광풍이 지나간 자리에 남은 상흔은 치유될 수 있을까. 페미니스트보다 이퀄리스트, 휴머니스트가 되는 것이 무엇보다 바람직하지 않겠는가!

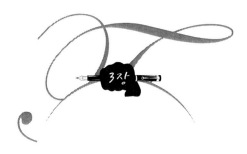

젠더 문제 바로 보기

남녀 임금 격차 '떡밥'의 숨겨진 진실

박가분(2017년 1월)

인터넷 젠더 갈등의 오랜 떡밥, 남녀 임금 격차

인터넷 커뮤니티에서 남녀 간의 임금 격차 통계는 항상 남녀 갈등의 오랜 떡밥(화제)이다. 한국은 현재도 OECD 1위의 남녀 임금 격차를 기록하고 있다. 여초 커뮤니티에서는 이것을 한국 사회의 오랜 '여성 혐오'의 방증으로 즐겨 거론하는 반면 남초 커뮤니티에서는 이 통계를 아예 부정하거나 임금 격차는 여성의 자발적인 선택의 결과라는 주장을 심심찮게 볼 수 있다. 가령 여성이 고임금을 지급하는 이공계를 기피하고 편한 일만 선택하기 때문에 여성이 저임금을 받는 것은 이상하지 않다는 주장은 주식 갤러리 등의 남초 커뮤니티에서 흔히 볼 수 있다. 그러나 결론부터 말하자면 이는 잘못된 주장이다. 현재 젊은 여성들이 이공계를 기피하는 현상은 분명한 사실이고 또 남성과 비교하면 3D 업종을 기피하는 것은 사실일지도 모른다. 실제로 2009년 OECD 보고서에 따르면 남녀의 대학 진학 비율이 다르지 않음에도 컴퓨터와 공학 분야 졸업생 중 5분의 1 미만이 여성이다.

일부 여성주의자들 역시 일자리 전반의 성 평등(여성들이 얼마나 남성만큼 힘들고 고된 일을 하는가)보다는 관리직과 전문직의 여성 진출 여부(여성이 얼마나 극소수의 남성만큼 고임금에 소위 말하는 '폼

나는' 일을 하는가)를 성 평등의 척도로 삼는 '위선적인 반노동적 관점'을 가지는 것도 분명한 사실이다. 그러나 이러한 사항들을 다 인정한다고 치더라도 그것이 현재 한국의 압도적인 남녀 임금 격차를 다 설명해 주지는 못한다. 예를 들어 2013년을 기준으로 보면 한국은 남녀 임금 격차에 있어서 압도적으로 1위를 차지하고 있다. 더 구체적으로 보면 정규직 기준으로, OECD 국가들의 남성이 여성보다 평균 15.3% 정도 더 임금을 받는다면 한국은 OECD 평균의 2배를 넘는 평균 36.6%를 더 받는 것으로 나타났다. 이것은 이전 세대보다 고등 교육의 기회를 상대적으로 더 많이 가진 젊은 여성 일부가 이공계 등의 직종을 기피하는 현상으로만 설명할 수 있는 수준의 임금 격차가 아니다.

한국의 임금 격차는 여성의 자발적인 선택의 결과가 아니다

2015년 5월 한국 여성정책연구원의 발표[42]에 따르면 한국에서 남녀 임금 격차는 합리적으로 설명할 수 있는 요인보다는 합리적으로 설명될 수 없는 요인이 더 큰 것으로 분석됐다. 가령 합리적으로 설명될 수 있는 임금 격차란 근속연수의 차이와 사업체의 규모 차이 그리고 고등 교육의 차이와 노조 가입 여부 그리고 직업 훈련 정도뿐만 아니라 남초 커뮤니티에서 즐겨 거론되는 직종의 차이와 근로 시간의 차이 등이 있다. 그러나 이것을 모두 합쳐 봐도 이것들은 남녀 간 차이로 인한 임금 격차를 37.8%만 설명할 뿐이다. 즉, 남녀 간의 임금 격차를 초래하는 이유는 다른 곳에 있다는 것이다.

그렇다면 그 외에는 사회적·문화적 요인으로 인해 남녀 임금 격차가 초래됐다고 볼 수 있다. 이 여성정책연구원의 발표가 상정한 모형을 이론적으로 어디까지 신뢰할 수 있을지의 여부와 별개로, 한국의 남녀 임금 격차가 남초 커뮤니티에서 거론되는 여성의 직종별 진로 선택이나 여성의 직업 선택만으로 설명될 수 없다는 것은 분명한 사실이다. 가령 선진국에서도 여성은 이공계나 3D 업종을 기피하고 자발적으로 짧은 시간과 저임금의 직종을 선택할 수 있다. 그에 따라 아무리 남녀가 평등한 선진국이라 해도 남녀 간 임금 격차는 엄연히 존재한다. 그러나 한국이 보이는 수준의 격차는 그런 종류의 선택으로 설명할 수 없는 성질의 것이다. 앞으로도 한국 남녀 임금 격차 통계가 발표될 때 그런 종류의 이야기를 하는 것은 거의 무의미하다. 이성적인 인간이라면 한국이 심각한 수준의 남녀 임금 격차를 보인다는 사실 자체를 부정해서는 안 된다.

남녀 임금 격차가 오랫동안 악화한 이유
- 급속한 산업화와 대규모의 여성 재취업

한국의 남녀 임금 격차 통계를 인용하는 측에서도 남녀 임금 격차에 관해 대부분 거론하지 않는 변수가 있다. 그것은 바로 연령과 세대 그리고 IMF 외환위기라는 변수다. OECD와 UN 그리고 EU 등 대부분의 국제기구 보고서에 따르면 어느 나라나 나이가 많아질수록 임금 격차가 늘어나는 것은 만국 공통의 현상이다. 그런데 한국의 경우는 그 정도가 유독 더 심하다. 그것을 설명할 수 있는 변수는 앞서 말한 연령과 세대 그리고 IMF 외환위기로 보인다.

　OECD의 2010년 기준의 통계에 따르면 한국은 OECD 국가 중에서 남녀 임금 격차가 가장 높은 국가일 뿐만 아니라, 동시에 연령별 남녀 임금 격차가 가장 높은 나라이기도 하다. 25~29세 연령을 기준으로 볼 때 조사 대상이 된 19개국 중에서 한국의 남녀 임금 격차는 OECD 9위로 중위권을 차지했다. 한편 40~44세 그리고 55~59세의 기준으로 볼 때 한국의 남녀 임금 격차는 명실상부한 세계 1위였다. 결국, 한국의 남녀 임금 격차를 설명하는 주요 변수 중 하나는 바로 연령과 세대인 셈이다. 연령과 세대의 남녀 임금 격차가 한국의 남녀 임금 격차의 상당 부분을 설명한다는 사실은 통계청 자료[43]로도 확인된다.

　한국의 경우 통계청 자료를 볼 때 30~40세 구간에서부터 남녀 임금 격차가 급속하게 증가한다는 사실을 확인할 수 있다. 이처럼 연령이 증가할수록 임금 격차가 증가하는 현상의 원인으로는 크게 직장 내 ① 유리 천장과 ② 여성의 출산과 육아 등의 이유로 한 경력 단절을 꼽을 수 있다. 실제로 2009년 기준으로 볼 때, 한국의 경우 OECD 국가와 비교하면 여성의 경제 활동 참가율이 M자형 곡선을 그리는 것을 확인할 수 있다. 결혼·출산·육아에 따른 경력 단절이 아직도 두드러지고 있다는 방증이다.

　지금도 사정이 이러한데 과거에는 여성의 결혼·출산·육아에 따른 경력 단절의 문제가 더욱더 심각했으리라는 것은 명약관화하다. 과거에는 아무리 커리어 여성이라 하더라도 자신보다 더 능력이 있는 남성과 결혼할 것을 권유받았고, 일단 한 번 결혼하면 대부분의 여성은 자신의 직장과 커리어를 완전히 포기해야만 했다. 예컨대 70~80년대 당시 대기업에서도 희소한 컴퓨터 프로그래머로 진로를 잡았던 ─필자가 아는─ 아무개 씨도 결혼과 출산 그리고 육아 이후 자신의 커리어를 포기해야만 했다. 그녀는 그런 것이 당연했던 시대를 살았기 때문이다.

그렇다면 왜 아무개 씨는 프로그래머로서의 커리어를 추구하는 대신 자신의 꿈을 포기해야 했을까. 그것을 설명하는 것이 바로 소위 말하는 '가족임금제도'이다. 가족임금제도란 성인 남성이 자신의 처자식을 부양할 수 있다고 기대할 수 있는 평균 임금을 받는 제도를 의미한다. 이것을 섣불리 '불평등'이라고 말하기 이전에 이것은 여성도 남성에 대해 '당연히' 기대했던 일종의 사회 계약이었다는 점을 여성주의자도 솔직하게 말해야 한다. 이런 가족임금제도는 고도 성장기에는 남성과 여성 모두 동의할 수 있는 일종의 사회 계약이었다.

그러나 이러한 종류의 사회 계약이 깨진 본격적인 계기는 바로 IMF 외환위기였다. 이때부터 본격적인 고용 유연화가 시행됐고 기혼 남성이 여성을 비롯한 처자식의 생계를 책임진다는 가부장적 사회 계약은 완전히 무의미해졌으며 이때 이후부터 노동 시장으로부터 단절됐던 다수의 여성 인구가 취업 시장에 다시 유입됐다. 당연한 이야기이지만 오랜 기간 노동 시장으로부터 단절된 다수의 여성 인구가 새로이 노동 시장에 유입된 만큼 남녀 임금 격차 지표는 더욱더 악화할 수밖에 없었다. 지금 우리 대다수의 성인 남녀는 바로 이 IMF 이후 가족임금제도에 관한 사회적 계약이 깨진 이후의 시대를 살아가고 있다. 한국의 경우 오랫동안 남녀 임금 격차에 관한 지수가 개선되지 못한 것도 바로 이 IMF 직후 가부장적 사회 계약이 깨진 이후 시대의 장기 지속을 겪고 있는 데서 연유한다.

또한, 한국은 이미 제1차 세계대전 이전부터 산업화를 겪었던 OECD 상당수의 나라와 달리 1960~70년대부터 본격적인 산업화를 경험했다. 이는 애초에 남성과 여성이 동등한 자격으로 노동 시장에 참가하게 된 역사가 다른 나라에 비해서도 절대적으로 짧다는 의미이기도 하다. 또한, 그만큼 급속한 사회 변화를 겪었다는 의미이기도 하다.

경력 단절과 유리 천장의 대물림을 어떻게 끊을지가 관건

현재 한국의 젊은 남성들이 한국이 OECD 기준으로 최악의 남녀 임금 격차를 보인다는 명약관화한 통계를 납득하지 못하는 이유는 그것이 그들 자신의 현재 경험을 '설명'해 주지 못하기 때문이다. 앞서 말했듯이 한국은 OECD 기준 최고의 남녀 임금 격차를 기록하는 나라인 동시에 세대별 남녀 임금 격차가 가장 높은 나라이기도 하다. 반대로 말하자면 한국은 지금까지 누적된 남녀 임금 격차에 비해 젊은 세대의 남녀 임금 격차가 가장 적은 나라이기도 하다.

이처럼 지금까지 누적되어 온 격차에 비해 젊은 남녀의 임금 격차는 상대적으로 적다. 이러한 상황에서 젊은 남성의 경우 자신들이 과거부터 누적됐던 남녀 임금 격차의 책임을 자신이 전가받는 것이 부당하다고 생각하는 것은 무리가 아니다. 왜냐하면, 젊은 남성의 경우 현재 수준의 남녀 임금 격차를 초래한 책임이 적으며 그들이 예민하게 받아들이는 비교 대상은 자신들의 어머니나 이모가 아니라 자신의 또래 여성이기 때문이다.

그런데도 현재 남녀 임금 격차에 대한 젊은 남녀 간의 대립이 끊이지 않는 이유 중 하나는 현재 한국의 남녀 임금 격차의 책임을 전 연령의 남성에게 무차별적으로 전가한다는 점에 있다. 확실히 한국의 남녀 임금 격차 문제는 국제적으로 심각한 수준이다. 그런데 이것을 젊은 남녀 간의 대결 구도로 해결할 수 없다.

오히려 남녀 임금 격차를 해소하는 데 있어서 관건은 과거부터 누적되고 대물림됐던 경력 단절과 유리 천장의 관행을 어떻게 깨느냐는 데 있다. 이것은 이미 가족임금제도의 관행에서 단절된 남성들에게도 중요한 문제다. 남성들은 이제 더는 자신이 배우자와 가족의 생계를 자신이 홀로 책임진다는 의식에서 탈피한 지 오래이기 때문이다.

그런데도 지금까지 한국의 언론과 여성주의자들은 남녀 임금 격차의 의제에 젊은 남녀를 동참시키는 대신 오랜 관행과 제도의 문제의 무게와 책임을 젊은 세대에게도 부당하게 짊어지웠다는 점에서 잘못을 저질렀다. 오히려 이들이 같은 문제 인식을 공유하기 위해서는 왜 남녀 임금 격차를 줄이는 것이 남성의 입장에서도 가계 소득과 평생 소득을 늘릴 수 있는 지름길인지를 설득하는 것이 더 중요하다고 하겠다.

젠더 이슈,
남녀 대립 프레임이 무의미한 이유
—
박가분(2017년 3월)

'남녀 임금 격차 떡밥의 숨겨진 진실'에서는 한국의 성별 임금 격차 이면에 숨겨진 진실을 살펴보았다. 한국의 임금 격차가 OECD 국가 중에서 가장 높은 수준인 것은 사실이지만, 동시에 한국은 연령대가 높아질수록 남녀 임금 격차가 상승하는 추세가 가장 빠른 나라이기도 하다. 가령 20대의 성별 임금 격차는 거의 존재하지 않는다. 그리고 30대까지는 성별 임금 격차는 OECD 국가의 평균 수준이다. 그러나 나이가 많아질수록 임금 격차는 더욱 상승한다. 이는 부분적으로는 한국이 어느 나라보다 더 빠른 경제 성장과 사회 변화(여성이 노동 시장에 본격적으로 참여하기 시작한 역사적 기간이 절대적으로 짧다)를 겪은 것에서 기인한다. 또 다른 부분에서는 여전히 한국에서는 여성의 생애 주기상에서 결혼·출산으로 인한 경력 단절과 그로 인한 임금감소(M자형 임금 곡선)가 작용한다는 것을 보여준다.

이 문제는 단순히 남성이 여성을 '억압'해서 저임금으로 '착취'한다는 논의 구도로 바라볼 수 없다. 이것은 생애 주기와 생활양식의 변화로 인해서 생기는 문제에 더 가깝다. 따라서 일자리 창출을 통해 여성의 경제 활동 참가율과 노동 소득을 늘리고, 노동 시장에서의 경력 단절 문제를 해소하는 방향에 집중하는 방안이 필요하다. 그리고 더 나아가 맞벌이가 보편화되는 추세 속에서 여성의 경력 단절 해소를 통해 저임금 문제를 해소하는 것이 가구의 평생 소득을 늘릴 수 있는 지름길이라는 점에서, 노동 소득의 양성평등은 기혼 남성에게도 유리한 방향이기도 하다. 이것을 사회 구성원 모두에게 설득시킬 필요성이 있다.

남녀 간 분노의 정치가 봉착한 한계

그런데 문제는 성별 임금 격차를 제기하는 일부에서는 이것을 남녀 대립의 문제로 가져간다는 것이다. 이것은 무의미한 논쟁만을 반복해서 일으킨다. 특히 감정적 대립을 일으키는 것은 남녀가 바라보고 있는 곳이 서로 다르기 때문이다. 가령 넷상에서 젠더 이슈에 민감한 20~30대 남성의 경우, 자신들이 또래 여성보다 자신이 노동 시장에서 특별히 더 유리한 대우를 받는다고 느끼지 않는다.

이는 부분적으로 사실이다. 오히려 20~30대 남성은 군 복무 등으로 인한 늦은 노동 시장 진입에서 오는 역차별에 민감하게 반응하며 전반적인 성별 임금 격차에 대한 객관적 통계조차도 믿으려 하지 않는다. 자신의 비교 기준이 어머니나 이모가 아니라 또래 여성과 자신의 '현재 소득'이기 때문이다. 한편 젊은 여성의 경우는 자신의 이모나 어머니 그리고 여자 선배가 비교 대상이다. 더 열악한 노동 시장에서 더 낮은 대우를 받으며 또한 결혼·출산으로 인한 경력 단절을 겪는 모습을 흔하게 보기 때문에 자신에게도 닥쳐올지 모를 평생 소득의 감소를 우려할 수밖에 없다. 이 대립은 지금까지 평행선을 이루고 있다. 결국, 성별 임금 격차에 대해 —애초에 누구를 대상으로 투쟁해야 하는 건지도 불분명한 — '분노와 투쟁의 서사'에 몰입하는 일부 페미니스트는 노동 소득의 양성평등 실현이 남녀가 한 가구를 이룰 때 모두의 평생 소득을 늘릴 수 있다는 지점을 주목하게 하는 데 실패한 것이다.

한국의 가사 노동 통계와 남녀 격차

이번에는 가사 노동 시간 분담에 대한 통계를 다뤄볼까 한다. 한국은 기혼 남녀 가사 노동 분담률도 성별 임금 격차만큼이나 OECD 국가 중에서 최악이다. 이를 다룬 《오마이뉴스》의 기사를 보면 이렇다. 〈한국 남성 가사 노동 시간, OECD 국가 중 가장 적어〉 특히 이 기사는 독자들에게 '분노'할 것을 주문하고 있다. 하지만 무엇을 상대로?

해당 기사는 2011년에 발간된 OECD '한눈에 보는 사회상'을 언급한 것으로 보이는, 비교적 오래된 2012년 기사이다. OECD 국가의 남성 평균 —가사 노동을 포함한— 무급 근로 시간은 하루에 2시간 11분이지만, 한국 맞벌이 남성은 45분으로 꼴찌였다고 한다. 반면 한국 맞벌이 기혼 여성의 하루 평균 가사 노동 시간은 3시간 47분이었다. 5배 이상의 격차가 나는 셈이다. 기사가 언급한 통계는 5년 주기로 작성되는 통계청의 생활시간 조사를 따른 것으로 보인다. 이 기사가 참조하는 통계는 2009년 기준이다.

한편 기사가 언급한 남녀 간 가사 노동 부담 격차는 지금도 현재 진행형이다. 통계청의 생활시간 조사[44]에 의하면 2014년에도 20세 이상 기혼 여성의 가사 노동 시간(가정 관리와 가족 보살피기 노동)은 하루 평균 3시간 58분이지만 기혼 남성의 가사 노동 시간은 53분에 지나지 않았다. 여전히 4배 가까운 격차를 보이는 셈이며, 절대적인 시간으로 볼 때 여성이 남성보다 3시간 정도 더 가사 노동을 하는 셈이다.

가사 노동 격차에 맞먹는 경제적 노동 시간 격차

한편 이 통계가 말하지 않는 또 다른 사항이 있다. 아니, 정확히 말하면 가사 노동 시간과 연관된 다른 통계는 잘 언급되지 않는다. 당연한 이야기지만, 가사 노동 시간 격차의 이면에는 경제적 노동 시간의 격차가 존재한다. 같은 기간에 발행된 OECD 통계[45]에 의하면 한국 남성의 평균 유급 근로 시간은 주당 46.7시간이지만 여성의 유급 근로 시간은 41.7시간이다. 하루 평균으로 환산하면 남성이 하루에 6.67시간 유급 노동을 하고 여성은 5.96시간 유급 노동을 하는 셈이지만 가사 노동 격차에 맞먹는 정도는 아니다. 그런데 이것은 임금 근로 기준에 한정된 것이므로, 자영업자 비중이 높은 한국 경제의 특성상, 전반적인 경제적 소득이 수반된 노동 시간에 관한 생활시간 조사를 살펴볼 필요가 있다.

그리고 《오마이뉴스》 기사가 언급한 기준으로 작성된 통계를 볼 필요가 있다. 2014년 20세 이상 기혼 남녀 인구를 기준으로 볼 때, 남성의 경우 하루 평균(휴일 포함) 5시간 2분을 일한다면 20세 이상 기혼 여성의 경우 2시간 32분을 일한다. 이에 더해서 출퇴근을 포함한 이동 시간(남성은 1시간 52분, 여성은 1시간 24분)까지 고려하면 남녀 격차는 세 시간 가까이 벌어진다. 앞서 본 가사 노동 시간 격차에 맞먹는 수치이다. 참고로 이동 시간 역시 학습 시간과 더불어 일, 가사 노동과 함께 '여가'에 대비되는 '의무 생활 시간'으로 산정된다.[46]

여성의 경제적 노동 시간이 남성에 비해 낮은 것은 임금 격차와 별개로 또 다른 남녀 간 경제적 불평등의 징후이기도 하다. 그만큼 여성의 경제 활동 참여율이 OECD 국가에 비해 낮다는 방증이기 때문이다. 실제로 2014년 여성 고용률은 49.5%로 외환위기 이후로 계속 정체된 상황이며 71.4%인 남성보다 한참 낮으며 2009년 OECD 평균(50.9%)에도 미달한다. 또한, 경제 활동에 참여하는 여성도 남성보다 파트타임(시간제) 근로를 하는 비중이 더 높다는 방증이기도 하다. 이 외에도 이미 잘 알려져 있듯이 한국은 장기간 노동 시간과 야근에 시달리는 나라이기도 하다. 2015년 기준 한국의 연평균 노동 시간은 2,113시간으로 멕시코에 이어 OECD 국가 중 2위를 기록하고 있다. 이를 반영하기라도 하듯이 한국은 가사 노동 시간 자체도 남녀를 불문하고 OECD 국가들보다 상대적으로 짧은 편이다. 즉, 남녀 모두 여가는 물론이고 가정을 돌볼 절대적 시간이 적다는 소리이다.

결국, 한국 기혼 남녀의 생활상을 요약하자면, 남녀 모두에게

장시간의 노동 시간이 부과되고, 남녀 모두에게 짧은 가사 노동과 여가가 허용되며, 가사 노동은 여성에게 전가되고 야근 및 잔업 등의 장시간의 경제적 노동은 남성에게 전가되는 양상을 볼 수 있다. 여기서는 남녀 누구도 행복하지 않다. 물론 많은 언론과 여성계는 이 중에서 여성의 불행만을 말하는 경향이 있다. 결국, 페미니즘은 남녀 모두에게 이롭다는 주장은 이런 지점에서 설득력을 잃는 것이다. 앞서 단편적인 통계 일부만을 인용한《오마이뉴스》기사가 주문한 대로 여기서 우리가 '분노'해야 한다면, 결국 가사를 제대로 분담하지 않는 남성들을 상대로 '분노'하고 '투쟁'하고 그들을 '계몽'시키라는 것밖에 되지 않는다. 그러나 이미 보았듯이 현실은 그렇게 단순하지 않다. 분노하기 이전에 멈춰서 생각할 필요가 있다.

'말로만' 페미니즘이 모두에게 좋다고 말하기 전에

이런 종류의 남녀 격차를 보여주는 여러 통계에 대해서 페미니스트들, 특히 넷상의 페미니스트들은 으레 계몽주의적인 스탠스를 취하곤 한다. "보라. 얼마나 여성이 차별받고 억압받는지를." 그러나 계몽된 그들이 그 근거로 가져오는 통계들은 전반적인 진실을 보여 주기에는 지나치게 취사 선택된 경우들이 많다. 그리고 어떤 기준으로 작성된 통계인지에 대해서 명확하게 말하는 경우도 드물다.

또한, 페미니즘은 성 평등을 추구하는 것이므로 남성에게도 좋다고 말한다. 그러나 이러한 주장도 대개 막연한 선언적 주장에 그치곤 하며 또한 많은 이에게 액면 그대로 받아들여진다기보다는 일종의 '화전 양면 전술'로 받아들여진다. 왜냐하면 ① 여성에게 지워진 부담을 나눠 가지는 만큼 남성에게도 무엇이 좋은지, ② 여성에게 지워진 부담의 반대편에서 다른 누군가 어떤 부담을 가져왔는지, 그것을 대개 구체적으로 말하지 않기 때문이다. 가사 노동 격차나 임금 격차는 그중에서 몇 가지 사례에 불과하다. 그러나 페미니스트들이 문제를 제기하는 사항들을 개선하는 것이 남녀 모두에게 이롭다는 것을 설득할 방법은 분명히 있다. 단지 그들은 남녀 간의 투쟁 서사와 분노를 자극하는 기득권 싸움의 프레임에 몰입하느라 그것에 무관심할 뿐이다.

물론 이미 임금 격차 통계에서도 살펴보았듯이, 한국에서의 남녀 간의 격차를 보여주는 각종 지표는 다른 나라에 비해서도 연령별로 크게 달라지며 언뜻 보기에는 남녀 간의 뚜렷한 대립 전선도 세부적인 사항으로 들어갈수록 점점 희미해진다. 가령, 가사 노동의 경우에도 임금 격차만큼 연령이 높아질수록 남녀 간의 격차가 급격하게 벌어진다는 것을 볼 수 있다. 그만큼 한국이 빠른 경제 발전과 사회 변화를 이룩했다는 것을 보여 주는 사항이기도 하다. 불과 한 세대 전만 해도 당연했던 가부장제 구조가 연령별로 빠른 속도로 해체되고 있음에도, 바로 그 빠른 속도 때문에 과거의 정체된 모습이 여전히 통계적으로 강하게 대표되고 있는 것이다.

결국, 문제는 변화의 '방향'과 '속도'이다. 임금 격차를 줄이는 것도 그저 남녀 격차만을 줄이는 것을 넘어서 그것이 가구의 평생 소득을 늘릴 수 있는 방향이라는 것을 사회 전반에 각인시키는 것이 중요하다. 가사 노동의 경우에도 절대적인 노동 시간을 줄이고 질 좋은 일자리 제공으로 여성의 경제 활동 참여율을 높이는 것이 가사 노동의 공평한 부담을 가능하게 한다. 이것은 남성 측에게 손해 볼 일도 아니며 이러한 정책을 추구하는 것은 남녀 문제 이전에 일하는 계급 전체의 이해와 일치하기도 한다. 그리고 이러한 변화가 의식의 계몽을 과시하는 것을 통해 단번에 일어날 것이라고 기대하는 것은 금물이다. 사실 변화는 이미 현재 진행 중이다. 70년대부터 비로소 본격적인 산업화를 겪은 한국에서의 변화와 계몽은 ─흔히 비교 대상이 되곤 하는─ 20세기 초반부터 산업화를 겪었던 다른 선진국보다 빠른 속도로 일어났고 앞으로도 일어날 것이다. 문제는 이 속도를 어떻게 유지하거나 더 가속화할지다.

한국 '성 격차 지수(GGI) 115위'의 진실

박가분(2017년 3월)

2015년 당시 두 가지 상반된 한국의 성 불평등 지수가 발표돼 논란이 일어난 바 있다. 먼저 UNDP(유엔개발계획)는 한국의 성 불평등 지수(GII)를 전 세계 23위로 발표했다. 반면 WEF(세계경제포럼)이 발표한 한국의 성 격차 지수(GGI)는 115위로 이슬람 국가들과 어깨를 나란히 했다. 언뜻 보면 납득하기 어려운 지수다. 이는 한국뿐만 아니라 주요 선진국의 입장에서도 직관적으로 이해하기 어려운 결과이기도 하다. 예를 들어 WEF 기준으로 보았을 때 성 격차 지수에서 상위 20위권을 차지하는 국가들을 보면 아래와 같다. 흔히 저개발 국가 혹은 개발도상국으로 분류되는 △르완다(6위) △필리핀(7위) △니카라과(9위) △나미비아(16위) △남아공(17위) 등이 당당하게 상위권의 성 평등 나라에 랭크된 것을 볼 수 있다. 재밌는 것은 이들 국가는 UNDP 기준에서는 성 불평등 지수에서 하위권을 차지한다(△르완다 80위 △나미비아 81위 △니카라과 95위 △남아공 83위 △필리핀 89위)는 점이다.

한편 WEF 순위에서는 선진국으로 분류되는 국가가 하위권에 랭크된 것도 특징적이다. 예를 들어 WEF 순위에서 일본은 64위지만 UNDP 기준으로는 26위였다. 한국뿐만 아니라 여러 나라 사이에서 저 두 가지 순위에 이토록 극명한 격차가 존재하는 것을 가만히 들여다보면, 결국 불평등을 측정하는 방법론의 차이가 핵심이라는 것을 알 수 있다. 이것은 여러 기사에서 다루어진 적이 있는 문제이므로 여기서는 핵심만 요약하겠다.

수준과 격차(level and gap)의 문제

이 두 가지 지표를 보면 두 가지 통계치의 차이는 결국 '수준과 격차'의 차이라는 것을 볼 수 있다. WEF의 공식적인 설명을 보자. 자신들이 고안한 GGI는 '(여성이 누리는) 자원과 기회의 절대적인 수준이 아니라 성별 격차를 측정하는 데' 목적이 있다고 설명하고 있다.[47] 즉, 해당 국가들의 개발 정도, 그리고 그와 연관된 여성의 건강, 교육, 소득 등 삶의 수준(level)보다는 남녀 간의 격차에만 관심을 두었다는 것이다. 따라서 WEF의 수치는 여성의 삶의 질이 얼마나 높은지에 대한 국가 간 비교를 하는 것이 아니다. 결국, 우리나라가 115위를 기록했다고 해서 여성 인권의 수준이 세계에서 115번째라고 말할 수는 없는 것이다. 한편 WEF 방식을 따르면 여성의 삶의 질과 수준이 낮은 국가라 하더라도, 즉 모두가 불행한 나라라고 해도 여성과 남성의 상대적 격차가 적다면 더욱더 높은 순위가 매겨진다.

물론 이러한 측정 방식에는 그 나름대로 의의(국가의 개발 수준과는 별개로 순수한 상대적 격차만을 본다는 것)가 있지만, 현실 체감과 동떨어져 있다는 비판이 나올 수밖에 없다. 특히 WEF의 방식은 사회의 질적인 차이도 제대로 반영하기 어렵다. 가령 저개발 자본주의 사회의 특성을 강하게 띠는 국가일수록 국가와 시장에 제공하는 소득, 교육, 보건 등의 혜택에서 남녀 모두 소외된 동시에 이러한 통계에 잡히기 어려운 가부장적 사회관계(여성 할례, 명예 살인, 조혼, 부부 강간의 합법화 등)의 특성이 강하게 나타나는 경향이 있다. 그러나 국가 간의 일률적 비교를 위해 고안된 지표들에서는 이러한 부분들이 제대로 반영되지 않는다. 그렇기 때문에 여성 할례나 여성에 대한 명예 살인이 사회적으로 남아 있는 일부 국가들이 일부 선진국보다 더 성적으로 평등한 나라라고 나오는 웃지 못할 결과가 나타나는 것이다. 또한, GGI는 고등 교육 진학률을 측정하는 방식에서 의문점이 노출되며 임금 격차를 측정하는 데 있어서 비판의 여지를 남겨두고 있다. 그러나 이는 이미 여러 차례 언론에서 소개된 비판이므로 생략한다.

그렇다면 한국이 23위를 기록한 UNDP의 성 불평등 지수(GII) 산정 방식을 보도록 하자. GII는 인적 개발의 수준을 보여주는 건강(산모 사망률, 미성년자 출산율), 권한(중등 교육 진학률, 의회 비중), 노동 시장 참가율 등 다섯 가지 지표를 비교한다. 그런데 이 다섯 가지 지표 모두 국가의 개발 수준 및 소득 수준에 강한 영향을 받는 변수들이라는 공통점이 있다. 즉, 국가의 인적 개발 정도가 높은 선진국일수록 일반적으로 성 불평등 지수는 개선되는 특징을 보인다. 또한, 여성의 삶의 질을 측정하는 'Female gender index'에는 산모 사망률과 여아 사망률이 포함됐다. 당연히 이 지표(산모 사망률과 미성년자 출산율)도 국가의 일반적인 발전 수준에 영향을 받는 대표적인 변수다. 한국 역시 상당한 수준으로 개발된 국가이고 소득 수준도 상위권이기 때문에 ―비록 국가의 소득 수준을 명시적 변수로 고려하지는 않으나— 일부 그 영향으로 성평등 지수에서 상위권을 기록했다. 특히 미성년자 출산율(1,000명당 2.2명, GII 기준 1위인 슬로베니아의 경우 7명이다)이 세계적으로 낮은 수준이라는 점이 점수를 끌어올린 것으로 보인다.

그러나 UNDP 지표상에서 뚜렷한 페널티를 받은 항목도 있는데, 그것은 바로 여성의 의회 점유율(16.3%)이다. 성별 임금 격차와 여성 정치인 및 임원 비율은 WEF에서도 한국의 순위를 떨어뜨린 주범 중 하나다. 이미 예전 글에서 다루었듯이 이것은 한국이 급속한 경제 발전으로 인해 여성의 정치적·사회적 참여의 역사가 다른 선진국들에 비해 절대적으로 짧았다는 사실에서 기인한다.

UNDP와 WEF의 두 가지 지표를 요약하자면, 애초에 정책적·이론적 관심 자체가 다른 두 지표 사이에서 무엇이 더 '우월하냐'는 논의는 무의미하다. 가령 WEF의 GII는 이미 보았듯이 현실의 삶의 수준을 반영하지 않기 때문에 전일적인 국가 간의 순위 매기기에는 별 효용이 없고 차라리 UNDP 기준으로 인적 자원 개발이 비슷한 수준으로 이뤄진 국가군이나 OECD 가입 여부를 기준으로 한 국가군 사이에서 상대적 격차를 비교하는 보조 지표로 활용하는 편이 더 나은 것으로 보인다. 결국, 일련의 지표들을 어떻게 사용하느냐는 정책 당국과 연구자의 관심사에 따라 달라진다고 하겠다. 한편 이 지표들은 국가 간 순위 매기기를 좋아하는 언론 및 대중의 관심사와 맞물려 실제 지표가 개발된 목적과 무관한 불필요한 논쟁을 낳았다.

논란을 부추긴 보도

이 두 가지 지표들은 일련의 선정적인 보도를 낳았다. 예를 들어 당시 이 통계를 보도한 《한겨레》는 다음과 같은 표제로 기사를 냈다. 〈여성이 남성 임금 받는 데 118년 걸려…한국 양성평등 115위〉 물론 이 기사에는 해당 지수에서 '한국이 필리핀·르완다보다 낮은 순위'를 기록한 이유는 제대로 설명되어 있지 않다. 물론 지금도 여성주의 단체들의 문건은 여러 해 동안 100위권을 기록한 한국의 WEF 지수를 전가의 보도로 인용하곤 한다. 또한, 여성주의 매체 《일다》에서도 〈성 평등 지수 115위, 그래도 여성 전용 주차장이 부럽니?〉라는 선정적인 제목으로, 성 격차 지수와는 전혀 관련이 없는 여성 전용 주차장을 화제로 끌어들이고 있다.

이런 해프닝을 통해 '평등'이라는 관념 자체에 대해서도 돌아볼 필요가 있다. 이를테면 다 같이 못살고 불행한 국가의 평등과 어느 정도 삶의 수준이 개선된 국가에서의 불평등을 일률적으로 비교하는 것은 어렵다. 한국의 경우는 50년도 채 안 되는 짧은 기간 급속히 진행된 소득, 교육, 보건의 발전 수준에서 이제는 어떻게 사회적 자원과 기회를 성별, 계층별, 연령별로 공평하게 배분할 것인지를 고민하는 입장이다. 그런 점에서 저개발 국가들과 한데 묶어 한국의 성 격차 지수가 전 세계 100위권이라고 운운하는 것은 그 자체로는 별로 큰 의미가 없다. 사실 이러한 식의 전일적인 순위 매기기에 집착하는 태도는 GDP와 국민 소득 등의 단일 지표로 국가들의 우열을 나누는 것을 비판해 왔던 진보 진영 일각의 모습과 괴리되는 부분이기도 하다.

양성 징병의 전제 조건

—
박가분 (2017년 9월)

2017년 8월 30일 청와대에 남녀의 동등한 병역 의무를 요구하는 청원이 올라와 화제가 됐다. 이 청원 동의자는 9월 기준으로 10만 명을 돌파했다. 일정 수 이상의 동의를 받은 청원에 답변하기로 한 청와대가 이에 대해 어떤 입장을 내놓을지 귀추가 주목된다.

한편 청원에 대해 일각에서는 모병제가 더 바람직한 대안이라고 한다. 하지만 과연 모병제가 징병제의 좋은 대안인지는 다시 생각해 볼 필요가 있다. 우선 모병제는 계층 간 국방 의무의 불평등한 분담을 초래할 뿐만 아니라 안보 분야의 민영화와 시장화를 재촉한다. 특히 모병제는 다문화 사회로 가면 갈수록 병역을 시민권 획득의 수단으로 전락시키는 경향이 있다. 한마디로 모병제는 로마 제국 말기처럼 군대를 준용병 집단으로 만들고 입대를 합법적인 시민권 매수 수단으로 만든다. 딱 지금 미국의 모습이다. 무엇보다 지금의 쟁점을 '징병제 대 모병제'로 모는 것은 사태를 왜곡한다. 왜냐하면, 대한민국이 채택한 징병제는 사실 징병제라기보다는 '노예제'에 가깝기 때문이다. 현재 군대에서 장병은 핸드폰 소지를 금지당하고 훈련 및 일과 후에도 사실상 감금 상태에 놓여 있는 등, 극단적인 인신의 구속과 기본권 침해 상황에 놓여 있기 때문이다.

심지어 복무로 인한 '기회비용'에 대해 제대로 된 보상마저 없다. 이 때문에 대한민국 국민의 병역 거부를 망명 사유로 인정해 주는 일이 발생할 정도다. 징병제의 모순에 대해 언제가 될지 모르는 모병제 전환을 대안으로 거론하는 것은 지금 당장 존재하는 극단적인 기본권 침해 문제의 본질을 흐린다. 또한, 지금의 징병제는 징병제 본연의 모습이 아니라는 점에 유의해야 한다. 오히려 징병제는 역사적으로 봉건시대 영주와 그 부하 그리고 영주들로 이뤄진 군사 집단을 타파하고 시민들이 자신들의 공동체를 지키기 위해 협력한 진보적인 군사 제도였다. 징병제의 본래 이상적인 취지는 군대를 특권 계급의 부역 집단이 아니라 군복을 입은 시민의 군대로 만든다는 것이다. 우리나라 역시 징병제 경험이 있었기 때문에 광주 5·18 민주화 항쟁 당시에도 시민군이 자력으로 무장해 전두환의 군사 반란군에 맞설 수 있었다.

그런 의미에서 여성 역시 시민의 일원으로서 징병제에 동참함으로써 '실질적으로' 국방의 의무에 참여하는 것이 바람직하다. 여성도 제1, 2차 세계대전과 현대전에서 파르티잔과 방어 전쟁의 전투원으로 적극적으로 참여했으며 남성 못지않은 활약을 했다. 이처럼 여성이 남성과 다를 바 없는 시민으로서 병역 의무에 동참하는 것은 공평할 뿐만 아니라 어떤 의미에서는 역으로 여성에게 더 많은 기회와 사회적 진출영역을 부여할 것이다. 물론 혹자가 지적하듯이 국방의 의무는 병역의 의무보다 더 포괄적인 개념이다. 그런데 남성에게만 병역의 의무를 부과하는 것은 남녀 모두가 사회적 안보(security)에 기여해야 한다는 헌법적 사상에서 한

참 멀어지게 된다.

그러나 양성 징병이 실제로 실현되려면 몇 가지 중요한 전제 조건이 있다. 첫째, 병사들의 부당한 인신 구속(일과 후 외출 및 휴가의 자유 제한)은 물론이고 병사들의 임금이 최저 임금에도 못 미치는 사회·경제적 차별을 최대한 빨리 해소하는 것이다. 무엇보다 사생활에 대한 부당한 간섭(핸드폰 및 영외 물건 반입 제한)이 사라져야 할 것이다. 둘째, 대체 복무제를 더 늘리고 신념에 따른 병역 거부에 대한 대안을 마련하는 것이다. 대체 복무 수단을 늘리지 않은 채 무조건 징병 인력을 늘리는 것은 국방 영역의 다양한 수요에 비춰볼 때 바람직하지 않다. 물론 힘든 일을 하는 사람들에게는 더 많은 인센티브를 줘야 한다. 현재 양성 징병과 같은 청원이 큰 공감을 얻는 이유는 역으로 징병제를 빙자한 노예 제도가 장기간 지속된 것에 대한 문제 제기가 지금까지 주류 언론과 정치권에서 별다른 사회적 이해와 공감을 얻지 못했기 때문이다.

앞서 말했듯이 병역과 국방의 의무를 실질적으로 이행하는 국민의 기본적인 처우에 관한 앞서 전제 조건(사회·경제적 보상 및 대체 복무 확대)이 충족되지 않으면, 병역의 의무를 수행하는 이들을 '군복을 입은 시민'으로 대우하는 것과 거리가 멀어지게 된다. 결국, 이번 청원은 노예로 취급당했다고 느끼는 이들의 인정 투쟁인 셈이다. 누군가 일방적으로 희생하는 '독박' 국방에서 벗어나려면, 먼저 군인이라는 신분을 노예에서 보통의 시민으로 환원해야 한다. 확실히 지금은 젊은 남성이 불균등하게 국방의 의무를 짊어지고 있다. 그리고 그것이 현재의 젊은 남성에게 잠재적인 사회·경제적 차별로 작용하고 있다. 그러나 앞서 말한 전제 조건(군인은 군복을 입은 시민)을 충족하지 않는다면, 양성 징병은 자칫 사회적 권리와 의무를 공평하게 나눠 가지는 것이 아니라, 단지 권리는 없고 의무만 있는 노예들을 두 배 더 늘리는 결과에 그칠 것이다. 이른바 '하향 평준화'다.

한편 왜 양성 징병에 대한 여론이 지금처럼 비등하게 됐는지를 생각할 필요가 있다. 지금 병역의 의무를 수행하거나 수행할 젊은이들을 사실상의 노예 상태에서 해방시키고 제대로 된 시민적 권리를 보장하기 위해서는, 최소한 2년 남짓의 병역 기간에 대한 '기회비용'을 보상하고도 '남을' 필요가 있다. 그리고 그것이 공무원 시험 군가산점제의 형태가 아니라면 다른 대안적인 사회·경제적 보상이 수반되어야 한다. 그 재원이 부족하다면 군 복무 기간을 단축하든가 해야지 아무리 국가라 해도 개인에게 '무상'의 희생을 강요할 수 없다. 그러나 우리 사회에는 그런 인식이 너무나 부족했다. 심지어 페미니스트들도 군 복무에 대한 대안적인 보상이 가능하다는 견해를 내세우며 군가산점제 폐지를 정당화했으며, 실제로 폐지했다. 그러나 정작 그 대안적인 보상에 대한 논의는 그 이후에 없었다. 양성평등을 외치면서 남성의 군 복무와 관련된 사회·경제적 차별에 침묵하는 것은 위선이다.

항상 자신이 부당한 표적이 된다고 즐거(?) 억울해하는 페미니스트 자신들도 왜 불만이 이 지경까지 이르렀는지 성찰할 필요가 있다. 그런 의미에서 여성계 역시 '젠더 문제'의 일환으로 향후 병역 의무 분담 및 보상에 대한 논의에 진지하게 동참할 의무가 있다. 지금의 양성 징병에 대한 일부 젊은 남성들의 요구가 부당하다면 더더욱 그렇다. 자신들이 그럴 의무가 없다고? 그렇다면 최소한 앞으로는 페미니즘이 남성에게도 도움이 된다, 페미니즘은 양성평등을 의미한다는 거짓말은 앞으로 하지 말아야 한다.

통계청 수상작들,
여성계의 통계 왜곡을 폭로하다

—
박가분(2017년 11월)

"데이터는 거짓말을 하지 않는다. 다만 왜곡된 해석이 문제를 양산할 뿐이다."

- 수상자 소감 중

통계청의 제2회 '통계 바로 쓰기 공모전' 수상작 명단에 여성계의 통계 왜곡을 지적한 수상작들이 선정됐다는 사실이 알려져 눈길을 끌었다. 1등 수상작인 〈대한민국의 성별 임금 격차에 숨겨진 진실(강새하늘)〉이 대표적이다. 이는《리얼뉴스》에 기고한 〈남녀 임금 격차 떡밥의 숨겨진 진실〉과 유사한 논리와 내용 전개를 보이고 있으며, 인용된 OECD 자료도 동일하다. 해당 수상작은 남녀의 임금 격차를 제시할 때 성별뿐만 아니라 노동 시간, 근속 연수, 연령 등의 잠재된 설명 변수들을 함께 제시하는 것이 바람직하다고 지적했다. 이 외에도 여성계가 여성 이슈를 제기하는 과정에서 왜곡된 통계 해석들을 지적하는 수상작들이 다수 포함돼 있었다. 3등 수상작에는 한국이 수년간 100위권의 격차를 보인 것으로 나타난 WEF(세계경제포럼)의 성 격차 지수를 산출하는 방식의 부적절성과 이를 국가 간 성 평등 순위로 오해하는 관행을 지적하는 〈세계 성 격차 보고서의 왜곡 및 확대 해석에 따른 오용(오주상·노정훈)〉, 1등 수상작과 유사한 취지의 〈한국 남녀 임금 격차 꼴찌 통계의 왜곡 해석(최진성)〉 등이 실렸다. 이 외에도 남성 비교군을 제시하지 않은 채 여성의 취업 문제를 다루는 기사의 문제점을 지적한 〈여성 취업에 대한 편향적 통계 이용 및 왜곡 해석한 사례(박진현·류제나)〉도 포함됐다.

장려상에도 '데이트 폭력(성인 남성 10명 중 8명 데이트 폭력 가해자 보도 속 통계의 왜곡 해석된 활용)'이나 '강력 범죄(강력 범죄 피해자의 89%를 차지하는 여성 피해자 그 속에는…)' 그리고 '성매매(성인 남성 둘 중 한 명은 성매매 경험자?)'에 관한 여성계와 언론 일각의 잦은 통계 왜곡을 지적한 수상작들이 다수 선정돼 눈길을 끈다. 대부분《리얼뉴스》에서 비판적으로 보도한 통계 왜곡의 전형적인 사례다. 실제로 지난 2010년 여성가족부의 의뢰로 한국여성정책연구원이 발표한 〈성 산업 구조 및 성매매 실태 조사〉의 내용을 전한 다수의 언론 보도는 '성인 남성 49%가량이 성매매 유경험자'라는 충격적(?)인 소식을 전했다. 하지만 이후 해당 실태 조사가 성매매 알선 가능성이 높을 것으로 생각되는 8개 업종 사업체 관계자를 모집단으로 삼았다는 사실이 뒤늦게 알려졌다. 더 나아가 표본 설계 및 조사 방식의 신뢰성에도 의문이 제기되자 통계청은 해당 통계의 승인을 취소했다. 한편 '성인 남성 절반이 성매매 경험'이라는 가짜 뉴스는 표본 설계의 잘못이 얼마나 왜곡된 정보를 전달할 수 있는지를 보여주는 교과서적인 사례다. 이처럼 젠더 문제에 대한 통계 왜곡 문제를 지적하는 수상작들이 다수 선정된 것은 그만큼 젠더 문제와 관련해 통계 왜곡이 일상적으로 이뤄지고 있다는 방증이다. 여성 단체들이 보도 자료의 형식 등으로 '유포'

하고 언론이 '받아쓰거나' 적극적으로 '확대 재생산'하는 통계 왜곡 문제가 매우 심각한 것이다.

이에 관해 정론과 원칙을 제대로 지적한 수상자들 중 다수가 대학생이거나 심지어 고등학생이라는 점은 매우 흥미롭다. 왜곡 주장이나 보도를 일삼은 관계자들의 '재교육'이 시급하다는 점을 시사하는 대목이다. 물론 통계 왜곡의 문제는 단지 교육의 결핍 문제만은 아닐 것이다. 통계 왜곡은 쉽지만 한 번 퍼져나간 왜곡된 통계 및 관련 인식들은 이후 정정하기 쉽지 않으며, 이 점을 악용하는 관련 이익 단체들 그리고 조회 수를 노린 언론들이 많다. 향후 통계를 오남용하는 측에 대한 지속적인 감시와 견제 그리고 공개적인 검증이 수반되어야 통계 왜곡과 관련된 잡음이 줄어들 전망이다.

저출산 대책, 남성 정책이 빠졌다

—
박수현(2018년 1월)

    2017년 12월 26일, 문재인 대통령은 저출산·고령사회위원회 간담회에서 "지금까지의 저출산 대책은 실패했다."며 저출산 문제에 대한 심각성을 강조했다. 이어 "여성이 결혼·출산·육아를 하면서도 일과 삶을 지켜나갈 수 있도록 하는 게 가장 중요한 것 같다." 며 "하던 일을 계속하면서 자신의 삶과 가치를 지켜가고, 결혼하고 아이를 낳고 키울 수 있는 사회를 만드는 게 저출산 근본 대책이다."라고 진단했다. 즉, 그동안의 출산 장려 대책이 효과가 없음을 인정하고 일과 가정 양립의 어려움을 겪는 여성들의 삶의 문제까지 해결하는 패러다임의 전환을 제시했다.

    민병두 의원(더불어민주당·서울 동대문을)의 2017 국정감사 보도 자료에 따르면 2006년부터 2017년까지 지난 12년간 저출산 문제 해결을 위해 투입된 예산만 무려 122조 4,000억 원에 달했다. 그런데도 출산율 반등을 끌어내지 못한 것은 정작 필요한 곳에 돈이 쓰이지 않았던 이유도 있겠지만, 그보다는 근본적으로 '아이를 낳고 싶은 사회'를 만든다는 해결 방향이 제시되지 않았기 때문이다. 많은 학자는 이러한 저출산 문제에 대한 해결 방향을 제시하기 위해 전통적 가족 구조의 한계를 지적한다. 남성은 노동 시장 영역을, 여성은 가사와 자녀 양육을 담당하는 성별 분업이 결과적으로 아이를 낳는 여성에게 부담을 지움으로써 저출산을

야기한다는 것이다. 실제로 이러한 전통적 패러다임하에서 가족 복지 정책은 가족의 본래 기능을 유지하는 데 초점을 두고 발전했으며, 정상적인 가족을 성별 분업에 기반을 둔 핵가족으로 전제해 왔다. 그리고 그 패러다임을 깨지 못한 역대 정부들은 보육 서비스, 출산 보조금 제도, 육아 휴직 제도 등 각종 가족 복지 정책을 폈으나 결과적으로 저출산 극복에 거의 아무런 도움을 주지 못했다. 이는 명백한 사실이다.

저출산 극복 핵심은 '탈가족화'
- 해외 저출산 극복 사례

덴마크의 사회학자 에스핑 앤더슨(Esping Anderson)은 탈가족화라는 개념을 제시한 바 있다. 탈가족화란 가구의 복지와 돌봄 책임이 국가를 통해 완화되는 정도를 뜻한다. 다시 말해 단순 돌봄 노동의 책임을 국가가 가족으로부터 가져오는 것만이 아니라, 가족 부담을 공적인 서비스를 통해 덜어줌으로써 여성을 노동 시장에 진입하도록 하고, 남성 노동자와 동일한 탈상품화에 의해 복지 국가와 연관을 맺을 수 있도록 하자는 것이 탈가족화 개념이다. 실제로 저출산 문제를 해결한 독일, 프랑스 등 몇몇 유럽 국가는 국가 주도의 돌봄 사회화 구축이 먼저 이뤄졌다.

독일의 경우 전통적으로 가족 내 보육을 원칙으로 해 현금 급여 지급 정책이 주류를 이뤄왔다. 예전의 독일에는 3세 미만의 아동 보육 시설은 매우 부족했으며 1994년 공공 보육 시설 이용률은 2.2%에 불과했다. 이러한 보육 시설 구축 미비는 지속적인 저출산 현상을 일으키게 된 요인이었다. 독일 정부는 문제를 해결하기 위해 3세 이하 아동 3명 중 1명에게 보육 시설을 보장하는 계획을 지속해서 추진했고, 만 1세가 되면 모든 아동이 보육 시설을 이용할 권리를 법적으로 보장받게 했다. 또한, 경력 단절 예방을 위해 육아 휴직 기간을 3년에서 1년으로 축소하고, 아버지의 육아 휴직 참여를 독려하기 위해 보너스 제도를 도입하는 등 남녀 모두가 육아와 일을 양립할 수 있도록 하는 환경을 조성했다. 이러한 인프라의 구축이 탈가족화 경향을 강화하는 일련의 과정들이다.

프랑스의 경우에는 조금 다르다. 프랑스는 역사적으로 전통적인 가족주의에 기반을 두고 있었으나 이후 출산율 제고를 위해 돌봄의 가족화와 사회화를 병행하는 다양한 정책들이 도입됐다. 쉽게 말해 강한 모성주의 성격을 띠던 전통적 가족 복지 유형에서 완전히 벗어나지 않고 여성의 모성 역할과 노동자 역할을 동시에 지원하는 방식을 채택한 것이다. 실제로 프랑스 정부는 가족 수당 지급을 확대·강화하면서도 보육 시설을 늘리는 등 돌봄의 가족화와 사회화를 병행하는 방식을 보였다. 결과적으로 1994년 1.66명이었던 프랑스의 출산율은 2014년 2.08명까지 올라감으로써 OECD 국가 중에서도 상당히 높은 출산율을 보이게 됐다. 물론 두 나라 모두 이민자들의 증가로 인해 출산율이 오른 것이지 제도적 구비와는 관련이 없다는 주장도 존재한다. 하지만 필자는 이러한 노력이 분명히 긍정적인 영향을 미쳤다고 본다.

방향성은 좋으나 여전히 놓치는 지점, 남성 스테레오 타입

이러한 외국의 저출산 극복 사례들을 토대로 볼 때 문재인 대통령의 저출산 대책에 관한 패러다임의 전환은 긍정적이다. 출산을 단순 성과로 따지는 출산 장려 정책에서 벗어나 이를 결혼을 생각하거나 결혼한 여성들의 본질적인 삶의 문제로 정한 것은 꽤나 바람직하다고 볼 수 있다. 그런데도 아쉬운 점은 여전히 출산의 문제를 여성의 문제로만 국한 짓는다는 것이다. 탈가족화를 위해선 여성의 노동자로서의 역할을 지원하는 것도 중요하지만 남성이 가정에서 경제적 압박감 없이 평화로운 삶을 영위할 수 있도록 보장하는 것 역시 중요하기 때문이다. 쉽게 말해 여성의 경제 활동 욕구를 충족해주는 만큼 남성의 경제 활동 부담도 함께 덜어줘야 한다. 이것은 많은 학자와 정치인이 저출산 문제에 대해 접근할 때 항상 간과하는 부분이기도 하다.

서울대 경제학부 이철희 교수가 2000~2016년 통계청 자료를 분석한 결과에 따르면 배우자가 있는 여성의 합계 출산율은 2.23명으로 저출산 문제가 본격적으로 불거지기 이전인 지난 2000년(1.7명)보다 더 높은 수치라고 한다. 즉, 출산율은 곧 결혼율과 나란히 하고 있다는 뜻이다. 2015년 온라인 취업 포털 사람인이 20·30세대 2880명을 대상으로 "귀하는 연애, 결혼, 출산, 대인관계, 내 집 마련 중 포기한 것이 있습니까?"라고 설문한 결과, 57.6%가 "있다."라고 답했으며, 그중 남성이 포기한 1순위는 다름아닌 '결혼(53.2%)'이었다. 그다음 '연애(48.5%)', '내 집 마련(47.2%)',

'출산(41.9%)', '대인관계(40%)' 순으로 포기했다는 응답이 나타났다. 비슷한 연구로 2017년 고려대 대학원 사회학 전공 손지성 씨의 석사 논문인 '한국 빈곤층 남성들의 연애와 결혼 포기에 대한 연구'에 따르면, 남성들이 생계를 남성이 책임져야 한다는 전통적 남성성 때문에 연애와 결혼을 포기한다는 결과가 나왔다. 이를 요약하자면 저출산 현상의 기저에는 '낮은 결혼율'이 있으며, 출산에 대한 부담을 느끼는 여성과 마찬가지로 남성 역시 사회적, 경제적 부담감으로 인해 결혼을 포기한다는 이야기가 된다. 즉, 저출산 현상은 비단 여자들의 사회적 문제만이 아닌, 남자들의 경제적 문제와도 연결돼 있으며, 근본적인 해결을 위해선 이러한 양쪽 측면을 함께 고려하고 접근해야 한다는 뜻이다.

오히려 아버지의 육아 책임을 강조하다 보니 '저출산의 근본적인 원인은 가정에 소홀한 남성들 때문'이라는 식의 남녀 대립 프레임으로 몰고 가는 경우까지 생긴다. 하지만 이는 올바른 접근 방식이 아니다. 아직도 사회에서 요구하는 이상적인 남편이란 기본적으로 일차적 생계 부양자로서의 자격을 갖춰야 한다는 인식이 지배적이기 때문이다. 정말로 '탈가족화'가 이뤄져 남성의 육아 참여를 유도하고 싶다면 돌봄 노동을 책임지는 전업주부의 남성성 역시 인정받아야 하며, 무엇보다 여성이 그러한 남성을 배우자로 선택할 수 있어야 한다. 당연히 남성 역시 마찬가지로 자기보다 경제적으로 뛰어나고 근로 욕구를 가진 여성을 여성으로서 인정할 수 있어야 할 것이다.

제도뿐만 아니라 '인식 개선' 선행돼야

필자가 말하고자 하는 요점은 제도적 구비 이전에 이러한 인식들을 적극적으로 개선하려는 노력이 가장 필요하다는 것이다. 인식 개선이라고 하니 조금 뜬구름 잡는 말처럼 보일지도 모르겠다. 하지만 우리는 때론 너무나도 당연한 것을 간과하기도 한다. 분명한 것은 저출산 현상은 개인의 문제가 아닌 사회적 문제이며, 이를 극복하기 위해선 어떤 표피적인 조치만으론 부족하기 때문에 인식 개선을 위한 사회적인 노력이 필요하다는 것이다. 그것이 첫 단추다.

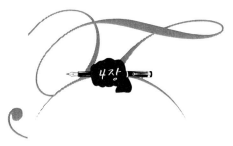

4장

미디어가 기울인
운동장

e   m   s   m

JTBC, 웹툰 독자 여혐으로 낙인찍다

김승한(2016년 7월)

종합편성채널 JTBC가 메갈리안의 반인륜적 행태를 지적한 웹툰 독자들을 일베(일간베스트)로 낙인찍는 대형 사고를 쳤다. 2016년 7월 27일, 손석희 앵커가 진행하는 JTBC 《뉴스룸》은 '여혐 논란'이 재점화됐다며 웹툰 작가들이 일베 회원들을 명예 훼손으로 고소했다는 방송을 내보냈다.

7월 18일 게임 업체 넥슨의 성우 김자연 씨가 트위터에 티셔츠 인증 사진을 올렸다. '메갈리아'가 이 티셔츠를 제작했다는 사실이 알려지자, 넥슨 이용자들의 항의가 잇따랐다. 불매 운동으로까지 이어지자 넥슨은 김 씨와의 계약을 해지했다. 이어 넥슨을 옹호하는 측과 비판하는 측으로 편이 갈린 논쟁이 대규모로 벌어졌다.

만화 전문 사이트 레진 코믹스 등에서 활동하는 일부 웹툰 작가도 트위터 등을 통해 넥슨을 비판하는 입장을 밝혔다. 이는 다시 몇몇 작가와 독자들의 집단 언쟁으로 이어졌고 사이트 집단 탈퇴와 환불 사태까지 벌어졌다.

JTBC 박현주 기자는 "작가들에게 개인적인 협박도 쏟아졌다."며 한 웹툰 작가와 인터뷰를 했다. 웹툰 작가는 "직접적인 외모

공격과 '멧돼지 같다.'라거나 성적인 공격도 많이 받았다."며 억울함을 호소했다.

문제는 박현주 기자가 인터뷰한 웹툰 작가의 그동안의 행태가 일베의 패륜 행위와 버금간다는 데 있다. '겸디갹'이라는 예명으로도 잘 알려진 그는 현재 《미지의 세계》라는 작품을 레진 코믹스에 연재하는 이자혜 작가다.

이 작가의 트위터 망언을 몇 개 소개하면 "아오. X발. 낙태하고 싶어. 오빠 빨리 질X해.", "가끔 낙태 한 번씩 해 줘야 노폐물도 빠지는 것 같고 개운해서 좋더라고요.", "난 원래 고추 자르는 만화 그려서 먹고사는 사람.", "나 니X미 블랙홀 이번 생일(8월)에 선물 받고 싶다." 등이다.

문제는 이렇게 망언을 넘어 반인륜적이고 패륜적인 막말을 쏟아내는 그가 자신을 비난한 독자들을 일베 회원이라며 경찰에 명예 훼손으로 고소한 것이다. 그는 명예 훼손으로 고소하기 전에 "일베에 내 사진이랑 인신공격 올라왔는데 고소하면 용돈 좀 벌 수 있는 부분이냐."라는 트윗을 올렸다. 현재 이 트윗은 삭제됐다.

만화계에서 남자 페미니스트로 알려진 전진석 작가가 이번 이슈와 관련해서 웹툰 작가들의 목소리를 듣고 싶다는 JTBC 기자에게 여러 여성 작가를 소개했다. 그렇게 JTBC가 소개받은 웹툰 작가가 일베 급의 막말을 쏟아낸 이자혜 작가다. 이에 최소한의 사실 확인도 하지 않은 채 무책임하게 이 작가의 말만 편파적으로 전한 보도 행태에 비판이 쏟아지고 있다.

JTBC는 이러한 작가의 행태를 비판한 대다수의 선량한 웹툰 팬을 일베로 낙인찍음으로써 언론사가 해서는 안 될 편 가르기와 낙인찍기를 하고 말았다. 이에 대한 정정 보도와 사과가 이어지지 않는다면 언론으로서의 JTBC의 위상은 땅에 떨어지고 말 것이다. JTBC의 편파 보도 인정과 사과가 필요한 시점이다.

진보가 메갈리아를 옹호하는
세 가지 심리

—
김승한 (2016년 7월)

혹독한 겨울이 왔을 때 과연 진보 곁에 누가 있을까

대한민국 온라인을 뜨겁게 달구고 있는 메갈리아 티셔츠 논란. 고작 티셔츠 한 장에서 시작한 이번 논란은 게임과 웹툰 업계뿐만 아니라 언론과 정치권마저 요동치게 만들었다. 그런데 이번 논란은 일간베스트(일베)와 다르게 전개되는 양상이다. 문제는 메갈리아가 미러링의 대상으로 지목한 일베와 달리 여성 단체와 진보 진영의 전폭적인 지지를 받고 있다는 것이다.

과거 일베는 10·20대 남자 사회 낙오자들의 집단처럼 취급받았다. 그래서 일부 극우 언론이나 —정신 나간— 새누리당(현 자유한국당) 의원 말고는 감히 옹호하려는 이들이 없었다.

전 국민적인 지탄을 받는 일베에 비해 메갈리아는 여성 단체뿐만 아니라 진보 언론과 진보 정당의 지원을 받으며 여성 혐오를 걷어낸다는 명분을 내세운 미러링으로 사회 곳곳에서 활약하는 잔 다르크 같은 존재로 부상했다. 이에 힘입어 메갈리아는 본인들에게 유리한 기사는 물론이고, 불리한 기사에도 소위 '좌표'를 찍어서 인기 기사를 만들고 베스트 댓글을 조작하는 실력 행사에 나서고 있다.

팔이 안으로 굽는 법이니 여성 단체는 그렇다 처도, 도대체 왜 진보 언론과 진보 정당은 메갈리아를 옹호하고 지지하는 것일까. 소위 한경오로 불리는 《한겨레》, 《경향신문》, 《오마이뉴스》는 물론이고 《프레시안》과 《시사인》 등 대한민국의 진보적인 언론과 정의당, 녹색당과 노동당 등의 진보 정당까지 한목소리로 메갈리아를 대변하는 이유는 무엇일까.

진보가 메갈리아를 옹호하는 데는 크게 세 가지 심리를 꼽을 수 있다.

첫 번째는 여성들이 그간 겪어온 사회적 편견과 폭력 등을 이유로 메갈리아의 미러링 정도는 용납할 수 있다는 부채 의식과 동정심이다. 주로 40·50대 진보적인 성향의 남성을 중심으로 나타나는 이러한 심리는 공통적으로 미러링을 통해 여성들의 고통을 알게 됐고, 그동안 기득권을 누려온 남성이라는 입장에서 대범하게 메갈리아를 이해하자는 것에서 나왔다.

하지만 이 또한 기존의 마초적인 세계관이 갖는 선입견일 뿐이다. 남성성의 강화를 통해 여성들의 현실을 이해하겠다는 모순투성이의 온정주의에 불과하다. 그러다 보니 이들에 비해 기득권을 거의 누리지 못한 대한민국의 20~40대 남성 네티즌의 공감을 얻지 못할 뿐만 아니라 메갈리안에게도 '애비충'이라는 비웃음마저

듣게 된다.

게다가 초기엔 몇몇 메갈리안이 고통스러운 마음으로 미러링을 한다고 토로했지만, 이제는 미러링할 때의 그들의 심리는 즐겁다 못해 유쾌해 보인다. "미러링 표현을 보고 처음에는 울분을 토하다가 점차 즐거워하게 됐다."는 것이 메갈리안의 경험담이다.[48]

두 번째는 진보 특유의 진영 의식이다. 진보 진영은 과거 개발독재와의 투쟁을 통해 목적 달성을 위해서 수단의 정당성은 중요하지 않고, 아군의 사소한 잘못쯤은 봐줄 수 있다는 잘못된 인식을 공유해 왔다. 그리고 그 진영 의식이 이번 메갈리아 사태를 통해서 또다시 나타났다. 즉, 진보가 추구하는 가치 중 하나인 여성의 인권 신장이라는 대의를 위해 페미니즘의 홍위병인 메갈리아의 사소한 몇 가지 잘못쯤은 눈감아 주겠다는 것이다. 여기에는 물리적 약자인 여자들이 오프라인에서 잘못을 저질러 봤자 얼마나 큰 잘못을 저지르겠냐고 가볍게 보는 심리 또한 존재한다.

하지만 메갈리아나 워마드의 게시판에서 그들이 나누고 있는 범죄 모의나 일탈 행위 등을 보면 과연 이들의 폭주가 온라인상으로만 그칠까 하는 우려스러운 상황이다. 외려 강남역 추모 현장이나 넥슨 본사 시위 현장에서 폭력적인 집단행동이 있었다는 증언이 이어지는 마당에, 메갈리아의 일탈은 언제 터질지 모르는 시한폭탄 같은 존재다. 과연 그러한 범죄 행위가 일어났을 때 진보는 메갈리아를 여전히 옹호할 수 있을지 의문이다.

세 번째는 약자를 무조건 지키고 도와야 한다는 진보 특유의 강박 관념이다. 이는 앞에서 언급한 부채 의식 및 동정심, 진영 의식과도 일맥상통하는 관념이다. 진보 입장에서 메갈리아는 대한민국 사회에서 제일 약하고 불행한 여성 계층을 대변하는 집단이다. 그러므로 조금 삐뚤어지고 실수하더라도 너그럽게 용서하며 끌어안고 함께 사회 변혁을 이끌어야 하는 동반자다. 메갈리아를 많은 보살핌과 도움이 필요한 대상으로 취급하기 시작한 것이다.

메갈리아의 주장대로라면 여성 인권이 세계 최하위 수준인 대한민국에서는 그들의 주장이 다소 거칠고 격하더라도 여성 인권 향상을 위해 지속적인 활동을 이어나가야 한다는 게 진보의 생각이다. 즉, 과거 수많은 약자와 생존을 위한 투쟁을 함께했던 만큼 메갈리아와도 여권 신장을 위한 투쟁을 함께하겠다며 전의를 다지고 있는 이들이 바로 현재 대한민국의 진보 진영인 것이다.

문제는 지금까지 대한민국 진보가 이러한 심리로 메갈리아를 옹호하면서 그들의 반인륜적이고 패륜적인 행태를 비판하는 건전한 시민까지 적으로 돌렸다는 것이다. 특히 현재 메갈리아와 격렬하게 대립하는 20~40대 네티즌과 대립각을 형성한 것은 향후 진보 세력의 미래에 치명적인 약점이 될 우려가 다분하다.

과거 몇십 년간 진보 진영과 청년 세대는 대한민국 민주화를 위한다는 대의명분 아래 단일 대오를 형성해 왔다. 한경오와 정의당, 녹색당, 노동당을 지탱해 온 핵심세력은 이들 청년 세대들이라고 해도 과언이 아닐 정도로 그들의 관계는 긴밀했다.

하지만 이번 사건을 통해 메갈리아와 네티즌의 갈등이 극대화된 상황에서 진보 진영은 메갈리아의 손을 들었다. 믿는 도끼에 발등이 찍힌 네티즌들의 배신감과 분노는 진보에 대한 환멸로 나타나기 시작했다. 이에 탈당 러시와 구독 취소가 이어지는 상황이다. 이 상황에서 진보 진영은 자신의 정체성을 지켰다고 만족할 수 있을까.

진보 진영을 멸시하며 '꿘'이라고 부르는 메갈리아의 향후 행보가 어디로 튈지 모르는 상황에서 오랜 세월 전선을 함께 지켜왔던 네티즌들과의 대립을 통해 진보 진영은 무엇을 얻을 수 있을까. 메갈리아를 옹호함으로써 앞서 말한 세 가지 감정을 충족할 수는 있겠지만, 향후 한경오와 진보 언론 매체가 경영난에 처했을 때, 또 대선을 앞두고 선거 자금과 지지율이 부족할 때, 진보 진영이 또다시 20~40대 네티즌에게 손을 내밀 수 있을까.

그때 가서 "그래서 뉴스 안 볼 거야?"라든지, "그래서 새누리당 찍을 거야?"라는 말을 한다면 진보 진영의 도덕성은 그들이 비판하는 보수와 다를 것이 하나도 없게 된다. 아니면 누구처럼 한겨레4, 경향신문4, 오마이뉴스4, 시사인4, 정의당4, 녹색당4, 노동당4로 이름을 바꾸고 'Progress do not need support'라고 쓰인 티셔츠를 팔 것인가. 무엇을 하든지 진보 진영의 자유다. 다만 그러한 겨울이 왔을 때 대다수의 상식적인 시민은 그들 옆에 없을 것이다.

진보 언론의 민낯을 드러낸
《시사인》의 '메밍아웃'
—
김승한 (2016년 8월)

대한민국 거의 모든 커뮤니티와 언론이 반으로 갈라져 난전을 벌이고 있는 '메갈리아 대전'에서 또 하나의 진보 언론이 '메밍아웃'을 선언했다. 바로 진보 성향의 정직한 사람들이 만드는 정통 시사 주간지 《시사인》이다. 최근 《시사인》은 몇 건의 기사만으로 그동안 그들을 지지하고 구독했던 수많은 독자의 마음을 사뿐히 즈려밟고 저 멀리 메갈리아의 품으로 떠나 버렸다.

'페미니즘 공부는 셀프다'로 선전포고

《시사인》제466호에 실린 장일호 기자의 〈절호의 기회〉[49] 기사가 선전포고이자 도화선이 됐다. 장일호 기자는 메갈리아를 옹호하는 기사를 비판하는 독자들을 페미니즘에 대한 공부가 부족한 독자들로 낙인찍고 책 사서 셀프로 공부하라는 망언까지 했다.

당연히 이 기사는 수많은 독자의 반감을 샀고, 정기 독자팀에는 더 많은 절독 전화가 빗발쳤다. 항의 전화를 한 독자에게 영업팀 사원은 "한 기자의 의견일 뿐이다. 좀 더 지켜봐 줄 수는 없겠냐."라고 읍소했다. 이 기사는 《시사인》홈페이지에서 블라인드 처리됐다가 2주 후에 다시 게재됐다. 그리고 결론적으로 메갈리아 옹호는 해당 기자 한 사람의 의견이 아닌 것으로 밝혀졌다.

불난 집에 기름 부은 《시사인》 편집국장

장일호 기자의 〈절호의 기회〉 기사로 독자들의 반발이 거세지자 《시사인》에서는 다음 호에 아예 특집 기사를 준비한다. 고제규 편집국장은 〈판단은 독자에게〉[50]를 통해 "이 기사 때문에 절독하겠다는 구독자 의사도 나는 소비자의 권리로서 존중한다. 다만 하나만 부탁드린다. 절독을 하기 전에 이명박 대통령 내곡동 사저, 국정원 정치 개입 사건, 일베(일간베스트저장소) 분석 기사 등 그동안 《시사인》이 보도한 기사들을 한 번쯤은 떠올려주기 바란다. 누구를 지지하거나 반대하기 위한 기사가 아니었다. 팩트와 심층 분석에 충실한 기사였다."라고 말하며 과거의 《시사인》이 올린 성과를 다시금 상기시켰다.

고 편집국장은 이 기사가 팩트와 심층 분석에 충실했던 이전 기사와 다를 게 없는 기사라고 장담했다. 하지만 안타깝게도 《시사인》의 커버 기사는 전혀 팩트와 심층 분석에 충실한 기사가 아니었을 뿐만 아니라 과거의 업적을 들먹이는 것 또한 최악의 대응이었다고 할 수 있다. 이 글을 읽은 독자가 '그래, 《시사인》은 믿을 만한 잡지야. 다시 한번 믿어볼게'라고 생각하기는커녕 '왜 뜬금없는 감성팔이냐'라는 반감을 불러일으키기에 충분한 내용이었다.

나무위키에서 팩트를 찾고 심층 분석한 커버 기사?

《시사인》의 최종 병기라고 불리는 천관율 기자가 〈정의의 파수꾼들〉이라는 제목의 커버 기사를 썼다. 하지만 천관율 기자는 이미 1년 전 〈'메갈리안'… 여성 혐오에 단련된 '무서운 언니들'〉이란 기사[51]를 통해 메갈리아를 옹호했을 뿐만 아니라 친절한 조언까지 건넨 기자다. 이런 기사를 썼던 기자가 과연 얼마나 팩트에 입각하고 심층 분석한 기사를 쓸 수 있을지 의문이다.

결론부터 말하자면 천 기자의 기사는 결론부터 내리고 그에 사실을 끼워 맞추기 한 억지 기사일 뿐이었다. 뜬금없이 나무위키를 분석한 것(이전에 일베와 메갈리아를 빅데이터 분석한 것과는 왜 이렇게 다른가?)부터가 어이없는 시작일뿐더러 그 분석 방법조차 틀렸다. 나무위키에서 글자가 날아가고 복구하는 반달이 지나서 한 번에 4만씩 뻥튀기된 편집 글자 수를 《시사인》은 편집된 것으로 보았고, 이것을 자기주장의 근거로 썼다. 잘못된 분석 대상을 가지고 잘못된 방법으로 분석하는데 제대로 된 결론이 나올 가능성이 있을까. 결국은 처음부터 본인이 내린 결론에 맞춰서 데이터를 취사 선택했을 뿐이다.

이 또한 지나가리라? 올챙이적 생각 못하는 진보 언론들

《시사인》뿐만 아니라 메갈리아의 편을 드는 대다수의 진보 언론은 이번 '메갈리아 대전'에 참전한 대부분의 남성을 메갈리아의 성기 크기 조롱에 분노하고 격분하는 감정적 자의식의 남성들로 묶어두고 싶어 한다. 그러다 보니 대부분 남성의 분노와 반감을 더 부추길 뿐이다. 또한, 그로 인해 일어나는 절독 사태를 한때 지나가는 바람 정도로 생각하고 있다.

> 《시사인》에 절독 항의 전화가 쏟아진다기에 "부럽네요."라고 편집장에게 말했더니 "우리도 나한테 다 쏟아지고 있어."라고 하신다. 아하하하. 회사는 망하지 않았고, 오히려 당시의 기록은 자랑이 됐다. 걱정 따위 안 하겠지만 경쟁사가 겪는 이 피곤함 또한 지나가리라. 희극의 반복만 좀 씁쓸할 뿐.

이 사태에 대해 페이스북에 글을 올린 《경향신문》 기자의 글이야말로 현 상황을 바라보는 진보 언론인들의 민낯을 드러냈다고 할 수 있다. 안타깝게도, 이 피곤함은 지나가지 않을 것이다. 그리고 희극이 아닌 비극으로 끝날 것이다. 왜 《시사인》뿐만 아니라 《한겨레》, 《경향신문》, 《오마이뉴스》, 《프레시안》 모두 회사 사정이 어렵다고 독자들의 손길을 구걸하던 시절을 전혀 떠올리지 못하는 것일까.

왜 메갈리아와 워마드를 비판하는 것이 남과 여의 문제가 아니라, 상식과 비상식, 인간과 비인간성의 문제라는 것을 정말 모르는 것일까. 알면서도 의도적으로 외면한다고 볼 수밖에 없다. 이제 메갈리아라는 자폭 스위치를 눌러 버린 진보 언론들이 폭사할 시간이 얼마 남지 않았다.

대한민국 진보에게 메갈리아는 성역인가?

—
김승한(2016년 9월)

진보 언론의 성역, 메갈리아

메밍아웃 이후 《시사인》은 창간 이후 최악의 시련을 겪고 있다. 수많은 정기 독자가 이에 항의하며 정기 구독 해지를 했기 때문이다. 하지만 《시사인》과 진보 언론은 사태의 심각성을 인지하지 못할 뿐만 아니라 정기 구독을 해지하는 독자 탓만 해대고 있다.

《미디어오늘》의 보도(메갈리아=여자 일베 인정 안 하면 《시사인》처럼 된다?)에[52] 따르면 고제규 《시사인》 편집국장은 "독자의 판단은 존중할 수밖에 없다."고 전제한 뒤 "지금껏 《시사인》이 광고에 의존하지 않고 구독료에 의존하는 건강한 경영 구조를 가진 매체라고 생각했지만, 독자들이 한순간에 이탈하는 사태가 터지면서 이 구조 역시 안정적이지 않다고 느끼게 됐다."고 말했다.

그리고 고제규 편집국장은 "당장의 위기는 허리띠를 졸라매 극복할 수 있지만 당장 후배들이 기획안을 낼 때 자기 검열을 할까 봐, 그것이 가장 안타깝다."고 했다. 게다가 《뉴스타파》의 한 기자는 "특정 사안에 대해 생각이 다르다고 구독을 중지해버리면 기자들은 자기 검열에 들어갈 수밖에 없다."며 "언론이 성역 없이 비판해야 한다는 점을 돌이켜봤을 때 좋지 않은 관행 같다."고 해당 내용에 동조했다.

하지만 이 기사에 대해선 《시사인》뿐만 아니라 《한겨레》, 《경향신문》, 《오마이뉴스》, 《프레시안》 등의 진보 매체가 메갈리아 및 워마드 회원들이 그간 저지른 패륜 행위에 대해서는 침묵한 행위를 지적하지 않을 수 없다. 또한 이번 사태로 기자가 자기 검열을 할까 봐 걱정된다고 하지만 이미 메갈리아와 워마드에 대해서는 자기 검열을 하는 것은 아닌지, 되묻지 않을 수 없다.

심지어 범법 사실이 명백한 강남패치, 한남패치 사건에 대해서조차도 《한겨레》, 《경향신문》에서 단 두 건의 보도만이 있었을 뿐 그 숙주인 메갈리아나 워마드에 대한 비판의 기사는 실리지도 않았다.

도대체 왜 메갈리아와 워마드는 이렇게 진보 언론의 성역이 되고 범법 행위조차 제대로 기사화가 되지 않는 것일까. 설마 세간에 떠도는 말처럼 진보 언론이 메갈리아와 워마드의 본진이기 때문일까. 아니면 여성들이기 때문에 사소한 말실수 정도는 너그럽게 봐줘야 한다고 생각하는 것일까.

무엇이 진실이든 간에 진보 언론인은 자기 검열 운운하기 전에 진영 논리에 따른 메갈리아에 대한 자기 검열부터 뒤돌아봐야 하지 않을까. 제 눈의 들보는 못 보면서 남의 눈의 티를 보는 진보 언론들의 어리석음이야말로 이번 사태를 키운 가장 큰 원인일 것이다.

'메밍아웃'한 정의당을 어쩌랴?

《시사인》의 메밍아웃의 충격파가 조금은 가실 즈음, 또다시 메밍아웃으로 거대한 충격파를 던진 정당이 나왔으니 이는 바로 진보 정당의 맏형인 정의당이다. 정의당은 9월 4일 전국위원회 회의를 통해 특별결의문을 발표하면서 정의당이 '여성주의 정당'임을 표방했다.

문제는 '여성주의 정당'을 표방한 것까지는 좋다 쳐도 그 과정에서 나온 심상정 정의당 대표의 말이다. 심 대표는 전국위원회 회의에서 "강자의 악은 악이지만 약자의 악은 위악이며 위악은 약자의 투쟁 수단이다."라며 "모든 혐오를 반대한다는 문구는 본인이 직접 반대했다."고 말했다.

이는 사실상 혐오를 일삼는 메갈리아를 옹호하겠다는 선언이며 '여성주의 정당'인 정의당이 곧 '메갈리아 정당'임을 인정했다고 해도 과언이 아니다. 더 기가 막힌 상황은 다음에 나왔다. 이날 회의 이전부터 정의당의 여성위원회 예산의 일부가 메갈리아 사이트를 만드는 데 들어갔고 또한 일부 당원이 워마드 운영진으로 관여하고 있다는 의혹이 지속해서 제기되고 있었다.

이와 관련해 전국위원회 회의에서 여성위원회의 예산 내역을 묻는 한 당원의 질문에 정의당 여성위원회 유은숙 위원장은 "우리를 못 믿으시나요? 힘듭니다."라고 말하며 눈물로 호소했다. 이를 마지막으로 어이없게도 여성위원회의 예산 내역에 대한 논의는 이어지지 못하고 일단락됐다. 어린아이 소꿉놀이도 아니고, 국가 지원을 받는 공당에서 예산 사용 내역을 못 밝히겠다고 눈물로 호소하고 그 호소에 구렁이 담 넘어가듯 상황이 정리되는 기가 막힐 일이 벌어진 것이다.

도대체 이렇게 황당한 일은 정의당이 여성주의 정당이어서 벌어진 일일까. 여성주의 정당이기 때문에 여성들이 하는 모든 일은 정당화되고 봐주어야 하는가? 여성이 힘들다고 호소하고 눈물을 흘리면 무슨 잘못을 저질렀든 간에 따지지 말고 그냥 넘어가 줘야 하는 것인가? 이것이야말로 또 다른 남녀 차별이고 마초주의 아닌가?

이렇게 도무지 상식으로는 이해할 수 없는 일들이 정의당에서 벌어지는 까닭은 결국 정의당이 끝까지 메갈리아를 옹호하고 버리지 못하기 때문이라고 할 수 있다. 정의당 또한 메갈리아를 절대 건드릴 수 없는 성역으로 만들어 버린 것이고 스스로 몰락을 자초한 것이다.

메갈리아를 성역으로 만든 기존 대한민국의 진보와 여성 운동은 물갈이되어야 한다

정의당으로 대표되는 진보 정치와 한경오프시 등의 진보 언론이 메갈리아 및 워마드를 끌어안고 시주단지 모시듯 성역화한 결과 반메갈리아 성향의 네티즌들은 이들의 진면목을 보게 됐다. 이에 엄청난 배신감과 실망감을 느끼며 이들에 대한 지지를 철회함은 물론 오히려 극렬한 반대 세력을 형성하고 있다.

문제는 네티즌들이 단순히 1~2년 정기 구독을 끊고 다음 선거에 표를 주지 않는 것으로 끝나지 않을 것이라는 점에 있다. 이렇게 한 번 돌아선 마음을 되돌리기란 불가능에 가깝기 때문이다. 이제 87년 민주화 이후 30년 가까이 대한민국의 민주화 최전선에서 함께 싸워 왔던 기존 진보 세력과 청장년층이 갈라설 때가 왔다는 얘기다.

대한민국 진보는 전혀 다른 진보 세력으로 물갈이되어야만 대중적인 지지를 얻을 수 있는 특이점을 맞이했다고 볼 수 있다. 그 계기를 제공한 것은 기존 진보가 성역화한 메갈리아라는 점에서 역사의 아이러니다. 이는 메갈리아와 공동전선을 꾀하고 있는 기존 여성계에도 해당하는 사실로 메갈리아 사태 이후 여성 운동은 상당한 타격을 입을 것이 불가피해 보인다. 이번 메갈리아 사태는 대한민국 진보와 여성 운동의 지형을 바꾼 사건으로 역사에 기록될 것이다.

'성희롱 논란 SJ 레스토랑'
조리돌림 나선 진보 언론

—
김승한(2016년 12월)

알바 노조가 레스토랑 사장을 국가인권위원회에 알바생 성희롱으로 진정하고, 레스토랑 사장은 알바 노동자 5명과 알바 노조 관계자들을 명예 훼손 혐의로 경찰에 고소하는 일이 벌어졌다. 알바 노조에 따르면 경기도 이천시 소재의 SJ 레스토랑 사장 손 씨는 알바생 박 모 씨에게 "가슴이 크다. 몸매가 좋다.", "내가 나이가 조금만 적었어도 아내 삼고 싶다." 등의 발언을 해 왔다고 한다. 박 씨는 한 달 뒤 레스토랑을 그만뒀다. 이후 손 사장은 올해 5월부터 근무한 또 다른 박 모 씨에게는 "너는 평균 이상이야. 이게 무슨 뜻인지 알아?" 등의 외모 평가 발언을 하기도 했다고 한다.

그뿐만 아니라 손 사장은 다른 알바생 8명에게도 비슷한 발언을 하고, 아르바이트생의 사적인 술자리에 찾아오며 음식을 먹고 간 여성 손님들에게는 "XX 돼지 같은 X이네." 등과 같은 발언을 하기도 했다고 한다. 그간 손 사장의 여성 혐오적인 발언으로는 "우리 가게에서 신부 수업해.", "너랑 같은 성씨 연예인들은 다 예쁘던데.", "뽀뽀했어?", "나중에는 다 벗고 다니겠네?", "업소에서 일했던 여자들이 몸매도, 얼굴도 예뻤다." 등이 있다고 한다.

이에 알바 노조는 2016년 12월 16일 오전 11시 서울 중구 국가
인권위원회 앞에서 레스토랑 사장의 성희롱 사건을 규탄하는 집회
를 열고 진정서를 전달했다. 알바 노조는 이번 진정을 시작으로,
노동청 진정(직장 내 성희롱 등)·산업 재해 신청(성희롱으로 인한 정신적
재해 보상 등)·사업주 고소(모욕 등) 등을 진행할 예정이다.

손 씨는 "성희롱은 사실이 아니다."라고 항변하며 "알바생들의
편의를 봐준 것밖에 없고 성희롱 논란으로 피해가 막대해 자살
충동까지 느끼고 있다."라고 밝히면서 알바생들과 알바 노조를
명예 훼손 혐의로 경기도 이천경찰서에 고소했다.

이번 성희롱 사건은 해당 알바생들과 알바 노조의 주장, 레스
토랑 사장의 주장을 각각 자세히 살펴볼 필요가 있다. 알바생들
은 확실한 물증 없이 본인들의 기억에 의존한 주장만을 펼치고
있으며 진정의 목적도 레스토랑 사장의 고소 취하와 해고 취소를
내걸고 있다.

알바 노조도 명확한 물증은 하나도 가지고 있지 않은 상태에서
두 달간의 증언 청취와 확인 과정을 거쳐 법률적 검토를 마쳤다
고 주장하며 사실상 알바생들의 증언만을 가지고 이번 논란을
증폭시켜 왔다. 사장 손 씨는 절대 타협하지 않을 것이며 계속 고
소를 진행하겠다고 밝혔다.

이번 성희롱 사건의 진상을 속단하기는 아직 이르다. 추후 경

찰 수사 경과와 소송 결과를 지켜봐야 한다. 그런데 문제는《한거레》,《여성신문》,《민중의소리》등 일부 진보 언론이 사실 확인 없이 알바생들과 알바 노조만의 주장을 일방적으로 보도하며 레스토랑 사장 손 씨의 입장은 전혀 반영하지 않은 받아쓰기를 했다는 데 있다.

 이는 이들 진보 언론이 알바생들과 알바 노조의 일방적인 주장만을 기사화해 업주 손 씨를 성추행범으로 낙인찍는 선동질을 또다시 시작했다고 봐도 무방하다. 최근에도 성폭행 혐의만으로 개그맨 유상무를 조리돌림 한《한거레》,《경향신문》,《오마이뉴스》는 정작 성폭행 무혐의가 나오자 단 한 건의 기사[53]도 쓰지 않았기 때문이다.

 그간 진보 언론들은 메갈리아와 우장창창 사태 등에서 사회적 약자라는 이유 하나만으로 진실 여부와는 상관없이 한쪽 편만을 드는 선천적 편향성을 드러낸 바 있다.[54] 그 결과 수많은 진보 성향 네티즌들이 이들 진보 언론에 대해 분개하며 등 돌리는 상황이 벌어졌다. 하지만 여전히 진보 언론은 정신 차리지 못하고 진보 꼰대의 속성을 드러내고 있다. 결국, 진보 언론은 메갈리아 사태에서 메갈리아에 편향된 기사를 쓰다 폐간 위기에 처한《시사인》으로부터 교훈을 얻지 못한 셈이다. 그렇다면 진보 언론에 곧 닥칠 미래는 공멸밖에 없다. 골든타임이 얼마 남지 않았다.

'여성 차별 못 느꼈다'고
언론의 뭇매 맞는 김민희

박가분 (2017년 2월)

2017년 2월 18일 제67회 베를린 영화제에서 여우주연상을 받은 배우 김민희의 발언이 '논란'이 됐다. 정확히 말해서 논란이라기보다는 언론과 SNS에서 제조된 논란이라고 보는 게 정확하겠다. 현지에서 말한 짧은 30초짜리 인터뷰 영상에서 배우 김민희는 "저는 여성으로서 뭔가 다른 차별은 느끼지 못하고 굉장히 좋은 여성, 여배우들이 많고 남성 영화가 많으므로 남자 배우들이 더 두드러지게 보이는 거라고 생각하고요. 그냥 그거는 주어진 사회나 상황에 어쩔 수 없이 그냥 별로 그렇게 크게 불만을 느끼고 있진 않습니다."라고 발언했다. 이 발언이 언론과 SNS를 통해 전해지면서 김민희 배우에 대한 비판이 일각에서 제기됐다. 일례로 여성민우회 주최로 영화계 내 여성 차별에 대한 대담회가 열린 바 있고, 모 배우는 여배우라는 표현이 여혐이라는 주장을 SNS에서 제기한 적이 있다. 최근의 페미니즘 조류와 맞지 않는다는 것이다. 또한 국내외 여성 배우들이 페미니즘에 대한 소신을 드러내는 경우도 적지 않다.

한편 SNS에서의 비판과 더불어, 일부 언론은 김민희의 발언은 '영화계에서의 성차별과 여성 혐오에 대한 공론화'에 찬물을 뿌리는 발언이라는 식의 논조로 보도했다. 《한겨레》 석진희 기자의 기사에서는 배우 김민희의 발언을 '베를린 현지 인터뷰 논란'이라고 전하면서 네티즌들의 비판 위주로 보도했다.[55] 세계 정상급 배우들이 성차별 해소에 앞장서고 있는 사실을 거론하며 김민희의 인터뷰가 몰지각하다는 인상을 주고 있다. 특히 "필모그래피엔 여성주의 성격이 강한 영화가 많이 담겨있음에도, 관련 발언을 한 것은 이상하다."라는 식의 논조이다. 《노컷뉴스》의 유원정 기자의 기사는 이보다 더 노골적이다. 그는 케이트 블란쳇과 공효진 등 국내외의 배우들이 성차별 문제에 대한 공개적 발언을 한 것을 길게 열거하며 "영화계 내 여성 차별과 치열하게 싸워 온 김민희 또래의 동료 배우들에게는 참으로 힘 빠지는 발언이 아닐 수 없다."라는 기자 자신의 코멘트를 덧붙여 놓았다.[56] 그러면서 김민희의 발언을 김민희와 영화 《아가씨》에 함께 출연해 '2016 올해의 여성영화인상'을 받은 배우 김태리의 수상 소감과 대비하기까지 한다. "딸로서, 여성으로서 부당한 순간에도 순응하던 제가 영화 《아가씨》를 통해 많이 배운 것 같습니다. 앞으로 이런 영화들이 많이 만들어지길 바랍니다." 이쯤 되면 기사인지 칼럼인지 분간이 가지 않을 지경이다. 김민희 동료 배우의 머릿속에 혼자 빙의하면서까지 김민희를 비판하려는 기자의 의지가 돋보인다.

페미니즘에 대한 소신과 별개로 배우 김민희에 대한 이러한 보도 태도는 언론의 '오지랖'에 가깝다. 개인이 느낀 주관적인 체험에 대해서 "사실 너는 여성으로서 차별받고 있는데 너는 정작 여성이면서도 그것을 왜 알지 못하니?"라고 답답해하면서 보채는 꼴이다. 사실 이것은 유명 인사들의 소신 발언에 대한 페미니즘적 의미 부여의 문제점이기도 하다. 셀레브리티의 발언을 근거로 개개인에게, "왜 엠마 왓슨도 저렇게 용기 있는 발언을 하는데 너는 못 하니?"라는 식으로 신앙고백을 강요하는 방식이 만연해 있다. 유명 인사도 저렇게 생각하는데 너도 그렇게 생각해야 한다는 식의 사고는 오히려 무비판적·반지성적 사고에 가깝다. '개념 배우', '개념 아이돌'을 띄우는 방식으로, 개인의 사상과 신념을 일종의 패션으로써 소비하는 페미니즘인 것이다.

　결국 언론과 일부 네티즌은 개인이 자신의 체험에 대해 느낀 단순한 감상에서 배우로서의 '몰지각'을 꼬집기 이전에, 애초에 배우가 어떤 이념이나 사상에 대한 절대적인 신념을 가져야 하는 직업인지를 되물을 필요가 있다. 특히 개인의 내면까지 간섭하고 통제하려는 것은 페미니즘 조류가 향하고 있는 전체주의적 사상 통제의 경향과 맞닿아 있기도 하다. 한편으로, 유명 인사들 전부가 페미니즘에 대한 지지 발언을 한 것도 아니다. 일례로 마리옹 꼬띠아르는 "평등은 가령 영화 10편 중 5편은 남자, 5편은 여자가 연출하는 식으로 —기계적으로— 만들어지는 것은 아니다."라며 "오히려 그런 행위는 분열이다. 내가 하고 싶은 말은 내가 나 자신을 페미니스트라 생각하지 않는다는 것이다."[57]라고 발언했다.

겉보기 평등 추구는 페미니즘과 선 그은 것

　물론 이러한 발언에 페미니스트들이 일희일비할 필요는 없다. 배우라는 직업인으로서 본인의 개인적 견해를 밝힌 것일 뿐이기 때문이다. 그런데도 여전히 이상한 것은 할리우드 배우의 페미니즘에 대한 직접적인 비판보다는, 오히려 국내 모 감독과 사생활 논란을 겪은 국내의 배우에 대해 한국의 언론이 엄격한 잣대를 들이댄다는 것이다. 셀레브리티의 페미니즘을 앞세워서 개인의 신앙 고백과 사상 검증을 강요하는 언론의 보도 태도와 SNS의 페미니즘 소비 행태를 돌아볼 필요가 있다.

《한겨레》, 젠더 감수성 이전에 '인권 감수성'부터 길러야

—
박가분 (2017년 11월)

워마드 변호로 일관한 《한겨레》

일명 호주국자라는, 워마드 회원으로 추정되는 인물이 일으킨 아동 대상 성범죄 논란이 뜨겁다. 이 와중에 《한겨레》는 워마드를 비롯한 혐오 세력을 두둔하는 기사를 게재해 논란에 기름을 끼얹고 있다.[58] 해당 기사는 워마드 측에서 내세우는 허구적인 음모론을 비중 있게 다루었을 뿐만 아니라, 미러링의 정당성을 강변하면서도 이번 호주에서 한국 여성이 일으킨 아동 범죄 사건에 대해 일반론적인 결론으로 일관하며 책임 회피를 일삼고 있다. 과거 《한겨레》는 '메갈리아는 조직적으로 일베에 저항한 유일한 당사자'[59]라는 주장(정희진)을 대대적으로 싣는가 하면, 메갈리아에 대한 각종 옹호 발언을 지면에 실은 전력이 있다.

워마드발 아동 범죄 사건, 조작 논란 많다?

먼저 사실관계부터 정리해 보자. 이 기사는 호주국자 사건이 '남성 누리꾼이 조작한 것'이라는 주장도 소개했지만, 이는 기자의 바람이 담겨 있을지 몰라도 전혀 근거가 없는 주장이다. 현지 언론에 따르면 체포된 문제의 인물은 '한국인 여성'이며 '아동 착취 표현물(child exploitation material)'을 생산한 혐의로 2017년 11월 20일 기소됐다. 이 표현에서 주목해야 할 지점은 '소지'가 아니라 '생산(produce)'했다는 대목이다. 관련 호주 법률은 아동을 성적으로 묘사한 표현물 제작뿐만 아니라 소지도 금지한다. 단순소지에 비해 이를 생산하는 행위를 더욱 중한 범죄로 여겨 최대 징역 10년을 구형할 수 있다. 여기서 문제의 워마드 이용자에게는 소위 '아동 착취물'을 적극적으로 생산한 혐의가 있으며, 이와 관련해 이미 보석할 수 없는 구속 상태다. 또한, 이 사건과 관련해 연방경찰은 '아동 포르노'라는 용어 대신 '아동 착취물' 내지는 '아동 학대물'이라는 용어를 써 달라는 보도 자료를 내기도 했다. 이처럼 연방 차원에서 증거 인멸과 도주를 막기 위한 구속 수사 개시는 문제 인물의 범죄사실을 심각하게 다루고 있으며, 그 혐의에 대한 소명이 상당 부분 이뤄졌다는 의미다.

미러링 논리가 아동 대상 범죄를 낳은 명백한 사례

워마드 이용자가 제작했다는 '아동 착취물'의 정체는 정확히 무엇인지는 현재로서는 알 수 없다. 관련 호주 법 규정을 살펴보면 아동 착취물이란 아동 대상의 성행위, 강간, 고문 등의 행위뿐만 아니라 "성적이거나 비하적이거나 학대의 맥락 속에서 아이를 표현하는 것" 일체를 의미한다.[60] 트위터와 유튜브에서 '호주국자'라는 닉네임을 사용한 문제의 인물은 평소 아동에 대한 도촬 사진과 함께 "따먹어 달라고 벌렁 누웠냐."는 등의 언급을 인터넷에 게시했고, '쇼타'에 대한 집착 성향을 드러내며 음란물을 공유하겠다는 게시물을 올리기도 했다. 이처럼 그가 아동의 사진 혹은 음란물을 성희롱성 글과 함께 유포한 행위 자체도 엄연히 아동 대상의 범죄 행위 안에 들어간다.

반면 《한겨레》는 기사에서 "이후 수사 과정에서 ○ 씨가 실제로 해당 사진과 영상을 직접 촬영한 주체인지, 아니면 타인이 촬영한 사진과 영상을 보유하거나 내려받았는지, ○ 씨가 다른 아동 학대물 등을 소지하고 있었는지 여부가 밝혀질 것으로 보입니다."라고만 언급하지, 그가 이미 아동에 대한 범죄 행위를 저지르고 있었다는 점에 대해서는 일언반구도 하지 않는다. 실제 '피해자'가 존재하는 이 사건과 관련해 자신들만의 젠더 감수성에 중독된 나머지 기초적인 인권 감수성을 상실한 게 아닐까. 문제가 더 심각한 것은, 호주국자가 워마드(닉네임 하용가젠신병자59)에 올린 것으로 추정되는 게시물에 "《까칠남녀》에서 이현재 느님도 말하셨노. 롤리타는 범죄이지만 쇼타콘은 존중받는 취향이다 이기." 등과 같은 자기 정당화의 논리를 가져갔다는 점이다. 이처럼 여러모로 보아도, 여성 측의 증오 성향 및 일탈 행위에 무한정 면죄부를 부여하는 '미러링의 논리'가 아동 대상의 범죄를 부추긴 것이나 다름없는 사건에 대해 《한겨레》가 지면으로 '미러링은 틀리지 않았다'고 강변하는 기사를 지면에 낸 것이다. 이는 해당 집단이 전반적으로 성찰 능력이 마비됐다는 방증이다.

일베의 범죄 모의가 왜 비난받았는지 기억해야

더욱 어이가 없는 것은 《한겨레》가 문제의 기사에서 과거 워마드에서 벌어진 약물 범죄 모의(부동액 사건 등) 사건을 다루며 "허위였다."는 언급에만 그친다는 점이다. 사실 일명 호주국자가 일으킨 범죄 사건을 계기로 과거 메갈리아·워마드의 극단적인 성향이 다시 논란이 된 이유는 이러한 증오 성향의 게시물들이 실제로 약자에 대한 공격으로 이어질 소지가 다분하다는 점 때문이다. 혹자는 이를 '혐오의 피라미드'라는 이론으로 정리한 바 있다. 더 나아가 《한겨레》를 비롯한 각종 진보 매체에서 과거 일베의 '범죄 주작(범죄를 예고하거나 흉내만 내는 행위를 인증하여 게시물로 올리는 행위)' 사건들이 실제 범죄로 이어지지는 않더라도, 왜 자신들이 그것을 위험한 현상으로 진단했는지 스스로 성찰할 필요가 있다.

《한겨레》에 필요한 인용 글

끝으로, 필자 역시 이 사건과 관련한 더 그럴싸한 인용구로 글을 끝맺겠다. "어쩌면 그들은 자신의 행동이 다른 사람들에게 아무 영향도 미치지 않을 것이라고 생각하고 싶었을지도 모른다. 그들은 모든 일이 끝나고 나서야 불편함을 느꼈던 것 같다. (중략) 그렇다면 뒤늦게라도 그들은, 지켜보던 사람들은 그 자리를 떠났어야 했고 그럼으로써 '그런 일에 내 이름을 보태지는 않겠다'는 뜻을 표현했어야 하는 게 아닌지 돌아보았어야 한다.", "그들 한 사람, 한 사람 누구나 '저런 사람들은 내 동족이 아니오.'라고, 또

저런 것은 나의 언어도, 나의 몸짓도, 나의 태도도 아니라고 충분히 표현할 수 있었을 것이다. 그것은 그렇게 큰 용기가 필요한 일도 아니다. 어느 정도의 온전한 판단력만 있으면 충분하다."

《혐오사회》의 저자 카롤린 엠케가 증오 표현을 정당화하거나 방관한 사람들에 대해 한 말이다. 이는 일베 성향 네티즌뿐만 아니라 집단적인 증오를 '미러링'의 논리로 정당화했던 이들에게도 적용될 수 있는 말이다. 카롤린 엠케가 저작에서 훌륭하게 분석했듯이, 이 세상에 자기 정당화를 수반하지 않는 증오는 존재하지 않는다. 한편 그동안 미러링의 논리는 현실의 복잡한 권력 관계와 각자 서로 다른 영역에서 겪는 차별과 불의에서 비롯된 분노를 '남녀관계'라는 협소한 틀로 밀어 넣음으로써, 결과적으로 남성 약자(예컨대 남성 노인, 남성 장애인, 남성 어린이, 남성 비정규직 노동자 등)에 대한 범죄로도 이어질 수 있는 증오 성향을 너무나 손쉽게 정당화했다. 미러링의 논리를 오남용한 측이 언제쯤 이 지점을 성찰할 용기와 판단력을 회복할 수 있을까.

선동과 조작이 판치는 언론,
어떻게 봐야 할까

박수현(2017년 11월)

　2017년 11월 13일 판문점 공동경비구역(JSA) 북한군 귀순 사건 이후 귀순병을 직접 구출한 이가 JSA 경비대대 대대장인 권 중령이 맞는지를 두고 논란이 됐다. 사건 다음 날, 대대장(권 중령)의 "차마 아이들(부하)을 보낼 수는 없었다."라는 말이 언론을 통해 나왔다. 그런데 19일 일부 언론이 판문점 TOD 영상에 JSA 경비대대 대대장이 없었다는 보도를 하면서 국방부가 영웅 미담을 만들어 내기 위해 사실을 조작했다는 파문이 일었다. 논란은 각종 SNS를 통해 더욱 증폭되면서 대대장을 향한 네티즌들의 비난이 쇄도했다. 그러나 유엔군 사령부 군사정전위원회가 22일 오전 서울시 용산 국방부 브리핑실에서 귀순병을 JSA 경비대대 대대장과 부사관들이 구출하는 TOD 영상을 공개하면서 대대장 영웅 미담에 관련한 진실 공방을 결론지었다. TOD 영상에는 총상을 입고 쓰러져 있는 귀순병에게 우리 군 대대장과 부사관 2명이 급파된 모습이 나왔다. 귀순자에게 거의 다다를 무렵 대대장은 중간에 멈춰 주변을 살피며 엄호했고 부사관 2명은 포복으로 귀순자에게 다가간 것으로 확인됐다. 이에 대해 네티즌들은 "언론을 소설로 만드는 기자들 왜 이렇게 많나요?", "펜이 칼보다 가볍지만, 칼처럼 신중하게 썼으면 좋겠네." 등의 반응을 보이며 언론 보도에 대한 불신을 표출했다. 해당 사건은 사람들을 혼란에 빠뜨린 일부 언론의 헛발질로 일단락됐다.

대중들이 언론에 대해 불신을 표출한 사건은 이번이 처음이 아니다. 지난 2014년 4월 16일, 온 국민을 충격에 빠뜨렸던 세월호 침몰 사건은 이제 우리 사회의 안전 의식과 사회에 만연해 있는 부패와 시스템의 불안정성 등 총체적인 불안을 보여주는 전형이 됐다. 특히 KBS의 〈학생들 전원 구조〉라는 오보는 처음부터 모두를 혼란에 빠뜨렸으며, 이후 무수히 쏟아지는 추측성 기사들은 그 혼란을 극으로 치닫게 했다. 이는 언론을 통해 사건을 접한 대중들의 분노를 자극하기에 충분했다.

이처럼 사람들은 언론의 무책임하고 미숙한 행태에 대해 분노하고 비난하는 법을 알고 있다. '기레기'라는 단어는 '편향적인 기사, 선동하는 기사, 검증이 되지 않은 자료를 사용하는 등 질 낮은 기사를 쓰는 기자'와 '쓰레기'의 합성어로서, 언론에 대한 사람들의 조소와 경멸이 직설적으로 표현된 예시다. 사람들이 '언론답지 못한' 언론에 대해 분노하고 비난한다는 뜻이다. 하지만 이제는 분노를 넘어 언론이 전하는 정보를 성찰해야 할 시점이다. 언론이 전하는 정보를 성찰하지 않는다면, 우리의 가치관은 우리도 모르는 사이에 한쪽으로 편향될 수 있기 때문이다. 그뿐만 아니라 국가적 재난이 일어났을 때 난무하는 추측성 기사들은 혼란을 가중하기 십상이며, 이를 대처하기 위해서는 대중들이 수많은 정보 중에서 올바른 정보를 취사 선택하는 역량이 필요하다. 《뉴스의 시대》의 저자 알랭 드 보통은 언론이 우리 삶에서 매우 지배적인 위치를 차지하고 있음에도, 우리가 아무런 성찰 없이 뉴스를 수용하기만 한다는 사실에 주목했다. 그의 말처럼 뉴스는 분명 그것을 만든 자들의 의도와 추측 그리고 사회적 맥락은 언급하지 않은 채, 객관적인 억양으로 말을 건넨다. 하지만 뉴스는 사회를 있는 그대로 보여 주는 창이 아니다. 뉴스가 사용하는 다양한 이미지와 언어는 현상을 있는 그대로 보여 주는 것이 아니라, 그에 더해 수많은 의미를 덧씌우기 때문이다.

언론의 전략

실제로 언론은 대중들을 사로잡기 위한 다양한 전략들을 구사한다. 필자는 그중에서 3가지 전략을 이야기하고자 한다. 첫 번째 전략은 충격과 공포 전략이다. 예를 들어 명절 스트레스가 가정 폭력과 이혼을 급증시킨다는 기사를 가정해 보자. 이 기사를 접한 대부분의 사람은 명절에 대해 안 좋은 인식을 하게 될 가능성이 높다. 어쩌면 기사는 그런 반응을 기대했을지도 모른다. 언론들은 대개 긍정적인 것보단 부정적이고 자극적인 것에 집중해 사람들의 이목을 집중시키는 데에 관심이 많기 때문이다.

두 번째 전략은 바로 '숫자'를 활용한 '객관화' 작업이다. 뉴스는 때때로 객관적인 수치를 통해 정보를 제공하지만, 모든 것을 이야기하지 않음으로써 일부 사실이 손실된 '그럴듯한 사실'까지만 소개하는 경향이 있다. 예를 들어 소득이 낮을수록 외로움을 느낀다는 기사가 있다고 가정해 보자. 통계의 논리를 잘 모르는 사람이라면 이 기사를 보고 개인의 소득이 정신 건강에 영향을 미친다고 판단하게 될 수 있다. 특히 이런 기사는 소득이 낮을수록 정신적으로 힘들다는 현대 사회의 상식을 기반으로 해서 더욱 설득력이 있다. 하지만 거의 모든 통계치는 모집단 전체를 대상으로 측정하는 것이 아니라 조사자의 판단에 따른 일부 표본을 추출해 조사하는 것이기 때문에 표본의 대표성이나 조사자의 편향성 등 다양한 변수들을 고려해 봐야 한다. 이런 경우 집단 간의 차이가 통계적으로 의미가 있는지를 살펴봐야 하는데, 언론은 이러한 정보는 제외하고 단순하게 평균의 차이만을 보여 준다는 것이다.

세 번째 전략은 일반화 전략이다. 다음 기사의 제목을 보자. 〈학교 화장실의 남녀차별…여학생 변기 수 적고 비좁아〉[61] 이런 기사를 보면 모든 학교가 남녀 차별을 하는 듯하고, 이것이 마치 사회적 문제로 대두된 것처럼 느껴진다. 하지만 이 기사를 쓴 기자는 얼마나 오랜 시간 동안 이 문제를 검증하는 데 매달렸을까. 사회과학 연구는 '연구 결과의 일반화'와 '연구 대상 간의 인과 관계'라는 두 가지의 중요 요소를 가지며, 이 과정은 매우 까다로운 검증 절차를 거친다. 하지만 이 기사는 단편적인 사실을 일반적인 것처럼 포장해서 서둘러 보도한다. 다른 매체보다 늦게 보도하면 이슈를 선점할 수 없기 때문이다.

언론을 성찰하는 자세

언론이 전하는 정보는 우리의 의사와 관계없이 이미 우리의 삶에 깊이 들어와 있다. 게다가 현대 사회의 뉴스 공급량은 과거에 비교해 셀 수 없이 증가했다. 알랭 드 보통은 이 현상에 대해 "몇몇 지각 있는 사람들은 이미 신문과 방송이 실은 '압박에 시달리는 기자'가 '평균적인 독자'라고 추정되는 사람들이 가진 욕망을 추측하면서 무한한 데이터의 바다에서 날마다 임의로 뽑아낸 한 줌의 정보에 불과하다는 사실을 알게 될 것이다."라는 말로써 언론에 지나치게 흔들릴 경우 현실 세계에 대해 잘못된 편견을 갖게 될 수도 있다는 사실을 지적했다. 문제는 이러한 편견이 쉽사리 수정되지 않는다는 것이다. 그렇기 때문에 우리는 언론이 전하는 정보의 사실관계가 제대로 검증되기 전까지는 그 사실에 대한 판단을 유보하는 자세가 필요하다. 이제 언론의 속성만 비판할 것이 아니라, 우리 자신도 언론을 성찰할 준비가 됐는지 생각해볼 필요가 있다.

워마드 사건, 책임지는 진보 언론, 페미니스트는 왜 아무도 없나?

—
오세라비(2017년 11월)

필자는 그동안 일관되게 현재 국내 페미니즘의 전개 흐름에 대해 명확하게 잘못됐다는 칼럼을 수차례 썼다. 이런 추세를 만든 가장 큰 요인은 진보 식자층 페미니스트, 대다수 진보 언론의 부추김이며, 향후 이들에게 분명한 책임을 물어야 한다고도 말했다. 또한, 극도의 여성우월주의와 극도의 남성 혐오를 내세우는 메갈리아·워마드의 출현에 대해서도 이들과 명확한 선을 그어야 하며, "100년이 넘는 역사를 가진 사회 운동인 페미니즘은 그런 것이 아니다."는 명료한 메시지를 밝혀야 한다고도 주장했다. 하지만 남성 혐오 인터넷 커뮤니티인 '메갈리아'의 본질에 대해 잘못 파악한 진보 언론을 포함한 식자층은 이들을 엄호하다 결국 괴물로 만들었다. 이들에게 페미니즘의 최전선에서 임무를 수행하고 있다는 착각을 심어준 이른바 페미니즘 팔이 식자층은 저서 출판, 방송, 강연 등으로 호기를 누리고 있다.

한 가지 명확히 할 대목은 2015년 8월에 만들어진 메갈리아 사이트는 없어졌다는 것이다. 장애인 비하, 성 소수자(게이) 아웃팅 문제로 내분이 벌어져 현재의 워마드 사이트가 생겨났다. 일각에서는 메갈리아와 워마드는 다르다는 말을 하지만 메갈리아와 워마드 회원은 거의 교집합 상태이기 때문에 메갈리아와 워마드는 동일한 커뮤니티다. 메갈리아를 옹호하던 식자층 일부는 워마드의 극단적 혐오 방식이 숱한 사회적인 문제를 일으키자 슬그머니 거리를 두고 메갈리아와 워마드가 서로 다르다는 연막을 피우며 차별화하는 모습도 보인다. 그러면서도 이들은 메갈리아를 페미니즘으로 포장한 원죄에서 벗어나지는 못해 지속해서 페미니즘 팔이를 하는 위선형·생계형 페미니스트로 변모하는 이들도 있다. 말하자면, 식자층 부류들의 기회주의적이고 이중적인 위선적 행태들이다. 언제나 이런 식자층 부류들이 문제다. 사태의 본질은 깊이 있게 들여다보지 못한 채 각자가 유리한 대로 해석하고, 보고 싶은 것만 보고, 자신의 네임드를 활용해 강연과 기고로 명성을 취하고 이득을 누리고 있다. 페미니즘이 이토록 엉망진창이 된 가장 큰 이유다.

페미니즘을 비롯한 모든 사회 운동은 '인본주의'가 바탕이다. 하지만 메갈리아·워마드식 페미니즘의 극단적인 혐오 방식 그 어디에도 인본주의는 찾아볼 수 없다. 필자가 가장 분노하는 지점이 바로 여기에 있다. 대체 인본주의는 어디다 팔아먹었단 말인가? 왜 진보 언론들은 이 점을 지적하지 않는가? 왜 식자층 부류들은 인본주의를 말하지 않는가? 워마드 방식의 혐오 행태는 잘못됐다고 명확히 지적해야 마땅하지 않는가?

워마드 내에서 영향력 있는 회원으로 꼽히는 어느 회원이 끝내 국제적인 사고를 치고 말았다. 호주에서 베이비시터로 일하던 여성이 자신이 돌보던 남아를 강간했다는 사진과 글을 자랑스럽게 동영상으로 올리다 호주 연방 경찰에 의해 체포됐다. 이 여성은 평소에도 유튜브에 한국 남성 혐오 게시물을 수시로 올리며 게시물 조회 수를 늘려왔다. 이 사건은 현재 국내에서 벌어지는 잘못된 페미니즘이 갈 데까지 갔다는 증거다. 이러한 사태에도 그동안 일방적으로 페미니즘과 페미니스트들을 옹호하며 지면을 할애하던 진보 언론들은 대부분 모르쇠로 나오고 있다. 하지만 진보 언론들은 결코 페미니스트들의 심기를 거슬리는 논조를 바꾸지 않을 것이다. 예컨대 《한겨레》는 창간 당시부터 진보 여성 단체들과 긴밀한 협력 관계를 유지해 왔다. 여성 비례대표 국회의원 양성소인 '한국여성 단체연합'과 《한겨레》는 비슷한 시기에 출범했다. 그렇기 때문에 이미 거물 여성 정치인으로 자리 잡은 인물과 여성 단체, 《한겨레》와의 인적 네트워크는 사방팔방으로 뻗어 있다. 《한겨레》는 여성학자 정희진에게 매주 지면을 할애하며 그의 칼럼을 싣는다. 정희진은 거의 십 년 가까이 칼럼니스트로 활동하며 글을 쓰는 것으로 알고 있다. 정희진이 제아무리 수준 미달 칼럼을 기고해도, 《한겨레》는 절대 중단하지 않는다. 《한겨레》의 논조는 이미 페미니스트 몫으로 일정 지면을 할애하기로 암묵적인 합의가 되어 있기 때문이다. 앞으로도 마찬가지다.

필자는 과거 여성 운동을 수년간 하면서 제법 큰 규모의 심포지엄에 수차례 토론자로 나갔으며 이들 단체의 행사에 참여하기도 했다. 여기에 참석해 보면 이들의 인적 네트워크 형성이 어떻게 되어있는지 한눈에 들어온다. 이곳에도 소위 '급'이 있다. 거물 여성 정치인과 여성 단체 상층부 인사들과 《한겨레》, 참여연대 상층부 인사들이 피라미드의 맨 위를 차지한다. 그다음에는 변호사, 교수 직분을 가진 이들이다. 피라미드 맨 아래는 현장에서 '동고동락'하는 활동가들이 있는데 이런 행사에서는 사실상 있으나 마나 한 존재들이다. 필자도 피라미드 맨 아래에 속해 있었다. 수년 전 '한국여성 단체연합'이 주최하는 후원의 밤에 참석한 후 다시는 그런 자리에 가지 않았다. 이들의 행사는 호화로운 사교 모임, 캐비어 좌파들의 비즈니스 그 자체에 불과했기 때문이다. 이런 인적 네트워크 속에서 《한겨레》가 페미니즘을 옹호할 수는 있어도 절대로 부정적인 논조를 실을 수는 없다고 필자는 단언한다. 《경향신문》도 다르지 않다. 페미니즘이 뜬다 싶으니 그저 바람 부는 대로 돛을 달았을 뿐이다.

페미니스트로 자처하더라도(남성 페미니스트 포함) 과거 메갈리아, 현재 워마드 사이트에 올라오는 역겨운 혐오성 글들을 제대로 읽은 이는 없을 것으로 본다. 메갈리아가 생겨날 때부터 상세히 파악하고 있는 네티즌들과 띄엄띄엄 자신들이 취하고 싶은 내용만 취한 식자층 부류들과는 큰 괴리감이 존재한다. 식자층의 맹점이 바로 여기에 있다. 사실상 이들은 아는 것도 별로 없고, 혹 자신의 전문 분야는 잘 알지라도, 현재 벌어지고 있는 페미니즘에 대해서는 정확히 알지 못한다. 이들이 그동안 쓴 페미니즘 옹호 글이나 강연을 들어보라. 일반인은 알아듣기 힘든 모호한 용어로 포장한 헛소리와 잡소리로 가득하다. 식자층들의 비겁함을 예상해 보면, 워마드와는 슬슬 거리를 두며 새로운 먹잇감을 찾아 이동할 것이다. 어떤 이는 변명도 할 것이다. 그것이 네임드

식자층들이 살아가는 방식이다. 그렇더라도 사람이 사람을 혐오하는 것이 아니라 언제나 '인본주의 정신'이 바탕임은 명심해야 할 것이다. 또한, 모든 일에는 대가가 따르는 법! 대가는 결국 진정한 사회적 약자, 그들 눈에는 보이지 않는 약자들이 치르겠지만 말이다. 슬픈 일이다.

JTBC 《뉴스룸》의 저널리즘, 이대로 괜찮나?

—
박가분 (2018년 3월)

예전부터 손석희가 이끄는 《뉴스룸》은 '뉴스'보다는 '스토리'를 추구하는 것은 아닌가 하는 의혹이 들곤 했다. 물론 일각에서는 뉴스를 스토리로 부른다고 하지만 JTBC는 그 정도가 심각하다. 가장 큰 이유는 JTBC가 스스로 대외적으로 내세우는 이상이 부각될수록 그 이상과 그들이 실제로 행하는 보도 양상과의 괴리가 바깥에서 볼 때 더욱 크게 느껴지기 때문이다. 먼저 손석희의 자기소개를 살펴보자. "진실을 말하겠습니다. 치우치지 않겠습니다. 귀담아듣겠습니다. 그리고 당신 편에 서겠습니다." 손석희 자신은 정말 그가 약속한 바를 지키고 있을까.

JTBC 《뉴스룸》의 가장 큰 공적이라고 할 수 있는 최순실 태블릿 보도와 별개로 해당 프로그램은 여러 가지 보도상의 치명적인 잘못을 저지른 적이 있다. 그중 가장 대표적인 것은 이른바 '노룩 (No look)' 취재의 대표 격으로 일컬어지는 강경화 장관의 투기용 부동산 자택 구매 의혹이다. 결국에는 JTBC가 단독으로 다룬 '기획 부동산' 의혹 보도는 현장의 사실관계에 대한 기본적인 취재 원칙조차 지키지 않은 부실 보도로 드러났다.[62] 강경화 장관이 구입한 것으로 알려진 부동산은 강 장관의 배우자가 실거주하는 자택으로서 투기와 무관했다. 그런데도 JTBC는 이러한 왜곡 보도의 피해자에게 명확히 사과한 적이 없다. 아마 자존심이 허락하지 않았을 것이다. 그러한 손석희 특유의 자존심은 여전히 진행형이다. 언론인으로서의 자존심 자체는 나쁘지 않지만, 강경화 장관보다 더 약자이고 힘없는 사람에게 그 자존심이 더욱 강하게 발휘된다는 데 문제가 있다. 이러한 행태는 '뉴스' 그 이상의 '스토리'를 전달하려는 강박에서 나온 게 아닐까. 심지어 손석희는 미국 드라마 《뉴스룸》의 어떤 캐릭터가 구현하는 자아상에 자기 스스로 지나치게 심취한 데서 비롯된 어떤 강박감이 있는 게 아닐까 하는 의구심마저 든다.

손석희가 JTBC 《뉴스룸》이라는 무대를 통해 자신이 연기하는 어떤 자아상에 지나치게 심취해 있다는 의혹이 드는 이유에는 OST 선정 외에도 여러 가지가 있다. JTBC 《뉴스룸》에서는 일전에 실제로는 다른 네티즌에게 악플을 일삼던 가해자인 웹툰 작가 이자혜가 마치 일베로부터 악플을 당한 피해자였던 것처럼 보도한 적이 있다. 실상은 이자혜 자신이 평소 인터넷에서 타인에게 막말을 일삼은 악플러였다. JTBC는 이자혜의 평소 언행과 메갈리아 논란에 대해 제대로 알아보지 않은 채 이 작가를 마치 여론전 일방의 피해자인 것인 양 보도를 내보냈다. 물론 이자혜의 악플 피해자는 강경화 장관만큼 강한 인물들이 아니었기 때문에 JTBC는 이들로부터 제기된 항의를 묵살했다. 그 외에도 JTBC 《뉴스룸》은 여러 가지 막장 행위들을 해왔다. 화장실 내 손 씻기 위생 문제를 고발한답시고 남자 공중화장실에 몰카를 설치해서 보도하는 식의 '콘셉트' 뉴스를 내보낸 것은 일단 그냥 애교로 넘어가도록 하자. 참고로 해당 기자는 사내에서 '이달의 기자상'을 수상하기도 했다. 이러한 막장스러운 보도 행태 역시 '스토리'가 '뉴스'에 선행한다는 왜곡된 인식 아래에서만 정당화될 수 있는 관행이다.

이뿐만이 아니다. 2018년 2월 7일 JTBC는 탁수정, 일명 책은탁을 마치 미투 운동의 투사인 양 《뉴스룸》에 출연시킨 적이 있다. 하지만 실상 탁수정은 일군의 트페미들과 함께 트위터에 악플을 쏟아내는 것 외에는 미투 운동과 관련해 어떤 운동을 하는지 불분명할 뿐만 아니라 이미 민·형사상의 허위 사실 적시 명예 훼손죄 처분을 받은 인물이다. 또한, 탁수정은 다른 무고 가해자들로부터 무고 피해를 받은 다른 문학계 인사들을 아무런 근거 없이 비난한 바 있고 지금도 그 비난을 지속하고 있다. 이 때문에 탁수정이 과연 미투 운동의 대의를 대표하는 인물인지 심각한 의문이 제기된다. 그런데도 JTBC는 그동안의 무고 행위와 음해를 겪은 피해자의 항의에도 아랑곳하지 않은 채 이러한 문제 제기를 지금까지 묵살해왔다. JTBC 《뉴스룸》은 탁수정이 자신들의 '스토리'에 도움이 된다는 의식 혹은 무의식적인 판단에서 탁수정을 출연시킨 것으로 보인다. 이는 탁수정 본인에게도 전혀 도움이 되지 않는 일이다. JTBC 《뉴스룸》이 웹툰 작가 이자혜의 이후 인생을 책임져 주지 않았듯이 탁수정의 인생도 책임져 주지 않을 것이 분명하기 때문이다. 탁수정에게 필요한 것은 피해자에 대한 진심어린 반성과 SNS 중독 및 심리적 혼란을 치료받는 것이다.

그런데도 JTBC는 사건의 가해자뿐만 아니라 피해자마저 자신들이 원하는 스토리의 소재로 소모하는 보도 행태를 이어나가고 있다. 탁수정이 폭로한 문단 내 성폭력의 상당수가 '무혐의'나 '허위 사실 적시 명예 훼손'으로 밝혀졌음에도 JTBC는 탁수정에 대한 사회적 비난이 '허위 사실'이라는 주장을 이어나가고 있다. 2018년 2월 28일 보도에서 JTBC《뉴스룸》은 이렇게 덧붙이고 있다. "우선 피해자가 사실을 말해도 명예 훼손으로 고소당할 수 있는 사실 적시 명예 훼손 처벌 조항을 폐지해야 한다는 목소리가 높습니다." 탁수정이 —지금의 사법적 현실상 인정받기 어려운— 허위 사실 적시 명예 훼손으로 처벌받은 당사자인데 도대체 자신들이 무슨 소리를 하는지 제대로 알고나 있는 건지 의문이 든다.

다시 처음으로 돌아가 JTBC는 '뉴스'가 아니라 자신들의 이해 지평 속에서 온전히 이해될 수 있는 하나의 '스토리'를 원하는 것 같다. JTBC뿐만 아니라 여러 언론도 자신들이 들려주고 싶은 이야기를 전달하고자 하는 욕심 아래 사실관계에 대한 기초적인 주의력을 상실하곤 한다. 크게 두 가지 요인이 작용하는 것 같다. 첫째, 《뉴스룸》의 주인공으로서 스스로를 한국 사회에 자리매김하고 싶어 하는 손석희 사장 자신의 나르시즘적 출세욕. 둘째, SNS 일각의 여론을 검증 없이 퍼 나르는 일군의 기자 내지는 작가들. 어느 쪽이 문제이든 각성이 필요한 사안이며 특히 JTBC를 아끼는 이들일수록 쓴소리와 질책을 아껴서는 안 될 것이다.

《오마이뉴스》의 가짜 뉴스 '성범죄 허위 신고율 0.5%'

박가분 (2018년 4월)

성폭력 범죄 허위 신고율 0.5%?

2018년 11월 29일 《오마이뉴스》가 '성폭력 범죄 허위 신고율은 0.5%에 불과하다'는 내용의 기사를 썼다. 이 기사는 '미투 운동'에 편승해 널리 퍼졌고 '페미위키'에도 등재되는 등 일부 커뮤니티와 SNS에서 기정사실로 되는 분위기이다. 《오마이뉴스》의 〈성범죄 18~50%가 '꽃뱀 자작극'이라고?〉 기사의 내용을 보자. 대검찰청 통계를 보면, 성범죄 발생 건수(검거 기준: 인용 주)는 2012년에 2만 3,365건이었고, 2014년에는 2만 9,863건이었다. 이에 반해, 전국 법원이 판결을 내린 성범죄 관련 무고 사건은 2012년 122건, 2014년에는 148건이었다. 이 비율을 따져 보면, 2012년은 약 0.52%, 2014년은 약 0.49%라는 계산이 나온다. 이 대목이 '성범죄 허위 신고율은 0.5%'라는 가짜 뉴스의 진원지다. 그러나 이는 고의로 '분자를 최대한 줄여 잡고 분모를 최대한 늘려 잡는' 전형적인 통계 사기다.

통계의 속임수를 해부하자

우선 2012년과 2014년에 각각 122건과 148건 성범죄 관련 무고죄 법원 판결이 있었다는 정보의 신뢰성이 부족하다. 이에 관한 기사는 많지만, 신뢰할 만한 통계의 출처는 불분명하기 때문이다. 가령 2015년 6월 28일 자의 《서울경제》는 이 수치들을 '법원에 등록된 판결문을 조사한 결과'라고 전하지만 조사의 주체가 누구인지, 조사의 모집단이 무엇인지에 대한 설명은 없다.

한편 우리나라에 공식적으로 무고죄를 유형별로 분류한 통계는 존재하지 않는다. 《JTBC》역시 2018년 2월 28일 방송에서 "시스템상으로 범죄별로 무고죄를 분류하는 것 자체가 불가능하다."고 보도한 바 있다. 그리고 설사 '성범죄 관련 무고죄 법원 판결 통계'가 옳다 하더라도 성폭력 범죄 허위 신고율은 0.5%에 불과하다는 주장은 성립하지 않는다. 누락된 변수가 너무 많은 데다가 애초에 검찰에 접수된 성범죄 신고 건수 전체를 분모로 놓았다는 점도 문제다.

우선 '대검찰청 성범죄 통계'를 보자. 2014년의 경우 검찰청 기준으로 성범죄 혐의를 받은 인원은 2만 3,649명이었다. 하지만 이들 중에서 실제 검찰에 기소된 인원은 일부(1만 1,855명)이다. 나머지 상당수 인원은 불기소 처분을 받았을 것이다. 물론 검찰의 불기소 처분으로 끝난 성범죄 신고가 전부 무고라고 볼 수 없다. 증거 부족이거나 수사기관의 수사·처벌 의지 부족의 문제일 가능성이 크기 때문이다. 하지만 동시에 성범죄 무고로 의심되는 사건 상당수 또한 바로 이 불기소 처분된 사건에 포함됐을 가능성이 높다. 예컨대 2018년 2월 2심 재판에서 배우 이진욱에게 성폭행을 당했다고 거짓 고소한 혐의로 유죄 판결을 받은 여성도 이러한 케이스에 해당한다. 물론 모든 성범죄 무혐의 처분이 무고죄 기소로 이어지는 것은 아니라는 사실을 고려해야 한다. 무엇보다 성범죄 허위 신고 역시 성범죄만큼이나 입증이 어려우며 암수 범죄가 잠복했을 가능성이 있다. 억울하게 신고당한 후 무혐의 처분을 받더라도 상대의 무고 동기를 입증하는 일은 또 다른 문제다. 실제로 지난해 성폭행 주장에 관해 무혐의 처분이 나온 박유천의 상대 폭로 여성 또한 무고죄로 기소됐다가 증거 부족으로 무죄 판결을 받은 바 있다. 물론 이 경우 진실이 무엇인지는 단언하기 어렵다.

이뿐만이 아니다. 결정적으로 《오마이뉴스》의 계산 방식에는 무고죄로 구약식 벌금형을 받거나 기소 유예를 받은 경우가 아예 누락됐다. 참고로 무고죄 전체를 볼 때 2016년 기준 무고죄 기소 건(인원 기준) 중 48%가 구약식 기소다.[63] 소년 보호 송치로 넘어간 경우도 무시할 수 없다. 이 경우는 《오마이뉴스》가 언급한 ― 애초에 출처를 신뢰하기 어려운― 법원 판결 통계에 집계되지 않았을 가능성이 크다. 종합하자면 기소 여부 무관 검찰에 접수된 모든 유형의 성범죄를 망라한 건수를 분모의 값으로 늘려 잡는 가운데 법원에서 무고 판결을 받은 사건만을 오직 실제 성범죄 허위 신고로 간주하는 왜곡된 가정이 《오마이뉴스》가 저지른 통계 사기의 핵심이다. 게다가 사법기관에 드러나지 않은 '성범죄 무고 암수 범죄'는 존재하지 않는다는 암묵적인 가정을 따른다면 '성범죄에 관한 암수 범죄'의 가능성 역시 무시해야 옳다. 한 마디로 자승자박이다.

성범죄 무고 가능성을 무시해서는 안 되는 이유

그렇다면 실제 성범죄 허위 신고 비율은 얼마나 될까. 결론은 이에 대한 '신뢰할 만한 통계적 추정치는 존재하지 않는다'이다. 앞서 보았듯 무고 자체를 범죄별로 분류한 신뢰할 만한 통계가 현실적으로 존재하지 않는 데다가 성범죄와 무고 양쪽 모두 암수 범죄의 가능성이 잠복하고 있어 각자의 심증만이 존재할 뿐이다. 그런데도 《오마이뉴스》를 비롯한 일부 진영에서는 일상 속의 성범죄 신고나 고발 중 무고의 가능성을 무시해도 좋다는 주장의 일환으로 '성범죄 신고의 0.5%만이 허위 신고'라는 '가짜 뉴스'를 퍼뜨리고 있다. 하지만 이는 대단히 위험한 주장이다. 무고죄 자체의 기소 건수(인원 기준)도 지난 3년간 증가하는 추세(2014년 1,732건→2016년 1,857건)일 뿐만 아니라 성범죄의 기소율도 2016년을 기점으로 낮아지고 있기 때문이다. 2014년의 경우 성범죄 기소율은 약 50%(인원 기준)였지만 2016년의 경우 42%로 크게 하락했다.

물론 필자는 이것을 '꽃뱀'이 늘었다는 증거보다는 '성범죄에 대한 사회적 경각심 향상의 결과 신고가 더 활발해졌다'는 긍정적인 증거로 해석하고 싶다. 그런데도 이러한 불기소된 성범죄 중 무시할 수 없는 비율이 허위 신고일 가능성을 배제해서는 안 된다. 무엇보다 통계 놀음을 이용한 얄팍한 속임수로 무시하기에는 성범죄 무고의 결과가 너무 위중하다. 2017년 자살로 안타깝게 세상을 떠난 고(故) 송경진 교사의 경우에도 동료 교사가 부추긴 일부 학생의 거짓말 때문에 성추행 누명을 썼다. 피해 주장 학생들의 진술 번복으로 수사 기관이 혐의없음으로 수사 종결을 했음에도 전북 교육청 인권센터가 무리하게 교사에 대한 징계를 추진하다가 벌어진 참극이다.

이러한 비극이 일어난 근본적인 배경은 성범죄 무고 가능성을 처음부터 배제한 인권센터의 안일한 대응 방식 때문이었다. 또한, 이것은 수사 기관과 사법 제도의 영역 바깥(인권센터)에서조차 성폭력 허위 신고가 피해자에게 어떤 치명적 결과를 일으키는지 보여 주는 사례라고 할 수 있다. 정작 여성 대상의 성범죄에 진지하게 접근하는 전문가들은 무고와 거짓말의 가능성을 배제해서는 안 된다고 경고한다. 일례로 미국의 법학자이자 변호사로서 여성 대상 범죄 최고 전문가로 꼽히는 조디 래피얼은 《강간은 강간이다》(항아리)에서 모 아니면 도 방식의 논쟁을 넘어야 한다고 말한다.[64] '신고의 절반이 허위'라는 주장도 사실이 아니지만, 또한 거짓말을 하는 여성은 아무도 없다고 단정해서도 안 된다는 것이다. 또한, 그는 여러 연구 성과를 검토하며 미국에서 강간에 대한 허위 신고율이 2~8%라는 추정치를 내놓는다. 그러나 이마저도 절대적이지 않다. 그래서 조디 래피얼은 성범죄 사건을 수사할 때 사건별로 보다 세밀한 조사가 필요하다고 강조한다. 이는 요사이 벌어지는 일부 유명인 대상 미투 논란에 있어서도 시사적인 대목이다.

《한겨레》왜 '가난한 조중동'인가 했더니
– 당당위 집회 '극우' 낙인
—
박가분 (2018년 10월)

   《한겨레》가 2018년 10월 28일 자 〈'곰탕집 성추행' 집회 참가자들, 유튜브 보고 나왔다〉 기사에서 27일 서울시 종로구 혜화동에서 열린 이른바 '당당위(당신의 가족과 당신의 삶을 지키기 위하여) 집회' 참가자에게 '극우'라는 규정을 붙였다. 당당위 집회는 '유죄추정 법 집행'을 비판한다는 취지로 열린 행사로서, 초기에는 일명 곰탕집 사건에 대한 여론에서 출발했으나 이후 다양한 성범죄 무고 사례나 여러 여론 재판 사례(박현정 서울시향 대표, 박진성 시인, SJ 레스토랑, 고 송경진 교사 등)에 대한 보다 광범위한 항의의 성격으로 기획됐다. 당시 집회에 대해 무고 피해자의 대표 격으로 알려진 박진성 시인이나 고 송경진 교사의 아내 강하정 등도 지지 의사를 밝힌 바 있다. 이처럼 토요일에 있었던 시위는 진보냐, 보수냐는 이념적 잣대로 환원될 수 없는 대중적 불만을 표현하는 시위였다고 봐야 옳다. 법 앞에서의 평등이라는 원칙이 무너졌다는 젊은 계층의 불만은 좌우 양쪽에 모두 존재한다. 또한 당당위 네이버 카페 운영 양상을 들여다보면, '성 평등', '반 혐오', '사법 정의 구현'이라는 구호 아래 특정한 정치 성향 발언을 규제하고 있으며, 실제로 집회 현장의 발언을 들어 보면 '무죄 추정의 원칙 준수'라는 단일 패턴의 주제를 되풀이하고 있다. 일각에서 걱정했던 곰탕집 사건의 유무죄 여부에 대한 예단은 애초에 발언의 주제가 아니었다.

　일단 《한겨레》의 기사는 이러한 사실들을 공정하게 고려하지 못하고 있음에도 불구하고 '인터뷰'라는 형식을 빙자해서 이를 집회 당사자들의 성향에 대한 '낙인(극우)'을 찍기 위한 근거로 활용했다. 상대에게 낙인을 붙일 거면 애초에 인터뷰는 뭐하러 하냐는 의문을 자연스럽게 불러일으키는 대목이다. 언론의 윤리와 수준을 심각하게 의심케 할 만한 기사다. 사실 당당위 집회가 진보/보수, 좌/우라는 도식으로 담길 수 없는 사회적 불만을 담으며, 스스로 정치색을 적극적으로 배제한다는 점에서, 역설적이게도 지난날의 혜화역 워마드 집회와 일면 유사한 지점을 공유한다고 지적할 수 있긴 하다. 하지만 정작 《한겨레》를 비롯한 진보 성향 비평가들은 이 사실을 인정하는 데 인색하다. 왜냐하면 이들은 지난날 ―정신병적 혐오와 홍대 몰카 피해자에 대한 2차 가해로 점철됐던― 혜화역 워마드 시위는 어디까지나 '진보적', '대중적 페미니즘'의 맹아를 담고 있는 시위로 포장돼야 한다는 절대적 당위를 공유하기 때문이다. 또한 이들은 이러한 당위에 사로잡혀 있기 때문에 명백한 차이점 역시 보지 못한다. 일각에서 우려한 '성별 혐오 발언'이나 '꽃뱀 몰아붙이기'는 당당위의 집회 구호나 피켓 그리고 발언 어디에서도 나타나지 않았으며, 이는 지난날 혜화역의 워마드 집회와 명백히 대조되는 지점이다.

　물론 각자의 신념대로 사회 현상에 대한 비평은 가능하다. 하지만 여기서 물어야 할 것은 그 비평의 잣대가 일관성을 갖느냐는 것이다. 만일 '극우'라는 딱지를《한겨레》식으로 붙인다면, "문재인 재기해." 내지는 '문재앙'을 노골적으로 발언한 위마드 집회나, 여성이라는 이유만으로 여성 몰카 가해자를 옹호하고 박근혜를 정치적으로 지지했던 위마드야말로 '극우'라는 진단을 했어야 옳다. 또한 태극기 부대 등 '극우 여론'의 온상지로 '유튜브'를 지목하는《한겨레》가 일부 당당위 시위 참여자들이 '유튜브'를 통해 참가한 사실을 지적한 점도 자가당착으로 귀결된다. 그렇다면 그들은 예컨대 사이버 불링(괴롭힘)이 일상적으로 만연하며 심지어 범죄의 수단(인천 여아 살인 사건)으로도 사용됐던 '트위터'에서 위마드 집회로의 유입이 활발했던 점을 왜 지적하지 않는가. 당연한 이야기이지만 이러한 논리적 일관성을《한겨레》가 신경 쓴 적은 거의 없다. 현상에 대한 이해 없이 진영 논리에 입각한 논리적인 비약과 낙인으로 일관하는 점. 이것이《한겨레》가 '돈 없는 조중동'이라고 조롱받는 이유다.

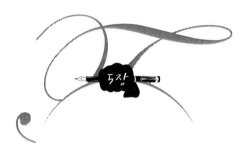

문화 비평

왜 일부 웹툰 작가는 독자를 우습게 볼까

—
김승한(2016년 8월)

메갈리아 후원 티셔츠로 시작된 이번 사태는 대한민국 서브컬처 전반은 물론, 여성 단체와 언론, 정당마저 휘말린 대형 태풍으로 커지고 있다. 게다가 진보 언론 빅3로 불리는 《한겨레》와 《경향신문》, 《오마이뉴스》가 메갈리아에 대한 우호적인 글로 편 가르기에 뛰어들었다. 《한겨레》의 2016년 7월 30일 자 기사인 〈메갈리아는 일베에 조직적으로 대응한 유일한 당사자〉라는 기사[65]에 격분한 독자들이 비난을 쏟아부었다.

이들 진보 언론뿐만 아니라 메갈리아와 전혀 관계가 없을 것으로 보이는 웹툰 작가들마저도 동조하고 나섰다. 처음 김자연 성우와 메갈리아를 지지한 작가 중에는 메갈리아의 실체에 대해 정확히 아는 작가들보다는 표현의 자유가 억압받고 다수 또는 거대 자본이 개인을 핍박한다는 생각에 지지 의사를 밝힌 작가들이 상당수였다. 하지만 시간이 지나면서 메갈리아 사태로 번지자 본인의 작가 인생은 물론이고 나아가 특정 웹툰 플랫폼, 웹툰 산업 전반의 존립 자체를 위협하는 지경까지 이르렀다. 대체 그 이유는 뭘까.

일부 웹툰 작가들이 독자들을 우습게 보는 이유

첫째, 이른 나이에 쉽게 작가 데뷔에 성공함으로써 실패를 맛보지 못한 인생의 경험 부족에서 찾을 수 있다. 예전 선배 만화가들은 수년간의 문하생 시절을 거쳐 바늘구멍만 한 기회를 뚫고 어렵게 데뷔했다. 그에 비해 지금 웹툰 작가들은 별다른 수련과 경쟁 없이 데뷔해 작가의 칭호를 받는다. 그러나 이는 대형 포털과 웹툰 플랫폼의 경쟁에 따른 반사 이익일 뿐, 작가들의 작품성이 뛰어나기 때문에 생긴 현상은 아니다. 요약하면 손쉽게 웹툰 작가로 데뷔한 일부 작가가 부족한 삶의 경험과 사회성을 드러내며 독자를 상대로 막말을 퍼붓고 웹툰 업계를 위기로 빠뜨린다는 것이다.

둘째, 웹툰 업계의 기형적인 보수 체계와 연재 시스템을 꼽을 수 있다. 웹툰 플랫폼에서는 작품 연재를 시작하면 한 달에 최소 고료로 200만 원을 책정해 놨다. 그리고 작품의 질과 인기와는 상관없이 작가가 연재를 마치지 않는 이상 원만하면 작품 연재를 무한정 지속할 수 있는 게 현재의 웹툰 플랫폼 시스템이다. 그러다 보니 독자들로부터 공무원 소리를 들으면서 지지부진하게 스토리를 전개하는 작가가 많다. 이렇다 보니 극단적으로는 독자가 아닌 포털이나 플랫폼 업체에서 고료를 준다고 생각하는 작가들까지 나오게 됐다.

그 결과 독자를 우습게 여기는 작가들이 나오기 시작한 것이다. 그들이 경솔하고 어리석은 생각을 트위터나 페이스북 같은 SNS를 통해 여과 없이 내뱉음으로써 논란을 일으키고 말았다. 결국 포털에서 트래픽을 높이기 위해 작품의 질을 높이는 대신 손쉽게 연재 작품 가짓수를 늘리는 데 골몰한 웹툰 업계가 이들의 행위를 방조한 셈이다.

셋째, 작품 연재 이외로도 돈을 벌 수 있는 과외 수입이 작가들을 폭주하게 한다. 웹툰 연재 말고도 다른 루트를 통해 얼마든지 돈을 벌 수 있으니 기존 웹툰 독자쯤이야 탈퇴를 하든, 불매 운동을 하든 상관없다는 생각이다. 상당수의 웹툰 작가들이 동인지(일반적으로 게임, 애니메이션, 만화 등 오타쿠 계열의 2차 창작 출판물을 뜻한다) 출신으로 웹툰 연재를 하는 지금도 성인용 동인지 판매를 통해 가외 수입을 올리고 있다. 문제는 이러한 행태를 알아챈 웹툰 독자들이 동인지 행사를 경찰과 세무서 등에 고발함으로써 동인지 시장 자체를 고사시키려 한다는 데 있다. 그러다 보니 웹툰 연재가 끊기고, 동인지 판매까지 막히는 작가들도 나오고 있다.

넷째, 작가로서의 강한 자의식과 반골 정신을 들 수 있다. 만화가는 대중의 지지를 기반으로 인기를 먹고 사는 대중문화 종사자이지만 동시에 작품을 통해 자기 생각을 전파하는 예술가이기도 하다. 더군다나 자신이 그리는 만화 속 세상에서 작가는 캐릭터를 마음대로 조종하고 사건을 만드는 신과 같은 존재이다. 이렇게 자의식이 강할 수밖에 없는 작가들이 자신을 비판하고 가르치려고 하는 독자들과 대립하다 보니 거친 말이 나오게 마련이다.

물론 프로 의식을 가진 작가라면 행여 그렇게 생각하고 있더라도 절대 드러내지 않는다. 하지만 과거와 달리 SNS를 통해 작가와 독자가 직접 소통할 수 있다 보니 무심코 자신의 본심을 드러내는 순진한(?) 작가들이 나오기 시작한 것이다. 더욱이 동료 작가들이 핍박받는다고 판단한 다른 작가들까지 참전함으로써 합리적인 비판을 제기한 독자들에게 네이팜탄을 던진 격이 됐다. 이에 분노한 독자들이 웹툰 시장 자체를 붕괴해버리겠다고 결의를 다지면서 단체 행동에 나서고 있다.

웹툰 업계, 자성과 정비의 계기로 삼아야

그동안 대한민국 웹툰 업계는 눈부신 성장을 거듭해 왔다. 그 결과 이제 한국 만화의 미래는 웹툰에 달려 있다고 해도 과언이 아닐 정도의 위상을 확립했다. 하지만 빛이 있으면 어둠도 있다는 진리처럼 급격한 성장에 따른 부작용이 이곳저곳에서 일어나고 있다. 이번 사태가 그 부작용의 실상을 낱낱이 드러냈다.

이번 사태가 어디까지 번질지, 또 만화계가 그 후유증을 슬기롭게 극복할 수 있을지는 아무도 모른다. 그래도 한 가지 분명한 사실은 만화를 읽어주는 독자들이 있어야만 만화는 대중문화 산업으로서의 존재 의미가 있다는 것이다. 앞으로 웹툰 업계는 이 진리를 반드시 명심해야 한다. 아무리 그림이 훌륭하고 내용이 재미있어도 독자 없는 만화는 한낱 낙서에 불과하기 때문이다.

메갈리아 사태 이후 웹툰 업계,
내우외환 극복할 수 있을까

—
김승한(2016년 8월)

메갈리아 사태가 진보 언론, 진보 정당뿐만 아니라 대한민국의 서브컬처로 불리는 게임, 웹툰 업계까지 심각한 후유증을 남길 것이라는 비관적인 전망이 나오고 있다. 이번 사태의 가장 직접적인 타격을 받은 이들 중 하나는 강남역 노래방 사건 이후로 친메갈리아 노선을 천명한 진보 언론과 진보 정당이다. 사태의 심각성을 인지하지 못한 진보 언론들은 여전히 메갈리아 옹호 기사를 지속해서 쓰는 실정이다. 진보 정당의 만형인 정의당은 탈당 속출과 수만 명의 네티즌이 지지 철회 의사를 밝힘으로써 차기 대선과 총선에서 큰 차질을 겪을 것이 확실해 보인다.

하지만 이번 사태로 가장 큰 피해를 받을 곳은 레진 코믹스(레진)로 대표되는 웹툰 업계와 작가들이다. 김자연 성우 지지 의사를 밝혔다가 네티즌들과 설전을 벌인 작가들이 제일 많은 레진은 사태 이후 독자 수천 명이 탈퇴했다. 지금도 지속해서 이탈하고 있으며 이에 따라 매출도 급감하는 것으로 알려졌다.

이와 대조되는 행보를 보인 곳이 레진에 이어 유료 웹툰 플랫폼 2위 자리에 있는 탑툰과 탑툰이 중심이 되어 결성한 한국웹툰산업협회다. 탑툰은 SNS로 문제를 일으킨 작가의 작품 서비스를 바로 중단한 후 전액 환급을 공지한 바 있다. 또 지난해 출범한 한국웹툰산업협회의 임성환 이사장은 메갈리아를 강도 높게 비판하며, 메갈리아와 함께할 수 없다고 선언했다.

결국, 이번 메갈리아 사태를 계기로 유료 웹툰 플랫폼 1위 자리를 차지했던 레진은 커다란 타격을 받았고 그 피해가 소속 작가들에게도 돌아갈 것으로 보인다. 반면 레진과 정반대의 행보를 보인 탑툰과 한국웹툰산업협회는 반사이익을 얻을 것으로 예상된다.

그뿐만 아니라 수많은 웹툰 작가를 양성하고 데뷔시키는 요람으로 자타공인 대한민국 최고의 만화학과로 불리는 청강대 만화학과에서 내부 고발자가 나온 것도 사태를 악화시킨 한 가지 요인으로 꼽힌다.

자신을 '휘슬블로어(내부 고발자)'라 칭한 청강대 재학생은 청강대 내부에 수많은 부조리가 있다고 고발했다. 휘슬블로어의 고발은 모두 4가지로 △만화창작과, 애니메이션과 학생들이 정부로부터 미대 학사 학위를 받지 않으려고 게임과로 편성해 이공계 학사학위를 받는다 △학교 내 불법 프로그램 사용 △폭로 이후 교수에게 폭언과 각종 협박을 받았다 △고발 전후로 청강대 내부에서 고발자인 휘슬블로어에 대한 집단 따돌림 등이다.

이 중 첫 번째는 휘슬블로어가 전공 심화 과정에 대한 이해가 부족해서 발생한 오해였다. 두 번째 문제는 청강대가 해당 프로그램에 대한 라이센스를 가지고 있긴 하나 강의실 컴퓨터에서 불법 프로그램을 사용하는 등 관리에 소홀했다는 점이 밝혀졌다.

셋째, 폭언과 협박을 받은 부분에 대해서는 사실이라는 증언이 있었으며, 넷째, 따돌림의 경우는 직접적인 증거는 없으나 일부 만화학과 학생들의 소행이 있었다는 것에 대해서 인정하는 합의가 이루어졌다.

이렇게 청강대 만화학과 재학생의 내부 고발은 전부 사실은 아니지만, 상당 부분이 사실로 밝혀져 청강대 만화학과의 이미지 손상은 불가피한 상황이다.

청강대 만화학과는 네이버 대학 만화 최강자전에서 수년간 좋은 성적을 거뒀다. 이외에도 청강대 만화학과는 다양한 웹툰 플랫폼과 산학 협력 협약을 맺어 재학생의 웹툰 작가 데뷔를 이끌어왔다. 하지만 이번 사건으로 불명예를 얻은 청강대는 대한민국 웹툰 업계에도 악영향을 미칠 것으로 보인다.

2016년 7월 14일 미래창조과학부의 최종 인가를 받고 정식 출범한 세계웹툰협회의 탄생은 한국 웹툰 업계의 지각 변동을 불러올 또 다른 뇌관으로 떠오르고 있다. '웹툰 종주국'으로서 위상을 확립하고 만화와 ICT(정보통신기술)의 접목을 통한 새로운 융복합 콘텐츠 생산에 힘쓴다는 취지로 설립한 세계웹툰협회는《풀하우스》의 원수연 씨를 초대 회장으로 추대했다.

문제는 원수연 씨를 포함한 세계웹툰협회의 구성원 중 상당수가 2012년 11월 3일 한국만화가협회, 우리만화연대, 한국카툰협회, 만화스토리작가협회 4개 단체가 모여 출범한 한국만화연합의 구성원이었다는 점이다.

한국만화연합은 만화 발전을 위한 계획 수립, 만화인 복지 대책 추진, 「만화 진흥에 관한 법률」 개정 등을 위해 설립됐다. 초기 취지와는 달리 2013년 별도의 사무국을 구성하고 논의체가 아닌 의결체로서의 역할을 하며 독자적인 사업을 진행했다. 2013년 11월 한국만화가협회를 대표해 파견 이사직을 수행하고 있던 이충호, 신영우 이사는 한국만화연합의 사단법인화에 반대해 서류 제출을 거부하고 파견 이사직을 사임했다.

이후 2014년 1월 25일 한국만화가협회는 회원 400여 명이 참석한 총회에서 이충호 회장을 비롯한 신임 이사진을 선출했고, 새로 구성된 이사회는 2014년 2월 이사회 의결을 통해 "한국만화연합의 사단법인화에 반대하며 협·단체들의 연석회의 형태로의 운영되어야 한다."는 공문을 발송한다.

하지만 한국만화연합은 계속 사단법인화 추진을 멈추지 않았고, 결국 2014년 5월 1일 한국만화가협회는 한국만화연합을 공식 탈퇴했을 뿐만 아니라 9월 2일 〈한국만화연합에 대한 (사)한국만화가협회의 입장>이란 글을 통하여 한국만화연합의 부당성을 지적했다.

결국 한국만화가협회의 격렬한 반대에 봉착한 한국만화연합은 해체되고 그 중심에 있던 작가들이 다시 세계웹툰협회를 만들기에 이른 것이다. 상황이 이러하니 대한민국 만화계 전체가 한국만화가협회를 지지하는 작가들과 세계웹툰협회를 지지하는 작가들로 양분될 수도 있는 시점이다.

각자의 사정과 입장이 있는 만큼 어느 한쪽의 정당성을 논하는 것은 무의미하다. 다만 메갈리아 사태의 후폭풍이라는 외부 요인에 내분이라는 악재까지 겪고 있는 웹툰 업계가 이 사태를 슬기롭게 극복할 수 있을지 여러모로 우려스러운 것은 사실이다. 이번 위기를 전화위복의 계기로 삼아 진정한 웹툰 산업의 발전을 꾀할 수 있기를 바란다.

중식이밴드 논란과 퇴행적 진보

—
박가분(2016년 12월)

2016년 12월 중식이밴드의 리드보컬 정중식이 페이스북에 쓴 개인적인 견해가 SNS에서 논란이 됐다. 2016년 4월에도 중식이밴드가 정의당 테마송 협약을 맺으면서 그들의 가사 내용 중 일부가 '여성 혐오' 논란에 휩싸였다. 문제가 된 가사 내용은 몰카 야동에 등장한 전 여자친구를 보며 느낀 감상이라든지, 여유가 없는 상황에서 아이를 낳고 싶다는 여성에 대한 푸념이라든지, 홍등가 여성의 처지와 자신을 동일시하며 연민한다든지, 가난한 자신을 사랑해 주지 않는 여성에 대한 원망 등이 담겨 있다. 물론 해당 가사 내용은 남성으로서 자신의 성적 판타지라든가 자기연민 그리고 여성에 대한 이런저런 콤플렉스를 가감 없이 드러냈다. 한편 우에노 치즈코의 《여성 혐오를 혐오한다》에서는 이러한 남성 측의 자기연민과 여성에 대한 심리적 콤플렉스 자체가 '미소지니(여성 혐오)'의 징후라고 주장한 바 있다.

이런 내용 자체가 미소지니인지에 대한 —꿈보다 해몽 격의— 논란과 별개로, 중식이밴드가 정의당과 협약을 맺은 것이 적절한지에 대해서는 논란이 있을 수 있다. 왜냐하면, 정의당은 기본적으로 '이념 정당'이며 중식이밴드의 노래나 중식이밴드 자체가 진보적 가치를 대변할 수 없다는 이의 제기는 충분히 이뤄질 수 있기 때문이다. 그렇다면 중식이밴드에게 주어진 선택지는 두 가지이다. 첫 번째, 진보 이념 따위에 연연하지 않고 창작 활동을 한다. 두 번째, 진보 이념에 대한 보다 더 철저한(?) 학습 뒤에 이념적 기준점에 합격하는 창작 활동을 한다. 논란 이후 중식이밴드의 보컬이 공식적으로 표명한 입장(〈요즘 페미니즘 공부합니다〉)[66]은 후자에 해당하는 것으로 보인다.

그런데 페이스북에서 정중식은 최근까지도 익명의 항의로 자신이 설 공연 무대를 잃는 일에 대한 불만을 토로하면서 —이것은 정의당 논란과 결이 다른 또 다른 문제이다— 자신을 변화의 과정에서의 '희생자'로 놓는 글을 써 다시 한번 논란이 된다. 그는 여기서도 다시 한번, 자신이 노래하는 가사 내용이 '보통의 지질한 남성'에 대한 노래이며, 이것이 누구에 대한 비하나 혐오를 함축하는 것이 아니라는 태도를 고수했다. 결국, 그의 페이스북 댓글 창은 "페미니즘 공부를 더 하라."는 비판자와 이를 반박하는 옹호자들로 뒤엉켜 난장판이 된 바 있다.

설상가상으로 《경향신문》 최민영 기자는 이에 관해 정중식에게 페미니즘은 더 배워야 한다는 취지의 기사[67]를 올리며 논쟁에 밥숟가락을 올린 바 있다. 정의당 테마송 논란에서 하차한 것은 그렇다 처도 이번 경우는 상식적으로 이해하기가 힘들다. 재밌는 것은 SNS에서의 중식이밴드를 둘러싼 논쟁이 비판이든, 옹호든 이념적 잣대를 가지고 행해졌다는 것이다. 혹자는 중식이밴드가 '노동자 계급'이기 때문에 대부분의 빈곤 청년이 철저한 이념 학습과 고민을 할 여유 따위는 없는 세태를 솔직하게 다루었을 뿐이라고 변호한다. 그러나 애초에 중식이밴드가 노동 계급의 빈곤 청년인지 아닌지는 별로 중요한 쟁점이 아니다. 이에 중식이밴드를 둘러싼 지난날의 논쟁을 몇 가지 키워드를 다시 한번 정리할 필요가 있다.

#키워드 1. 정치적으로 올바른 예술?

과거 권위주의 정권 아래서 이뤄진 검열과 별개로 최근에는 '정치적 올바름'을 잣대로 한 일부 예술 작품들에 관한 검열 논란이 일어난 적이 있다. 미국 컬럼비아 대학은 한 강좌에서 가르친 오비디우스의 《변신 이야기》에 겁탈에 대한 묘사가 등장한다는 이유로 성폭력 피해 경험이 있다고 주장한 학생에게서 항의를 받은 일이 있었다. 결국, 해당 교수는 대학 당국으로부터 성인지(양성평등) 감수성 훈련 강좌를 듣도록 권고받았다. 비슷한 논란은 대중문화의 영역에서도 일어난 적이 있다. 일부 북유럽 국가에서는 영화 《E.T.》가 부모와 아이의 관계에 악영향을 준다며 상영 금지 처분을 내렸다. SNS에서도 《B사감과 러브레터》나 《장화홍련전》 같은 문학 작품이 여성 혐오 성향을 담고 있으므로 교육 현장에서 규제해야 한다는 소리가 나온 적이 있다. 참고로 앞의 오비디우스 논란에 대해 제리 코인이라는 시카고 대학교수는 "폭력과 혐오로 말할 것 같으면, 그건 어디에나 있다. 그것은 삶의 일부인 것만큼이나 문학의 일부다."며 대학의 결정을 꼬집고 있다.[68]

오늘날 정치적 올바름의 잣대로 이뤄지는 작품에 대한 검열의 논리는 결국 다음과 같은 것으로 정리될 수 있다. '존속 살해나

묻지 마 범죄를 겪은 피해자에게 도스토옙스키의 《죄와 벌》 그리고 《카라마조프가의 형제들》 같은 작품은 피해자의 트라우마를 다시 자극할 수 있지 않을까?' 이 같은 방식의 논란에서 되짚어 봐야 할 점은 과연 정치적으로 올바른 예술 작품이라는 것이 처음부터 성립할 수 있냐는 데 있다.

예술은 어떤 의미에서는 폭력과 혐오 그리고 차별을 '포함'한 현실을 반영한다. 그리고 그것이 예술의 본질적 기능이다. 물론 거기에는 해로운 요소들이 있고 트라우마를 자극하는 내용도 있다. 그러나 이것을 '유해성'이라는 기준으로 검열한다면 과연 '비평'이라는 것이 가능할까. 애초 중식이밴드에 대한 여성주의적 비평이라는 것도 그들의 가사가 비평가들이 문제를 제기하는 해로운 '현실'을 포함하고 있음으로써 가능했다. 같은 이야기를 일본의 근대 문학인 남성들에 대한 정신분석적 비평으로 가득 찬 우에노의 《혐오를 혐오한다》에 대해서 되물을 수 있다.

#키워드 2. 퇴행적 진보와 언론

퇴행적 진보라는 용어는 미소지니만큼이나 보편적으로 합의된 용어는 아니다. 하지만 굳이 소개하자면 퇴행적 진보란 다음과 같은 것을 의미한다. 진보 진영은 그동안 보수적인 사회적 편견에 맞서 싸우면서 개인의 권리와 자유, 특히 '표현의 자유'를 옹호해 왔다. 하지만 개인의 자유를 법적으로 보장하는 것이 점차 세계적인 추세가 되고 표현의 자유 등에 관한 캠페인만으로 이념적 차별성을 주장할 수 없게 되자, 진보 진영에서는 정반대로 정치적 올바름을 잣대로 사회적 검열권을 요구하는 형태의 캠페인을 벌이기 시작했다. 가령 2014년 북미권에서 일어났던 이른바 '게이머즈 게이트' 와중에 이 같은 논란이 일어난 바 있다. 일부 성인 게임에서의 (성)폭력에 대한 묘사가 여성과 약자에 대한 혐오와 폭력을 부추긴다는 문제 제기와 더불어 게임 산업에 대한 광범위한 규제를 요구하는 목소리가 페미니즘의 이름을 빌려 일어난 것이다. 그러나 과거 북미에서는 1990~2000년대에도 종교계와 학부모 단체를 중심으로 게임과 대중문화 내의 폭력 묘사가 학생과 어린아이들의 모방 범죄로 이어진다며 검열을 촉구하는 주장이 이미 이뤄졌고, 이것에 대해 진보 진영과 학계가 표현의 자유를 옹호하며 사실관계에 관해 반박한 적이 있다.

이처럼 이념적 선명성을 드러내기 위해 과거에 이미 스스로 합의한 상식과 사실관계를 무위로 돌려버리는 것을 퇴행적 진보라고 부른다. 정의당과의 협약의 적절성과 별개로, 개인의 SNS 계정에 찾아가 중식이밴드의 노래를 여혐으로 낙인찍고 조리돌림 하는 일군의 십자군들과 이를 비판 없이 받아 적는 일부 진보 언론 역시 이러한 '퇴행적 진보'의 대표적인 증상을 보여 준다고 할 수 있다. 예컨대 중식이밴드의 〈야동을 보다가〉는 유출된 몰카 야동의 피해자인 전 여자친구를 보고 느낀 관음증적인 감정(상대 남성에 대한 분노와 관음적 쾌락 그리고 전 여자친구에 대한 연민 등이 뒤섞인 감정)을 느끼는 상황을 노래하고 있다. 혹자는 이것이 이른바 '리벤지 포르노'를 '정당화'한다며 비판한다. 확실히 몰카 유출 자체도 범죄이며 개인 사이에서 유출된 몰카를 본다는 행위 역시 윤리적으로 비판받을 일이다. 그러나 그 상황을 '있을 법한' 일로 상정하고 거기서 마주친 예기치 못한 상황을 노래하는 것 자체가 사회적으로 몰카 범죄와 리벤지 포르노를 '정당화'하고 부추긴다는 주장으로 나아간다면, 바람과 불륜을 노래하는 가사와 문학 작품도 똑같은 기준으로 비난받아야 한다.

중식이밴드의 가사가 리벤지 포르노를 정당화한다고 주장하는 사람이라면 똑같은 잣대에 의해 대중문화를 검열하고 건전 가요를 권장했던 군사 정권의 행위 역시도 그 고상한 윤리적 민감성을 십분 발휘해서 이해해 줘야 한다. 가령, 불륜을 묘사하는 작품들은 가정 파탄으로 고통받은 사람들의 트라우마를 자극할 수 있지 않은가? 그것을 마치 보편적인 일인 것처럼 묘사하는 것은 윤리적으로 나쁘지 않은가?

#키워드 3. 이중 잣대와 공론장의 사유화

이처럼 퇴행적 진보는 바로 이중 잣대의 문제와 이어져 있다. 혹자는 각자가 '불편한 것에 노출되지 않을 권리'가 있다며 정치적 올바름을 잣대로 행해지는 검열을 옹호하기도 한다. 물론 불편한 것을 보지 않을 권리는 소비자 운동에서는 유효할 수 있다. 굳이 돈을 내고서 자신이 싫은 것, 불편한 것을 볼 이유는 없기 때문이다. 그런 의미에서 중식이밴드에 대한 비판자들은 과거 메갈리아 옹호 논란이 일었던 김자연 성우에 대해 〈클로저스〉 게임 유저들이 게임을 보이콧한 것을 비난해서는 안 된다. 또한, 마찬가지로 정치적 맥락에서도 일부 정의당 당원들이 중식이밴드가 자기 정당의 이념을 대표하는 것이 싫다면 그들 역시 그것을 거부할 권리가 있다. 한편 김자연 성우도 그렇고 중식이밴드가 어디에서 누구를 상대로 작품 활동을 하며 생계를 유지할지는 본인들이 판단할 문제이지, 타인이 간섭할 문제가 아니다. 가령 성우가 게임에서 하차한 이후에도 해당 게임 유저들이 그를 집요하게 쫓아다니며 그의 사상을 검열한다면 그것은 주제넘은 짓이다. 현실은 일개 게임 작품이나 일개 정당보다 더 넓다.

이처럼 현실은 어떤 이념 집단의 뒷마당 내지는 소위 말하는 '나와바리'가 아니다. 이를테면 민주주의 사회에서 집회 현장이나 공론장은 여러 정치 세력이 자신의 주관을 표명하는 자리이며 누군가 특정인을 검열하거나 몰아낼 권리는 없다. 만일 그럴 권리가 자신에게 있다고 생각한다면 스스로 모순에 부딪힐 수밖에 없다. 마찬가지의 것을 문화 예술계 전반에 대해서 말할 수 있다. 예를 들어 말하자면, DJ DOC가 과거 베이비복스에 대해 한 부적절한 발언을 빌미로 그의 노래 가사 내용에 대해서도 여혐 딱지를 붙이는 사람들에게는 물론 DJ DOC가 불편하며 집회 현장에서 그들을 보고 싶지 않다고 생각할 수 있다.

마찬가지로 박근혜에 대한 탄핵에 동조한 수많은 시민 중에는 이석기의 석방과 통진당 해산 무효를 주장하는 사람들이 불편하며 이들을 집회 현장에서 보고 싶지 않다고 생각할 수 있다. 또한, 마찬가지로 한상균 민주노총 위원장의 석방 요구와 민주노총의 민중 총궐기 요구 사항들이 부당하다고 생각하는 사람들도 있다. 이 사람들조차도 그러한 차이와 불편함을 감내하고 직면하면서 거리와 광장에 모인다.

그러나 지금 '불편해할 권리'를 말하며 사회적 검열권을 요구하는 상당수의 사람은 단순히 불편함을 말할 권리를 넘어서 공론장과 광장을 사유화하려고 시도하고 있다. 이들은 지난 촛불시위 때 특정 정치 단체의 깃발이 마음에 들지 않는다고 폭력을 행사했던 이들과 크게 다르지 않다. 이런 행위들은 공론장과 시민 사회를 일종의 자신의 '나와바리'라고 생각하는 조폭적 의식과 일맥상통한다.

여성 혐오는 만능 요술봉이 아니다

최민영 기자를 포함해서 타인에 대해 이념적 학습을 권하는 사람치고 사건과 개념의 디테일에 대해 예민하게 고민하는 경우는 많지 않다. 앞서 보았듯이 이들은 흔히 자신이 직접 마주치지 않을, 타인이 누리는 무언가에 대한 검열과 규제를 정당화하는 논리를 손쉽게 주장한다. 물론 이런저런 이유에서 검열과 규제를 정당화할 수도 있다. 그렇다면 그로 인한 자기모순에 대한 비난 (퇴행적 진보) 역시 자기 스스로 감당해야 한다. 무엇보다 어떤 작품이나 노래 가사 자체가 여성 혐오라고 주장하는 사람들은 일단 미소지니 개념 자체가 제대로 정립되거나 잘 정의된 개념이 아니라는 사실에 유념할 필요가 있다. 미소지니 담론은 결국 여성에 대한 차별과 폭력이 여성에 대한 남성 측의 혐오감 내지는 심리적 콤플렉스에서 비롯됐다는 주장에 기초해 있다. 아무리 좋게 봐도 일종의 유사-정신분석적인 심리적 환원주의다.

　　그러나 현실의 불평등, 차별 폭력은 누군가의 심리, 주관, 의식이나 무의식적 성향으로 환원될 수 없다. 그런데 개인의 의식을 교정하려는 교정 당국의 시도를 모방하면서 사회를 더 나은 것으로 만들 수 있다고 믿는 종교인들이야말로 자신의 의식이 어떠한지 스스로 비춰 보는 거울이 필요하다. 자신의 노래에 대한 윤리적 고민을 해야 한다고 중식이밴드를 가르치려 드는 이념 진영의 사람들이야말로 자신이 과거에 비판했던 행동을 스스로 답습하고 있기 때문이다.

편견에 빠진 이지혜의 《너의 이름은》
– 페미니즘적 비평

—
박가분 (2017년 1월)

    《별의 목소리》, 《초속 5㎝》, 《언어의 정원》과 더불어 유려한 작화로 유명한 신카이 마코토가 《너의 이름은》이라는 작품으로 일본 현지에서 공전의 히트를 했다. 《너의 이름은》은 2016년 10월 기준으로 역대 일본 애니메이션 흥행 순위 5위에 올랐다. 또한 《너의 이름은》은 현재 한국에서도 지브리 계열 애니메이션 이후 오랜만에 200만 명 이상의 관객을 동원하는 흥행 실적을 올린 바 있고 300만 관객 동원을 눈앞에 두고 있다. 한편 해당 영화에 대해서 다소 '뜬금없는' 성적 코드가 일본 현지에서는 물론이고 국내에서도 논란을 부르며 심지어 국내 일부 SNS 이용자 사이에서는 '여성 혐오' 논란으로까지 비화됐다. 실제로 《너의 이름은》에서 고등학생 남녀가 서로 몸이 바뀌는 에피소드가 담겨있기 때문에 사춘기 소년 소녀가 서로의 몸에 대해 당황스러움과 호기심이 뒤섞인 반응을 보이는 장면들이 담겨 있다. 그 와중에 남자주인공이 자신과 신체가 뒤바뀐 여주인공의 가슴을 만진다든지 하는 장면이 있다. 이것은 남자가 여자의 몸으로 변할 때의 성적 상상을 극대화하는 소위 'TS물'이라는 장르에서 흔히 볼 수 있다. 물론 이것은 어디까지나 사춘기 남성의 호기심이라는 식의 양해를 구할 수도 있을 것이다.

그런데 그것은 그렇다 처도 남성향 오타쿠 계열 서브컬쳐 작품에서 자주 등장하는 성적 코드 중 하나인 '판치라(치마 속 속옷이 노출되는 장면)'라든가, '바스트 모핑(여성의 가슴이 출렁거리는 것을 클로즈업하는 장면)'이라고 생각되는 장면은 신카이 마코토의 팬으로서도 조금 뜬금없다는 생각이다. 물론 이것은 남성향 오타쿠 문화에서는 흔한 코드이기 때문에 이를 그 자체로 비판한다면 골치가 아파진다. 만일 남성향의 성적 코드를 그 자체로 비판한다면 왜 같은 잣대로 여성향 오타쿠 문화의 성적 코드를 비판하지 않느냐는 식의 골치 아픈 남녀 대립 및 젠더 시비로까지 이어지기 때문이다.

그와 별개로 《너의 이름은》에 나오는 성적 코드가 내용의 주제 의식 자체와 별 관계가 없기 때문에 서브컬쳐의 문법에 익숙하지 못한 관객 측에서는 '당황스럽다'는 반응을 낳을 수 있다. 심지어 그 성적 코드 중 일부는 과거 작품에도 등장하지 않았던 요소이기 때문에 신카이 마코토의 팬들 입장에서도 의외라고 생각될 것이다. 물론 어찌 됐든 이러한 성적 코드들에 대한 시비가 일어났던 것은, 오히려 《너의 이름은》이 앞서 말한 오타쿠적 성적 망상으로 가득 찬 속칭 '미소녀 뽕빨물'과 전혀 다른 주제 의식을 담고 있었기 때문이다.

매우 게으른 페미니즘적 비평과 서브컬쳐에 대한 단선적 접근

이러한 성적 코드에 대한 '불편함'을 넘어서 이 작품의 구도와

주제 의식 자체가 '정치적으로 올바르지 않다'는 해석이 일본 현지에서도 제기됐다. 그리고 국내에서도 이를 그대로 답습한 비평이 제기됐다. 대표적으로 이지혜의 〈피해자의 모에화〉[69]라는 비평이다. 보통의 의인화와는 다르게 특정 대상을 소년·소녀의 모습으로 귀엽게 묘사하는 것을 '모에화'라 한다. 이지혜의 〈피해자의 모에화〉라는 주장의 핵심을 한마디로 요약하자면 《너의 이름은》이 동경 대지진과 후쿠시마 참사의 피해자(미츠하)를 모에화했다는 주장이다. 물론 실제로 작품의 감독인 신카이 마코토는 인터뷰에서 동일본 대지진을 의식하면서 앞으로는 해피엔딩을 다루는 작품을 만들고 싶었다는 언급을 한 적이 있다. 그러나 동일본 대지진이라는 사건과 《너의 이름은》 사이의 직접적인 연관성은 거기까지이다. 3·11 사건을 염두에 둔 감독의 여러 발언만을 두고 '미츠하=후쿠시마 피해자'라는 단순한 등식은 성립하지 않는다. 오히려 《너의 이름은》은 피해자의 비극과 상처를 반복해서 다루고 그것에 천착하는 내용이 아니라, 작중 오토모리 마을 사람들이 결국 운석 충돌로 인한 참사를 피하게 되는 과정을 다룬 작품이다. 그리고 그것을 피하게 되는 과정에서 아무도 기억하지 못하는 평범한 남녀의 노력을 다룬, 일종의 전혀 다른 '가능 세계'를 다루는 이야기이기 때문이다. 감독이 노린 심리적 위안은 —그것이 손쉬운 것이든 아니든— 작중 캐릭터의 '모에화'에 있는 것이 아니라, 그러한 '가능 세계'를 어떻게 만들어내는지 아닌지에 달려 있다.

또한 이지혜는 《너의 이름은》이 후쿠시마 피해자를 '모에'하게 묘사했다고 말했는데, 작중 인물과 후쿠시마 피해자와의 '잘못된' 동일시는 둘째 치더라도 서브컬처의 '모에 요소'와 대중문화의 작품상에서 캐릭터에 대한 매력을 부각하는 전형적인 방식을 혼동하는 잘못을 저지르고 있다. 지금까지 말한 '모에'라는 요소에 익숙하지 않은 독자들을 위해 덧붙여 말하자면, 모에화란 어떤 캐릭터의 매력 속성에 기대어서 작품의 서사를 전개하는 오타쿠게 서브컬처의 문법을 의미한다.[70] 예를 들어, 캐릭터의 전형화된 매력 포인트(예: 수줍어하는 안경 미소녀, 적극적인 것처럼 보이지만 뜻밖에 츤데레인 여고생)가 있다. 모에화란 그러한 모에 요소를 최대한 부각하기 위해 스토리와 배경과 플롯을 짜는 것과 서사와 극적 장치가 종속되는 경향을 의미한다. 그러나 단순히 작품상에서 캐릭터를 매력적이고 반짝거리게 묘사했다고 해서 그것을 '모에화'라고 말할 수는 없다. 그렇게 치면 모든 대중문화 창작물들은 다 오타쿠적인 모에 계열의 작품이라고 할 수 있다.

나아가 모에화란 작품 자체로 설명할 수 있는 요소가 아니라 그 배후의 동인지 등 거대한 2차 창작 시장까지 염두에 둬야 비로소 설명될 수 있다.[71] 대부분 모에 계열 작품들은 2차 창작을 자유롭게 허용한다. 이에 따라 캐릭터의 모에 요소를 더 잘 극대화하기 위해서 기존의 스토리 라인 자체를 완전히 뒤엎는 경우가 비일비재하며 심지어 원작자 자신이 자기 작품에 대한 2차 창작 내지는 패러디를 한다. 그러나 《너의 이름은》 그런 경우에 해당되지 않는다. 《너의 이름은》의 소설판도 애니메이션 내에서 비어 있는 부분을 보충할 따름이지, 기존의 스토리라인과 병행하는 또 다른 스토리(이를테면 같은 캐릭터로 전혀 다른 세계관을 병치시키는 《스즈미야 하루히의 우울》 시리즈와 비교해 보라)나 세계관을 허용하지 않기 때문이다.

또한 이지혜가 《너의 이름은》이 답습한다고 비평하는 이른바 '세카이계' 작품들을 보자. 일부 독자는 이지혜가 언급한 '세카이계'가 무엇인지 의아해할 수도 있다. 세카이계라는 장르의 대표작은 《최종병기 그녀》, 《이리야의 하늘, UFO의 여름》, 《스즈미야 하루히의 우울》이다. 신카이 마코토의 전작 《별의 목소리》도 여기에 해당할 수 있다. 세카이계의 기본적인 골격은 이렇다. 남자 주인공과 그 파트너인 미소녀가 있다. 미소녀는 세계(세카이) 전체를 좌우할 만한 미스테리한 초능력을 보유하고 있지만 스스로는 그 힘을 제대로 통제하지 못하며 심리적으로 불안정하다. 따라서 미소녀와 연애하는 남자 주인공의 행동 여부와 러브라인에 따라 여자 주인공이 폭주하거나 안정을 찾고 그에 따라 세계의 생존과 멸망 여부 역시 판가름 난다. 당연히 여기서 미소녀는 —소년이 동경하는— 힘을 보유하고 있지만 동시에 어디까지나 남자 주인공에 대한 순정을 안고 있는 객체와 대상으로 자주 묘사된다.

《라라랜드》가 고전적인 할리우드 뮤지컬 영화의 문법을 차용했듯이, 《너의 이름은》도 바로 이러한 세카이계의 문법을 차용하고 있다. 서로 몸이 뒤바뀌었던 주인공 남녀가 만날 수 있느냐 여부에 따라서 마을 사람들의 생사가 결정되기 때문이다. 그러나 유사성은 거기까지이다. 그렇게 치면 어느 날 사라진 아내를 찾아야 자기 주변의 세계를 복구시킬 수 있다는 설정을 다룬 무라카미 하루키의 소설《태엽 감는 새 연대기》[72]도 '세카이계'라고 말할 수 있다. 그러나 그런 유사성만으로 일반적인 오타쿠 서브컬처의 모에 요소로 가득 찬 세카이계 작품과 그러한 소설을 등치시킬 수 없듯이, 마찬가지로 신카이 마코토의 이번 작품을 모에 요소에 의존한 서브컬처의 작품들과 동일시할 수는 없다.

정말 미츠하는 수동적으로 모에화된 피해자이자 여성 캐릭터인가?

이지혜는 또 다음과 같이 주장한다.《너의 이름은》에서는 여주인공 미츠하가 수동적이고 객체적인 대상으로 묘사된다는 것이다. "이런 미츠하를 도쿄의 남자 타키가 구하고, 미츠하를 살린 타임 루프는 미츠하가 쌀을 씹은 뒤 뱉어 만든 술을 타키가 마시면서 가능했다.《너의 이름은》은 이를 '무스비'라는 자연과 미신적 힘 때문이라고 설명한다. 미츠하가 '자연-지방-억압-소녀'를 상징한다면, 그를 구원하는 것은 '도쿄-도시-풍요-자유-소년'이다."

이것은 작품의 내용을 전혀 고려하지 않은 채 정치적 올바름의 도식에 기울어진, 전형적인 '꿈보다 해몽격'의 비평에 지나지 않는다. 만일 신카이 마코토의 작품이 도쿄-도시-풍요-자유-소년과 자연-지방-억압-소녀 사이의 비대칭적인 구도를 무비판적으로 재생하고 있으며 여성을 대상화하고 있다는 식의, 정치적으로 올바른 비평을 하고 싶다면 그 잣대를 차라리《초속 5㎝》에 적용하는 것이 더 타당할 것이다. 그마저도 억지스럽지만, 그래도《너의 이름은》에 가하는 비평보다는 덜 억지스럽다. 게다가 《초속 5㎝》는 오타쿠 계열의 모에 요소로 가득한 작품보다는, 오히려 일본 근대 문학의 고유한 남성화자 중심의 '사소설(私小説)'의 전통에 가깝다. 남자 주인공은 어떤 여자를 중학생 시절부터 좋아한다. 여자 주인공은 지방으로 이사를 간 이후 남자 주인공이 여자 주인공과 재회하기 위해 여행을 가면서 어렵사리 만나지만, 그 이후 남자 주인공은 줄곧 전전긍긍하며 여자 주인공에게 제대로 마음을 전달하지 못한다. 결국, 도쿄에서 스쳐 지나가는 두 남녀는 이어지지 못하고 각자 전혀 다른 삶을 살게 된다. 여기서 남성 측의 심리적 갈등보다 여성 측의 심리는 제대로 묘사되지 않는다. 오히려 남성이 여성의 마음이 무엇일까 하며 전전긍긍하는 식이다. 이 경우 《초속 5㎝》는 이지혜의 평과 달리 세카이계나 미소녀 게임이 아니라 ―우에노 치즈코가 비판한 바 있던― 남성 중심적인 일본 사소설 전통을 따르고 있다. 그러나 이지혜 자신도 (일부) 인정하듯이 그러한 잣대는 《너의 이름은》에는 전혀 적용되지 않는다. 왜냐하면, 미츠하는 단지 타키와 번갈아 가면서 그 심리가 묘사될 뿐만 아니라, 더 나아가 이지혜가 생각하는 것과 달리 이야기를 이끄는 행위상에서도 미츠하는 타키와 완전히 동등한 주체성을 가지고 있기 때문이다.

바로 이 지점에서 이지혜의 비평은 기본적인 사실관계에서 틀렸다는 점이 지적되어야 하겠다. 이지혜는 마치 도쿄의 남자 타키가 미츠하를 찾는 것에만 사건 해결의 계기가 생기는 것처럼 평론한다. 그러나 이전에 미츠하가 도쿄로 타키를 찾아 나섰고 그것을 통해 비로소 타키가 미츠하를 찾을 수 있는 단서를 준다. 이것이 어딜 봐서 타키가 미츠하를 일방적으로 찾고 구원하는 서사인가? 오히려 시간의 어긋남 속에서 서로를 찾는 것이 《너의 이름은》의 주된 내용이다. 그리고 내친김에 말하자면 '무스비'라는 —이지혜의 해석에 따르면 여성에게만 전가된— 자연과 미신적인 ⑦ 힘은 단지 미츠하에게만 작용하는 것이 아니라, 타키에게 작용하는 힘이기도 하며 양자가 동등하게 '활용'하는 힘이기도 하다. 결코, 일부 '세카이계'의 일반적인 문법처럼 알 수 없는 힘에 여성이 일방적으로 휘말리는 식이 아니다.

문제는 이것만이 아니다. 나아가 이지혜는 다음과 같이 평한다. "미츠하가 시작부터 대상화됐던 것처럼, 타키가 제대로 해내지 못한 이토모리를 구하는 일을 했던 소녀의 노력은 삭제당하고 지워진다." 여기서 소녀의 노력을 삭제하는 측은 오히려 이지혜 자신이다. 이지혜는 시간의 어긋남을 극복하고 어렵사리 타키를 만난 이후, 미츠하가 마을을 구하기 위해 어떤 노력을 했는지는 전혀 말하지 않는다. 그리고 이토모리 마을을 구한 기억은 당연히 마을 사람뿐만 아니라 그 마을을 구한 당사자인 미츠하와 타키 양자의 머릿속에서 지워진다. 이러한 기본적인 사실도 빠뜨린 만큼 평론가가 애니메이션을 정말로 본 게 맞느냐고 의문이 제기할 법도 하다.

그러나 필자가 볼 때 이지혜는 애니메이션을 안 본 게 아니라, 그저 본인이 염두에 두는 '자연-지방-억압-소녀' 대 '도쿄-도시-풍요-자유-소년'의 이항 대립에 작품의 내용을 억지로 끼워 맞추다 보니 어처구니없는 내용상의 누락을 저지른 것이리라 여겨진다. 그리고 오히려 당연하다는 듯이 자연에 억압과 소녀적 속성을 부여하고 도시라는 장소에 남성성을 부여하는 것이야말로 평론가 자신의 '편견'의 발로가 아닐까. 한 마디로 《너의 이름은》에 대한 이지혜의 비평 일부 내용은 길게 반론하기도 수고스러울 정도로 기본적인 사실과 내용에서 어긋난 비평이다. 또 다른 사소한 예를 들자면 《너의 이름은》이 "행복한 결말을 위해 몇 번이고 이야기를 반복하는 《슈타인게이트》식) 루프(loop)물의 특성까지 담았다."는 기술도 사실에서 틀렸다. 《슈타인게이트》처럼 주인공이 행복한 결말을 위해 몇 번이고 이야기를 반복하는 것과 행복한 결말을 위해 주어진 단 한 번의 기회를 활용하는 이야기는 질적으로도, 장르상으로도 다르다.

이러한 기본적인 오류에도 불구하고 이지혜의 평론을 '최대한' 선의로 해석하자면, 정치적 올바름의 기준에서의 《너의 이름은》에 등장하는 일부 불필요한 성적 코드에 대한 의혹과 문제 제기로 이해될 수 있다. 그러나 이것을 문제를 제기하기 위해서는 굳이 세카이계나 미소녀 게임이라는 장르의 특성으로까지 소급하지 않아도 된다. 그렇게까지 소급하는 것은 서브컬처에 대한 무지의 발로이거나 아니면 과도한 아는 척의 발로일 뿐이다. 평론가 본인이 더 잘 알겠지만 《너의 이름은》은 기존의 세카이계나 미소녀 게임의 문법만으로 읽기 곤란한 작품이기 때문이다.

《너의 이름은》이 동일본 대지진을 염두에 두었으며, 전작과 달리 더욱더 직접적인 해피엔딩을 추구한 작가 자신의 일종의 '노선 선회'를 보여주고 있다는 사실에 대해 나름의 다양한 논의를 할 수 있다. 또한, 신카이 마코토가 성취한 것만큼 그가 드러내 보인 작품상의 한계 역시 분명히 있다. 그렇다면 더더욱 정치적 올바름의 도식과 같은 단순화되고 경직된 도식이 아닌, 더욱더 세밀한 비평의 틀이 필요하다고 생각한다.

'진보적' 법학자의 '후진적' 메갈리아 옹호

—
박가분 (2018년 1월)

지난날 인권 담론을 돌이켜 보며

시대와 상황이 변하면 단적으로 '진보적'이라고 받아들여지는 사상과 명제도 낡은 것이 되곤 한다. 그 사례를 찾아보기 위해 오랜 과거로 거슬러갈 필요는 없다. 그런 사례는 우리 주변에도 넘쳐나기 때문이다. 먼저 일베 등의 혐오주의자들이 넷상에서 판치던 당시의 인권 담론의 일부를 소개해 본다.

재일 조선인에 대한 차별 반대에 앞장서 온 인권 운동가이자 변호사인 모로오카 야스코가 집필한 《중오하는 입》을 보자. 그는 다음과 같이 혐오 발언의 정의를 소수자·약자 대상으로 한정하고 있다. "혐오 발언이란 인종, 민족, 국적, 성별, 성적 지향과 같은 속성을 갖는 소수자 집단이나 개인에게 그 속성을 이유로 가하는 차별 표현이다." 이 책이 국내에서 번역 출간됐던 당시(2015년 7월)만 하더라도 양식 있는 시민이라면 혐오 발언의 이 같은 정의에 대해 크게 반대하지 않았을 것이다. 실제로 다수의 집단이 소수의 집단을 린치하는 경우가 있었고 이에 대한 피해자 측의 감정 섞인 항변에 대해 과도한 도덕적 잣대를 들이대서는 안 된다. 하지만 이제 우리는 이러한 사려 깊은 논의가 어떻게 사려 깊지 못한 이들에 의해 오남용될 수 있는지를 알게 됐다.

우리가 새로운 인식에 도달할 수 있었던 계기는 2년 전 여름 언론 지면과 인터넷 커뮤니티를 뜨겁게 달군 메갈리아 논란 덕분이다. 당시 많은 진보 언론과 논객은 위와 같은 혐오 발언에 대한 '한정적 정의'를 이용해 메갈리아류의 폭언이 혐오 발언이 아니라는 식의 변호를 일삼았다. 물론 이는 '역차별은 차별이 아니다', '남성에 대한 폭력은 폭력이 아니다', '백인은 피해자가 될 수 없다' 등 진보 진영에서 흔히 볼 수 있는 소설 《1984》식 의미 조작의 한 사례다.

메갈리아 역시 '혐오 표현' 정의에 들어맞아

한편 이번에 출간된, 진보적 인권 법학자로 잘 알려진 홍성수 교수의 《말이 칼이 될 때》[73]는 바로 이러한 진부한 메갈리아 옹호론과 진보 진영에 만연한 의미 조작을 다시 지면에 담아낸다. 특히 그는 3장 '혐오 표현, 정치의 역할' 중에서 '여성 혐오도 나쁘고 남성 혐오도 나쁘다'는 일부 남성(?)의 시각을 '양비론'이라고 규정하며, 그들이 '미러링'의 의도를 오해(?)하고 있다고 주장한다(그러나 애초에 홍 교수가 말하는 미러링이란 실제로는 여초 커뮤니티에서 평소에 행해지던 사이버 폭력과 악플에 대한 사후 정당화에 불과하다).[74] 그리고 여기서 그는 혐오 표현에 대해 모로오카 야스코식 한정을 가져온다. 요약하자면 '혐오 표현'이란 '힘 있는 다수'가 '힘없는 소수'에게 가하는 차별적·공격적 언행이다. 따라서 '힘없는 여성들이 행하는 남성 상대의 미러링은 혐오 발언이 아니다'라는 것이다. 이 주장의 오류를 반복해서 지적하는 일은 이제 지겨울 정도다.

우선 우리가 앞서 인용한 모로오카 야스코의 한정적 정의(혐오 표현은 소수자·약자 대상이다)를 빌리더라도 메갈리아의 미러링에는 혐오 발언의 요소들이 다수 포함됐다. 왜냐하면, 메갈리아에서도 어린이(X린이, 한남유충), 장애인(장애한남, 옵엑), 성 소수자(똥꼬충), 노인(느X비) 등 소수자·약자에 대한 폭언이 일상적이었기 때문이다. 더군다나 메갈리아의 언행은 '다수'가 '소수'에게 행하는 폭력의 양상에도 들어맞는다. 예를 들어 메갈리아는 소수자와 약자에 대한 혐오 표현을 일삼았을 뿐만 아니라 그들이 연대를 호소하는 여성 내부에서도 새로운 '소수자(명예X지, 흉내X지)'를 만들어내며 차별적인 언행을 일삼았다.

한편 워마드 이전의 메갈리아는 '클린'했으며 일부(?)의 극단적 언어 사용에 대한 진지한(?) 문제 제기가 활발하게 오갔다는 믿음은 과거 메갈리아를 실제로 관찰하지 않은 사람들의 망상에 불과하다.[75] 실제로 메갈리아와 워마드가 분열하던 당시에도 '똥꼬충' 등의 성 소수자 비하 발언에 반발하는 세력은 소수였고 그들은 메갈리아 내부에서 '뀐충'이라고 불렸다. 메갈리아 주류로부터 뀐충이라 불리며 넷상의 논의에 밀려난 이들 소수파 페미니스트는 지금도 정신 승리에 가까운 방식으로 메갈리아를 회상하고 있다. 이처럼 메갈리아의 혐오 표현은 애초부터 활동가들이 목적 의식적으로 선택한 전술이 아니었으며, 그들의 혐오 표현은 그러한 전술적 의도에 의해 통제되지도 않았으며, 애초에 그것은 여초 커뮤니티 내부에서 오랫동안 자생적으로 형성돼 온 악플 문화의 발로에 지나지 않았다.

또한, 과거 인권 운동가와 인권학자들이 혐오 표현에 대해 우려했던바 그대로, 메갈리아의 혐오 표현 역시 소수자·약자에 대한 실질적인 공격으로 이어졌다. 미러링이라 불리는 혐오 표현은 결국 미성년자 대상의 몰카와 성희롱을 일삼다 호주 현지에서 기소당한 '호주국자'의 사례와, 트랜스젠더 커뮤니티를 겨냥한 워마드 회원의 조직적인 아웃팅 공격처럼 실제 범죄와 인권 침해로 이어졌다. 이 외에도 메갈리아 신드롬이 인터넷을 휩쓸고 난 이후부터 여성 악플러들이 집단을 이루어 남성뿐만 아니라 같은 여성을 대상으로 조리돌림, 신상털이, 협박 등의 집단폭력을 자행한 사례들을 쉽게 찾아볼 수 있다(《포비아 페미니즘》 참조). 여초의 언어를 빌리자면 '싸패력'을 빌려 마음에 들지 않는 이들을 '패고 다니는' 행패가 인터넷의 놀이 문화로 정착된 것이다.

성찰 능력 마비된 인권 담론

이러한 실제의 피해 사례를 아는지 모르는지, 홍 교수는 안일하게도 '여성의 정치적 주체화에 기여했으니 메갈리아의 미러링이 일부 극단화됐다고 해서 미러링 전체를 싸잡아 비난해서 안 된다'라는 주장을 펼친다. 그러나 여기서 홍 교수가 전대 대답하지 않는, 아니 대답할 수 없는 질문들이 꼬리를 문다. 같은 여성에 대해 흉자·명자 등의 혐오 표현을 동원하면서 달성되는 여성의 정치적 주체성이 도대체 무엇인지도 의문이며, 그 이전에 여성은 철저한 노예에 불과했을 뿐 주체로서 존재하지 않았다는 것도 의문이지만(이것은 전형적인 래디컬 페미니즘의 관점이다), 무엇보다도 누군가의 정치적 주체화를 위해 다른 누군가가 집단적인 사이버 폭력과 린치의 희생양이 되어야 한다는 논의가 과연 '진보'가 평소에 내세우던 정의관에 부합하냐는 것이다.

　진보 진영은 이미 탈냉전 시대 이후 자신들이 낳은 전체주의적 폭력성에 대해 이와 비슷한 질문을 여러 번 받아왔지만, 매번 수준 낮고 실망스러운 대답을 내놓았다. 홍 교수의 책도 바로 그 실망스러운 대답의 연장선에 있다. 메갈리아를 옹호하는 우리의 인권 법학자는 과거의 적색 테러를 옹호하던 서구 좌파 지식인들의 오류를 그대로 반복하고 있다. 그뿐만 아니라 홍 교수는 정말로 혐오 표현의 용법을 개인이나 집단의 의도에 따라 통제할 수 있다고 믿는지를 스스로 진지하게 성찰할 필요가 있다. 홍 교수 역시 혐오 표현이 지닌 전염성과 확산성을 잘 알고 있음에도 불구하고 유독 메갈리아의 자칭 '미러링'만큼은 무해한 저항의 수단으로 활용될 것이라는 순진한 믿음에 집착하고 있다. 무엇보다 홍 교수는 현실 속의 '강자 대 약자', '다수 대 소수'라는 권력 구도가 남성과 여성이라는 범주를 가로지른다는 사실을 놓치고 있다. 대다수의 진보파가 섬세하게 성찰하기를 의식적으로 거부하는 지점이다.

　만일 홍 교수의 이번 책이 의미가 있다면 그것은 오늘날 현대 인권 담론이 처한 교착 상태가 무엇인지를 잘 보여준다는 데 있다. 성찰하는 사람이 인권과 정의를 입에 담더라도 인권과 정의를 입에 담는 모든 사람이 실제로 성찰하는 것은 아니다. 홍 교수는 성찰하지 않는 진보와 인권 담론의 현주소를 잘 보여주는 사례다. 이미 인권 담론의 기준으로 지난 메갈리아 신드롬에 어떤 문제점이 있었는지 여러 가지 진지한 논의가 오갔다. 이에 대한 업데이트가 전혀 이뤄지지 않은 것도 실망스러운 일이다. 이번 저서 역시 미러링에 대한 문제 제기를 '남성들의 반발' 정도로 치부하고 넘어갔다. 메갈리아 신드롬에서 파생된 실제 인권 침해 사례와 피해자들 그리고 —남녀를 불문한— 진지한 문제 제기가 있었음에도, 이것에 대해 눈을 감는 것은 오늘날 진보적 인권 담론에서 일어나는 가치 전도(인권의 정치적 수단화) 현상을 잘 보여 주고 있다.

서브컬쳐계의 '메갈 보이콧' 운동이 나아가야 할 방향

—
박가분(2018년 3월)

2018년 3월 게임 일러스트레이터(약칭 일러레)들이 메갈 옹호 발언과 메갈 밈(meme)을 공개적으로 사용해 논란이 일었다. 사건은 인기 모바일 게임 〈소녀전선〉에서 시작됐다. 이 게임의 한 캐릭터의 작화를 담당한 외주 일러레가 '한남들의 이중 X대' 등의 명백한 메갈리아 밈을 즐겨 사용했던 사실이 드러나자 불매 운동 조짐이 일었다. 이에 〈소녀전선〉 측은 관련 작화 교체를 약속했고 논란은 조기에 진화됐다. 그런데 문제는 이 논란의 불똥이 다른 게임으로 옮겨붙었다는 것이다. 예컨대 〈마녀의 샘〉의 모 일러레가 "문제의 〈소녀전선〉 외주 작화가는 《82년생 김지영》을 읽은 여자 아이돌의 글을 RT(리트윗)했다는 이유로 캐릭터가 삭제됐다."고 주장한 것이 화근이었다. 물론 이는 사실과 다른 엉뚱한 인식이다. 이뿐만 아니라 〈클로저스〉의 한 작화가도 '한남' 운운하는 발언으로 논란을 일으켰다. 이러한 논란에 문제가 된 일러레의 작업물이 교체되거나 게임사 혹은 논란의 당사자가 사과문을 게시하는 일이 연달아 일어나고 있다. 지난 2016년 여름을 뜨겁게 달군 '제2의 〈클로저스〉 사태'라고 해도 과언이 아니다.

우선 사태의 본질을 명확히 해두자. 메갈리아·워마드는 이미 여러 번 반복했듯이 단순 남성 혐오 사이트가 아니라 노인·장애인·

성 소수자·어린이 등 소수자·약자에게 혐오 발언을 일삼는 혐오 집단에 불과하다. 이에 대해 다수의 게이머가 이들을 혐오 집단으로서 배격하는 행동은 지극히 당연한 일이다. 마찬가지로 이러한 메갈리아·워마드에서 파생된 밈을 일상적으로 사용하는 작가에 대해 보통의 소비자들이 반감을 갖는 것도 지극히 정상적이다. 이러한 보이콧 운동은 결국 혐오 세력(메갈·워마드·일베 등)에 대한 게이머들의 자발적인 콘텐츠 정화 운동에 다름 아니다.

이때 소비자들이 보이콧하는 진짜 대상은 문제가 된 발언의 당사자 개개인이라기보다는 페미니즘을 빙자해 소비자들을 능멸해온 서브컬처 작가 일각의 잘못된 문화적 관행이다. 당연히 소비자들은 자신을 경멸하고 모독하는 문화적 관행을 정치적으로 지지할 의무가 없다. 그런데도 이러한 메갈리아 보이콧 운동이 올바른 방향으로 나아가기 위해서는 몇 가지 쟁점을 더 주의 깊게 생각해야 한다.

첫 번째, 외주 일러레의 작업물 교체와 정직원 해고·징계는 전혀 다른 문제다. 전자의 경우, 소비자가 보다 더 선호하는 콘텐츠로 기존 콘텐츠를 즉각 교체하는 것은 자연스러운 일이다. 반면 후자의 경우는 노동권이 걸린 문제다. 예컨대 문제의 일러레가 게임상의 작화 대부분을 담당한 〈마녀의 샘〉이나 모 게임 회사의 정직원으로 알려진 〈클로저스〉 모 일러레의 경우가 대표적이다.

한편 우리나라 노동법은 사측의 자의적인 해고를 법으로 금지하고 있으며 직원의 행동이 사측에 미친 손해가 명백하다는 것을 사측이 입증해야만 비로소 해고 내지는 징계가 가능하다. 제아무리 일을 못 하거나 게으름을 피워도 회사는 노동자를 함부로 자르지 못하는 것이 노동권과 관련해 우리 사회가 확립한 원칙이다. 따라서 직원 해고나 징계 문제에 관해 신중하게 접근하는 것이 당연하다.

두 번째, 한편 소비자의 보이콧이 소비자의 자유로운 선택이라면 손해를 감수하고서라도 자신의 경영 방식을 고수하겠다는 결정도 경영진의 선택이다. 이미 서로의 입장을 충분히 확인한 상태에서 경영진을 유·무형으로 압박하는 행위는 더 이상 아무런 실익이 없다. 소비자는 이러한 경영진과 '손절(결별)'하면 그만이며 결국 소비자들이 혐오 세력으로부터 자유로운 다른 콘텐츠와 게임에 최대한 힘을 실어주는 선택이 최선의 방법이다.

세 번째, 또한 사측은 아무리 상황이 다급해도 일러레나 직원 개개인에게 사과문이나 입장 표명을 쓰도록 압력을 가해서는 안 된다. 논란에 대한 입장 표명과 재발 방지를 위한 수습 대책을 내놓을 책임 당사자는 직원의 교육과 훈련의 책임을 진 사측이지, 일개 직원이나 외주를 맡은 작가 개인이 아니기 때문이다. 게다가 그런 입장문을 억지로 쓰게 해 봤자 개인의 —옳든 그르든— 생각과 신념은 대부분 변하지 않는다.

이 같은 사항에만 주의한다면 서브컬처계의 메갈 보이콧 운동을 매우 효과적으로 전개할 수 있다고 본다. 개인에 대해 조리돌림과 인신공격보다는 콘텐츠에 대한 보이콧에 초점을 맞춰야 한다. 물론 혹자는 이러한 보이콧 운동이 게임계 일부에 한정된 '찻잔 속의 태풍'에 지나지 않는다고 비웃을 수 있다. 특히 출판 시장의 여성 소비자들의 파워에 비교하면 별 것 아니라고 폄하하기도 한다. 하지만 실제로는 두 시장의 규모를 직접 비교해 보면 게임계를 그렇게 손쉽게 평가 절하할 수는 없다. 2017년에 발간된 〈2017년 대한민국 게임백서〉에 따르면 지난해 국내 게임 시장 규모는 매출액을 기준으로 약 11조 원대를 돌파했다. 피시방이나 게임장 매출을 제외하더라도 10조 원을 넘는다.

반면 〈2016년 출판시장 통계〉에 따르면 71개 주요 출판사 매출액은 약 5조 원에 달하며 6개 주요 온·오프라인 서점의 매출액도 약 1조 6,000억 원에 달한다. 이를 합산해도 게임 산업 매출에 한참 못 미친다. 물론 여기에는 소규모 출판사와 서점의 매출이 빠져 있긴 하다. 하지만 어찌 됐든 출판 시장의 규모가 게임계를 압도하지 못한다는 것은 분명한 사실이다. 이처럼 게임계에서의 반메갈 캠페인이 확산된다면 이는 출판계에서의 페미니즘 콘텐츠 유행 못지않게 영향력을 행사할 수 있다.

이러한 게임계의 반메갈 캠페인의 파괴력을 우려해서인지 민주노총과 여성민우회는 3월 28일 게이머들의 보이콧 운동을 비난하는 성명을 냈다. 하지만 그래 봤자다. 그들이 대체 이번 사태에 어떻게 개입할 것인가. 예컨대 논란이 된 직원을 안고 가는 〈클로저스〉와 결별하고 그 대체재인 〈소울워커〉로 옮겨가는 게이머들의 선택을 누가 막을 것인가. 2017년 매출을 기준으로 12조 원에 육박하는 게임 업계에서 '믿고 거르는' 문제 게임의 대체재가 될 만한 게임 콘텐츠는 무궁무진하다. 소비자들은 다른 게임을 선택하면 그만이다. 민주노총도, 집권 여당도, 정부도 이를 막을 수는 없다.

한편 여성민우회는 이러한 게이머들을 비난하는 성명 중간에 "너희들의 세계를 부술 것이다."는 슬로건을 차용했다. 너희들의 세계를 부수겠다고? 당신들이? 무슨 수로? 당신들이 〈소울워커〉를 망하게 할 수 있단 말인가? 게이머들은 이러한 도발에 대해 다음과 같이 대답하면 그만이다. "반(反)메갈은 돈이 된다."

실제로 메갈 성향의 일러레가 논란이 된 〈클로저스〉를 떠난 게이머들이 이와 유사한 메갈 옹호 일러레 논란에 더욱 발 빠르게 대처한 〈소울워커〉에 눈을 돌리면서 해당 게임이 폭발적인 흥행세를 기록하고 있다. 〈소울워커〉는 네이버 기준 게임 검색어 순위에서도 수직 상승을 했다. 이뿐만 아니라 3월 24일만 해도 피시방 점유율이 120위에 불과했던 게임이 26일에는 70위라는 폭발적인 상승세를 기록했다. 이처럼 게이머들은 자신들이 지지하는 콘텐츠에 돈을 지불할 것이다. 그리고 이것은 개개인에 대한 인신공격과 조리돌림보다 훨씬 더 효과적이다. 게다가 이것을 막을 수 있는 사람은 아무도 없다.

《앵무새 죽이기》와 미투 운동

—
오세라비(2918년 8월)

　오래전에 읽었던 미국 작가 하퍼 리의 《앵무새 죽이기》가 갑자기 떠올랐다. 현재 한국 사회에서 일어나고 있는 #ME TOO 운동(미투 운동)이 일으킨 여러 양상은 이 훌륭한 문학 작품을 다시 돌아보게 했다. 하퍼 리에게 퓰리처상을 안긴 《앵무새 죽이기》가 세상에 나온 지 반세기가 다 됐다. 1960년 하퍼 리가 발표한 최초의 장편 소설은 세계 문학사를 통틀어 언제나 최고의 자리에 있다. 언제였는지 기억이 나지 않을 정도로 예전에 읽었지만, 소설의 줄거리는 영화처럼 영상으로 남아 선명하게 느껴진다. 실제로도 이 작품은 영화로 제작돼 명작의 반열에 올랐다. 필자에게는 문학으로, 영화로 남아 영혼 속의 실루엣처럼 마음속에 남아있는 소설이다. 필자는 이 작품을 성장 소설로 읽었고, 실제로도 성장 소설이다. 주인공이 여섯 살 무렵부터 아홉 살까지 약 3년간 동안 유년기 성장 과정에서 일어났던 일을 들려주기 때문이다.

　이 소설은 1930년대 중반 미국의 경제 대공황 시대, 남부 앨라배마주에 있는 작은 마을이 무대다. 이 소설에 묘사된 앨라배마주는 미국 남부의 전형적인 모델로 당시 흑인 인구가 가장 많았고, 그로 말미암은 흑백 갈등은 흑인 민권 운동의 진원지가 됐다. 《앵무새 죽이기》의 주인공 스카웃은 다른 성장 소설과 달리 말괄량이에 사내아이처럼 다혈질이며, 호기심이 많아 좌충우돌하는 소녀다. 마을 변호사인 홀아비 아빠 애티커스의 두 자녀 스카웃과 젬, 그리고 유년기를 함께 보냈던 괴짜 소년 딜이 작은 마을을 무대로 탐험하듯 휘젓고 다닌다.

아이들의 눈에 비친 동네 나이 많은 어른들의 다양한 인물상은 정겹고 유머러스하며 생생하다. 마치 예전 우리가 살았던 동네의 모습과도 겹쳐지며 거리감을 좁혀 준다. 소설 속 무대인 앨라배마주 메이콤시는 주민 대부분이 대공황 시기를 어렵게 보내고 있는 가난한 사람들로, 이 지역은 조용하고 모든 게 느릿느릿하기만 한 따분한 마을이지만 아이들에겐 모든 게 모험 대상이다. 우리네도 그랬다. 필자가 자랐던 동네도 보통 가정과 달라 이해하기 어려운 이상한 집들이 있었고, 형제가 죄다 깡패라는 소문이 난 집이 있어서 그들이 나타나면 골목길에서 놀던 아이들이 긴장했다. 언제나 진한 화장에 한복을 멋들어지게 차려입고 외출이 잦았던 중년 여자는 길 끝에 있는 집에 세 들어 살았는데 늘 동네 아줌마들이 수군대는 대상이었다. 사람이 드나드는 흔적을 볼 수 없는 수상한 집에 사는 사람, 담장은 없어도 갖가지 화려한 계절 꽃을 키워 울타리를 대신하던 오두막 같은 허름한 집에, 아이들이 꽃을 꺾을라치면 물바가지 세례를 안기던 그런 집들이 있었다. 주인공 스카웃의 눈으로 본 당시의 앨라배마주 작은 마을은 미국 남부의 시대상을 고스란히 간직하고 있다. 동네 사람들이 살아가는 방식, 경제 대공황 시기 백인과 흑인들의 분리된 관계, 수다쟁이 아줌마들, 알코올 중독자, 아이들 눈에 비친 느릿한 남부 백인 노인들을 묘사하는 가운데 가난에 찌든 백인 자식들이 여럿인 평판 나쁜 집안이 있었다. 고목이 된 떡갈나무 옆에는 25년 동안 한 번도 집 바깥으로 나오지 않은 수수께끼 같은 사람 부 래들리가 사는 집이 있었고 그 집은 스카웃과 젬, 딜의 주요 공략 지였다. 갖은 상상력과 공포감을 자아내는 그 집을 염탐하고 집 안으로 접근해 부 래들리를 목격하는 것과 그를 집 밖으로 불러 내는 일이 아이들의 주된 일과였다.

저자 하퍼 리의 문장은 간결하면서도 도란도란 얘기를 들려주 는 듯하지만, 유머와 정곡을 콕 찌르는 묘사가 뛰어나다. 미국 문 학의 보석과도 같은 작품으로 그 시대 인물, 생활상이 박물관처 럼 담긴 미국인이 사랑하는 소설이다.

백인 처녀를 강간했다는 누명을 쓴 흑인

이제 필자가 《앵무새 죽이기》에서 오늘날 우리 사회를 뒤흔드 는 미투 운동과 연관 지은 이야기를 하겠다. 이 작품을 처음부터 끝까지 다시 읽어보니 그전에는 그냥 스쳐 지나갔던 부분이 눈에 많이 들어온다. 전에 읽었을 때는 스카웃이라는 소녀와 형제의 성장 소설이라는 비중이 컸으며, 소설 중반 무렵에 본격적으로 펼쳐지는 사건에 대해서는 당시 마을에서 일어났던 흑인과 관련 된 재판을 단순한 인종 차별 문제로만 접근하며 읽었다.

하지만 이 사건에 함축된 의미는 오늘날 다르게 다가왔다. 스 카웃의 동네에는 묘한 분위기가 감돈다. 마을에서 늘 신뢰받으며 아이들에겐 더없이 든든하고 훌륭한 스카웃의 아빠 애티커스 변호사를 둘러싼 마을 사람들의 냉소가 바로 그것이었다. 흑인의 변호를 맡았기 때문이다. 그것도 이제 막 열아홉 살인 백인 처녀를 강간했다는 혐의로 체포된 톰 로빈슨이었다. 애티커스 변호사가 톰 로빈슨을 변호하게 된 사연도 그가 아니면 맡을 사람이 없다는 담당 판사의 권유가 있었기 때문이었다. 흑인을 변호하다니! 그것도 백인 처녀를 강간한 사람을! 스카웃 형제가 다니는 학교에 이런 소문이 퍼져 아이들의 놀림을 받고 싸우는 일이 일어나자 아빠는 흑인을 변호하게 된 이유를 설명한다.

사건의 경과는 다음과 같다. 목화밭을 매러 다니는 일꾼 톰 로빈슨이 어느 날 백인 처녀가 혼자 있는 틈을 타 집 안으로 들어가 그녀를 강간했다는 것이다. 톰 로빈슨은 마침 이 광경을 목격한 그녀의 부친에 의해 재판에 넘겨졌다. 앨라배마주에서 강간 사건은 사형이었다. 진실은 무엇일까. 강간을 당했다는 백인 처녀 메이엘라 유얼의 집은 온 동네에서 악명이 높았다. 메이엘라 외에도 형제가 많았고, 쓰레기를 뒤져 살아가는 가난한 남부 백인을 일컫는 말인 '백인 쓰레기'로 공공연히 불리는 평판 나쁜 집이었다. 그런 집에서 살아가던 메이엘라는 늘 집 앞을 지나 목화밭으로 가는 톰 로빈슨을 어느 날 불러들여 집에 뭔가 수선할 것이 있다는 핑계를 대고 집 안으로 끌어들였다. 그리고 메이엘라는 톰 로빈슨을 껴안았다. 톰이 놀라서 밀쳐내는 광경을 부친에게 들키자 메이엘라는 거짓말을 한다. "저 흑인이 나를 강간했다." 정식 재판 날이 잡히자 온 동네는 발칵 뒤집혔다. 스카웃과 친한 몇몇 사람을 빼고는 모두 애티커스 변호사를 비난하기에 이르렀다. 급기야 어느 날 밤, 마을 백인 무리가 들이닥쳐 홀로 감옥을 지키던 애티커스 변호사를 위협한다. "저 흑인을 내놔라." 다행히 호기심 많은 스카웃 남매가 아빠가 지키고 있는 감옥 건물에 몰래 숨어있다 위기의 순간에 폭도들 앞에 나타나자 그들은 다시 돌아간다. 그들 역시 마을에서 평범한 삶을 살아가는 사람들이었다.

집으로 돌아온 애티커스 변호사는 흥분한 스카웃의 오빠 젬에게 이렇게 말한다.

> "하지만 젬. 너도 나이를 먹으면 좀 더 이해할 수 있게 될 거다. 폭도들도 결국 사람이거든. 커닝햄 아저씨는 어젯밤 폭도 중의 한 사람이었지만 그래도 한 명의 인간이야. 남부의 작은 읍내마다 있는 폭도들은 하나같이 늘 우리가 알고 있는 사람들로 이루어져 있지. 별것 아니란 말이야."

여기서 애티커스 변호사의 휴머니즘적 인간관이 드러난다. 재판도 필요 없고 톰 로빈슨을 처단하겠다고 나선 폭도나, 재판에서 선고를 결정할 12명의 배심원이나, 톰 로빈슨을 비난하는 마을 사람들 모두 결국 그 마을에서 일상을 살아가는 사람들이었다. 법정이 열렸고 배심원들은 전원 일치로 유죄 평결을 내렸다. 하지만 마을 사람들은 톰이 무죄라는 것을 이미 마음속으로는 알고 있었다. 강간당했다고 주장하는 메이엘라 유얼 집안은 구제 불능의 백인 쓰레기들이며, 톰 로빈슨이 완력으로 강간했다고 하지만 사실 그는 왼쪽 팔을 못 쓰는 장애인이었다.

그러나 그는 흑인이었다. 주 감옥으로 이송된 톰은 결국 감옥에서 총알 세례를 받고 사형이 집행되기 전에 죽임을 당했다. 톰이 갑자기 감옥 담벼락을 뛰어넘어 도망치러 했다는 것이다. 흑인 톰이 누명을 쓴 채 죽었음에도 유얼은 할로윈 축젯날 밤, 술에 취해 스카웃 남매를 해치러 들었다. 캄캄한 어둠 속에서 아이들을 구해준 이는 25년 동안 집 밖으로 나오지 않았던 부 래들리였다. 유얼은 그날 자신이 든 칼을 휘두르다 자기 칼에 찔려 죽었다.

기억 속에서 끄집어내어 다시 읽어보게 만든 《앵무새 죽이기》는 현재 벌어지는 미투 운동을 재삼 생각하게 만든다. 미투 운동이 활발해질수록 성범죄 무고 피해자가 늘어나고 있다. 스스로 목숨을 끊은 이도 발생했다.

《앵무새 죽이기》에서 앵무새를 죽인다는 것은 무슨 뜻일까

우리에게는 앵무새로 번역된 'mockingbird'는 일반적으로 알고 있는 앵무새가 아니라 미국 남부 지방에서 가장 흔한 새인 지빠귀새라 한다. 다른 새의 울음소리 흉내를 잘 내어 붙여진 이름인데 흉내 소리만 잘 낼 뿐, 사람에게 전혀 해를 끼치지 않는 새다. 어떤 해도 주지 않고 보통 일상을 살아가는 다 같은 사람이지만 그런 사람들이 '누군가를 죽일 수 있다'는 비유를 저자 하퍼 리는 담고 있는 것이다. 페미니즘 열풍과 미투 운동의 물결 속에서 우리는 '앵무새 죽이기'를 하고 있지 않은지 돌아봐야 할 대목이다.

독일 여성 철학자 플라스푈러,
미투 운동의 비판과 새로운 길을 제시하다
—
오세라비(2018년 10년)

미투 운동과 해시태그, 페미니즘 전성시대

독일의 여성 작가이자 철학자인 스베냐 플라스푈러가 현재의 미투 운동을 비판하는 짧지만 강렬한 에세이[76]를 출간했다. 저자는 서구에서 발생한 미투 운동과 함께 페미니즘이 앞으로 나아가야 할 길에 대한 방향을 제시한다. 책의 첫 장부터 필자가 그동안 써왔던 글, 생각과 너무도 흡사해서 놀라웠다. 필자의 단행본《그 페미니즘은 틀렸다》에서도 주장했던 대로 현시기 페미니즘 비판과 방향성에 대한 부분까지 그 본질은 다르지 않았다. 지난해 10월 할리우드 거물 제작자인 하비 와인스타인의 오래된 성범죄가 수면 위로 드러나며 "나도 당했다."는 여배우들의 증언이 이어졌다. 미투는 곧바로 한국에도 상륙해 유력 정치인·배우·교수 등 유명인을 대상으로 일파만파 퍼져나갔다.

여기서 분명히 짚고 넘어가야겠다. 미투 캠페인의 창설자인 미국의 사회 운동가 타라나 버크는 "미투는 성폭력을 겪은 이들 모두를 위한 운동이지, 여성 운동이 아니다."[77]라고 밝혔다. 하지만 한국은 2015년 중순 무렵부터 시작한 래디컬 페미니즘과 결합하면서 여성 운동으로 전락한다. 어느 날 TV 뉴스에 한 여성이 등장해 "나도 당했다."라고 주장하면 곧바로 여론 재판이 벌어졌다. JTBC《뉴스룸》에 출연한 김지아 기자의 유명한 멘트인 "피해자의 목소리가 증거다."처럼 피해를 주장하는 여성이 눈물을 흘리며 주장하면 눈물도, 목소리도 전부 증거로 인정받는 세태가 됐다. 플라스푈러는 여기서 '해시태그-페미니즘'이란 적절한 용어를 사용한다. 페미니스트들이 주도해 SNS에서 해시태그를 달고 공개 재판이 이루어진다. '유죄가 확정될 때까지는 무죄'라는 원칙은 SNS에서 너무도 쉽게 무너진다.

플라스푈러는 묻는다. 그렇다면 "정당하지 않은 남성의 권력을 강화하는 데 여성 스스로가 어떤 기여를 하고 있는지에 대한 질문이 빠져있다."라고 말이다. 여성은 저항할 힘이 없는가? 여성은 자주성이 없는가? 가만히 있다가 나중에 고발한다? 저자는 거듭 의문을 제기한다. 세상의 모든 남자가 하비 와인스타인은 아니며, 모든 기업·단체가 남성 상사들의 성적 취향에 대해 여성들을 피해자로 만드는 권력 카르텔은 아니라고 한다. 와인스타인의 성범죄를 고발한 최초의 여배우 중 한 명인 아시아 아르젠토는 방송에 출연해 "와인스타인은 최악의 연쇄 성 약탈자"라 비난하며 "연쇄 살인범 테드 번디와 같다."고 말했다.[78] 하지만 아르젠토 역시 17세 미성년자 소년을 성폭행했다는 사건이 불거지자, 성관계 사실은 인정했다.[79] 즉, 미투 운동의 피해자인 동시에 가해자인 셈이었다.

저자는 마치 중세 공개 재판처럼 죄인을 기둥에 묶어두고 비방을 받게 하는 행태는 미투 운동의 퇴행적 경향이며, 진보의 탈을 썼지만, 중세로의 퇴보이며 '도덕적 전체주의'일 수 있다고 강한 어조로 비판한다. "힘 있는 여성은 심리적으로 가부장제를 넘어섰고 법적으로도 가부장제는 끝났다."

플라스필러는 미투 운동으로 드러난 페미니즘의 피해자 서사에 대해서도 예리한 지적을 가한다. 그녀는 페미니즘이 가진 기본 전제, 즉 남자가 세상을 지배하고 여성은 항상 피해자라는 규정은 가부장제 세계관에서 벗어나지 못한다고 말한다. 여성들이 자신의 욕망을 수동적 역할로만 인정하고, 아동·환자·장애인과 동일시하는 약자화 서사는 스스로 가부장적인 여성 비하이며, 굴종적인 위치에 자리한 낡은 고정 관념일 뿐이라고 질타한다. 플라스필러는 '힘 있는 여성', 독일어로 '디 포텐테 프라우'를 주창한다. 그리고 래디컬 페미니즘과 주디스 버틀러로 대표되는 해체주의(포스트모던) 페미니즘을 넘어선 제3의 길을 제시한다. "남성을 거세할 것이 아니라 여성 스스로 힘을 얻어야 한다. 힘 있는 여성은 일과 섹스와 실존에서의 수동성이 남성 때문이라고 책임을 전가하지 않는다. 반응이 아닌 행동을, 수동성이 아닌 능동성을, 결핍이 아닌 충만을 추구해야 한다." 피해자 담론에서 벗어나야 한다는 말이다.

플라스필러가 《힘 있는 여성》에서 말하고자 하는 바와 필자의 《그 페미니즘은 틀렸다》에서 본질적으로 주장하는 바는 방향성에 있어 대부분 일치한다. 언론이 페미니즘을, 미투를 소비하는 행태는 마치 빈곤 포르노를 보는 듯하다. 여성은 욕망도 없고 자주성도 없이 그저 남성들에게 종속돼 희생자화된 것처럼 그려지고 있다. 물론 여기에는 직업 페미니스트들의 농단이 개입됐다. 필자가 항상 페미니즘으로부터 해방과 자유를 얻어야 한다고 강조하는 이유이기도 하다.

끝으로 플라스푈러는 자신이 20대 중반 주디스 버틀러에 심취해 동성애를 갈구했으나 끝내 실패했던 기억을 되살리며 그녀를 신랄하게 비판한다. "주디스 버틀러는 여성의 지위가 깔고 앉은 밑창까지 빼버렸다."

정체성 정치의 행방

미국 민주당의 '정체성 정치' 실패와
한국 진보 정당의 미래
—
오세라비(2018년 6월)

마크 릴라가 쓴 《더 나은 진보를 상상하라》의 핵심은 '정체성 정치(Identity Politics)'가 어떻게 미국 민주당을 갉아먹었는지에 대한 이야기다. '정체성 진보주의'가 미국 민주당의 민주주의적 연대와 시민이 가지는 공통의 과제를 허물고, 정체성 교육과 정체성 이데올로기에 함몰됐는지에 대한 통찰이다.

2016년 미국 대선에서 민주당 대선 후보이자 세계에서 가장 유명한 페미니스트인 힐러리 클린턴은 공화당의 도널드 트럼프에게 패배했다. 힐러리는 대선 후보 선거기간 줄곧 '유리 천장 깨기'를 강조하며, 본선 승리로 최후의 유리창을 깬 여성 대통령이 되겠다고 장담했다. 힐러리 클린턴은 대선 후보 수락 연설 당시 유리가 산산이 깨지는 홍보 영상을 배경으로 등장했는데, 필자는 이때 힐러리의 패배를 직감했다. 힐러리가 전형적인 정체성 정치에 충실한 모습은 불길했다.

마크 릴라는 탁월한 인문학자이자 정치 철학자이다. 마크 릴라는 이 책에서 민주당에 뿌리를 튼 정체성 정치를 신랄하게 비판하며 "정체성은 좌파의 미래가 아니다."라고 단언한다. 1960년대 말 68 혁명을 시작으로 신좌파 물결은 전통적 민주당의 진보주의적 비전에 균열을 내며 사안마다 정체성을 드러내며 페미니즘·동성애·소수 민족·흑인 민권 운동 등 사회 운동을 내세워 파벌과 분열로 나아갔다. 예컨대 페미니즘과 동성애 사안마다 강박적으로 매달리며 민주당의 초점을 흐리게 했다. 민주당의 정체성 중심 운동이 광범위한 시민의 공통 관심사를 밀어낸 셈이다. "그들은 개인주의가 강한 이 시대에 이미 분리되어있는 우리를 더욱 분리하기 때문이다." 저자가 정체성 진보주의자를 호되게 비판하는 이유다. 이 대목에서 필자는 진정으로 동감한다.

현재 한국 사회를 보자. 젊은 여성층, 특히 여자 대학생들은 페미니즘 사상에 깊이 몰입된 나머지 남녀 분리주의가 심각한 상황이다. 필자는 이미 수년 전부터 급진적 페미니즘을 강도 높게 비판해 왔고, 현재 정치 상황은 정체성 정치의 수렁으로 빠져들어 가고 있다고 말해 왔다. 현 집권 여당은 정체성 정치를 제대로 컨트롤하지 못하고 휘말리고 있는 형국이라 판단한다. 여당인 더불어민주당은 이 사안에 대한 심각성조차 인지하지 못한 채 정체성 정치의 대표 선수 격인 급진적 페미니즘에 동조하는 모습을 보이고 있다. 페미니스트들을 영향력 있는 유권자로 보는 것이다. 따라서 마크 릴라의 《더 나은 진보를 상상하라》는 현 집권 여당을 비롯한 전체 진보 정당 소속 정치인들이 꼭 읽고 깊이 성찰해야 하는 필독서로, 다행히 시의적절한 시기에 출판됐다. 책도 전체 158페이지로 비교적 얇으니 지적으로 게으른 진보 정당의 정치인들이 읽기에도 부담이 없다.

도널드 트럼프의 당선이 주는 의미는 평범한 미국인과 블루칼라 백인 노동자들이 정체성 정치가 만연하고 자신들의 관점이 옳다는 자만에 찬 민주당을 외면했다는 데 있다. 저자 마크 릴라는 민주당의 문제점은 수십 년 동안 민주당에 스며든 한 이데올로기에서 비롯됐다고 진단한다. 그것은 바로 정체성 정치다. 물 들어올 때 노 젓는 법이다. 정체성 정치는 미국 민주당 집권 시기를 놓치지 않고 위력을 발휘했다. 미국의 수많은 인종 집단, LGBTQ(성 소수자) 세력은 각기 정체성으로 이익 집단화됐다. 힐러리를 보라. 유리천장 깨기 전문가 아닌가. 1970년대 초 급진적 페미니즘의 물결 속에서 성장한 전형적인 인물인 힐러리는 페미니즘 정체성 의식에서 결코 벗어나지 못하고, 광범위한 대중들의 시민적 비전, 연대, 공동체 등 공통의 관심사로 향하지 못했다는 인식을 미국 국민에게 심어 줬다. 저자는 민주당 루스벨트 통치 체제와 레이건 통치 체제의 간추린 역사를 관통해서 오늘날에 이르는 과정을 서술했다. 레이건 체제 이후 진보 정치는 정체성 정치의 덤불 속에서 길을 잃었고, 그러한 사회 운동에 빠져들며 민중을 도외시했다고 질타한다.

민주당의 정체성 정치는 실패했다. 트럼프 이후 민주당이 새로운 진보의 시대를 열어갈 것인가. 과연 두고 볼 일이다. 한국의 진보 정당들 역시 이미 페미니즘으로 대표되는 정체성 정치가 깊숙이 파고들었다. 인종, 성 소수자, 여성의 이익과 관점이 복잡한 미국 민주당과는 차이가 크다는 점을 인정하더라도 미국 민주당 정체성 정치의 실패를 현 시기의 국내 정치권은 진지한 교훈으로 삼아야 한다.

왜곡된 여성 할당제, 6·13 지방 선거 기초의원 비례대표 여성 당선인 97%

—
김승한(2018년 6월)

6·13 지방 선거 결과, 1,486명의 당선인 중 544명이 여성이다. 그중 374명이 기초의원 비례대표로 당선됐다. 무려 97%다. 사실상 기초의원 비례대표 당선인 거의 전부가 여성인데도 일부 언론들은 '견고한 유리 천장', '지방 선거 여성 잔혹사'라는 표현을 써가며 마치 여성 당선인이 없는 것처럼 보도하고 있다.

《연합뉴스》와 JTBC, 《아주경제》, 《여성신문》 등은 기초단체장 선거만을 언급하면서 〈6·13 지방 선거 기초단체장 여성 당선자 오히려 감소했다〉와 같은 기사를 보도했다. 《연합뉴스》는 〈견고한 유리 천장…지방의원 당선 여성 후보 10%대 그쳐〉라는 기사[80]를 냈고, 《오마이뉴스》는 〈크나큰 1.7%, 신지예가 보여준 '페미 정치'의 순간들〉이라는 기사[81]를 통해 다음과 같이 말했다.

'지방 선거 여성 잔혹사'는 이번 선거에서도 여전히 반복됐다. 당선자 중 여성 광역단체장은 한 명도 없고, 여성 기초단체장은 8명으로 그마저도 지난 2014년 지방 선거(9명)에 비해 감소했다. 어찌보면 당연한 결과인 것이 선거에 출마한 여성 후보자 수 자체가 매우 적었다.

《여성신문》의 경우 칼럼을 통해 '풀뿌리 지방자치'[82]를 언급했다. 하지만 기초의원 거의 대부분이 여성인 점을 보면《여성신문》의 칼럼은 앞뒤가 맞지 않는 주장에 불과하다.

> 소란 없이 민주주의도 없다. '중년 남성'만이 아닌 다양한 사람들이 공론장에서 각자의 주장을 관철하는 소란스러운 과정이 정치이자 민주주의의 과정이다. 유권자의 절반인 여성들이 정치에 참여하겠다고 외치고 있다. 더 이상 '인물이 없다'는 정치권의 해묵은 변명은 통하지 않는다. 지방 선거는 끝이 났지만, 다양한 사람들의 삶에 영향을 미칠 풀뿌리 지방자치는 이제부터 시작이다. 페미니즘 정치는 또 다른 출발선에 섰다.

지난 1995년 제1회 전국 동시 지방 선거 시작 후, 제6회까지 지방 선거에서 당선된 사람은 2만 6,413명이다. 그중 여성은 2,496명으로 전체 당선인의 9.4%를 차지했다. 여성 당선인 2,496명의 선거별 분포를 보면, 기초의원 선거 80%(2000명), 광역의원 선거 19%(473명), 구·시·군의장 선거 0.8%(21명)다. 교육감·교육의원 선거는 각 1명, 시·도지사 선거 당선인은 한 명도 없다.

이번 제7회 지방 선거에서도 마찬가지다. 1,486명 당선인 중 544명이 여성이지만, 기초의원 선거 당선 인원이 374명으로 가장 많다. 남성 당선 인원은 11명에 불과하다. 시·도지사 선거에서는 여성이 한 명도 선출되지 않았고, 시·도의원 선거에서는 남성이 218명, 여성이 8명 당선됐다. 구·시·군의원 선거 역시 마찬가지다. 639명이 남성, 98명이 여성이다. 광역의원은 25명이 남성, 62명이 여성, 교육감은 15명이 남성, 여성은 2명(대구 강은희·울산 노옥희)이 당선됐다.

왜 기초의원 비례대표 선거에서 여성이 압도적으로 당선되는 걸까. 그 이유를 여성 할당제를 정하고 있는 「공직선거법」에서 찾을 수 있다. 「공직선거법」은 정당에서 후보자를 추천할 때, 비례대표 지방의원 선거에서 50% 이상을, 지역구 지방의원선거 후보는 국회의원 지역구마다 1명씩 여성을 추천하도록 정하고 있다. 이는 「공직선거법」 제47조 제3항~제5항에 명시돼 있다.

게다가 비례의원 선거에 어느 정당이든 홀수 순위는 여성, 짝수 순위는 남성이다. 이때 홀수 순위는 반드시 여성이어야 하지만, 짝수 순위는 남녀 구분이 없다. 짝수 순위에 남성을 배분한다고 해도, 1~5번까지의 순위에 모두 여성을 배분할 수 있다. 이 같은 불합리한 여성 할당제에 얽매여 자질이 부족한 후보들이 당선되는 것은 아니냐는 목소리도 나온다. 기초의원의 경우 여성 당선인들의 이력을 살펴봤을 때 부녀회장, 대학 동아리 회장 등이 전부인 경우도 있다.

그런데도 일각에서는 여성 할당제를 더욱더 확대해야 한다는 목소리를 내고 있다. 특히 일부 여성들은 여성 정치인이 없다면, 그 표를 무효표로 만들자는 운동을 벌인 바 있다. 이 여성들은 '#투표용지에_여성 정치인'이라는 해시태그를 달며 여성 정치인에게 투표하라고 독려했다. 무효표 운동을 하는 페미니스트들은 "여당이고 야당이고 여성 정치인이 거의 없는데 어떻게 여성의 권익을 대변해줄 수 있겠느냐. 왜 정치는 항상 50대 이상 남성의 몫인가?"라고 항변했다.

그들은 지역구에 여성 후보가 있으면 정당과 관계없이 밀어주고, 만일 여성 후보가 없다면 '투표용지에 여성 정치인'이라는 글씨를 쓰고 무효표를 만드는 것을 전략으로 내세웠다. 투표 자체를 보이콧하자는 게 아니라, 각 정당에 여성 정치인을 비례대표와 지역구 후보로 내보내라는 압박을 주는 것이다. 하지만 여성 할당제는 이처럼 여성이 정치에 참여할 수 있는 기회를 늘리려는 처음 의도와는 달리 자질이 부족한 후보가 당선되고 무조건 여성 후보라는 이유만으로 밀어주는 등 심각하게 변질됐다. 이제는 지방자치를 뒷걸음질 치게 할 뿐인 여성 할당제를 재고할 때가 됐다.

페미니즘, '정체성 정치'를 말하다

오세라비(2018년 7월)

개인적인 것은 정치적인 것이다(The personal is political)

이 구호는 오늘날까지 페미니스트들이 내세우는 중심 표어다. 얼핏 이해하기 쉬운 말은 아니다. 개인적인 것이 정치적이라니. 페미니스트들이 이 슬로건을 중심 표어로 채택하기 전, 1968년에 일어난 '68 혁명' 당시 학생 운동, 청년 저항 혹은 청년 반란으로 일컫는 신좌파(New Left) 운동의 정치 담론이 등장하면서 내세웠던 사뭇 낭만적 구호가 바로 "개인적인 것은 정치적인 것이다."였다. 즉, 신좌파의 슬로건을 1970년 초에 급진적 페미니즘이 재등장해 여성 운동을 이끌면서 채택한 것이 바로 "개인적인 것은 정치적인 것이다."이다. 결국 신좌파 운동과 함께 청년 저항 운동의 일환으로 발생한 급진적 페미니스트와 페미니즘의 출현은 신좌파와는 같은 편인 셈이다. 오늘날에도 신좌파가 페미니즘을 적극 지지하며 페미니즘 확산에 기여하는 것은 이상한 일이 전혀 아니다. 뿌리를 같이하므로, 1970년 초에 등장한 급진적 페미니즘이 대학가로 둥지를 옮긴 후에도 끈질기게 생명을 이어가는 것이다. 신좌파 세력도 마찬가지로 대학가로 퇴각한 후 대학 운동권의 주요 담론을 이끌고 있다.

68 혁명은 1960년대 베트남 전쟁 반대, 학생 운동, 흑인 민권

운동 그리고 페미니즘을 낳았다. 이는 1980년대에 들어서며 '정체성 정치(Identity Politics)'로 개념이 규정됨과 동시에 다양한 형태의 정체성 정치로 이어지고 있다. 개인의 정체성, 개인적인 것은 사실은 모두 정치적인 것으로 연결되고, 정치 활동이나 사회운동은 나의 정체성 표출을 의미한다고 보는 것이다. 예컨대 자유 낙태는 개인의 권리이자 당사자의 선택이며 여성 개인의 일인 동시에 다른 여성들의 문제이며 이는 곧 정치적 실천 활동으로 이어진다. 68 혁명으로 시작된 신좌파 운동의 핵심 슬로건은 '자유'다. 자유주의를 바탕으로 신좌파 운동, 정체성 정치가 등장했는데, 자유주의는 분리주의와 중복된 의미의 자유주의적 노선으로 뻗어 나갔다. 개인의 자유를 중시하는 우파와 신좌파의 기묘한 이데올로기 동거가 시작된 셈이다.

제2차 세계대전 후, 미국은 1950년대를 기점으로 중산층이 번영하던 시기였다. 미국 백인 여성들은 대학에 진학해 고학력 중산층 주부가 됐고, 남자들은 각자의 직업 전선에서 활약했다. 청년들의 대학 진학률도 높아졌고, 이때부터 개인의 자유, 정체성의 자유에 천착하며, "나는 누구인가?", "우리는 누구인가?"에 대한 의문을 품고 개인의 자유 구가와 한편으론 반항적인 문제의식을 사회적인 행동으로 표출하기 시작했다.

페미니즘 운동으로 돌아가 보면, 페미니즘 사조에 지대한 영향을 미치며 미국 페미니스트의 대모로 불리는 베티 프리단이 이러한 행동을 한 대표적 인물이다. 베티 프리단은 전형적인 백인 중산층 주부로 고학력에 교외의 고급 저택에 살며 풍족함을 누렸다. 하지만 베티 프리단은 "나는 누구인가? 이것이 내 삶의 전부인가?"[83]라는 정신적 공허함에 몸부림쳤다. 이런 문제의식을 담은 저서가 1963년에 출판된《여성의 신비》이다. 이 책의 메시지는 단순하다. "여성은 가정에서 신비로운 존재로 남을 것이 아니다.", "가정은 안락한 포로수용소이니 뛰쳐나가자.", "부엌 바닥에서 일어나!"를 외치며 페미니즘 운동에 뛰어들게 된다. 베티 프리단의 이러한 일련의 정치적 행보는 미국 급진적 페미니즘 운동의 마중물 역할을 했다. 그녀는 최초의 전국 여성 조직인 NOW(National Organization of the Women, 전국여성협회)를 출범시켰다. 하지만 말년에 이르러 베티 프리단은 "가정은 안락한 포로수용소다."라고 했던 자신의 발언을 절절히 후회하며 가정으로 복귀했다.

1968년을 기점으로 개인 정체성의 중요한 의미 부여는 정치적 담론이 됐고 인종 문제, 동성애, 이민자 문제, 여성 문제가 부각되어 성차별, 동성애 해방, 여성 해방 운동이라는 정체성 정치 활동으로 전개됐다. 개인적인 것은 곧 정치적인 문제이므로 나의 정체성을 반영하기 위한 정치 활동이 됐다.

《더 나은 진보를 상상하라(THE ONCE AND FUTURE LIBERAL)》의 저자 마크 릴라의 말을 빌려보자. "여성인 나에게 개인적으로 영향을 미침과 동시에 다른 모든 사람에게도 영향을 미친다. 개인적 활동이 곧 정치적 활동이라는 말은 나르시시즘이 아니다. 그 말은 적극적으로 정치 활동에 나설 동기를 제공한다. 1970년

초 페미니스트들은 남성 중심 사회의 계급 구조에 대항해 '개인적인 것은 정치적인 것이다.'를 여성 해방의 슬로건으로 사용했다."

신좌파의 정체성 정치는 하나의 사안에 강박적으로 매달리고 개인주의가 강화된 시대에 더욱 개인적으로 분리돼 나아갔다. 신좌파 운동이 남긴 유산은 개인적인 정체성을 더 깊게 넓게 분산시켰다. 페미니즘은 성의 구분을 없애는 '성 중립 사회'가 목표이다. 페미니스트들은 최종적으로 성별의 구분이 없고, 성별 관점을 초월한 성 중립(Gender neutrality) 사회를 만들고자 한다. 오늘날 페미니스트들은 남성과 여성으로 구분되는 두 개의 성별을 거부한다. 그 때문에 많은 젠더 정체성 옵션을 만들어나가고 있다.

페이스북에는 71개의 젠더 옵션이 있다. 또 이미 63개의 젠더 정체성 성별이 있다. 호주에서는 33가지 성별 정체성을 나타내는 용어가 있다. 넌(Non) 젠더, 넌(Non) 바이너리, 데미젠더, 데미보이, 데미걸, 에이젠더, 인터젠더, 앤드로지니 등. 사람에 따라 불확정 성별을 가진 사람들이 있기 때문에 이처럼 젠더 정체성의 나타내는 용어는 계속해서 늘어나고 있다. 이들의 젠더 정체성을 이해하려면 성 식별 용어집을 들여다봐야 한다. 그렇지 않고서는 개인의 젠더 정체성을 알기 어렵다. 이런 식이라면 어쩌면 "나는 이러이러한 젠더 정체성을 가졌다."라는 표식을 달고 다녀야 하는 세상이 올지도 모른다.

개인적인 정체성이 우선이고 개인적인 것은 정치적이고 사회적이라는 방식은 우리 사회의 공통적인 비전과 공동체 의식을 밀어내고 더욱 개개인의 자아만 중요시하게 만든다. 현 시기 한국 사회의 페미니즘 광풍은 사회 구성원의 비전과 책임 의식보다 정체성 정치로 돌진해 가고 있다고 판단한다. 이런 추세에 맞게 페미니스트들 가운데 요즘 부쩍 나의 젠더 정체성은 무엇이라며 일반인은 이해할 수 없는 젠더 식별 용어로 설명하는 이들이 점차 늘고 있음을 봐도 우리 사회는 또 다른 변화를 겪고 있다. 남성과 여성을 나누는 기준이 사라진 시대, 아니, 그 기준을 없애버리는 시대, 기준을 잃은 세상에서 과연 무엇이 중요할까.

스웨덴 총선과 '정체성 정치'의 몰락

박가분 (2018년 9월)

익숙한 풍경

스웨덴 총선 결과 중도 좌파와 중도 우파 중 어느 쪽도 다수 의석을 얻지 못하고 극우 정당이 캐스팅 보드를 쥐게 됐다. 구체적인 기록을 보면 중도 좌파 연립 여당(사회민주당·좌파당·녹색당)은 40.6%의 득표율을 기록했고 중도 우파 야권 연합(보수당·중앙당·기독민주당 등)은 40.3%의 득표율을 보였다. 이어 이민자 수용 중단과 유럽연합의 탈퇴를 주장하는 등 극우로 평가받는 스웨덴 민주당이 단독으로 17.6%의 득표율을 얻으며 제3당으로 약진했다. 북유럽 복지 모델과 사회민주주의의 모범을 제시한 나라에서 극우 정당이 세를 불린 것은 국제적으로 큰 충격을 줬다.

유럽 극우 세력의 약진은 더는 새로운 소식이 아니다. 이미 2002년 홀로코스트를 부정하는 극우주의자 장 마리 르펜이 프랑스 대통령 결선 투표에 올라가 전 세계에 충격을 준 바 있다. 이후 반이민, 반EU 등의 슬로건과 가족과 공동체에 대한 헌신 등의 전통적 가치의 복원 등을 내세운 극우 정당은 '꼴통' 이미지에서 벗어나기 위한 노력을 기울였으며, 그 결과 현재에도 대중 친화적인 정당으로 변신을 거듭하고 있다. 극우 세력의 돌풍 배경에는 일자리와 사회 변화에서 소외된 중·하계층 노동자의 불만과 이민자·난민 문제가 겹쳐져 있다. 이 역시 2000년대부터 되풀이된 진단으로서 전혀 새로운 내용이 아니다. 여기서 우리는 관점을 전환할 필요가 있다. 경제적 불평등 문제든, 이민자·난민에 대한 혐오의 문제든, 이 모든 문제는 그 자체로 극복할 수 없는 난제가 결코 아니다.

옛 철학자 헤겔의 말대로 진짜 문제는 문제를 바라보는 시선 속에 있다면 어떨까. 진정한 문제 해결을 가로막는 것은 늦어도 70~80년대 이후 좌파의 문법을 지배해 온 '정체성 정치(identity politics)'라는 오랜 악습이다. 이걸 버리지 못하면 문제는 계속 악화되기만 할 것이다.

정체성 정치는 왜 극우에 대항하지 못하는가?

우선 정체성 정치가 무엇인지를 살펴보자. 정체성 정치는 '소수자'로 설정된 계층의 현존과 목소리에 담론적 특권을 부여하는 데서 시작한다. "소수자는 소수자이므로 그 자체로 숭고하다." 이것이 정체성 정치의 제일의 윤리 강령이다. 이러한 윤리 강령은 여러 번 우리를 사고의 맹점으로 몰고 간 적 있다. 이는 혜화역 시위에 담긴 명백한 증오의 언설을 외면하게 했고, 소수자로 지칭되는 집단 내부의 폭력에 대해서도 침묵하게 했다. 이러한 정체성 정치의 가장 큰 문제는 '그 누구보다 도덕적인 나', '그 누구보다 숭고한 나'를 자기 만족적으로 전시하는 데만 급급할 뿐, '우리 사회의 도덕적 역량'을 강화하는 데는 무관심하다는 데 있다. 따라서

2018년 6월에 한국에서도 번역 출간된《더 나은 진보를 상상하라》의 저자 마크 릴라의 지적에 따르면, 정체성 정치는 그 자체로 반정치적이다. 여기서 말하는 '우리 사회의 도덕적 역량'이란 무엇일까. 바로 식당에서 뛰노는 아이들을 타이르는 법, 병역 거부자에게 다른 방식으로 시민적 의무를 지도록 설득하는 법, 성 소수자와 동료 시민으로서 같이 일하고 대화하는 법을 익히고 배우는 데 있다. 물론 이러한 문제들은 지금도 인터넷과 일상적 공간에서의 논쟁을 일으킨다. 이 같은 논쟁거리는 다른 말로는 공통의 시민적 정체성에 대한 필요성을 급박하게 요청하는 사태라고 볼 수 있다. 하지만 정체성 정치의 옹호자는 사태를 거꾸로 진단 중이다.

정체성 정치는 이런 문제에 대해, 노키즈존을 만든 자영업자를 혐오주의자로 매도하고, 병역 거부의 동기를 무조건 숭고한 행위로 미화하고, 퀴어 퍼레이드의 일부 방식에 우려를 표하는 시민을 공격하는 방식으로 대응한다. 그야말로 최악의 방식이다. 정체성 정치는 윤리적으로도 무반성적일 뿐만 아니라 대중적으로도 실패하고 있다. 그리고 이러한 실패는 대중과 노동자 내부에 있는 좌파의 빈자리를 극우파들이 착실히 채우는 사태와 무관하지 않다.

정체성 정치의 가장 큰 문제점은 시민 사회 내의 문제와 갈등을 해결하기 위한 공통의 덕목과 정체성을 강화하는 법을 모색하는 대신 '소수자의 이익에 대한 당파적 옹호에 매몰된다는 데 있다. 물론 일부 정체성 정치의 이념적 옹호자들은 이러한 '문화적 당파성'을 과거 좌파의 금과옥조였던 '계급적 당파성'의 충실한 역사적 재현이라고 굳게 믿고 있다. 한편 정체성 정치에 대한 이들의 집착은 역설적이게도 노동 계급에 대한 좌파의 영향력이 쇠퇴한 이후 더욱 강화됐다. 《리얼뉴스》에 기고하는 채서안은 이를 꼬집어 래디컬 페미니즘 등 각종 정체성 정치의 조류를 "포스트 80년대 운동권 세력의 문화 대혁명"이라고 정의했다.

계급 정치와 문화 정치의 올바른 만남

정체성 정치는 애초부터 '계급 정치'와 '문화 정치'의 잘못된 만남이었을 뿐이다. 과거 문화 정치의 문제의식은 노동 계급의 경제적 조건만으로 계급적 동질성이 확보되지 않는다는 데 있었다. 오히려 노동자 계급이 공유하는 특정한 문화, 습속, 도덕 등이 노동 계급을 정치적 주체로 거듭나도록 한다는 것이다. 이러한 종류의 문화 정치를 강조했던 조지 오웰, 안토니오 그람시 등의 좌파가 고전적 마르크스주의에서 아무리 멀리 떨어져 있어도, 적어도 이들은 노동 계급이 공유하는 공통의 문화적 자산을 강조하는 건강한 지향 정도는 가지고 있었다. 그리고 이러한 건강한 지향이 바로 정체성 정치가 결여하는 바다. 실제로 미국의 저명 진보 지식인 노암 촘스키는 2017년 한 대담에서 "정체성 정치는 대다수 사람의 생활 방식, 가치, 헌신을 공격하는 방식으로 설계됐고 나타났다. 이는 반발을 가져왔다. 그렇게 해서는 안 된다."라고 지적한 바 있다.[84]

다시 유럽의 상황으로 돌아가자면, 이제 와서 난민을 여러 국가가 수용한 방식이 잘못이었다며 극우주의자에게 맞장구칠 필요는 없다. 다만 이제부터 초점을 맞춰야 하는 것은 '소수자' 그 자체가 아니라, '우리'의 정체성과 '우리'의 역량이라는 것이다. 이러한 요청은 프랑스의 철학자 에티엔 발리바르가 이민자 문제 등에 직면한 유럽이 공유해야 할 '시민다움'을 모색하면서 화두로 던진 《우리, 유럽의 시민들?》이라는 책 제목과도 일맥상통한다. 철학자로서 발리바르는 책 제목에 물음표를 붙였지만, 현실 정치는 그 제목 말미에 느낌표를 제시해야 한다. 당연한 이야기이지만 앞으로 좌파는 극우적 불만을 발본색원하기 위해서라도 좌파의 전통적 미덕인 '계급성'을 강화해야 한다. 계급이라는 말이 떠오르게 하는 옛 인상에 지레 겁먹을 필요는 없다. 예컨대 미국의 '민주사회주의자' 버니 샌더스는 주 40시간 이상 월급을 위해 일하는 사람들이 생계에 대해 걱정하지 않는 것을 민주적 사회주의라고 정의한 바 있다.[85] 이것이 샌더스가 나름대로 정의한 노동 계급적 관점이다. 좌파는 이들의 관점으로 사회를 바라봐야 한다.

동시에 좌파는 이러한 '다수의 노동 계급'이 공유해야 할 '시민적 덕목과 정체성'을 모색해야 한다. 소수자의 정체성 자체에 매몰될 게 아니라, 노동 계급의 정체성 안에서 우리가 어떻게 소수자와 동료 시민으로서 공존할지를 이야기해야 한다. 계급 정치와 문화 정치의 올바른 만남 안에서야말로 우리는 오히려 소수자 운동을 보다 더 효과적으로 극우적 경향에 맞서 보호할 수 있다. 이것이 지금 유럽의 극우 열풍이 우리에게 주는 교훈이다.

조던 피터슨이 좌파에게 보내는 메시지

박가분 (2018년 10월)

피터슨에 대한 열광

근래 영미권에서 심리학자 조던 피터슨이 열풍을 일으키고 있다. 젊은이들이 그에게 열광하는 이유는 그의 본래 전공 영역이 아닌 다른 데 있다. 피터슨은 통합된 사회에 대한 비전을 상실한 정치적 올바름(Political Correctness, PC)과 정체성 정치(Identity Politics)에 염증을 느끼는 대중에게 직설적인 비판을 제시한다. 특히 그는 담론적으로 소외됐다고 느끼는 젊은 남성들에게 '어깨를 죽 펴라'는 자기계발 메시지를 던짐으로써 열광적인 반응을 얻고 있다. 그의 몇몇 유튜브 영상은 천만 단위의 조회 수를 올리는 중이다.

성별 임금 격차에 대해 논쟁하는 조던 피터슨

물론 일부 영미권 진보 언론과 논평가들은 '대안 우파', '남성우월주의자', '안티 페미니스트', '파시스트' 등 현대 사회에서 동원할 수 있는 모든 욕설을 동원해서 그를 낙인찍는 방식으로 신경질을 부리곤 한다. 하지만 그보다 더 지적인 진보 성향 논평가들(노암 촘스키, 슬라보예 지젝 등)은 보다 조심스러운 반응이다. 더 나아가 지젝은 《인디펜던트》에 기고한 칼럼에서 "왜 사람들은 조던 피터슨을 설득력 있다고 여길까? 좌파들이 자신의 문제를 해결하지 못했기 때문이다."라고 솔직한 견해를 밝힌 바 있다.

피터슨이 성공하는 이유

전통적인 좌파에게 피터슨은 그다지 지적으로 흥미로운 사람은 아니다. 그는 보수적인 반공주의자이고 고지식하고 종교적인 사람이다. 그는 요새의 정체성 정치가 과거의 급진 마르크스주의 사상에서 곧바로 도출된다고 진지하게 믿는다는 점에서 몇몇 좌파 논평가로부터 실소를 자아내게 한다. 그리고 그는 개인의 자유를 강조하는 자유지상주의자인 동시에 자신이 강조하는 개인의 자유가 사회·경제적으로 어떤 한계를 갖는지에 대해서도 완전히 무지한 사람이기도 하다. 한마디로 말해 평소였다면 진지하게 상대할 가치가 없는 사람이라는 의미다.

그러나 피터슨의 고지식함(흥미롭게도 그는 남성 인권운동을 운운하는 대안 우파에 대해서 또 다른 형태의 정체성 정치를 들고나오는 것은 반대한다고 비판한다)은 PC를 비판하는 데서 예기치 못한 진가를 발휘한다. 그는 과도한 PC 성향에 비판적인 좌파라고 하더라도 다시 논의하기 성가시다고 생각하는 논제들을 하나하나 되짚으며 논파한다. 예를 들어, 페미니스트들이 임금 격차 통계를 잘못 해석하는 방식, 난민에 대한 즉각적인 시민권 부여를 외치는 인권 운동가가 그들과 우리 사이에 존재하는 명확한 삶의 방식 차이에 대해서는 침묵하는 지점, 소수자를 지칭하는 언어를 검열한다고 해서 사회가 정말 관용적으로 바뀌는지에 대한 회의적 견해를 되짚는다. 주류 언론과 논평가 중 아무도 꺼내지 않는 이런 논점들을 피터슨은 거침없이 지적하는 것이다.

만약 좌파의 본래 역할이 교조화된 통념에 대한 통렬한 이의 제기에 있다면, 이제는 피터슨이 그 역할을 대체하고 있다고 봐도 좋다. 따라서 그가 근래 영미권 젊은이들 사이에서 기존 주류 언론과 평론가의 권위에 도전하는 힙(Hip)한 인물로 부상한 것은 이상한 일이 아니다. 이는 또한 좌파의 입장에서도 확실히 무언가 잘못돼 가고 있다는 방증이다. 피터슨이라는 반공주의 성향의 우파가 좌파가 원래 했던 역할을 그것도 —좌파에게 결여된 미덕인— 성실성을 가지고 성공적으로 수행하고 있기 때문이다.

진보가 생각해야 할 점

어떤 성실한 진보주의자들은 PC와 정체성 정치를 비판하는 것보다 중요한 일들이 산적해 있다고 반론할 것이다(대표적으로 노암 촘스키). 그러나 역으로 이런 반론이야말로 일종의 현실 도피라고 할 수 있다. 물론 맞다. 진보주의자의 입장에서 볼 때 세상에는 소위 래디컬 페미니스트와 PC충(忠)과 싸우는 것보다 더 중요한 것들이 있다. 최저임금 인상 스케줄을 사수하는 것, 소수자에 대한 가짜 뉴스와 증오의 재생산을 저지하는 것, 비정규직에 대한 차별을 철폐하는 것, 국가에 인민의 기본적 생활 수준을 보장할 것을 요구하는 것 등이 있다. 문제는 좌파의 정치적 상상력을 사로잡고 있는 PC의 규범이 이런 공통의 의제에서 어깨를 같이해야 할 사람들과의 대화를 방해한다는 점이다.

난민에 대한 차별과 혐오를 중단해야 한다고? 그렇다면 난민과 우리나라 사람 사이의 문화적 차이를 솔직하게 드러내는 데서 출발해야 한다. 여성의 임금이 남성보다 낮다고? 그렇다면 '한남충', '냄져' 운운하는 증오의 언설을 설파하기 전에 왜 그런 격차가 나는지 그 이유(예: 경력 단절)를 제대로 짚고 대안을 논의하는 게 우선이다. 국가가 시민의 생활 수준을 보장하면 재정이 파탄 나고 경제의 활력이 줄어든다는 보수 경제지의 통념에 사로잡힌 자영업자를 수준 낮은 우민으로 치부하기 전에 왜 그것이 사실이 아닌지에 대한 설명을 하고, 그들을 위한 사회 프로그램을 마련할 수 있어야 한다.

PC 규범의 문제는 애초에 문제 해결에 필수적인 이런 대화를 중단시키고 사회적 고립을 자초한다는 데 있다. 한편 PC 규범이 논의의 금기를 여기저기에 설정할 동안, 피터슨 같은 반공주의 우파는 애초에 좌파가 던졌어야 할 근본적인 질문을 던지고 있다. 비록 그는 거기에 대해 잘못된 대답을 내놓지만 말이다. 좌파들은 이런 사태를 부끄러워해야 마땅하다. 이들이 문제를 논하는 방식 자체를 바꾸지 않으면 전망은 불투명하다.

한국의 경우 포스트 386 운동권 세대가 언론계와 문화 예술계 일각을 장악하는 데서 오는 착시 효과(자신이 설파하는 담론이 주류이며 다수라는 환상)는 그리 오래 지속되지 않을 것이다. 예멘 난민 문제에 대해 이미 드러난 언론과 대중적 반응 사이의 극명한 차이는 앞으로 누가 실제로는 고립될 것인지를 보여 주는 좋은 사례다. 트럼프가 집권하고 마크롱이 의회 다수 의석을 차지하는 미래는 멀지 않다.

7장

인터뷰

SJ 레스토랑 사건,
누가 가해자고 누가 피해자인가

—
박가분 (2017년 4월)

지난해 여름 뜨겁게 달아오르던 메갈리아·워마드 논쟁이 식어 갈 무렵, 'SJ 레스토랑' 사건이 발생했다. 2016년 10월 21일 경기도 이천 소재 'SJ 레스토랑' 트위터 계정에 올라온 "일베, 메갈, 워마드, 친일 후손은 출입을 제한합니다." 공지가 사건의 발단이 됐다. 이를 본 인근 친메갈리아 성향의 청강대학교 학생과 트위터리언들(트위터는 평소 일명 '트페미'를 주축으로 메갈리아 옹호 성향이 강한 집단이 상주하는 SNS다)이 강하게 반발하며 일부에서 SJ 레스토랑 불매 운동이 벌어졌다. 그 와중에 "가게의 위생 상태가 엉망이다.", "사장이 알바생에게 임금을 제대로 지급하지 않았다.", "성희롱을 당했다."는 주장이 가게에서 일했던 일부 아르바이트생에게서 나왔다. SJ 레스토랑은 이것이 사실이 아니라며 트위터에서 피해자라고 주장한 아르바이트생 두 명에 대한 법적 대응(명예 훼손)을 진행할 뜻을 밝혔다. 이후 이 사건에 알바 노조(청년 좌파라는 운동권 집단의 외곽 단체)라는 조직이 개입하면서 사건은 더 커졌다. 알바 노조는 SJ 레스토랑 사장의 사과와 아르바이트생에 대한 고소 취하를 요구하며 성희롱과 임금 문제를 가지고 국가인권위원회에 진정을 넣었고 또한 레스토랑 인근에서 시위를 벌였다.

SJ 레스토랑 사장이 폭로자를 고소한 이후 몇 개월여의 시간이 흘렀다. 현재 '자칭 피해자'라고 호소한 아르바이트생의 글은 전부 지워진 상태이며, 일부 악플러는 사법 처리된 것으로 알려졌다. 하지만 사장을 성희롱과 노동 착취를 일삼은 악덕 업주로 규정한 공지 사항이 여전히 알바 노조의 홈페이지에 걸려 있는 상황이다. SJ 레스토랑에 대한 성희롱과 임금 체불 논란은 알바 노조의 기자회견을 통해 언론에 퍼졌고, 여러 매체에서 기사화됐다. 하지만 정작 온라인에서 여러 정황과 물증으로 폭로를 반박하며 억울함을 호소한 사장의 입장은 제대로 담겨 있지 않았다. 기사의 대부분은 '자칭 피해자'의 주장만 담겨 있는 내용이었다. 사건을 공론화한 알바 노조는 SJ 레스토랑 사장으로부터 피해를 받은 사람들의 제보를 받는다는 공지를 올리면서 다음과 같은 내용을 실었다. "눈치를 보고 자기 검열을 할 사람은 바로 가해자인 사장님이다."

하지만 정말로 가해자로 지목된 측의 '자기 검열'과 '침묵'이 능사일까. 또 알바 노조는 레스토랑 인근 기자회견 자리에서 사장에게 '피해자 코스프레'를 하지 말라고 조롱했다. 하지만 아무리 봐도 실제로 피해를 당한 사람은 사장이다. 언론과 SNS에서 '악덕 업주'로 몰린 SJ 레스토랑의 사장은 일부 인터넷 커뮤니티와 개인 SNS에 간간이 글을 올리는 식으로밖에 반론권을 행사할 수 없었다. 강자는 곧 가해자이고 아르바이트생은 약자이므로 당연히 피해자일 것이라는 프레임 아래에서 사건의 당사자인 사장의 입장을 언론이 외면한 것이다. 그런데 약자는 항상 진실을 말하는가. 그리고 조직과 언론을 상대로 외롭게 항변해야 했던 한 개인이야말로 약자가 아닐까. 여러 가지 의문이 꼬리를 문다. 이에 언론에 공개되지 않았던, 아니, 공개될 수 없었던 사장의 입장은 무엇인지 그 이야기를 듣고 전달하고자 한다. 현재 그는 신경정신과에 입원한 관계로, 2017년 4월 1일 모처 병원에서 인터뷰를 진행했다.

Q. 올해 초에 가게를 휴업하고 입원했다는 소식을 SNS로 알려 왔습니다. 그동안 마음고생이 심했을 것 같은데, 가게를 운영하게 된 계기와 사건의 발단을 간단하게 설명해 주세요.

A. 아버지가 이천에서 이 가게를 여신 것은 약 4년 전입니다. 그 직전까지는 해외에서 일하다가 아버지께서 매우 편찮으셔서 제가 3년 전에 입국했습니다. 입국한 후 아버지와 함께 레스토랑을 하다가 아버지가 돌아가셨습니다. 그 후 같이 일하던 어머니마저 편찮으셔서 지난해 5월부터는 아르바이트생을 본격적으로 고용하기 시작했습니다. 아르바이트생은 인근 대학(청강대) 학생 위주였습니다. 많을 때는 일주일에 9명까지 고용한 적이 있습니다. 저희 가게는 청강대에서 4.5㎞ 정도 떨어져 있습니다. 그래서 아르바이트생의 친구들도 가게에 많이 몰려왔습니다. 저는 저 나름대로 학생들의 편의를 많이 봐줬다고 생각합니다. 저는 사업을 20대부터 하다 보니까, 「노동법」이나 근로자 처우 문제에 대해 잘 알고 있었고 관심도 많았습니다. 「근로기준법」을 어기지 않고 1분 1초라도 돈을 챙겨줘야 한다는 생각을 하고 있었습니다.

또 모든 아르바이트생에게 하루에 밥 한 끼를 꼭 챙겨주려고 했고 인근에 자취하는 학생들이 많아서 음료수와 과일 그리고 빵도 챙겨주었습니다. 전반적으로 아르바이트생과의 관계는 화목했다고 생각합니다. 신메뉴를 개발할 때 아르바이트생들과 같이 시식을 해서 평가를 받기도 하고, 그렇게 해서 신메뉴 출시를 많이 했습니다. 제가 원래 요리를 천성적으로 좋아하다 보니 같이 시식하는 것을 좋아했습니다(웃음). 어머님이 가게를 그만둘 즈음에 채용한 아르바이트생이 학생 B입니다. B는 횟수로는 일주일에 두세 번 정도, 하루에 약 3시간 정도 일을 했습니다. 아마 한 달 정도만 근무했을 것입니다. 그다음에 A라는 학생이 일을 시작했고 그가 이번 사건의 시발점이 된 학생입니다. A가 처음 SJ 레스토랑에 대한 거짓 폭로 글을 올리고, B가 이를 리트윗하는 방식으로 함께 공모했습니다.

Q. 일주일에 많게는 9명까지 아르바이트생을 고용했다고 했는데, 그 많은 아르바이트생을 다 관리하려면 근무 시간표를 짜기도 쉽지 않았겠네요?

A. 저는 근무 시간표를 제가 직접 다 짰습니다. 또 근무 시간표가 정해지면 카톡이나 전화로 모든 아르바이트생에게 일일이 직접 연락했습니다. 또 실제 근무 시간을 다 메모해 두어서 장부도 남겨 두었습니다(알바 노조는 홈페이지와 기자회견을 통해서 주휴 수당을 주지 않으려고 일부러 근무 시간을 축소하는 등 꼼수를 썼다는 의혹을 제기한 바 있다). 지난 주 토요일마다 언제부터 언제까지 근무하라고 공지하고 개인마다 출근부를 1분 단위로 작성했습니다. 보통 자영업자들은 이렇게 하

기가 쉽지 않을 것입니다. 일부 아르바이트생은 출퇴근도 시켜 주었습니다.

Q. 지금도 아르바이트생과 손님에 대한 외모 비하 등의 성희롱을 했다는 주장이 사실무근이라는 입장인가요?

A. 제가 아르바이트생과 손님들에게 외모 평가와 외모 비하를 했다고 하는데, 애초에 아르바이트생을 뽑을 때 외모를 보고서 뽑은 것도 아니고, 저는 아르바이트가 필요한 학생들은 대부분 다 받았습니다. 구직을 문의하는 전화가 오면 언제든지 대부분 받아주는 타입이었습니다. 바로 거절하면 상처받을까 봐 거절하지 못했던 것도 있고요. 아르바이트를 구하러 온 대부분의 학생이 여학생이었고 지금까지 30명 정도가 이 가게에서 일했던 것 같습니다. 그중 두 명이 남학생이었고요. 아르바이트생 중에는 자매, 같은 과 친구들, 동기 친구들도 모여 있었습니다. 모두 공평하게 대하고, 또 일하는 데 어려움이 없도록 배려하려고 노력했다고 생각합니다. 서로 회식을 시켜 주기도 한다든가, 기숙사나 집에 가야 하는 아르바이트생 한 명, 한 명을 차로 태워다 주기도 했습니다. 그러나 그 와중에 성희롱이나 외모 비하 같은 것은 전혀 없었습니다. 또 제가 성희롱을 했다고 주장한 B는 정작 제 어머니와 한 달 동안 일했는데, 그 기간에 제가 성희롱을 했다는 것은 터무니없는 이야기입니다.

Q. 그동안 30명 넘게 아르바이트생들이 일했는데, 그렇다면 누군가 이일을 증언해줄 수 있지 않나요?

A. 네. 그래서 이 사건에 대해서 진술서를 써 준 아르바이트생들이 있습니다.

Q. 그렇다면 어떤 계기로 사장님을 고발하는 글이 트위터에 유포됐다고 생각하시나요?

A. 최초 폭로자인 A는 2015년 12월 초부터 2016년 10월 19일까지 이 가게에서 근무했습니다. 평소 시간 약속 엄수가 꼼꼼하지 않아서 어머니께서는 부르지 말라고 만류했지만, 그래도 한 번 가게와 인연을 맺은 아르바이트생을 냉정하게 대하는 것은 싫어서 근무 시간표를 배분해 줬습니다. 당시에는 휴학생이라서 기존 근무자가 펑크가 나면 주로 그 시간을 채우는 일을 했습니다. 그래도 제시간에 나오지 않은 일이 많았습니다.

Q. 그렇다면 시간 약속 문제 때문에 일을 그만두게 된 것인가요?

A. 아르바이트생끼리 인수·인계가 잘돼야 하는데 그 부분도 소홀히 했습니다. 그래도 자르게 된 계기는 인수·인계 문제도, 시간 약속도 아니었습니다. 저는 근무 시간에 늦어도 질타하지도 않았습니다. 사이가 틀어지게 된 계기는 불성실한 업무 태도 때문이었습니다. 저희 가게는 코스 요리를 대접하는 일이 많습니다. 그래서 런치 시간에 샐러드드레싱을 미리 만들어놓곤 했습니다. 아무래도 코스 요리니까 수프 먼저 나오고 본 요리가 나오는 등의 순서로 음식을 대접하는데, 나중에 대접해야 할 샐러드에 A가 드레싱을 미리 뿌려놓은

일이 있었습니다. 샐러드는 서브 직전에 뿌려서 서브해야 합니다. 손님이 들어오기 전부터 미리 드레싱을 뿌리면 채소의 숨이 죽습니다. 손님에게 제일 맛있는 상태로 음식을 대접하고 싶다는 취지에서 질책했습니다.

제가 그 과정에서 잘못한 것이 있다면, 거기에 대해서 "미친 거 아니야."라고 말한 부분입니다. 시간이 지나고 나서, A가 "실장님 말씀 좀 심하게 안 하시면 안 돼요?"라고 하니까 저도 말이 심한 부분에 대해서는 미안한 마음에 오징어 먹물 리소토를 대접하고 화해하려 했습니다. 나도 말을 조심할 테니 손님에게 제일 맛있는 상태의 요리를 내놓고 싶은 것을 이해해 달라고 말했지만, 여전히 샐러드는 어찌해도 좋은 것 아니냐는 태도로 나오니까 당황했습니다. 제가 할 줄 아는 것은 요리밖에 없고 제일 좋아하는 것도 요리밖에 없습니다. 그런데 제 심정을 이해해 주지 못한 것이 납득이 가지 않았고 결국 가게를 그만두게 했습니다.

Q. SJ 레스토랑 사건의 발단은 트위터에 올린 메갈·일베 출입 금지 공지에 대한 논란이었던 것 같습니다. 당시에는 지인이 자신의 핸드폰으로 쓴 글이라는 해명을 했는데, 트위터 계정으로 올라간 경위는 어떻게 되나요?

A. 제가 인터넷 카페 활동을 통해 만난 지인이 창업 차 요식업을 배우기 위해 제 가게에서 일한 적이 있습니다. 그분이 평소 일간베스트하고 메갈리아를 싫어했는데 그때 관련 주제로 대화를 많이 나누게 됐

죠. 당시만 해도 일베(일간베스트)는 저도 잘 알고 있었고, 세월호 희생자와 유가족에 대한 패륜 때문에 극도로 싫어했지만, 메갈리아는 당시만 해도 잘 몰랐습니다. 지인으로부터 메갈리아가 저지른 일에 관해 이야기를 듣다 보니 그럼 일베와 메갈리아 유저들은 손님으로 받지 말아야겠다는 이야기가 나왔고 그것을 반영해서 SJ 레스토랑 계정 공지에 올리게 된 것입니다. 저도 지인이 저희 가게 계정에 공지를 올리게 된 과정을 인지하고 있었고, 그때까지만 해도 저는 노키즈존(No Kids Zone)과 같은 생각으로 접근했습니다.

그런데 공지를 올린 당일 직후에 핸드폰에 알람이 엄청나게 많이 와있었습니다. 지인들도 "무슨 일이냐?"고 묻기도 했고요. 얼마 전에 가게에서 잘렸던 A가 저희 가게에 올라온 공지를 보고 "SJ 레스토랑 가지 마세요. 40살 넘은 아저씨가 '돼지 같은 년'이라고 욕하고, 위생 상태도 나쁘다."는 등의 헛소문을 트위터에 퍼뜨린 것입니다. 그리고 그것을 B가 리트윗했습니다. 그 결과 저는 인터넷에서 엄청나게 공격을 받게 됐습니다. 특히 B라는 사람이 트위터에서 공개적으로 피해 사례를 모집해서 전혀 생각하지 못했던 학생들까지 끌어모으게 된 것이죠. 여기에는 청강대 특정 학과가 많이 몰려 있었습니다. 만화 창작과와 게임과 쪽에 주로 몰려있었습니다. 친구 1명이 고소를 당하게 되니까, 집단으로 뭉치게 된 것이죠.

Q. 사건이 터진 후 신변에 대한 위협이나 폭언들이 있었나요?

A. 개인적으로 온 욕설이나 폭언은 없었고, 단지 SNS에서 자기들끼리

모여 저에 대한 비난을 가했습니다. 그중에서 제일 어이없었던 게 자신을 까만 차에 태우면서 전신을 훑으며 성희롱을 했다는 에피소드입니다. 지금도 잊을 수 없습니다. 제 차는 하얀색 차인데요. 또 트위터에서 제가 손님들이 먹는 음식에 정액을 넣었다는 주장도 돌았습니다. 음식에 정액을 넣었다는 터무니없는 주장을 유포한 친구(현재는 청강대 휴학생)는 검찰에서 조건부 기소 유예[2]가 나왔습니다. 이토록 터무니없는 공격에 동참했는데도 법이 이런 부분에서는 너무 관대한 부분이 있는 것 같습니다. 이 부분은 민사까지 다 걸 생각입니다.

Q. 트위터상의 욕설과 폭언뿐만 아니라 레스토랑 앞에서의 시위로 인해 몸살을 겪게 됐는데, 이후 생활에 어떤 어려움이 있었나요?

A. 폭로 이후에 장사를 하면서 사건에 대해 모르고 오는 손님도 있고, 알면서 저를 응원하는 손님도 있지만, 여전히 제 마음은 편하지 못했습니다. 여자 손님이 오면 '혹시 이 사람도 나를 성희롱범으로 몰지 않을까?' 하는 피해 의식이 자꾸만 들어서, 도저히 친절하게 대하지 못했습니다. 보통 같으면 친절하게 응대하고 나갈 때 인사도 했겠지만… 제일 충격적이었던 것은 사실을 알면서도 진실을 왜곡했던 학생들이었습니다. 가는 길이 힘들거나 시간이 늦었다 싶으면 학생들 일일이 기숙사까지 픽업 서비스까지 했습니다. 폭로자인 A와 B에 동조했던 아르바이트생 중 일부는 지난해 10월 전까지만 해도 종종 가게에 와서 밥을 먹었던 학생들이었습니다. 그 아르바이트생 중에

---

2) 조건부 기소 유예 제도는 범죄 예방 자원봉사 위원의 선도, 소년의 선도·교육과 관련된 단체·시설에서의 상담·교육·활동 등을 조건으로 19세 미만의 소년 범죄에 대해 검사가 공소를 제기하지 않는 제도다.

는 남자친구가 있다기에 데려오라고 해서 밥을 대접하기도 했습니다. 저에게 치킨 배달까지 부탁했던 학생들도 있었는데… 그들이 10월 이후에 갑자기 돌변한 것에 놀랐고 또 배신감 때문에 너무 힘들었습니다. 사실 그때까지만 해도 인터넷에서의 악플 같은 것으로 제 자아가 무너지지는 않았습니다. 문제는 제가 법적 대응을 시작한 이후 알바 노조가 개입하면서부터입니다. 그들은 여성의 전화, 청강대 측과 연대 계획을 세우고 있다면서 SNS 메시지로 접근했습니다. 그때 제가 고소를 한 A와 B 그리고 여러 아르바이트생이 알바 노조에 결합한 시점이었습니다. 알바 노조는 자기들 노조에 가입한 제 가게 아르바이트생이 11명이었다고 주장했지만, 실제로는 알바 노조를 통해 인권위원회에 진정을 넣었던 학생들은 6명이었습니다.

Q. 알바 노조와는 어떻게 악연이 시작됐나요?

A. 알바 노조가 저에게 연락해, "노조원들의 신고가 들어왔다. 임금 체불, 매장의 위생 상태, 성희롱 발언이 신고됐다. 우리가 찾아갈 수 있느냐?"고 묻기에 찾아오라고 대답했습니다. 하지만 아무리 생각해도 이상해서, 다시 전화를 걸고 원하는 것이 무엇인지 물어보았습니다. 그러자 자기들이 바라는 건 '사과'와 '문제 해결' 그리고 '고소 취하'라고 하더군요. 저는 "A와 B의 거짓 폭로 때문에 업무적으로 너무 큰 치명타를 입었기 때문에 받아들일 수 없다. 그 둘만큼은 반성문을 쓴다 해도 받아들일 수 없다."고 말했습니다. 자신들의 요구가 받아들여지지 않자, 그 이후로 알바 노조는 공론화를 해서 저희 가게를 완전히 매장시키는 방향으로 돌아섰습니다. 가게 인근에서 기

자 회견과 집회도 열면서 자신들의 주장을 공론화한 거죠. 지금도 피해가 계속되고 있습니다. 올해 2월에도 KBS 직장 내 성희롱 문제를 다루는 뉴스에서 이미 문을 닫은 저희 가게 간판을 자료 화면으로 내보낸 적이 있었습니다.

Q. 언론으로부터 받은 피해도 매우 컸겠네요?

A. 언론에서까지 악덕 업주·악덕 사장으로 낙인찍힌 이후로 아주 힘들었습니다. 공론화라는 것은 서로의 입장이 부딪히는 것 아닙니까. 하지만 그들은 자신들만의 주장으로, 일방의 주장으로 공론화를 했습니다. 저쪽에서는 제가 아르바이트생에게 "예쁜 엉덩이 다칠라."라고 성희롱을 했다고 주장하는데, 이 주장을 그대로 실은 《한겨레》 기사에는 엉덩이를 만지는 사진까지 나왔습니다. 가게는 2005년에 개업했습니다. 원래는 충남에서 영업하다가 경기도 이천으로 옮겨 왔는데요. 2005년부터 거의 12년 넘게 운영해 온 가게가 지금은 폐업 위기까지 처하게 됐습니다. 너무 억울해서 피해 사례를 KBS, SBS, MBC, JTBC에도 제보했지만 아무런 연락이 없었습니다. 당시 이 사건을 기사화했던 《경향신문》 기자와도 전화했는데, 제 연락을 피하기만 하더군요. 결국, 언론은 진실에 관심이 없었고 여론을 그냥 자기들이 원하는 방식대로 가져가고 싶었던 것 같습니다. 그들은 약자 편에 서서 사건을 공론화시키는 것이 공익이라고 생각했겠지만, 정작 저의 입장이나 사실관계에 대해서는 너무 무관심한 것 같습니다.

Q. 이건 강자와 약자의 구도가 뒤바뀐 것으로 생각합니다만…. 결국 사

장은 개인으로서 억울함을 호소한 것이고, 아르바이트생들은 알바 노조라는 조직과 함께 언론을 업고서 개인을 매장한 구도처럼 보이네요.

A. 진실은 결국 언젠가는 알려질 것이라는 생각으로 버티고 있습니다. 가족끼리 이 문제를 이야기한 적이 있는데, 제 누나가 좀 똑똑하세요. 생각이 깊으신 분인데, "네가 그 학생을 자를 때에도 자르기 전에 경고하고, 그래도 고치지 않으면 언제까지 그만둬야 한다는 식으로 접근했어야 했다."고 하셨습니다. 그러면서 "네가 학생에게 과거에 했던 말이 학생들이 마음의 상처를 줬을 수도 있다."고 말했습니다. 곰곰이 생각해보면 ─샐러드드레싱 문제에 대해 질책을 했을 때도─ 너에게 악의를 가진 것이 아니라 손님을 위해 필요한 것을 말한 것이라고 말해도 그쪽에서 악의가 있었다고 받아들일 수 있고, 그렇다면 그것은 저의 잘못일 수도 있습니다. 또 제가 분위기를 편하게 해 준다고 해도 상대는 편하게 생각하지 않을 수 있습니다. 이해는 할 수 있습니다. 하지만 임금 체불이나 손님에 대한 욕설 그리고 성희롱에 대한 터무니없는 이야기들은 참기 힘듭니다.

특히 제가 손님 뒤에서 외모 평가와 욕을 하고 음식에 이물질을 넣었다는 주장은 충격이었습니다. 대학을 졸업한 이후로 요리 외길 인생만 걸어온 저로서는 감당하기 힘든 말이었습니다. 저는 사실 초등학교부터 대학까지 유도를 해 왔습니다. 유도에 빠져 있었죠. 제가 한 가지에 몰입하게 되면 거기에만 빠져드는 성격이라, 유도 이후에는 요리에 빠져들게 됐습니다. 아버지가 요리사이시기도 했고, 미군 부대와 큰 호텔에서 요리사로 근무하신 적도 있으세요. 저는 원래 평생 요리를 안 할 줄 알았는데 대학 졸업하고 사업을 좀 해 보다가 안 되니까, 2005년도에 요리를 배워보라고 아버지가 권유하셔서 그때부터 요리에 빠지게 됐습니다. 가게를 운영하기 위해 요리 독학도 하고 전국을 많이 돌아다니면서 배우고, 그렇게 빠져든 요리 외길 인생이었습니다. 그런데 제가 손님에게 줄 요리에 장난을 치고 손님에게 모욕을 준다니요. 있을 수 없는 일입니다.

Q. 사건 이후 온라인에서 많은 사람이 응원하는 메시지를 보내주기도 했습니다. 관련해서 주변 지인들의 도움이 있었나요?

A. 성적인 이야기가 나오면, 정말 가까운 사람 아니면 이 문제를 말도 못 꺼내는 분위기가 생겨납니다. 또 저는 지금 성범죄자로 지목받았는데, 주변에 억울하다는 말을 꺼내는 것조차 사실 수치스럽죠. 그래서 가까운 지인에게 도움을 요청하기보다는, 결국 저 혼자 싸울 수밖에 없게 됩니다. 사법 기관이나 변호사 외에는 제 직계가족에게만 저의 이야기를 호소할 수밖에 없는 처지입니다. 오히려 정작 주변 지인들에는 저에게 생긴 문제를 떠벌리고 다닐 수 없는 상황이었습니다.

Q. 가해자에게 사과를 바라지 않나요?

A. 주동자 A와 B 외에 휩쓸려 들어온 아르바이트생들은 안타까운 마음이 많았지만, 이제는 그 누구로부터도 사과를 바라지 않습니다. 현재는 오로지 법이 공정하기 바랄 뿐이고, 공정한 심판을 내리기만을

바랄 뿐입니다. 사과해도 용서를 할 수 없는 기분입니다. 용서할 기회를 많이 줬고 지금은 시간이 너무 많이 흘렀습니다. 반대로 제가 잘못한 게 있다면 달게 처벌을 받겠습니다.

Q. 그동안 많이 힘든 일을 겪었을 텐데, 앞으로의 계획은 있나요?

A. 알바 노조는 이제 침묵 모드입니다(실제로 2016년 12월 23일 이후 알바 노조에는 관련 입장이 올라와 있지 않다). 알바 노조가 노조라는 타이틀을 가지고 있다면 공익을 위해 일해야 합니다. 그런데 공익이라는 것도 성인으로서 어느 정도 가치관이 성립되어야 합니다. 하지만 저들은 노조의 힘을 키우기 위해, 노조의 이익을 위해, 한 사람을 희생양으로 삼는 일을 저질렀습니다. 저 역시 법적인 모든 수단과 제 모든 힘을 다 쏟아부어서 저들을 상대로 진실을 밝히고 싶습니다. 알바 노조와도 끝까지 가려고 합니다. 민사 소송도 크게 걸 겁니다. 주동자인 2명에 대해 1심 판결이 나오면 그 둘에 대해서 민사도 진행할 생각입니다. 저에 대해서 인권위에 고발을 한 6명이든, 11명이든 다 제가 가지고 있는 근거들을 통해 반박할 예정입니다. 알바 노조에 대해서도 인권위에 역으로 진정으로 넣을 생각입니다. 그들은 제가 충분한 대화를 시도했음에도 자신들의 의견이 반영되지 않자 저를 사회에서 완전히 매장하려 했습니다. 저는 건강까지 잃었습니다. 이번 2월에는 신경정신과에 입원했고 혈압에 문제까지 생겨서 다음 주 월요일에는 진단서가 나올 것 같습니다. 최근에는 자살 충동을 자주 느껴서 '129'로 자살의 전화를 통해 상담도 받았습니다. 그러자 이천 센터에서 집까지 찾아오더라고요. 완전히 심리적으로 망

가졌습니다. 이것도 피해자 코스프레입니까. 저는 이런 부분들을 반드시 보상받고 싶습니다.

Q. 마지막으로 하고 싶은 말이 있다면?

A. 병원에 입원하기 전에는 가게를 제대로 열지 못했습니다. 응급실에 실려 가기 전까지 매일 집에서 혼자 배달 음식을 시켜 먹고 술을 마시곤 했습니다. 가게를 쉬던 중에도 손님으로부터 전화가 왔습니다, 예약하고 싶다는 전화였어요. 안타까웠습니다. 손님들께 죄송하지만, 지금은 동네 자체에 들어가기 싫습니다. 가게를 연다면 다른 곳에서 하려고 생각합니다. 그냥 그 동네 자체에 대해서 학을 떼게 됐습니다. 동네에서 유동 인구가 많지도 않고 장사하는 사람도 많지 않은데, 거기에 몰려가서 성희롱했다는 현수막을 걸고 시위할 때 지역 사회에서 저를 어떻게 보겠습니까. 제가 떳떳하다 하더라도 여전히 누군가 성희롱범으로 보는 것 같은 시선들이 느껴져서 그게 결국 병으로 이어졌습니다. 아버지로부터 물려받은 가게이다 보니 아버지도 뵐 면목이 없고 그게 제일 힘들었습니다. 그래도 회복되면 어디에서든 어떻게라도 가게를 열고 싶습니다.

성범죄자 누명 벗은 박진성 시인
– "가장 악질은 《한국일보》와 탁수정"

—
박가분 (2018년 3월)

사회 전방위적으로 미투 운동이 확산되고 있다. 한편 일부 사건에서는 무고이거나 무고로 의심되는 정황들이 속속 드러나 또 다른 논란이 일고 있다. 과거 #문단_내_성폭력 해시태그 운동 중에 성폭행·성추행 등의 고발이 제기됐던 박진성 시인이 대표적인 예다. 결과적으로 박진성 시인은 지난 2017년 9월 자신에게 제기된 모든 혐의에 대해 무혐의 처분을 받았다. 반면 그를 고발한 다른 두 명의 여성에 대해서는 각각 무고와 명예 훼손죄로 기소 유예 및 벌금형이 떨어졌다.

다른 한편 과거 문단 내 성폭력 고발을 주도했으나 박 시인 외의 다른 시인에 대한 고발 건에 관해 허위 사실 명예 훼손죄로 처벌받은 탁수정과 무고 피해를 당했던 박 시인 간에 SNS상에서 날 선 공방이 이어지고 있다. 타인을 음해한 것에 대한 사법적인 책임을 추궁받은 당사자임에도 불구하고 탁수정은 그동안 JTBC, 《한겨레21》, 언론출판노조 등을 발판 삼아 자신을 변호하는 주장을 펼쳐 왔다. 말 그대로 기울어진 운동장이다. 불공정한 보도 양상을 바로잡고 평행선을 달리는 양측 주장의 진실에 조금이라도 더 다가가기 위해 《리얼뉴스》는 인터뷰 형식으로 그동안 제기된 쟁점들에 대한 박진성 시인의 입장을 전한다.

성범죄자로 낙인찍힌 이후 현재까지의 삶

Q. 사회 전방위로 '미투'가 확산되면서 그 대척점에 있는 '무고'의 사례로 박 시인의 사례가 자주 언급되고 있습니다. 지금까지 어떤 과정이 있었는지 간단하게라도 말해줄 수 있습니까.

A. 2016년 10월, 당시 트위터를 중심으로 '#문단_내_성폭력' 해시태그 운동이 있었습니다. 해당 해시태그를 달아서 성폭력 가해자를 지목하는 트위터 내의 운동이었는데 저도 당시 가해자로 지목됐습니다. 그중 한 여성 A가 저와 '자의적이지 않은 성관계'를 했다고 폭로했는데 그 폭로가 확인 과정 없이 100여 군데 언론에 나와 저의 실명이 사진과 함께 공개됐습니다. 이 여성은 SBS 뉴스, MBC 《PD수첩》 등에서 자신이 성폭력을 당했다는 취지로 인터뷰를 했습니다.

A가 저를 고소한 건 2017년 5월의 일입니다. 성관계가 있었던 것은 2016년 8월의 일이었습니다. 평일 오후에 대전중부경찰서로부터 전화를 받았습니다. 무척 수치스러웠습니다. 당시 저는 사회적으로 이미 살인을 당한 상황이었는데 고소를 당하고 보니 '차라리 잘됐다'는 생각이 들었습니다. 다행히 그 여성과 성관계 전후로 주고받은 메시지를 보관하고 있었기 때문입니다. 이 자료를 2016년 11월부터 저에 대한 성폭력 의혹을 보도했던 기자들에게 보냈는데 아무도 보도를 안 해 줬습니다.

A는 저를 강간, 강제 추행, 협박, 감금, 「개인정보 보호법」 위반, 총 5가지 혐의로 고소했습니다. 저는 강간과 강제 추행에 대해서만 조사를 받았는데 두 가지 혐의가 대전지방검찰청에 불기소 의견으로 송치됐습니다. 사건이 금방 종결될 줄 알았습니다.

그런데 대전지방검찰청의 검사가 협박, 감금, 「개인정보 보호법」 위반에 대해서는 수사를 하지 않았다는 이유로 대전 중부 경찰서로 '수사 재지휘' 명령을 내렸습니다. 이 과정에서 A가 협박, 감금, 「개인정보 보호법」 위반 혐의에 대한 고소를 취하했습니다. 이유는 잘 모르겠는데 스스로 협박과 감금이 없었다는 사실을 자인했던 것이라고 생각합니다.

당시 만났던 장소는 대전 시내의 번화가였습니다. 당연히 어떠한 협박도, 어떠한 감금도 없었습니다. 이후 사건은 추가 조사 없이 다시 대전지방검찰청으로 송치됐고 2017년 9월에 최종적으로 무혐의 처분을 받았습니다. 불기소 이유서에 기재되어 있는 것처럼 '당사자 간 주고받은 대화 내역'이 결정적인 증거였습니다.

실제로 A는 만나기 이틀 전 "어쩜 우리가 섹스할까 하는 생각이 종종 들어."와 같은 문자를 보냈고 성관계 직후, "잘 도착했어.", "나는 이제 제주도로 가서 시를 쓰고 요리를 하며 지낼 거야."와 같은 문자를 보냈습니다. 강제 추행과 강간을 당한 사람이 만남 앞뒤로 저렇게 문자를 보낼 수는 없는 노릇 아닙니까.

저는 고소당한 직후 2017년 6월 수원지방검찰청에 A를 무고, 「정보통신망법」상 허위 사실 유포, 출판물에 의한 허위 사실 유포 혐의로 고소했습니다. 2017년 8월에 고소인 진술을 했고 2017년 9월 저에 대한 무혐의가 확정되고 나서 이 여성이 피의자 조사를 받은 것으로 알고 있습니다. 결과는 2017년 10월에 나왔습니다. 무고와 「정보통신망법」 허위 사실 유포 혐의에 대해서 검사가 기소 유예 처분을 내렸습니다. 처분서의 내용은 이렇습니다. "죄질이 매우 좋지 아니하나 초범이고 정신이 불안정한 상태를 감안해서 기소를 유예한다." 저는 A를 상대로 현재 민사 소송을 진행 중입니다.

Q. 몇몇 언론 보도를 보면 '1년간의 법정 투쟁'으로 알려져 있던데 사실과 다른 것입니까.

A. 그렇습니다. '법정'의 포괄적 의미가 '수사 및 처벌'까지를 포괄하는 말이라고 해도 제 사건은 4개월 만에 종결된 사건입니다. 법정 자체를 가 본 적이 없습니다. 말 그대로 '무혐의'입니다. 그리고 성폭력 관련으로 고소당한 건은 이 사건 1건뿐이었습니다. 다른 한 건은 모 시인에게 명예 훼손 혐의로 고소를 당했었는데 최근 검찰로 불기소 의견으로 송치됐다는 통보를 받았습니다. 두 건 외에 제가 고소당한 건은 없습니다.

언론에서 '법정에서 무혐의' 같은 표현을 쓰는 것을 본 적이 있는데 "지하철역에서 KTX를 탔다." 뭐 이런 말이랑 비슷한 것입니다. 일선 취재 기자들이 조금 더 세심하게 다뤄줬으면 하는 바람입니다. '4개월 만에 사건 종결'이라는 표현보다는 '1년간의 법정 투쟁' 이런 단어가 훨씬 더 자극적이고 기사 클릭을 유도할 수 있는 것 아니겠습니까. 사소한 부분이지만 사실 저에 대한 의혹 보도가 대개 저런 식으로 사실과는 다르게 보도됐습니다.

그 외의 폭로와 제기된 의문들에 대해

Q. 무고가 인정되거나 박 시인을 폭로한 사람이 한 명이 아닌 것으로 알고 있습니다.

A. 여러 명입니다. 저에 대한 의혹을 최초로 보도했던 《H 일보》 2016년 10월 21일 자 기사를 인용해 보면 이렇습니다.[3] "21일 현재까지 박진성 시인과 관련된 고발은 열 건이 넘어간다. 피해자들의 목소리가 커지면서 고발 대상자는 더 늘어날 것으로 보인다." 제가 확인한 것도 "열 건이 넘어간" 것은 맞습니다.

현재 《H 일보》와 이 기사를 작성한 H 기자를 상대로 정정 보도 및 손해 배상을 청구하는 민사 소송을 1년 넘게 진행하고 있는데 H 기자 측에서 '폭로의 증거'라고 제출한 것 중에는 이런 주장도 있습니다. "박진성이 DM을 보내 재워달라고 했다." 물론 허위입니다. 제가 미친 사람도 아니고 낯선 사람에게 왜 재워달라고 합니까. 그런데 저

---

3) 《한국일보》는 박진성 시인이 앞으로 《한국일보》와 황수현 기자의 실명을 사용하지 않는 조건으로 합의금 2,990만 원과 정정 보도로 박진성 시인과 합의했다. 합의 이전 인터뷰이지만 박진성 시인의 발언 중 《한국일보》와 황수현 기자는 《H 일보》와 H 기자로 기재했다. 《한국일보》는 박진성 시인이 향후 이 사건에 대해 《한국일보》와 황수현 기자의 실명을 사용하면 건당 100만 원씩을 받기로 했다.

런 폭로가 소위 '성폭력'의 범주에 묶여 10건이 넘는다고 보도됐습니다. 고의적 오보라고 생각합니다.

이 당시 저에게 성추행 및 '강제적 성관계'를 당했다고 폭로했던 또 다른 여성 B를 2017년 3월 대전동부경찰서에 허위 사실 유포 명예훼손 혐의로 고소했습니다. 동시에 민사 소송도 진행했습니다. 2017년 8월경 형사상 혐의가 인정되어 구약식 벌금 30만 원 처분을 받은 이 여성은 정식 재판을 청구했고 그 사건의 첫 공판일이 2017년 12월 중순이었습니다.

그런데 2017년 12월 초순의 자살 시도로 육체적, 정신적으로 극도로 황폐해 있었고 공판일 당일에 서울서부지방법원에 출석해서 해당 여성을 대면해야 한다는 사실 자체가 엄청난 부담이었습니다. 민사 소송이 진행 중이었고 제가 원하는 것은 B의 처벌이 아니라 "성폭력은 없었다."는 당사자의 '확인' 그리고 진실이었기 때문에 형사 소송은 고소를 취하했고 민사 소송에 집중했습니다.

2018년 2월 B와 민사 조정 합의에 이르렀습니다. 민사 소송에서의 '합의 결정문'은 판결과 똑같은 효력을 갖습니다. 성추행 및 '강제적 성관계'는 잘못된 사실이라는 것을 해당 여성이 인정했습니다. 그 '합의 결정문'을 받아내는 것으로 B와의 소송은 일단락됐습니다. 무고 및 허위 사실 유포 혐의가 인정된 A에 대한 검찰의 판단, 민사 조정에서 합의를 본 또 다른 B의 입장을 보면 제게 제기됐던 의혹 상당 부분이 허위라는 것이 입증된 셈입니다.

Q. 하지만 2016년 10월 21일 《한국일보》 황수현 기자의 최초 보도를 보면 "성희롱은 인정한다."는 취지의 발언이 나옵니다. 제기된 여러 의혹 중 성희롱에 대해서는 인정한다는 이야기입니까.

A. 인정 못 합니다. 기사를 인용하면 이렇습니다. "이에 대해 박 시인은 '성희롱은 일부 인정하지만, 성추행과 성폭행은 절대 한 적이 없다.' 고 부인했다." 제가 봐도 참 이상한 말입니다. "성희롱은 일부 인정한다?" 최초 보도 당시 상황에 관해 설명하면 이렇습니다. 2016년 10월 19일 최초 폭로자가 "성희롱을 당했다."고 트위터에 폭로했고 그 폭로가 해시태그를 타고 다른 폭로를 불러왔습니다. 최초 폭로 이후 최초 기사까지 48시간이 채 안 걸렸습니다.

게다가 《H 일보》의 H 기자는 최초 보도 당시 어떠한 사실관계도 저에게 확인하지 않았고 실명과 인물 사진이 그대로 노출된 기사가 트위터와 페이스북 등을 통해 엄청난 속도로 퍼졌습니다. 기사가 나간 시각은 오후 1시경이었고 제가 기사를 확인한 게 오후 1시 20분경입니다. H 기자에게 즉시 전화를 걸어 항의했고 제가 가지고 있는 ―이후 무혐의 처분과 무고 혐의 인정의 결정적 증거가 된 대화 내역들― 자료들을 급한 대로 일부 보여 주었고 저에게 제기된 의혹들을 강하게 부인했습니다. 이 과정에서 기사가 계속 수정됐는데 그 과정은 대략 이렇습니다.

첫째, 박진성의 입장은 없다(최초 보도 기사에서는 제 입장이 아예 빠져 있 었습니다).

둘째, 박진성은 성폭행은 부인하지만, 성희롱과 성추행은 인정한다 (이 부분을 보고 다시 항의 전화를 했습니다. 성추행을 인정했으면 내가 해당 혐의에 대해서 무혐의 처분을 받을 수가 없습니다).

셋째, 박진성은 '성희롱은 일부 인정'한다(더 항의할 힘도 없었고 실신 일보 직전까지 내몰린 상황이었습니다).

"성희롱을 일부 인정한다."는 기사가 작성된 대략의 경위입니다. H 기자가 애초에 저에게 사실 확인을 위해서 전화 한 통만 했더라도 이러한 혼선은 없었을 것입니다.

Q. 그렇다면 성희롱 의혹은 구체적으로 어떠한 것이었습니까.

A. 두 명이 제기했습니다. 먼저 최초 폭로자는 C입니다. C와 저는 2015년 9월부터 12월까지 짧은 기간 동안 '온라인 시 창작 수업'을 진행했습니다. 저의 생계 수단이 그것이었습니다. 온라인 공간에 시를 올리면 논평을 해 주고 정전으로 삼을 만한 시들을 소개하며 짧은 해설을 남겨주는 것이었습니다.

온라인 수업이기 때문에 당연히 만남은 없었고 그 여학생(당시 18세) C가 잦은 연락을 먼저 했습니다. 해당 여성과의 카카오톡 대화 내역 전문을 《H 일보》 상대 소송 재판부에 제출한 상태입니다. 이 폭로자 C는 제가 "여자는 남자 맛을 알아야 한다."고 했다는데 방대한 분량의 대화 내역 어디에도 그런 말은 없습니다. 물론 거짓말입니다.

대화 내역을 보면 이런 말이 나옵니다. 모두 그 폭로자의 말들입니다. "선생님 저는 비가 오는 날을 좋아해요. 목소리 듣는 것도 좋아하고요.", "오늘 몇 시에 주무시나요. 새벽 4시에 전화드려도 되나요.", "대전 놀러 가도 되나요.", "(대전에 놀러 오는 것에 대해서) 선생님은 내일 어떻게 하실 거예요." 등입니다.

두 차례 대전에 놀러 오겠다는 걸 두 번 다 제지했습니다. 미성년자인 제자와의 만남이 부적절하다고 생각했기 때문입니다. 이 폭로자 C가 성희롱을 당했다고 주장하는 시점은 2015년 9월 이후부터 2015년 12월 이전입니다. 2015년 12월 이후에는 아주 간헐적으로만 연락했습니다. 사제지간이 끊겼기 때문입니다.

그런데 의아한 것은 이 폭로자 C가 2016년 10월 19일에 저에게 성희롱을 당했다고 폭로하기 불과 11일 전에 자신의 시를 봐달라고 시 전문을 저에게 카카오톡으로 보냈다는 점입니다. 경황이 없어서 해당 카카오톡을 확인하지 못했습니다. 그 카카오톡이 마지막 연락이었습니다. '돈을 내고 수업을 받을 때는 시를 봐 주다가 돈 안 내니까 단 한 편의 시도 안 봐 주는구나!' 그렇게 생각했던 것 같습니다. 그래서 허위로 폭로를 했던 것 같습니다.

이 폭로자는 '돈'에 대해 유난히 민감했었는데 최초 폭로자는 처음에 저를 모 시인으로, 그러니까 익명으로 폭로를 했다가, 제가 폭로에 대한 부당함을 얘기하니까 "그럼 본명 말해도 돼요?", "주시려면 저는 돈이 좋습니다.", 이런 말로 저를 협박했습니다. 실명을 폭로하지 않는 조건으로 돈을 요구했던 것인데 그 요구를 받아들일 수는 없었습니다. 그렇게 저는 C로부터 '미성년자 상대 성희롱범'으로 지목됐고 그 폭로 이후 추가 폭로들이 연달아 터져 나왔습니다.

두 번째 성희롱 의혹은 2005년에 성희롱을 당했다는 한 여성 D의 주장인데 황당한 노릇입니다. 11년 전의 일을 일방적으로, 허위로 폭로한 것입니다. 2005년에 첫 시집을 냈고 시집을 읽었다는 해당 여성이 대전으로 놀러 오겠다고 해서 가볍게 맥주를 마시고 모텔에서 같이 밤을 보냈습니다.

저의 첫 시집《목숨》은 정신 질환을 주요 모티프로 삼았고 해당 여성은 정신의 불안과 우울증을 호소했습니다. 그래서 만났습니다. 워낙 오래전 기억이라 정확하진 않지만 주로 '정신의 병'에 대해서 이야기했던 것 같습니다. 대학 생활에 대한 조언이나 정신 질환에 대한 조언 같은 것을 해 줬던 것 같습니다. 물론 어떠한 신체 접촉도 없었고 모텔에서 나온 이후 밥을 같이 먹고 별일 없이 헤어졌던 기억이 있습니다. 그게 첫 만남이자 마지막 만남입니다.

같이 술을 마시고 모텔에 가서 밤을 보내고 이후에 밥을 먹고 헤어졌던 D가 성희롱을 당했다고 폭로했습니다. 고의로 빠트린 것 같은데 '11년 전의 일'을 폭로했습니다. 신뢰할 수 있을 만한 폭로라고 생각하지 않습니다. 이 인터뷰를 읽는 분들의 판단에 맡기고 싶습니다.

Q. 박 시인은《한겨레》에 <나의 여성 혐오를 고발합니다>를 기고한 적이 있지 않습니까. 이에 일각에서는 박 시인의 항변에 대해 의구심을 표하기도 합니다.

A. 제목 그대로 '여성 혐오'에 대해 '자기 고발'을 한 것입니다. 해당 글을 기고했던 2016년 9월 당시 문단의 화두는 단언 '여성 혐오(misogyny)'였고《한겨레》최재봉 선임 기자와 통화를 하면서 '남성 문인들의 여성 혐오에 대한 자성을 촉구하는 고백'의 첫 주자로 나선 것이었습니다. 문란했던 사생활에 대한 자기 고발이었습니다. 고발 과정에서 다소 과장된 표현이 있었고 이 기고문이 이후의 폭로들과 결합하면서 마치 '성폭력을 시인한 것'처럼 왜곡되고 과장되어 회자됐습니다. 무고 혐의가 인정된 여성도 해당 기고 글을 '성폭력의 증거'로 제출했지만 채택되지 않은 것으로 알고 있습니다.

성폭력을 고발하는 것이었다면 당연히 글의 제목은 '나의 성폭력을 고발합니다'였을 것입니다. 문란했던 사생활과 '여성 혐오' 성향에 대해서는 이후의 나의 삶으로 반성해야 할 부분이고 도덕적으로 질타를 받을 부분이지, 그 기고문 자체가 성폭력의 '자인'이 될 수는 없는 노릇입니다.

언론의 책임

Q.《한국일보》황수현 기자와의 민사 소송은 어떻게 진행되고 있습니까. 쟁점은?

A. 2017년 1월에 소를 제기했고 2018년 3월에 4차 변론 기일이 잡혀 있습니다. 쟁점이 워낙 많아서 길어지고 있는 것 같습니다. 정정 보도를 청구한 기사만 사설을 포함해서 4개입니다. 《H 일보》의 공식 트위터 게시물과 페이스북 포스팅까지 합하면 총 6개입니다. H 기자의 악랄함에 대해서는 저의 SNS 계정들을 통해 지속해서 알려 왔습니다. 기자가 그러면 안 됩니다. 거의 재앙에 가까운 수준입니다.

위에서 말했던 것처럼 H 기자는 최초 의혹 보도 당시 저에게 어떠한 확인도 거치지 않았습니다. 인격 살인입니다. 기사를 보면 저에 대한 의혹을 보도하면서 시집 이미지와 사진을 동시에 쓰고 있는데 하나의 기사에서 왜 두 개의 이미지가 필요한지 모르겠습니다. 수배 전단에 가까운 기사인데 강조해서 말하지만 저는 최초 의혹 보도 당시 피의자 신분도 아니었습니다.

그리고 최근에 나온 민사 조정 합의문대로 폭로자조차 애초에 기사화를 원하지 않았습니다. 해당 기사로 인해 아직도 고통을 겪고 있다는 내용이 있습니다. 의혹의 당사자인 저는 물론 의혹을 제기했던 사람에게조차 "이것을 기사화해도 되느냐?"라고 묻지 않고 기사화해 버렸습니다. 당연히 사실 확인 같은 것은 하지 않았습니다. 트위터는 익명성이 최대한으로 강화된 인터넷 공간입니다. 그 공간의 무차별적인 폭로만으로 기사를 작성한 것입니다. 실명은 물론 사진까지 공개하면서 말입니다.

Q. 박 시인에 대한 정정 보도가 50건이 넘는 것으로 알고 있습니다. 주

로 어떠한 것들입니까.

A. 대부분 '미성년자를 상대로 한 성폭력' 관련입니다. 위에서 말한 것처럼 저는 해당 미성년자를 만난 사실이 없습니다. 《H 일보》가 가장 악질입니다. 트위터와 페이스북에 저에 대한 최초 의혹 기사 링크를 걸면서 제목을 '미성년자 성추행 의혹'으로 뽑았습니다. 죽이려고 아주 작정을 한 셈입니다. 최초 폭로자였던 미성년자와는 만난 사실이 없었다는 걸 취재를 했던 H 기자도 알고 있었을 것입니다. 그런데 포스팅 제목을 <미성년자 성추행>으로 잡았습니다. 미친 겁니다.

H 기자의 악의성은 다른 데서도 드러나는데, 저에 대한 의혹을 보도하면서 저의 얼굴 사진을 노출한 것이 가장 악의적이었다고 생각합니다. 나중에 안 사실인데 2016년 #문단_내_성폭력 해시태그 운동 당시 보도됐던 다른 시인들의 의혹 기사는 사진을 쓰지 않고 있습니다. 심지어 '구속'이 결정된 시인에 대한 보도, 그 시인에 대한 징역형이 선고된 기사에서도 사진을 쓰지 않고 있습니다. H 기자의 저에 대한 표적 보도이자 '인권 보도 준칙'을 완전히 무시한 기사라고 생각합니다. H 기자의 악랄함에 대해서는 저의 블로그 '싸움 일지'에 기록해 두었습니다.

한편 제 사건에 관해 주로 진보 언론들이 악랄하게 보도를 했었는데 《한겨레》와 《민중의소리》 그리고 《여성신문》은 아예 '미성년자 성폭행'으로 보도했습니다. 이에 대해 개인 자격으로 정정 보도를 청구했고 해당 언론사들이 정정 보도를 내보냈습니다.

결국 《H 일보》와 H 기자의 책임이 크다고 생각합니다. '미성년자 성추행'이라는 자극적인 문구로 최초 보도를 내보냈고 다른 언론들이 이러한 최초 보도를 인용하는 형식으로 더 자극적으로 보도 경쟁을 하면서 생긴 참극이라고 생각합니다. '미성년자 성추행' 혹은 '미성년자 성폭행'으로 보도한 언론에 대해서는 정정 보도와 추후 보도 손해 배상을 다 청구할 생각입니다. 워낙 기사량이 많아서 담당 변호사가 애를 먹고 있습니다. 자료는 모두 제출한 상태입니다.

탁수정과의 설전

Q. 언론노동조합 출판 지부 조합원이자 최근 잇따른 기행(도종환 장관 결혼식 주례를 고은 시인이 섰다는 가짜 뉴스 유포, 폐쇄 병동 입원 사실 허위 유포 후 모금 등)으로 논란을 일으킨 탁수정 씨와 최근 공개 설전을 벌이고 있습니다. 박 시인님이 주장하는 쟁점을 정리해 줄 수 있습니까.

A. 탁수정 씨를 2017년 10월 「정보통신망법」상 허위 사실 유포 명예 훼손 혐의로 고소했다가 12월 하순에 고소를 취하했습니다. 12월 초순의 자살 시도 이후 모든 게 부질없이 느껴졌고 위에서 언급한 폭로 여성에 대한 형사 고소를 취하하면서 같이 소 취하를 결정했습니다. 나름으로는 선의라고 생각했는데 오판이었습니다. 2018년 2월 미투 운동이 본격화되면서 탁수정 씨가 전면에 등장하는 걸 보고 경악했습니다. 이건 아니다 싶었죠.

미투 운동이 가장 경계해야 할 '무고'의 문제에서 벗어날 수 없는 사람이 바로 탁수정 씨입니다. 본인이 지속해서 주장하는 것처럼 '무고죄'로 처벌받은 사실은 없지만, 저 외의 다른 시인에 대한 허위 사실 유포 혐의가 인정된 말 그대로의 '범죄자'입니다. 탁수정 씨의 선동으로 성범죄자로 낙인찍힌 시인만 4명 이상입니다. 이 중에서 모 시인의 형사 고소로 허위 사실 유포 명예 훼손 혐의 기소 유예 처분을 받고 민사상 700만 원의 손해 배상을 한 사람입니다. 탁수정 씨는 자격이 없는 사람입니다.

또한, 탁수정 씨는 2016년 10월 #문단_내_성폭력 해시태그 운동 당시 저를 가장 비열하게 괴롭힌 사람입니다. 위에서 언급한 무고 혐의가 인정된 사람과 함께 단톡방을 만들어서 저에 관한 폭로를 부추기고 선동했습니다. 끔찍한 일입니다. 저는 2016년 10월 이후 몇 달간 SNS 계정을 모두 닫고 일체의 사회생활을 하지 않고 있었는데 당시 탁수정 씨의 트위터를 보는 일은 그 자체로 공포였습니다.

지속해서, 집단으로, 끊임없이 사이버 폭력을 행사했던 사람입니다. 자신은 무고죄로 고소당한 적이 없다고 수차례에 걸쳐서 인터뷰한 모양이던데 그건 자랑이 아닙니다. 엄연한 '허위 사실 유포 명예 훼손' 범죄자입니다. 가벼운 범죄가 아닙니다. 한 사람을 사회적으로 살인할 수 있는 범죄입니다.

Q. 탁수정 씨의 행보는 저도 이해할 수 없는 것이 많습니다. 일련의 행보들의 이유에 대해 짚이는 것이 있습니까.

A. 그 속내야 제가 알 수 없지만, 추측은 가능합니다. 위에서 언급한, 저에 대한 무고 혐의가 인정된 여성 A는 자신을 취재하는 모 일간지 기자에게 인터뷰하는 조건으로 두 가지를 내세웠다고 합니다. 자신의 필명을 사용해줄 것과 한 면 전체를 지면으로 할애해 줄 것이 그것입니다.

그게 2017년 2월의 일인데 해당 기자가 하도 이상해서 기사화 자체를 포기했다는 이야기를 직접 전해 들었습니다. 자신의 피해를 호소하는 것은 정당한 일이지만, 그 '피해 호소'를 통해 무언가가 '되려고' 한다는 것은 끔찍한 욕망입니다. 탁수정 씨의 욕망도 크게 다르지 않다고 생각합니다.

다른 기자로부터 신빙성 있는 진술을 최근에 확보했는데 소위 '문단 내 성폭력' 피해자들 사이에서도 원망의 목소리가 꽤 있다고 들었습니다. 탁수정 씨가 자신들을 이용해서 무언가를 자꾸만 하려고 한다는 것입니다. 뻔하지 않습니까. 여성 인권 운동가, 성범죄 피해자를 돕는 활동가 등. 저는 그런 욕망이 끔찍합니다.

저는 탁수정 씨가 2016년 #문단_내_성폭력 해시태그 운동 당시 한 일을 정확히 기억하고 있는데 단톡방을 만들어서 조직적으로 움직인 것과 무차별적으로 튀어나오는 의혹들을 무차별적으로 리트윗해서 확대하고 재생산한 것 외엔 특별히 없습니다. 사람이라면 수치심을 지녀야 합니다. 모 시인을 허위 사실로 성범죄자로 낙인찍었으면 법의 판결이 아니더라도 최소한의 도의적인 사과는 있어야 한다고 생각합니다. 탁수정 씨는 그걸 안 하고 또 못 합니다.

탁수정 씨의 무차별적인 폭로와 의혹 재생산으로 몇몇 시인은 아직까지 고통을 겪고 있습니다. 최근에 공교롭게 탁수정 씨에게 피해를 본 시인 두 분과 함께 만난 적이 있는데 이렇게 텍스트로 전할 수 있는 것보다 그 피해와 상처는 훨씬 더 끔찍합니다. 한 분은 가족들과 멀어졌고 한 분은 생업을 위협당하고 있습니다. 그게 2016년의 일인데 아직도 진행형입니다. 다른 건 바라지 않습니다. 탁수정 씨의 진솔한 사과가 있어야 합니다.

이후의 삶

Q. 출판사 《문학과지성사》로부터 박 시인의 시집에 대한 '출고 정지' 처분을 받았던 것으로 알고 있습니다. 그 이후의 상황에 대해 말해 줄 수 있습니까.

A. 2016년 10월, 허위 폭로들이 불거져 나온 이후 일주일 만에 출고 정지 처분을 일방적으로 당했고 아직도 그 상태가 유지되고 있습니다. 이례적으로 <社告>를 내면서 '사회적 정의와 윤리' 운운하면서 '피해자분들께 사과드린다'는 취지로 사고를 냈었는데 그 사고가 또한 '성범죄자 낙인'의 결정적 이유가 됐습니다. 2016년 10월 당시 많은 신문사와 방송사가 해당 사고를 자료 화면으로 내보냈습니다.

언론들은 신속성을 요구하는 직군이니까 그나마 이해가 되는데 왜 그렇게 빠른 시간에 사고를 내서 '범죄자 낙인'을 찍는 데 동조하고 왜 그렇게 빠른 시간에 '출고 정지' 처분을 한 것인지, 그 처분이 왜 지금까지 풀리고 있지 않은지 도저히 이해할 수 없습니다. 다수의 여성에 대한 성폭력 혐의로 경찰 수사를 받는 이윤택의 작품이 포함된 저작물은 아직도 판매 중입니다. 자기모순입니다. 해당 출판사에 저의 시집에 대한 절판 처분을 요구했고 곧 다른 출판사에서 재출간할 예정입니다. 시집은 포로가 아닙니다.

Q. '성범죄 의혹'으로 오래 시달렸고 또 무고로 피해를 보았습니다. 어떤 심정인지 말해 줄 수 있습니까.

A. 한 위키 사이트 항목에서 '박진성 시인'을 검색하면 이런 부분이 보입니다. "혐의가 있다고 핍박을 받는다. 그리고 혐의가 없다고 핍박을 받는다." 누가 작성했는지 모르겠지만 해당 사건 이후의 제 삶을 가장 정확하게 표현해 주는 말인 것 같습니다. 혐의가 있을 때는 혐의가 있다고 조리돌림 하더니 이제는 혐의가 없다고 조리돌림을 합니다. 2016년 10월 21일 이후의 삶은 덤으로 생각하고 있습니다. 그렇게 생각하지 않으면 도저히 이 삶은 불가능합니다.

Q. 책 출간을 위해 펀딩을 한다는 소식을 들었던 것 같습니다. 향후 계획에 대해 말씀해 주십시오.

A. '스토리 펀딩' 준비를 하고 있습니다. 2016년에 출간하려다 좌초됐던 산문집이 늦어도 5월에는 나올 것 같습니다. 세 번째 시집 《식물의

밤》도 같이 나올 것 같습니다. 산문집의 제목은 《이후의 삶》입니다. 제목 그대로 저는 '이후의 삶'을 살고 있습니다.

하일지 소설가
– "인격 살해당했지만 새로운 소설 쓰겠다"

—

오세라비(2018년 6월)

하일지 동덕여대 문예창작과 교수가 강단을 떠나 작가의 길로 되돌아가기로 한 지 석 달이 지났다. 2018년 3월 14일 동덕여대 1학년 전공 필수 강의인 '소설이란 무엇인가' 수업의 자료로 김유정의 소설 《동백꽃》과 때마침 불붙은 '미투 운동'을 연관 지어 발언한 것이 논쟁의 발단이 됐다. 수업 시간 중 작품 해설이 원인이 돼 끝내 강단을 떠나게 됐다. 게다가 2년 전 재학생을 성추행했다는 의혹까지 불거지며 더 큰 논란이 됐다. 19일 동덕여대 100주년 기념관에서 하 교수는 기자회견을 끝으로 소설가로 돌아갔다. 기자회견장에 몰려든 학생들은 고성과 야유로 응수하며 하 교수의 공개 사과를 요구했으나 그는 단호히 거부했다.

하 교수는 1990년 당시 문제적 장편 소설이라는 평을 얻은 작품 《경마장 가는 길》로 등단한 지 올해로 28년째를 맞았다. 그동안 꾸준히 소설과 시집, 소설 이론서 등을 발표했으나, 그는 현재 인생 최대의 위기를 맞았다고 해도 과언이 아니다. 강단을 떠난 하일지 작가를 만나 그의 말을 들어보기로 한다. 인터뷰는 지난 2018년 5월 8일 이메일로 진행됐다(인터뷰어 주).

Q. "안녕하십니까?"라고 묻기에 조금 민망하지만, 근황이 궁금합니다. 어떻게 지내십니까? 작가의 길로 되돌아가겠다고 선언했는데, 혹시 작품이라도 집필 중이신가요?

A. 아직은 집필에 착수하지 못하고 있습니다. 전혀 예상하지 못했던 언론과 학생들의 난데없는 비난에 정신적인 충격이 좀 컸습니다. 문화혁명 당시 느닷없이 들이닥친 홍위병들에 의해 온갖 수난을 당했던 중국의 노학자나 문인들의 심정이 저와 비슷했을 것입니다.

그런데, 내가 왜 그런 비난을 받아야 했는지 아직도 이해하지 못하겠습니다. 아무리 생각해도 저는 비난받아 마땅한 짓을 한 적이 없으니까요. 그러다 보니 그동안 저에게 닥친 상황을 정리하느라 집필에 엄두를 내지 못했습니다. 게다가 최근에는 외국에서 손님들이 오셔서 손님맞이로 경황이 없습니다. 손님들이 돌아가시면 집필에 착수할 예정입니다.

Q. 문예창작과 수업에 깊은 애정을 가지고 20년 가까이 강의를 하셨습니다. 그런 문예창작과에서 가르치는 학생들, 더구나 수업 시간 강의 자료로 활용한 문학 작품이 발단이 되어 결국 강단에서 물러났는데, 동덕여대 사표 수리는 어떻게 진행되고 있나요? 학교 측의 진상조사위원회 진행 상황도 함께 말해 주십시오.

A. 보다 정확하게 말하면 '강의 자료로 활용한 문학 작품이 발단이 된 것'은 아닙니다. 소설 구성적으로 말씀드리자면, 미투 운동에 심취

한 몇몇 학생이 제 강의의 진의는 듣지 않고 몇몇 부분을 악의적으로 발췌한 후 왜곡 편집해서 퍼트린 것이 발단이라고 할 수 있지요.

그리고 언론이 철없는 학생들이 퍼트린 것을 생각 없이 받아 무슨 경천동지할 일이 일어난 것처럼 떠들어댄 게 사건의 전개라고 할 수 있습니다. 언론과 학생들은 사과를 요구했고, 저는 단호히 거절했는데, 이것이 위기라고 할 수 있지요. 그리고 제가 기자회견을 열어 강단을 떠난다고 선언한 것이 절정이라고 할 수 있지요.

Q. 그렇다면 이 이야기의 대단원은 무엇일까요?

A. 훗날 사람들이 한 문학 교수가 강의실에서 한 발언이 미투 운동가들의 심기를 건드려 결국 강단에서 물러난 사태를 두고 한국 사회에서 일어난 가장 아이러니하고도 코믹한 사회·문화적 사태 중 하나로 오랫동안 이야기하게 될 것이라고 저는 확신합니다. 바로 이것이 대단원입니다. 사표 수리 문제를 어떻게 진행하고 있는지 저는 별로 관심이 없습니다. 적법한 절차에 따라 학교에서 현명한 결정을 내리리라 믿을 뿐입니다.

Q. 3월 19일 기자회견장에서 이런 말씀을 하셨습니다. "내가 가르치는 과목은 사회학이나 정치학이 아니라 소설 과목이다. 나는 소설을 가르친다. 소설에서는 때때로 자신의 이념과 다른 것들도 있을 수 있다." 안희정 전 충남도지사에 대한 김지은 씨의 성폭행 폭로를 두고 질투심에 의한 것이라는 발언이 미투 비하, 2차 가해라는 거센

항의로 이어졌습니다.

A. 저는 미투를 비하할 만큼 한가한 사람이 아닙니다. 그리고 김지은 씨라는 분을 2차 가해나 할 만큼 그이와 무슨 원한 관계에 있지도 않습니다. 저는 다만 소설 강의 시간에 학생들에게, 언표된 감정과 실제 감정 사이에는 차이가 있을 수 있다는 것을 일깨워 주고 싶었습니다. 자기 자신도 믿지 못하고 실천하지 않는 원리주의적 정의감, 순혈주의적 윤리관에 따라 글을 쓴다면 결코 성공할 수 없다는 것을 저의 젊은 시절의 경험을 통해 알고 있기 때문입니다.

Q. "대중 앞에서 인격 살해를 당했다.", "문학 교수로서 자존심에 깊은 상처를 입었다."라고 하셨는데요.

A. 사실 지난 20년 동안 저는 나름 애정을 가지고 열심히 학생들을 가르쳐왔습니다. 남에 대해 말하기 좋아하는 언론 덕분에 저의 강의인 <소설이란 무엇인가>가 시정잡배들이나 하는 잡설 수준으로 사람들은 오해하게 됐는데, 그 점이 저에게는 가장 마음이 아픕니다. 그런데, 강의를 귀담아들은 학생 중에는 그 강의를 통해 많은 것을 깨우치게 됐다고 하는 사람들도 있습니다. 그 강의에 대한 역대 강의평가만 봐도 알 수 있습니다.

Q. 지난 3월 14일 수업이 있고 난 직후 동덕여대 문예창작과 학생들이 교내에 '하일지 망언 대자보'를 붙였어요. 《동백꽃》의 점순이 이야기부터 예를 드는 문학 작품도 여성들은 희롱의 대상이고 부수적인 존재다 등 온갖 말들이 쓰여 있었는데 할 말이 있으실 거 같아요.

A. 이것은 분명히 허위 사실에 의한 명예 훼손에 해당합니다. 그들이 대자보에 올린 글 중의 대부분은 내가 한 말이 아니며, 어떤 것은 학생들이 발표하는 소설 작품의 여러 국면에 대하여 학생들과 합평하는 시간에 오간 이야기를 앞뒤 거두절미하고 악의적으로 왜곡해서 만든 말들입니다. 그런 허위 사실 유포야말로 가장 잔인한 인격 살해라고 할 수 있습니다.

Q. 문예창작과는 상상력, 감성, 사회적인 문제의식과 비판 정신이 바탕이 되어야 한다고 생각하는데, 수업 시간의 작품 하나로 시작된 문제를 토론과 비판, 논쟁으로 해결할 수는 없었을까요? 개인적으로도 상당히 안타깝습니다. 하 교수님이 생각하는 문예창작의 현실, 문학적 탐구는 어떻게 이루어져야 할까요?

A. 역대로 토론과 논쟁이 비교적 활발했습니다. 수업 분위기는 비교적 활기찼고, 웃음이 그치지 않는 편이었습니다. 그런데 올해는 가벼운 농담도 농담으로 받아들여지지 않는 게 이상했습니다. '미투'라는 이념이 학생들을 경직시키고 있는 것 같습니다. 저도 역시 안타깝습니다. 그런데, 작가가 되는 것도 다 학생 개개인의 운명이라는 생각이 듭니다. 선생이 아무리 애써도 안 되는 사람은 안 되고, 그냥 둬도 될 사람은 되는 것 같습니다. 교육 현장에 오래 있다 보니 나 자신도 모르게 운명론자가 되어가는 것 같습니다.

Q. 의혹 중 하나가 2년 전, A 씨라 불리는 재학생이 성추행을 당했다고 미투 고발을 했어요. 이에 하 교수는 최근 A 씨를 '허위 사실 유포

에 의한 명예 훼손 및 협박'으로 고소했다고 알려졌는데 진실은 무엇인가요?

A. 그 문제에 대해서는 검·경의 조사 중이니 말을 절제하는 게 옳겠습니다. 한 가지만 말하면, 소위 A 씨의 고백 역시 언표된 것과 진실 사이에는 엄청난 차이가 있다는 것을 저는 증거들을 통해 입증하고자 합니다. 그리고 저는 저 자신의 결백을 믿습니다.

Q. 최근 A 씨는 국가인권위원회에 진정서를 접수했던데요?

A. 그렇게 들었습니다. A 씨가 저를 경찰에 고소해 주기를 기다렸습니다. 그러나 끝내 그렇게 하지 않고 국가인권위원회에 진정서를 냈다고 합니다. 그가 정말 저한테 피해를 보았다면 고소하는 게 마땅할 텐데 말입니다. 인권 문제라면 제가 그로부터 침해를 받았다고 할 수 있습니다.

Q. 이해하기 어려운 점은, 하 교수 정도의 문학 커리어와 문단에서 차지하는 위치를 감안하면, 현재 "나는 모든 것을 잃었다."고 자조할 정도로 힘든 상황에 처해있는 하 교수의 입장에도 불구하고 문학계 전반에 걸쳐 아무런 반응이 없어요. 몸조심인지, 아니면 침묵의 카르텔인지? 오랫동안 한국 문학을 읽어 온 독자의 입장인 필자로서도 이해하기 어려운 상황입니다.

A. 저는 본래 문단이라는 것에 소속된 적도, 어떤 조직에 봉사한 적도 없지만, 굳이 문단이 나설 일도 아니라고 생각합니다. 이건 단순히 문학계의 문제가 아니라 우리 사회 전반의 문제라고 생각합니다. 그동안 우리 사회에서 이영희(오세라비 작가 실명) 선생님을 제외한 다른 사람들이 자신의 이름을 걸고 나서서 저를 편들지 못하는 것도 미투 광풍이 워낙 무서워서 다들 몸을 사리고 있는 것 같습니다. 그러면서도 속으로는 저를 지지하는 사람도 적지 않습니다. 때가 되면 그런 분들이 나서서 제가 못다 한 말씀들을 하시겠지요.

Q. 문학 이야기를 하지 않을 수 없는데요, 개인적으로 하일지 교수의 소설 《누나》를 가장 좋아하고 재밌게 읽었습니다. 1990년대 초반의 포스트모더니즘 경향에서 벗어나 본격적인 서사성을 담아낸 이야기라 소설 작풍의 변화를 느꼈습니다. 자신의 소설에 대해 간략하게나마 들려줄 수 있는지요?

A. 저는 지금까지 12권의 장편 소설을 출판했습니다. 작가로서 저에게 항상 어려운 과제는 작품마다 형식적 변화를 추구해야 한다는 것입니다. 《경마장 가는 길》 이후 지금까지 저는 12권의 장편 소설을 발표했습니다만, 작품마다 다른 형식을 추구하는 것이 저에게는 언제나 어려운 숙제였습니다. 이런 차원에서 저는 《누나》를 탈고했을 때 몹시 기뻤습니다. 이 작품에서 저는 또 다른 형식적 탐구를 성공리에 완수했다는 생각 때문입니다. 이 작품에서 이룩한 형식적 탐구란 화자의 독특한 진술에 있습니다.

사실, 소설은 독자들로 하여금 화자가 들려주는 서술을 액면 그대로 듣고 믿게끔 쓰여 있는 구조물입니다. 그런데 저는 오래전부터 소설에 있어 화자의 진술을 우리는 왜 있는 그대로 신뢰하게끔 구성돼 있는가, 믿을 수 없는 화자의 진술로 하나의 이야기를 만들 수는 없을까 하는 데 대해 관심을 가지고 있었습니다.

믿을 수 없는 화자의 진술로 이루어진 소설에 대한 저의 실험은 제가 최초로 발표한 단편 소설인 《승천》에서도 이루어지고 있습니다. 이 작품의 서술은 황당하기 짝이 없는 허풍쟁이의 말이지만 독자들은 그 황당함에 매료되는 것입니다. 믿을 수 없는 화자의 서술로 이루어진 소설을 본격적으로 실험한 것은 《누나》라고 할 수 있습니다. 열두 살짜리 시골 소년이 들려주는 이야기는 황당하기 짝이 없지만, 그것들이 모여 신화적인 세계를 만들어가고 있는 것입니다.

Q. 인문학의 퇴조 시대라 생각됩니다. 직설적으로 말해 인문학은 망해가고 있는 게 아닐까요. 인문학의 중심인 문학 역시 날로 약화되고 있고요. 대학은 교양 교육을 통해 합리적이고 지성적인 사고와 모든 분야에 대한 지식을 쌓는 곳이지요. 인문학을 통해 글을 쓰고, 생각하고, 말하는 법을 배워 장차 사회로 나아가기 위한 준비 과정으로 그런 의미에서 문예창작과의 역할도 중요할 텐데, 한국 문학의 미래는 어떻습니까?

A. 어떤 학문의 흥망성쇠는 상업주의와 궤를 같이하는 것처럼 보입니다. 인문학이 망했다고들 말하는 것은 인문학을 공부한 사람들의 취

업률이 상대적으로 낮다는 것을 말하는 것 같습니다. 그러다 보니 지원자도 줄어드는 것 같습니다.

그런데 한 사회를 견인하는 것은 결국 그 사회 구성원들의 인문학적인 소양이라고 생각합니다. 세계인들을 놀라게 한 한국의 촛불 혁명은 한국인들의 인문학적 소양이 높다는 것을 말합니다. 북한의 경우는 공대, 의대, 사범대 등은 발달했지만, 인문사회대학은 김일성 종합대학을 제외하고는 없다고 들었습니다. 인문학적 소양이 낮기 때문에 독재 체제를 바꿀 수 없는 것입니다.

젊은 시절 한때 저는 고등학교에서 교사 생활을 한 바 있습니다. 근무했던 고등학교의 교장 선생님을 만나 담소를 나누던 중, 교장 선생님이 저에게 "밖에 나가보니(즉, 학교를 떠나 바깥세상) 학생들에게 무엇을 가장 중히 가르쳐야 하겠냐?"고 물었습니다. 이 물음에 대하여 저는, "뭐니 뭐니 해도 '말'을 중히 가르쳐야겠습니다." 하고 대답했습니다.

사실 김대중·노무현 대통령은 학벌이 높았던 사람들이 아닙니다. 그분들은 말을 잘했습니다. 한 사회를 이끌어가는 것은 말이고, 말을 잘하는 사람이 그 사회의 리더입니다. 그리고 인문학은 바로 말하는 법을 배우는 것입니다.

한국은 인문학도 급속히 발달하는 나라입니다. 그리고 한국 문학도 나날이 발달해 가고 있는 것이 사실입니다. 한국 문학이 해외에 번역 출판되는 것도 전에 없이 늘어가고 있습니다. 그런 의미에서 문예창작과는 유망한 학과임에는 틀림없습니다. 그러나 우리 시절에 비해 오늘날의 학생들은 스스로에 대한 신념이 그다지 높은 것 같지는 않습니다. 그리고 문학 교수법이 아직도 그다지 발달한 것 같지는 않습니다.

Q. 현재 웹 소설은 성장하고, 본격 소설은 악화일로가 아닐지요. 동의하실지 모르지만, 개인적으로 하 교수를 본격 소설의 마지막 주자라 여기고 있습니다. 대학 강단을 떠난다고 선언했을 때 "이제 본격적으로 소설을 쓰면 되겠다."라는 생각도 들었고요. 2014년 발표한 《누나》이후 작품이 없는데요. 향후 작품 계획은?

A. 강단을 떠나 작가의 길로 되돌아간다고 했으니 이제 저의 직업은 전업 작가입니다. 앞으로 새로운 소설을 쓰는 것이 저의 과제입니다.

하일지 소설가,
성추행 의혹의 진실을 말하다
—
오세라비 (2018년 6월)

지난 2018년 6월 7일 동덕여대 'H 교수 성폭력 비상대책위원회' 가 학교와 하일지 전 교수를 규탄하는 집회를 열었다. 지난 3월 문예창작과 수업 시간에 작품 하나를 두고 벌어진 소동으로 결국 강단을 떠난 하일지 전 동덕여대 교수. 이젠 그는 재학생을 강제 추행했다는 혐의마저 스스로 벗어야 하는 처지가 됐다. 이에 하 전 교수와 두 번에 걸쳐 인터뷰를 진행했다. 그가 말하는 전후 사정과 성추행 피해자라고 주장하는 A와 하 전 교수가 주고받은 문자를 통해 본지는 그날의 진실을 알리려 한다. 이달 초에 진행 된 두 번째 인터뷰를 먼저 게재한다. 인터뷰는 전화 및 이메일로 진행됐다.

Q. 하일지 교수님. 안녕하세요. 일전에 인터뷰했던 이영희입니다. 지난 5월 8일 인터뷰에 이어 몇 가지 더 질문을 드려야 할 것 같습니다. 지난 1차 인터뷰에서 하 교수로부터 성추행을 당했다고 미투 고발을 했을 당시 재학생 A 씨에 대해 '허위 사실 유포에 의한 명예 훼손 및 협박'으로 고소했다고 알려졌는데 진실은 무엇인가요? 라는 질문에 그 문제에 대해서는 검·경의 조사 중이니 말을 절제하는 것이 좋겠 다고 하셨어요. 하지만 동덕여대 학생들은 지난 7일에도 'H 교수 성 폭력 비상대책위원회'의 주도로 학교와 하 교수를 규탄하는 집회를

열었더군요. 성추행도 아니고 성폭력이라 규정하며 '살해당한 학생 인권 장례식'이라 명명했는데요. 이제는 하 교수 본인이 더욱 적극적으로 혐의없음에 대해 증명해야 할 입장입니다.

A. 강제 추행은 전혀 사실이 아닙니다. 2018년 5월 박진성 시인에게 증거 자료를 보냈고, 며칠 전 박 시인이 SNS에 공개했더군요. MBN과의 인터뷰에서도 반박 자료가 보도됐습니다. 2015년 12월 10일 폭로자 A와 식사와 반주를 하고 차를 타고 돌아오는 길에 입맞춤 한 번 했습니다. 그게 다입니다. 내가 키스를 했을 때 A는 첫 말이 "교수님. 이거 다른 사람한테 자랑해도 돼요?"라고 했어요. 강제로 입맞춤을 당한 사람이 어떻게 이런 말을 하겠습니까.

이후 A는 우리 집에 놀러 오기도 했고, 즐거웠다며 또 초대해 달라는 문자도 보냈습니다. 주고받은 문자 메시지 증거가 있습니다. 저는 2016년 2학기에 프랑스로 안식년 휴가를 떠나 그곳에서 소설을 집필할 예정이었습니다. 그런데 A가 2016년 3월 6일 새벽에 문자를 "SOS"라는 이상한 문자를 보내와 무슨 일이냐고 물어보니까 "프랑스에 데려가 달라."는 거예요.

당연히 거절했지요. 홀로 사는 사람이 1년간 프랑스에 가 있는데 따라가고 싶다고 하니, 저로서는 놀러 가는 것도 아니고 소설 집필을 위해 계획했던 프랑스행인데 그 부탁을 받아줄 수는 없었습니다. 그리고 프랑스에 혼자 오겠다는 말은 사실상의 동거를 의미하는데 제가 그 부탁을 어떻게 받아들일 수 있겠습니까. 단호하게 거절했지요. 그랬더니 A가 술에 만취해서 문자를 계속 보내왔지요.

정리하면, 저는 이 학생과 한 차례 입맞춤을 한 사실이 있고, 그 당시이 학생은 "다른 사람에게 자랑해도 돼요?"라고 말했습니다. 그 이후 3개월간 전화 연락도 자주 하고 문자도 주고받으며 잘 지냈습니다. 그러다가 이 학생이 돌변해 3개월 전의 입맞춤을 문제 삼겠다고 했습니다. 프랑스행 동행을 요구하면서 말입니다. 그 이후로도 집요하게 프랑스에 데리고 가달라고 했습니다. 제가 과연 어떻게 해야 했을까요. 그 학생의 요구를 받아들여서 프랑스로 데리고 갔어야 할까요.

Q. 미투 폭로의 동기가 성추행 사실을 폭로하기 위한 것이 아니라 프랑스에 데려가지 않은 것에 대한 복수라고 주장하시는 건가요?

A. 프랑스에 동행 요구를 했던 게 2016년 3월의 일입니다. A는 성추행을 당했다고 2018년 3월에 폭로했고요. 아무래도 이상하지 않습니까. 이러한 사실을 완전히 왜곡하고 날조해서 지난 2018년 3월에 A가 학내 커뮤니티에 올린 게 저에 대한 미투 폭로입니다. 이 폭로가 일방적으로 언론에 보도되면서 저는 제자를 성추행한 파렴치한으로 보도됐는데 사실과 전혀 다릅니다.

저는 A가 자신의 무례를 사과하겠다는 문자, 프랑스에 있는 동안에도 따라가면 안 되겠냐는 이메일을 보관하고 있는데 경찰에 관련 자료 제출했습니다. 협박당하고 허위 사실 유포로 피해를 입은 사람은 저입니다.

저는 그래서 허위의 폭로 사실을 바로잡으려고 A를 경찰에 고소한 것이고요. 통상 성추행 피해자라고 하면 허위 사실 혐의로 피소가 된 마당에 저를 성추행으로 고소하는 것이 맞다고 생각합니다. 하지만 이 학생은 저를 해당 혐의로 고소하지 않았습니다. 국가인권위원회에 진정서를 제출했는데 잘 아시다시피 국가인권위원회는 사법 기관이 아닙니다. 기관 이름 그대로 인권의 문제를 다루는 곳이죠. 저는 도대체 A의 행보들이 이해가 되질 않습니다. 선생님은 이해가 되십니까? 이 인터뷰를 읽는 독자들은 어떻게 생각할지 정말 궁금합니다.

Q. 박진성 시인이 공개한 것 외에도 또 다른 물적 증거가 있습니까?

A. 물론 있습니다. 박진성 시인에게 지난 5월 초순에 자료 전체를 제공했고 저나 박진성 시인이나 무척 조심스러웠습니다. 당사자 간 문자 내역을 공개하는 것에 저 역시 부담을 가지고 있었고 긴 시간 동안 상의를 했습니다. 제가 2016년 1월경, 그러니까 키스 이후 1달이 조금 넘은 시점에서 인도에 잠시 체류할 시간이 있었는데 그때 주고받은 문자 내역입니다.

이 학생은 평소에도 신경정신과적 문제로 치료를 받아오던 학생이라는 것을 알고 있었는데 문자를 보시면 아시겠지만, "교수님. 인도에서 재밌게 지내고 계세요? ㅎㅎ"처럼 먼저 문자를 보내오곤 했습니다. 살갑게 지내던 사이이고 자연스럽게 문자를 주고받았습니다. 성추행 피해 후 1달이 채 안 되는 시간에 저런 문자를 저에게 보낼 수는 없다고 생각합니다. 저를 존경한다고 늘 말하곤 했는데 문자에서도 그대로 나타납니다.

2015년 12월 10일 키스 이후로도 계속 연락을 주고받았습니다. "교수님. 주무시나요?"라고 A가 먼저 묻기도 했습니다. 통화 이후 만나서 가볍게 맥주를 마신 적도 있고요. 도대체 제가 어떻게 더 증명해야 합니까. 판단은 이 인터뷰를 읽는 독자들에게 맡기고 싶습니다.

Q. 제가 복지 국가 운동을 오랫동안 하고 있는데요. 정부로부터 가난한 사람이 복지 수혜자가 되려면 당사자가 직접 가난을 입증해야 해요. 월수입, 건강 상태, 주거 문제 등 일일이 전부 입증을 해야지만 복지 혜택을 얻게 됩니다. 성범죄 역시 본인이 입증하지 않으면 결백을 증명하기 어렵습니다. 더구나 성범죄자일 경우 참담한 말이지만 직장, 가정, 사회에서 사실상 매장당하는 처지에 놓이게 되죠. 본인이 죽어라 발로 뛰며 입증하는 길 외엔 없는 것 같습니다. 어떻습니까? 그럴 의지가 있으신지 궁금합니다.

A. 어차피 발로 뛸 수밖에 없는 상황에 내몰린 거죠. 그런데 정말 어려운 점은, 발로 뛰며 입증하는 것이 아니라, 검·경은 제가 발로 뛰며 입증한 것을 믿으려 하지 않고 여성 쪽의 말만 액면 그대로 받아들이는 경향이 있다는 것입니다. 최근에는 '무고죄 수사 매뉴얼'이라는 초헌법적인 조치까지 나온 실정이니까요. 저의 경우는 제가 오히려 피해자라고 생각합니다. 지속적인 협박에 시달렸으니까요. 그러나 그것이 얼마나 인정될지 지켜볼 일입니다.

Q. 사적인 질문 한 가지 드릴게요. 항간에는 하 교수님이 기혼자라는 말이 있어요. 제가 알기로 독신이라고 들었습니다. 평생을 수도자처럼 사셨다는 말도 하셨어요.

A. 혼자 삽니다. 20대 후반에 짧은 결혼 생활을 2년 정도 하고 이혼한 후 줄곧 독신입니다. 지금은 구순의 노모를 모시고 혼자 살고 있습니다.

Q. 제가 참으로 안타까운 일은 여전히 동덕여대 재학생들은 피해자임을 주장하는 A 씨의 주장만 대변하며 '성추행 교수'도 아니고 '성폭력 교수'라는 말로 가해 교수를 당장 파면하라, 학생 인권을 살려내라고 규탄 대회를 열며 압박을 멈추지 않을 태세에요. 피해를 주장하는 학우 A 씨를 위해 후원 계좌를 개설하는 등 학생 인권은 소중하고 가해자로 지목받은 교수의 인권은 그 어디에도 없는 참으로 무서운 세상입니다. 사제지간에 갖추어야 할 최소한의 신뢰도 찾아보기 어렵습니다. 선생님의 무고가 입증되면 학생들은 어떤 입장일까요? 여전히 그들은 피해자라고 주장하는 A 씨를 두둔하며 인정하지 않으려 들지도 모른다는 생각이 듭니다. 저는 그것이 두렵게 느껴지네요. 잘못된 사실은 솔직히 인정하는 것, 그게 배우는 학생의 자세일 텐데요.

A. 다수의 학생이 그 운동에 동참하고 있다고 보지는 않습니다. A 씨가 저에게 보낸 메일이나 문자 메시지 등 명백한 증거들이 쏟아져 나오면서 많은 학생은 혼란을 느낄 것입니다. 소수의 과격한 학생들이 앞뒤 가리지 않고 선동하고 있는데, 그것은 제가 타깃이 아니라 학교 흔

들기의 일환이 아닌가 생각합니다. 저를 성토하면서 엉뚱하게도 총장 직선제니 뭐니 하는 요구를 들고나오는 것만 봐도 알 수 있습니다.

그러나 이제 저에게 동덕여대는 관심도 없습니다. 이미 제 마음은 떠났으니까요. 따라서 일부 과격한 학생들이 주도해 벌이는 굿판 따위도 전혀 관심을 두지 않습니다. 언젠가는 그 사람들도 자신들이 벌이는 짓거리가 얼마나 부끄러운 일인가 하는 것을 알게 될 테니까요. 제가 관심을 두는 것은 새 작품을 쓰는 것입니다. 그리고 몇 년 전부터 세워왔던 계획인 외국 대학에 교수로 가는 것입니다. 이 계획에 걸림돌이 되는 것은 오직 하나, 노모를 홀로 두고 떠나기가 쉽지 않다는 것입니다.

Q. 박진성 시인의 경우 성범죄자 누명을 쓰고 아시다시피 1년간 죽음을 오가는 고통의 시간과 법적 공방 끝에 혐의를 벗었어요. 하 교수는 최근 무고 고소장을 경찰에 접수했고, 관련된 자료도 함께 제출했어요. 하지만 어쩌면 사태가 장기화될 수도 있고, 그만큼 괴롭고 힘든 시간과의 싸움이 되리라 예상됩니다. 이겨내실 수 있으신지, 또 어떤 심경이신지요?

A. 아닌 게 아니라 괴롭고 힘듭니다. 그러나 이겨 내야지, 달리 방법이 있겠습니까. 일부 과격한 미투 운동가들은 남자들이 사과하고 모두 자살하는 것을 원하는 것처럼 보일 때도 있습니다. 바로 이 점 때문에 한국 미투 운동에 대하여 황상민 교수는 "All or nothing."이라고 한 것 같습니다.

그러나 저는 죽을 생각이 전혀 없습니다. 왜냐하면 제가 잘못한 것이 없기 때문이고, 제가 해야 할 일이 아직도 많이 남아 있기 때문입니다. 저의 바로 이 점 때문에 과격한 미투 운동가들은 저에 대하여 분노하고 있는 게 아닌가 합니다. 할 수 없죠.

잘못 운영된 '인권' 제도는
어떻게 '괴물'이 됐나
—
박가분(2018년 8월)

고(故) 송경진 교사의 아내 강하정 씨

우리는 관료제가 타성적인 조직 논리와 결합할 때 어떻게 쉽게 부패하는지에 대한 '이야기'를 자주 듣곤 한다. 실제로 국가와 기업의 잘못된 제도가 사람을 해치는 괴물로 돌변하는 비극을 우리는 여러 번 목격했다. 하지만 이러한 비극이 '인권'이라는 미명 아래 반복될 수 있다는 것은 쉽게 상상하지 못한다. 그런데 실제로 그러한 일이 지난해 전북의 한 중학교에서 일어났다. 당시 중학교에서 재직 중이던 고(故) 송경진 교사는 학생을 성추행했다는 누명을 쓰고 억울함을 호소하다가 지난 2017년 여름에 자살로 세상을 떠났다. 학부모와 학생들의 증언마저 무시한 부실한 끼워맞추기식 조사, 전북 학생 교육 인권센터의 무리한 실적주의, '매뉴얼'을 핑계로 댄 공무원들의 무사안일주의, 교육감의 조직 보위 논리, 이 모든 것들이 '전라북도 학생인권조례'를 내세우며 이를 악용한 '가해자'들이다.

제도가 제대로 작동하거나, 권한을 가진 누군가 중에서 사태에 개입하는 사람이 한 명이라도 있었다면 일어나지 않아도 됐을 비극이다. 이 일이 일어난 원인을 더 깊이 들여다보기 위해 송 교사의 아내 강하정 씨와 심층 인터뷰를 진행했다. 사건 후 1년이 지나며 한동안 떠들썩했던 언론의 관심이 시들해졌지만, 강 씨에게 사건은 여전히 생생하다. 그는 인터뷰 중간마다 매일 지난해의 사건이 반복해서 떠오른다며 몸서리를 쳤다.

송 교사가 최초로 무고를 당한 지 1주년 되는 2018년 4월 19일, 강 씨는 전북 교육청에 손수 진정을 냈고 이후 5월 15일 스승의 날에는 국가인권위원회 앞에서도 여러 단체와 함께 집회를 벌이며 진정서를 접수했다. 지난 1년간 멀리서 들려오는 소식만 봐도 강 씨의 절박함이 느껴진다. 그는 사건 이후 아고라, 국민신문고, 청와대 국민청원, 기자회견 등 이용할 수 있는 모든 통로를 동원해 남편의 사건을 알렸다. 문재인 대통령, 김정숙 여사, 정세균 전 국회의장 앞으로 사건에 대한 편지를 손수 보냈지만, 의장실에서는 경찰 수사를 예의 주시하겠다는 답변만 돌아왔고, 대통령에게 보낸 편지는 최근 사건 관련자에게 무혐의 처분을 내린 전주 지검으로 돌려보내졌다. 현재까지 고인의 억울함을 풀어줄 만한 가시적인 조치는 이뤄지지 않았다. 사건의 상처를 다시 후벼 파는 것은 아닌가 걱정스러웠지만, 사건 이후 1년간 어떤 심경인지 물어보았다.

사건 후 1년, "고립된 섬과 같았다."

인터뷰는 강 씨의 자택에서 이루어졌다. 전북의 한 마을에 도착한 후 강 씨의 안내를 받고 들어간 후 먼저 눈에 띄는 것은 각종 의료 기기와 책상 위에 즐비한 약통이었다. 작은 체구에 지친 기색이 역력한 강 씨에게 그동안 많이 편찮으셨냐고 조심스럽게 묻자 "그동안 약을 달고 다녔다."는 대답이 돌아왔다. 평소 지병을 앓고 있던 강 씨는 사건 이후 병세가 악화됐다고 한다.

특히 지난달 초 '매뉴얼대로 사건을 처리했다'는 명목으로 남편의 죽음에 책임 있는 자들이 줄줄이 검찰에서 '무혐의' 처분을 받고 사법 정의가 구현될 것이라는 희망이 사라지면서 병세가 더욱 심해졌다고 한다. 그는 근황을 말하는 중에 남편에 대해서도 운을 띄웠다.

"사건 전에는 남편이 계속 보살펴 줬어요. 집에 있는 환자용 침대도, 의료 기기도 손수 다 샀고, 청소, 빨래, 취사, 심지어 목욕도 도맡아 했습니다. 지극정성으로 돌보았습니다."

그동안 자신을 헌신적으로 돌본 남편이 자신의 삶에 유일한 버팀목이었다고 말했다. 책장에 놓인 남편과의 다정한 사진으로 강 씨와 송경진 교사 사이의 살아생전 각별한 관계를 짐작할 수 있었다. 남편을 회상하는 그의 목소리에서 허탈함과 황망함이 고스란히 전해왔다. 그렇다면 주변에서는 그에게 버팀목이 되어줄까. 그는 인터뷰 내내 자신의 처지를 '고립된 섬'에 비유했다.

"제 주위에는 돕는 사람이 없습니다. 고립된 섬 같아요. 마음으로는 돕고 싶다는 사람들은 많이 있는데 나서서 행동으로 옮길 수 없는 자신들을 이해해 달라고 합니다. 어떤 이들은 이제 그만 하고 마음의 안정을 찾으라고 합니다. 저는 그들에게 도움을 강요할 수가 없습니다. 저도 비겁했으면 죽은 사람은 잊어버리고 남은 우리라도 잘 살자고 다른 생각을 해야 했겠지요. 그러나 저는 비겁자가 아닙니다. 죽을 때 죽더라도 부당함과 억울함은 계속 외치고 꽥 소리라도 내고 죽어야 한다고 생각합니다."

강 씨의 고립감은 어디서 비롯된 것일까. 강 씨는 '닫힌' 지역 사회 내에 만연한 유착 관계를 지목했다. 그는 관련자들에 대한 전주 지검의 무혐의 처분에 대해 허탈해하면서도 '내심 예상했던바'였다고 토로했다.

"(지금도 현직인) 김승환 교육감은 전북대학교 법대 교수였고, 남편의 죽음 이후에도 여전히 남편을 가해자였다고 몰고 간 송기춘 전북 학생인권심의 위원 역시 전북대 법대 교수입니다. 또 최근 남편을 죽음으로 몰고 간 이들을 무혐의 처분한 지방검찰청 관계자 다수가 전북대 법대 출신이거나 교육감과 학연, 지연 등 인맥으로 연결된 사람들임을 이미 알고 있었습니다."

이어서 그는 처음부터 관련자들에 대해 검찰이 무혐의 처분을 내릴 작정으로 요식 행위를 벌였다고 목소리를 높였다. 이미 1월에 자신을 부른 검사가 "고소를 취하할 의향이 없느냐?"라고 물었다는 것이다. 송 교사를 위해 탄원서를 쓴 학생들은 조사조차 하지 않았다고 한다.

"저는 납득할 수도 없고 그럴 생각은 전혀 없다고 했지요. 그러면 최종 진술서를 쓰라고 용지 3장을 주면서 하고 싶은 말을 다 써도 된다고 하더군요. 하고 싶은 말이 너무 많으니 집에 가서 작성해서 변호사 편을 통해서 제출한다고 했지요. 그 후 A4 용지 13장의 진술서를 작성하고 별첨 파일을 라면 한 상자 분량으로 첨부하여 검찰에 제출했습니다. 그런데 그 피눈물 나는 자료를 전혀 반영하지 않더군요."

변호사 선임 과정에서 우여곡절이 있었다는 것도 드러났다. 남편의 지인을 형사 소송 변호사로 선임하려 했지만, 오히려 그 과정에서 지역 사회의 압력을 절감했다는 것이다.

"처음에는 남편 친구가 변호를 맡으려고 했습니다. 그런데 이 지역이 좁은 바닥이다 보니 주변의 압력으로 난처해하더군요. 보다 못한 제가 먼저 관두라고 말을 꺼냈습니다. 그랬더니 자기도 사실은 처지가 너무 곤란하다고 속내를 털어놓더라고요."

언론의 성급한 기사가 화를 부르다

그는 인터뷰 중간마다 사건 이후 무관심으로 돌아선 언론에 대한 극도의 불신을 숨기지 않았다. 실은 인터뷰를 요청한 필자도 믿을 수 있을지 반신반의했다고 속내를 털어놓았다. 사정을 들어보니 언론 불신의 근원은 보다 뿌리 깊은 곳에 있었다.

그는 이번 사건의 발단은 언론의 성급한 기사였다고 말했다. 송 교사를 오해한 학부모 관계자의 한쪽 주장만 받아 적은《뉴시스》의 기사가 사실상 송 교사를 징계하는 방침을 굳어지게 한 결정적인 계기였다는 것이다. 그런데 사건이 언론에 보도된 시점이 매우 놀라웠다.

"《뉴시스》의 기자가 기사를 내기 전에 교육청 인지 내용과 조사 여부 등을 취재했다고 합니다. 기사는 사건 당일인 4월 19일 2시 55분에 났습니다. 부안 교육지원청에 서면으로 보고된 시각이 3시 24분인데 정식으로 서면 보고도 하기 전에 기사가 먼저 난 거예요. 그것도 부안 교육지원청이 아닌 전라북도 교육청발 기사로 말이죠. 기자는 부안 교육지원청 교육과장과 두 차례 통화를 해서 성추행을 확인했다고 했고 학교에 가서 장학사 O 모 씨로부터 7명의 학생이 성추행을 당했거나 목격했다는 이야기를 들었다는 겁니다. 신고자인 학생부장 교사부터 시작해서 부안 교육지원청의 장학사와 교육국장, 기자까지 모두 성추행 사건이라고 이미 결정을 내리고 시작된 일입니다."

사건 당일 난 기사를 통해 학교 당국뿐만 아니라 부안 교육지원청, 전북 교육청 사이에서도 '교사에 의한 성폭력 사건' 프레임이 굳어지고 만 것이다. 기사화된 사건은 성추행을 기정사실화하는 데 기여했지만, 정작 기자는 후일 '자신은 증언을 들은 대로 기사화했을 뿐'이라고 발뺌했다.

그렇다면 나중에라도 송경진 교사 사건을 제대로 알린 기사는 없었을까. 관련 기사들을 찾아보았지만 '인권 조례'나 '진보 교육감'에 대한 정치적 공격을 의도로 한 기사 외에는 대부분 사건에 대한 단발성 기사로 그쳤을 뿐 사건의 내막과 귀추를 보다 자세히 파헤치는 기사는 찾아볼 수 없었다. 강 씨는 이와 관련한 속사정을 털어놓았다. 강 씨는 자조적인 어조로 "언론에 의해 죽다 살아난다."고 덧붙였다.

"저를 취재했던 《오마이뉴스》의 모 기자가 한 번은 저에게 너무 죄송하다는 연락을 해 왔습니다. 기사를 어떻게든 내려고 했는데, 데스크와의 상의 끝에 짤막한 두 개의 기사로 분리해서 겨우 냈다고 합니다. 보다 완곡한 논조로 말입니다. 전북 교육청 상주 기자들의 기사도 상당수 데스크에서 잘렸다고 합니다. 제가 언론을 어떻게 보는지 아시겠습니까. 인터뷰하라고 해서 기다리는데 왜 안 오냐고 하면 취소됐다고 그제야 말하는 경우도 있었어요."

최초의 거짓말과 동료 교사와의 악연

송 교사에게 성추행·성희롱이라는 누명이 씌워진 것은 사소한 게였다. 야간 자율 학습에서 빠진 이유를 학부모에게 추궁당한 한 여학생은 순간적으로 치기 어린 거짓말을 했다. "담임선생(송 교사)이 짝꿍의 허벅지를 만지고 나에게는 폭언을 해서 야간 자율 학습을 빠진다는 얘기를 하지 않고 집에 돌아왔다."는 것이었다. 거짓말의 동기마저도 1학년을 귀가 조치한 다른 교사와 송 교사를 착각한 데서 비롯된 오해였다. 사소한 해프닝으로 끝날 수 있었던 일이지만 학생의 거짓말은 걷잡을 수 없는 사태로 치달았다.

　평소 송 교사와 사이가 좋지 않던 인성인권부장(이하 학생부장) 교사가 학생들의 잡담을 듣고 학교 전담 경찰관, 부안 교육지원청에 성추행 사건으로 신고한 것이다. 이어 전북 교육청 그리고 학생인권교육센터에도 전달됐다. 한편 강 씨는 학생부장 교사가 평소 송 교사를 미워하고 심지어 폭력 성향을 보였다고 주장했다.

　"그 교사는 고인과 사범대학교 동기였습니다. 남들 앞에서는 학교 동기라고 친한 척하고 둘만 있는 공간에서는 돌변하여 폭언을 하고, 멱살잡이를 하고, 심지어 2016년 여름 방학 직전에는 남편의 뺨까지 때렸답니다. 그날 그 사람에게 뺨을 맞고 왼쪽 뺨이 벌게진 채 돌아와 남편이 서럽게 울었습니다. 아무도 없을 때 갑작스럽게 폭력과 폭언을 행사하니 증거나 증인이 없어서 고발도 못한다고 했습니다. 그리고 사건이 난 지난해가 6년 차였습니다. 문제의 중학교에서 근무하는 마지막 해였지요. 1년만 참으면 다른 학교로 전근을 하니 버텨보겠다고 하다가 그런 황망한 일을 당하신 것입니다."

사건 직후 아이들과 격리된 송 교사

　더 큰 문제는 성추행 신고와 동시에 송 교사에게 지울 수 없는 낙인이 따라붙었다는 것이다. 앞서 보았듯이 이미 언론에 기사가

난 상황에서 신고는 기정사실이 되고 말았다. 나중에는 이 모든 것이 오해에서 비롯된 거짓말이었다는 것을 학생이 실토하자 학부모의 탄원이 이어졌지만, 교사에게 한 번 붙은 낙인은 살아생전에는 떨어지지 않았다.

사건 직후 송 교사에게 내려진 처분은 학생들과의 '격리'였다. 이는 이후 송 교사의 반론권을 두고두고 제약하는 계기가 된다. 흡사 영화 《더 헌트》(매즈 미켈슨 주연)가 떠오르는 대목이다. 영화에서도 이와 유사한 상황이 벌어진다. 루카스라는 남자 보육 교사를 잘 따르던 상상력이 풍부한 한 어린이집의 원생인 클라라는 어느 날 루카스에게 부적절한 행동을 하고 꾸짖음을 듣는다. 속상해하던 클라라에게 보육원 원장이 무슨 일인지 묻자 문득 다른 짓궂은 동네 오빠들이 보여준 남성 성기 사진을 떠올리며 원장에게 루카스가 자신에게 성기를 노출했다는 거짓말을 꾸며낸다.

이 일로 루카스는 순식간에 나락으로 떨어진다. 그가 오해를 풀고 해명할 수 있는 기회는 없었다. 그에게 닥친 첫 번째 조치는 원생뿐만 아니라 다른 보육 교사들과의 격리 조치였다. 이 일로 그는 지역 사회에서도 완전히 고립된 처지가 된다. 이후 그는 살아도 살아있는 것 같지 않은 신세가 된다.

"맨 처음부터 학교에서 사건과 관련한 어떠한 발언도 못 하게 했습니다. 4월 19일 사건이 일어난 당일, 남편과 교장 그리고 학생부장 교사와 삼자대면을 했지만, 학생에게 오해를 풀고 싶다는 송 교사의 말은 일언지하에 거부당했습니다."

아직 그 당시만 해도 송 교사는 학생들과 대화하면 오해가 풀릴 것이라는 희망을 품었다.

"당황한 남편이 점심시간에 전후 사정을 바른대로 말해달라고 학생한테 다가갔더니 아이들이 도망갔습니다. 사태가 돌아가는 걸 몰랐던 철부지 아이들은 처음에는 선생을 피해 술래잡기를 한다는 생각뿐이었다고 합니다. 조금 있다가 학생부장 선생이 나타나서 '왜 애들한테 말을 시키냐?'라고 남편을 제재하고 아이들한테도 '수학 선생님하고 말하지 말라.'고 남편으로부터 격리시켰습니다. 그 이후부터 아이들도 사태의 심각성을 눈치채기 시작한 거죠."

학생부장 교사는 송 교사를 부안 교육지원청 등에 신고한 이후에도 억울함을 호소하는 고인에게 비아냥으로 일관했다고 한다.

"그는 왜 사실 확인도 없이 자신을 신고하느냐는 남편의 항의에 '검찰 가서 조사받고 죄가 없으면 풀려나면 될 것 아니냐?'고 도리어 남편을 비웃었습니다."

첫날 내려진 격리 조치는 이후 4개월가량 계속됐다. 아이들과의 격리는 곧 선생들과의 단절로도 이어졌다. 이러한 고립이 송 교사를 더욱 위축시켰음은 물론이다.

"나중에 알고 보니 학생인권교육센터와 교육청은 사건 첫날부터 남편을 고립시키는 데 개입했습니다. 학교 담당 장학사한테 송 교사를 격려하라고 한 후 곧바로 수업 중에 퇴출당했고, 3일간 출근 정지 처분이 떨어졌습니다. 그리고 출근 정지가 끝나자마자 직위 해제 조치가 떨어졌습니다. 부안 교육지원청에선 전북 교육청 인성 건강과 학생인권교육센터가 격려하라고 했다고 합니다. 이해가 안 되는 일투성입니다."

송 교사에게 떨어진 직위 해제 조치는 공식적으로는 7월 25일 화요일에 해제됐지만 송 교사는 여전히 교육 현장으로 돌아올 수 없었다고 한다. 남편에게 비공식적인 제재와 낙인이 계속 이어졌다는 것이다.

"부안 교육지원청은 남편으로 하여금 완전히 희망을 잃게 만들었고, 자살하게끔 하는 결정적 단초를 제공했습니다. 이미 사건이 경찰에 의해 일찌감치 내사 종결(4월 21일. 인터뷰 주)이 됐음에도 '경찰이 ─학생과의─ 신체 접촉이 있음을 확인했다'라는 어처구니없는 이유를 대며 학교에 가지 말고 학생과 교사들, 학부모와 동네 주민까지도 만나지 말고 집에 있다가 전보 발령을 낸 학교에 가서 징계를 받으라는 어이없는 요구를 했습니다. 40일 휴가 신청서를 강제로 작성하게 했고, 전보 발령 동의서에도 역시 강제로 사인하게 했습니다."

묵살당한 학부모와 학생들의 탄원

성폭력 사건을 조사하고 처리할 때 흔히 제기되는 '피해자 중심주의'라는 원칙이 있다. 이때도 피해를 호소하는 당사자의 주장을 경청하는 것이 원칙이다. 하지만 실제로는 이 원칙조차도 지키지 않은 것이 인터뷰에서 드러났다.

학교장, 학생부장 교사, 부안 교육지원청, 전북 교육청 학생교육인권센터 모두 송 교사 사건에서 '학생'을 시종일관 교사와의 신체접촉(?)에 의한 피해자로 규정했다. 그러나 그것은 실은 관료주의와 실적주의에 찌든 '어른'들 일방의 규정에 지나지 않는 것이었다.

실제로 처음에 송 교사를 오해해서 거짓말을 한 여학생은 사건극 초반부터 송 교사에 대한 진술을 철회하고 송 교사에게 카톡으로 정식으로 사과글을 보내왔다. 또한 그의 학부모는 교육감에 탄원서를 쓰는 데 직접 동참하기도 했다. 처음에 여학생의 말만 듣고 송 교사를 오해한 다른 학부모들까지 탄원에 나섰다. 송 교사의 사람 됨됨이를 알고 있던 다른 재학생, 졸업생, 학부모도 구명에 나섰다.

학생들의 1, 2차(2차 탄원서는 그나마 제출도 못 했다) 탄원서의 면면을 보면 "힘내라고 학생들의 어깨를 두드리고, 어깨를 두드리는 게 싫으면 싫다고 말하라고 했습니다." 등 학생교육 인권센터 등이 문제시한 평소 학생과 이루어진 '신체 접촉'에는 폭력이나 성적인 뉘앙스가 없었다는 내용이 대부분이다.

가장 심각한 일이라 해 봐야 다리는 떠는 학생의 무릎을 건드리거나, 수학 문제를 못 푼 아이들에게 '마사지'라며 발바닥을 교편으로 툭툭 치는 것이 전부였다(이 부분은 이하에도 서술될 것이다). 그러나 이마저도 학생들이 폭력으로 받아들이기보다는 상호 약속에 의한 애정 어린 장난으로 인식했다는 진술이 나타난다.

이러한 탄원서는 실제로 반영되지 않았고, 그중에서도 2차로 모집한 탄원서는 —이후 보겠지만— 아예 접수하지도 못 했다. 이 중 2차 탄원서는 최초 피해를 주장했던 여학생 학부모의 주도로 모집된 것이었다.

송 교사의 죽음에 책임이 있는 전북 교육청과 학생교육 인권센터는 사건 이후에도 끝까지 학생들을 자신들에 대한 비난의 '방패막이'로 삼았다. 송 교사의 사망 직후인 지난해 8월 18일경에 전북 교육청과 학생인권교육센터가 자청한 기자회견 와중에 "학생들을 비난하는 여론 때문에 피해가 우려된다."며 자제를 당부하는 발언이 나왔다. 하지만 그들이 정말 평소에 교육 수요자와 학생의 목소리를 경청하는 모습을 보였다면 이러한 사태까지는 이어지지 않았을 것이다.

그렇다면 왜 이들은 끝까지 학생들과 학부모의 탄원을 묵살했던 것일까. 송 교사의 구제를 위해 백방으로 뛰어다닌 강 씨는 교육청 관계자와의 실랑이 끝에 황당한 말을 들었다고 한다.

"제가 탄원서를 들이밀면 교육청에서 뭐라고 하는지 압니까? 그런 탄원서는 '어른들에 의해서 오염됐다.'는 것입니다. 심지어 남편을 성추행 교사로 몰고 간 학생부장 선생도 남편에게 전화 통화를 하면서 학생들에게 탄원서를 강요했냐고 비난했습니다. 자기들은 그렇게 본다는 거지요. 그런데 그렇게 판단할 근거가 없는데도 그러는 것입니다. 사고방식이 이상한 사람들입니다. 성추행이라고 처음부터 단정을 내려놓고 그렇게 몰고 간 것입니다. 그거야말로 오염된 사고방식 아닙니까?"

이러한 반응에 대해 분통이 터졌던 것은 정작 학생과 학부모 자신이었다.

"처음 송 교사에 대해 오해한 학생 아버지가 그 소리를 듣더니 '미친X들! 누가 자기 딸을 성추행한 나쁜 선생을 위해서 탄원서를 쓰고 애들더러 탄원서를 쓰라고 강요하냐?'라고 반문하더라고요. '우리를 뭐로 보고 그런 말을 할 수 있는지 궁금하다.'고 말했습니다."

물론 성폭력 사건에서는 피해자에게 위력을 행사해서 자신에게 불리한 진술을 강요하는 경우가 왕왕 있다. 하지만 송 교사의 사건에서 그러한 정황은 전혀 존재하지 않았다. 당사자뿐만 아니라 여러 학생과 학부모들이 동조해서 송 교사를 위해 탄원을 하게 된 경위를 깊이 들여다보았다면 판단을 달리할 계기는 충분히 있었을 것이다.

고(故) 송경진 교사의 사건 일지⁴⁾

- 3월 22일: 염규홍 인권 옹호관 부임.
- 4월 19일: 송 교사 최초 무고.
- 4월 20일: 전북 학생교육 인권센터, 현지 기초 조사(강 씨 주장: 학생 조사는 하지 않음).
- 4월 21일: 전북지방경찰청 여성 청소년과 현지 조사. 내사 종결. 부안 교육지원청에 유선 통보.
- 4월 24일: 부안 교육지원청에서 송 교사 직위 해제 결정. 통보.
- 5월 2일: 학생교육 인권센터에서 송 교사 1차 조사(주무관, 구제팀장 동석). 이날 경찰(여성청소년과)로부터 내사 종결 공문 통보받음.
- 5월 10일: 전북 교육감에 학생들 및 학부모 등의 1차 탄원서 제출. 전북 학생교육 인권센터 수령.
- 5월 12일: 학생교육 인권센터에서 송 교사 2차 조사.
- 5월 11일: 송 교사, 교원소청심사위원회에 '직위 해제 처분 취소' 청구.
- 7월 3일: 전북 학생인권 심의위원회 개최.
- 7월 18일: 전북 학생인권 심의위원회 결정문 수령(부적절한 신체 접촉 등으로 인한 인권 침해로 판단).
- 7월 21일: 강 씨 주도로 졸업생 탄원서 모집.
- 7월 22일: 최초 피해 주장 학생 학부모 주도로 2차 탄원서(학부모, 재학생, 관련 학생) 모집.

---

4) 8월 18일 전라북도 교육청 보도 자료와 강하정 씨의 증언을 토대로 재구성했다.

- 7월 25일: 송 교사 직위 해제 종료(강 씨 주장: 40일 휴가, 타교전
　　　　　　보조치동의서 강제 작성)
- 8월 4일:　전북 교육청 감사 담당관 8월 10일로 감사 날짜 통
　　　　　　보.
- 8월 5일: 송 교사 사망.

비공식적 사법 기구로 군림한 이들

　강 씨의 이야기를 들으면 송 교사를 살릴 수 있는 기회는 여러 번 있었다는 것을 알 수 있다. 제도가 제대로 작동했더라면, 누군가 한 명이라도 사태에 대해 주의를 기울였다면, 특히 학부모와 학생들의 발언에 귀를 기울이는 사람이 있었다면 비극을 막을 수 있었다.

　하지만 그런 일은 일어나지 않았다. 이미 사건의 성격과 결론은 인권센터장을 위시한 교육 공무원들의 '머릿속'에서 정해져 있었기 때문이다. 이와 더불어 지역 교육 공무원 사회의 독단적이고 편의주의적 행정을 견제할 수 있는 장치는 전혀 작동하지 않았다.

　더욱 심각한 것은 인권센터와 연계된 '전라북도 학생인권 심의위원회(이하 심의위원회)'에서 사건을 심의한 방식이었다. 이들 심의위원회는 지난해 7월 3일 자로 송 교사의 사건을 심의했고 결국 곧바로 송 교사와 학생 그리고 학부모들의 의견을 묵살한 채 일방적으로 사건에 대해 '부적절한 신체 접촉 등으로 인한 인권 침해'라

는 규정을 내리고 말았다. 심의위원회의 결정은 이후 고인에게 예정되어 있던 교육청 감사에도 불리한 영향을 미치는 등 송 교사의 낙심과 죽음에 상당한 계기를 제공했다. 강하정 씨의 증언이다.

"남편에 대한 전북 교육청 감사 날짜가 8월 10일로 정해졌다는 연락을 8월 4일 날 받았는데 심의 결정을 한 이때 교육감이 이 심의위원회의 결정문을 보고 사실상 징계를 하라는 방침을 굳혔다는 말을 들었습니다."

한편, 이때 심의위원들이 이 사안을 심의할 자격이 있었는지도 의문이다. 이들은 송 교사와 학생 간의 관계를 '성적 자기 결정권을 침해한 사건'으로 규정하면서 송 교사를 죄인으로 취급하는 등 사실상의 사법적인 판단을 제공했다. 그런데 심의위원회는 어디까지나 전북 학생인권조례에 의해 '전라북도 교육청의 정책 수립과 평가에 관한 사항을 심의'하는 것으로 규정되어 있다.

즉, 정책을 심의하는 기구이지, 개인에 대한 상벌이나 평가를 논하는 것이 주된 목적은 아닌 것이다. 조례에 따르면 구체적인 심의 사항에 대해서는 아래와 같이 규정되어 있다.

❺ 심의위원회는 다음 각호의 사항에 관하여 심의한다.
 1. 학생인권실천계획의 수립
 2. 학생의 인권에 관한 제도 개선
 3. 인권 옹호관의 직무와 관련하여 제도 개선 권고 등 중요한 사항
 4. 기타 학생의 인권 신장을 위하여 교육감 또는 인권 옹호관이 제안한 사항

ⓖ 심의위원회의 효율적인 활동을 위하여 소위원회를 둘 수 있으며, 심의위원회의 의결을 거쳐 제5항 각호의 기능 중 일부를 소위원회에 위임할 수 있다.

비록 '기타 인권 옹호관이 제안한 사항'과 같은 어느 정도 재량을 허용하고 있으나 학생 인권을 보장하는 '제도에 대한 개선'이 주된 심의 대상으로 규정되어 있는 것이다. 그런데도 학생인권 심의위원회는 공식적인 사법 기구인 경찰의 내사 종결 처분은 물론이고 당사자의 탄원마저 무시한 채 교사의 머리 위에서 사법 기관처럼 군림했던 것이다.

실제로 경찰이 지난해 4월 21일 학생들을 조사한 끝에 "송 교사와 학생 간 가벼운 신체 접촉이 있었던 것은 사실이지만 성추행과 폭력 행위는 없었다."는 결론을 내리며 내사 종결 처분을 내렸지만, 일선 교육 기관에서 이러한 사정은 전혀 참작되지 않았다.

나아가 강 씨는 이때의 결정 또한 인권 옹호관의 독단적 의중으로 결정되고 심의위원은 이에 대한 사실상의 거수기 역할에 지나지 않았다고 증언했다. 애초에 사건을 처리할 의지와 식견이 의심되는 인적 구성이었다는 것이다.

"심의위원이라 해 봐야 평소에 농사짓던 사람, 학생, 주민, 도의원, 법대 교수, 교사 등이었는데 정작 송 교사 사건에 대해서 잘 모르는 사람들이었습니다. 인권 옹호관의 일방적인 보고만 보고 사실상의 거수기 역할만 했던 것입니다."

정작 제대로 된 사법 기구라면 이들처럼 사건을 부실하게 파악하지 않았을 것이다. 교육청은 기자회견에서 보도 자료를 통해 사건 초기인 2017년 4월 20일 전북 교육청과 학생교육 인권센터 등에서 나름대로 '현지 기초 조사'를 했다고 발표했지만, 강 씨는 당시 실제로는 학생 대상의 조사를 전혀 하지 않았다고 소리를 높였다.

"처음에는 교육장이 직접 학교에 나가 조사했다고 해명했으나 장례식장에 조문을 온 부안 교육지원청 교육장과 교육지원과장 및 장학사들에게 남편의 형님이 직접 학교에 나가 조사했냐고 추궁하자 교육장이 학교에 가 보지 않고 서류에 전결만 했다고 시인했습니다."

심지어 학생인권센터에서 사건 초기부터 학부모를 회유하려 했다는 주장도 제기됐다.

"한 학부모 어머니가 학생교육 인권센터의 인권 옹호관과 주무관 둘이서 학부모들을 찾아와 송 교사에 대해 불리한 증언을 하라고 종용했다고 저에게 전해 왔습니다. 학부모들에게 '학생이 인권 침해를 당했는데 그냥 넘어가겠느냐.', '송경진 교사를 벌해야 하지 않겠느냐.', '애들이 불쌍하다.'라는 등의 소리를 했답니다. 학부모들은 오해해서 벌어진 사소한 일이고 벌써 오해가 다 풀리고 서로 사과하고 화해했는데 왜 일을 크게 만드냐면서 조사하지 말라고 항의했다고 하고요."

결국 문제의 본질은 학생교육 인권센터가 '학생 인권의 파수꾼' 역할을 넘어 아무도 요청하지도, 맡기지도 않은 학생들의 '후견인 역할'은 물론이고 '판검사의 역할'까지 자임하려 했다는 데 있다.

고쳐지지 않은 제도의 허점과 반복된 비극

송 교사와 같은 억울한 케이스에 대한 선례가 없었던 것도 아니다. 제도의 허점에 대한 근본적 반성이 없었던 것도 송 교사의 죽음에 일조했다. 당시 전북 교육청 학생교육 인권센터장(이하 인권 옹호관)인 염규홍은 잘 알려진 '서울시향 박현정 무고 논란'에 연루된 당사자(서울시 인권 옹호관)였다.

당시 서울시 시민 인권 옹호관들은 2014년 말 서울시향 대표였던 박현정이 직원에게 폭언과 성희롱을 일삼았다는 폭로가 터져 나오자, 이를 기정사실화하며 박 대표를 징계할 것을 서울시장에게 권고했다. 하지만 경찰 조사 결과, 이는 박 대표에 대한 직원들의 조직적인 음해였다는 사실이 드러났다.

이와 관련해 박 대표는 "아무도 내게 묻지 않고 내 얘기는 아무도 듣지 않았다."며 시민 인권 옹호관의 조사 과정이 편파적이었다는 문제를 제기했다. 당시 문제가 됐던 시민 인권 옹호관 중의 한 명이었던 염규홍 씨는 공교롭게도 송 교사를 죽음으로 몰고 간 사건의 장본인이 된 것이다.

당시에도 시민 인권 옹호관들은 가해 지목인에 대한 부실한 조사, 방어권을 보장하지 않은 채 성급하게 내린 결론, 실적을 위한 희생양 만들기 등으로 비판에 직면해야 했다. 이와 관련해 강 씨는 당시 전북 소재 학교에서 있었던 성폭력 폭로 사건과 맞물려 남편 또한 인권센터의 무리한 실적 만들기의 희생양이 됐다는 의혹을 제기했다.

"부안여고 체육 교사의 학생 성추행 사건이 2017년 6월 즈음에 터졌는데 경찰이 별 혐의가 없다고 하자 옹호관이 그 사건을 다루면서 성추행 등 죄명으로 형사 고발을 해서 사건을 다루게 됐고 졸업생까지 성추행 폭로에 동참하며 큰 사건으로 부각됐습니다. 인권 옹호관은 여기저기 인터뷰를 하면서 의기양양했지요. 그러면서 5월에 이미 조사를 마치고 아무런 조치도 없이 방치했던 남편 사건을 다시 수면 위로 끌어올려 이 지경을 만든 겁니다."

이슈화 성공에 고무된 인권 옹호관이 부안여고 사건을 처리하면서 적용한 사건 처리 도식을 그대로 송 교사에게 뒤집어씌웠다는 것이다. 부안여고 성추행 사건은 당시 지방의 사립 학교라는 '닫힌 사회' 내에서 일어난 전형적인 권력형 성폭력 사건이었던 것으로 보인다. 하지만 이러한 사건과 송 교사의 사건 사이에는 둘다 같은 남성 교사라는 유사성 외에는 별다른 접점이 없었다.

그런데도 송 교사는 일종의 '끼워 팔기' 마케팅의 희생양이 됐다는 것이다. 학생 인권과 관련한 정책 및 제도 개선에 관해 전문성을 발휘해야 할 인권 옹호관이 자신의 이슈 파이팅(사회 운동) 수단으로 제도적 권한을 남용하며 특히 그 과정에서 송 교사를 희생양으로 삼지 않았는가 하는 의구심이 드는 대목이다.

실제로 강 씨는 지속적으로 학생교육 인권센터의 권한 남용 의혹을 제기했다. 예를 들어 학생교육 인권센터가 송 교사에 대한 직위 해제에 압력을 넣는 등 일선의 교육 공무원에게 미치는 영향력은 상당했다는 것이다. 송 교사의 장례식장에서 있었던 후일담이다.

"장례식장에 왔던 부안 교육지원청 교육장과 교육과장이 전북교육청 학생교육 인권센터와 교육청에서 시킨 대로 —직위 해제 등의 조치를— 했다고 주장했습니다. 그런데 옹호관의 구제 신청에 의한 조사와 구제는 교육청과 무관하게 이루어져야 한다고 학생인권조례에 명시되어 있습니다. 그들(인권 옹호관)은 조례를 무시하면서까지 사건 첫날부터 개입하여 학교와 교육지원청과 교육청위에 군림하면서 남편을 죄인으로 만들려고 한 겁니다."

실제로 당시 이뤄진 여러 무리한 결정들에도 불구하고 동료 교사나 공무원 중에서 아무도 송 교사의 처우에 의문을 제기하지 못한 것으로 보인다. 고인에 대한 인권센터의 조사 과정도 석연치 않은 대목이다. 물론 인권센터장이자 인권 옹호관이 교육청과 독립적으로 인권 침해 의심 사례에 대한 직권 조사와 시정 요구를 할 수 있는 권한이 조례에 명시[5]되어 있긴 하다.

---

5) 전북 학생인권조례 제45조.

하지만 피해 주장 학생이 진술을 번복하고 당사자 학생의 학부모까지 구명에 나선 시점에서도 송 교사에 대한 제재를 추진한 것은 무리한 권한 남용으로 보인다. 게다가 인권센터에서 송 교사를 조사한 시점은 2017년 5월 2일, 5월 12일인데 관련 공문을 보면 송 교사에 대한 직권 조사 사건 접수일은 한참 후인 6월 12일로 나타난다. 조사의 절차적 정당성마저도 사후에 끼워 맞춘 것에 불과한 것 아니냐는 의구심이 드는 대목이다.

애초 '무고'나 '억울함'이 있을 수 있다는 가능성 자체를 상정하지 않은 현장의 매뉴얼도 문제였던 것으로 보인다. 송 교사 사건의 가해자들은 시종일관 '매뉴얼'을 강조하며 책임을 면피했다. 이러한 일관된 발뺌 전략은 최근 검찰에서 내린 무혐의 처분에 상당 부분 유리하게 작용했던 것으로 보인다.

'매뉴얼대로 했다'는 전형적인 관료주의적 책임 떠넘기기도 문제지만, 매뉴얼의 현장 적용 방식은 물론이고 매뉴얼 자체의 허점도 있었다. 강 씨는 이번 사건에 대해 적용해야 할 매뉴얼에 대한 숙지가 현장에서 제대로 이뤄지지 않았다고 주장했다. 사건 초기 강 씨에게 한 교육청 공무원이 건네준 건 완전히 엉뚱한 매뉴얼이었다.

"(사건 초기) 교육청 등에서 자꾸 '매뉴얼대로 했다.'고 해서 매뉴얼이 뭐냐고 하니까 처음에 준 게 '학생 간 성폭력 발생 시 사안 처리 절차'였습니다…"

나중에 강 씨가 실제로 적용됐다고 전해 들은 것은 교육청의 이른바 '아동 성폭력 대응 절차(여기에서 아동은 19세 미만 미성년자까지 포괄하는 법률 용어)'였다. 그런데 해당 매뉴얼은 '아동 성폭력 의심 사례'와 '아동 성폭력 피해 사건'의 두 가지 정황을 구분하게 되어 있었다.

'아동 성폭력 의심 사례'의 경우에는 우선 문의·상담을 거친 다음에 피해 사실이 확정되면 '아동 성폭력 피해 사건'의 절차(신고·지도 감독→대응 창구 일원화→지역 연대)를 따르게 되어 있었다.

강 씨의 주장은 '의심 사례'에 불과한 송 교사에 대해서는 적절한 '문의·상담' 절차를 따랐어야 했는데 이를 건너뛴 채 송 교사의 사건을 '아동 성폭력 피해 사건'으로 성급하게 확정하고 말았다는 것이다. 하지만 매뉴얼을 들여다본 결과 애초에 무엇이 의심 사례이고 무엇이 피해 사례인지를 구분하는 기준 자체조차 모호했다.

그리고 애초에 '의심 사례'에서 따라 해야 할 '문의·상담' 절차가 무엇인지 모호한 것도 근본적인 문제였다. 당사자의 반론권이 일절 보장되지 않는 절차적 문제는 말할 것도 없다. 일선의 책임자가 누구냐에 따라 얼마든지 매뉴얼을 자의적으로 남용할 소지가 충분했다.

처음부터 정해진 결론과 조사 도중의 괴롭힘

송 교사의 사망 이후 언론에서 고인의 죽음 이면에 강압 조사가 있었는지가 쟁점이 됐다. 교육청과 인권센터는 이러한 의혹을 전면적으로 부인했다. 하지만 진짜 핵심은 과거처럼 물고문을 하거나 잠을 안 재우는 등의 강압 수사 관행이 있었느냐 식의 여부가 아니다.

강 씨와의 인터뷰를 통해 송 교사가 느낀 모멸감은 보다 심층적인 데 있다는 것을 알 수 있었다. 조사 과정 중에 고인을 가장 힘들게 했던 것이 무엇이냐고 묻자 강 씨는 망설임 없이 '학생과의 모든 일상적인 관계를 성적인 것으로 몰고 가는 인권 옹호관의 조사 방식'이었다고 답했다.

강 씨는 제자들과의 일상인 관계를 성적이거나 폭력적인 맥락으로 해석하며 집요하게 추궁하는 과정이 지속된 것이야말로 ― 송 교사에 대한 객관적 조사를 가장한― 개인에 대한 괴롭힘이자 압박 수단이었다고 주장했다. 이에 따라 사건 내내 가장 심하게 성적 모멸감을 느낀 것은 송 교사 자신이었다.

"학생의 신체를 닿기만 해도 성희롱이라는 것입니다. 학생이 손가락 반지 사이즈를 재어 달라고 해서 손을 잡은 것도 성적인 행동으로 해석됩니다. 학생이 무릎을 떤다고 해서 무릎을 건드리는 것도 성희롱이고 성적 자기 결정권을 침해했다는 것입니다. 조사할 때마다 성… 성… 성…. 학생과 일상 속의 모든 접촉이 성적인 것으로 받아들여졌습니다."

실제로 당시 학생인권 심의위원회의 결정문을 보면 학생을 지도하는 과정에서 있었던 사소한 신체적 접촉마저 '교사의 우월적인 지위를 이용하여 여학생에게 성적인 수치심을 주는 육체적 성희롱'으로 둔갑해 있었다. 그러나 당사자 학생이 송 교사의 복직을 요구하며 탄원을 하는 마당에 일상의 관계를 그렇게 해석한 것은 정작 인권 옹호관 자신뿐이었다. 송 교사를 향한 '불온한' 시선은 그의 사후에도 이어졌다.

송기춘 학생인권 심의위원은 지난해 8월 18일 열린 기자회견 자리에서 '부적절한 신체 접촉이 있었던 것은 사실'이라며 조사 과정에 문제가 없다고 강변했다. 그러나 도대체 '부적절한 신체 접촉'이 무엇인지, 그것이 '60일 이내에 사건 처리를 해야 한다'는 원칙을 어기면서 한 교사를 3~4개월 동안 제자들과 동료로부터 고립시킬 만한 일이었는지에 대해서는 해명하지 않았다.

특히 지역 사회에서 격리되다시피 한 처지 속에서 방어권 보장을 위한 모든 사소한 행동마저도 '2차 가해'라는 둥, '감옥에 갈 수 있다는 둥' 등의 반협박을 끊임없이 들어야만 했던 것도 심리적 압박을 가중시킨 요인이었다. 강 씨는 유폐 상태에서 오는 심리적 압박을 다음과 같이 증언했다.

"남편은 직위 해제 기간 동안에는 특별 연수 명목으로 독방에 책상 하나에 컴퓨터 하나만 달랑 있는 방을 배정받고 출퇴근했습니다. 출근 후 남편은 그 방에 혼자 있는 것 외에는 할 게 없었습니다. 남편은 교도소 독방 체험이 따로 없다며 자조적으로 말하곤 했습니다. 그 때문인지 나중에 교육지원청 과장이라는 사람이 남편에게 '(2차 가해를 해서) 감옥 가면 죽기 전에 나오면 다행이다.'라고 위협을 하자 남편은 식은땀을 흘리며 저에게 '감옥에 가느니 차라리 죽는 게 낫겠다.'고 말했습니다. 7월 24일 이전까지 10kg, 8월 4일까지 3kg, 도합 13kg씩 체중이 줄 정도로 마음고생을 심하게 했습니다."

이처럼 '2차 피해'를 운운하며 송 교사의 발언권을 극도로 제약한 억압적인 상황도 송 교사를 죽음에 이르게 한 계기 중 하나였다. 강 씨는 송 교사가 세상을 떠나기 전날을 회상했다. 지난해 8월 10일 전북 교육청 감사를 앞두고 있던 송 교사는 비록 황망한 와중이긴 했지만 사망하기 전날까지만 해도 '교원 소청' 심의에 출석해 할 말을 연습하거나 감사 대비 자료를 준비하는 등 사건 해결에 나름대로 의욕을 보였다고 한다. 그런데 삶에 대한 의지를 무너뜨린 결정적인 계기는 무엇이었을까. 당시 걸려온 한 통의 전화 대화를 바로 옆에서 들었던(상대의 육성도 들을 수 있었다고 한다) 강 씨는 그때의 일을 다음과 같이 회상했다.

"전북 교육청 산하 부안 교육지원청 교육지원과장한테서 전화가 왔습니다. 학생들을 만났냐고 추궁하더군요. 그러면서 대뜸

'학생들의 탄원서를 받는 게 2차 피해다.', '누군가 고발하면 감옥에 갈 수 있다.'고 위협하더군요. 남편이 황당해하면서 '그것도 받으면 안 됩니까?'라고 되물으니까 '학생들을 만나면 절대로 안 된다.'라고 하더군요. 놀란 남편이 교장한테 연락해 봤지만, 교장은 학생부장 선생한테 전화하라고 책임을 떠넘기더라고요. 결국 어렵게 전화를 건 남편이 '교장이 전화하라고 해서 전화했다.'고 부장 선생에게 사정을 설명하자, 선생은 '(전북 교육청) 감사과에서 월요일, 화요일에 학교로 감사를 나온대. 먼지까지 탈탈 털겠다는 거지. 그런데 학생들은 조사 안 한다네? 그렇게 알고 있어.'라며 학생의 탄원서 자체가 무의미하다는 식으로 전달하더군요. 그 전화를 끊고 난 남편은 '나는 이제 끝났다.'라고 중얼거렸습니다. 핸드폰을 툭 바닥에 떨어뜨리며 흡사 혼이 빠진 표정이었습니다. 그리고 그것이 마지막이었습니다…."

2017년 7월 22일경에 모집한 최초 피해 주장 여학생의 부모를 포함한 학부모와 학생 그리고 졸업생들의 탄원서에 마지막 희망을 걸고 있던 송 교사에게 있어서 그 순간은 모든 것이 무너지는 순간이었다. 강 씨는 힘겹게 말을 이어나갔다.

"나중에 교육청 감사과는 '학생을 조사할 계획이 없다.'는 학생부장 교사의 발언을 부인하더라고요. 결국 둘 중 하나가 거짓말을 한 셈이지요."

아이들을 폭행한 빗자루로 둔갑한 지휘봉, "남편은 먹잇감이었다."

강 씨는 학생인권교육센터의 집요한 괴롭힘, 행정 편의적인 사건 처리, 관료주의적인 책임 떠넘기기, '2차 피해' 운운하는 윽박지르기가 점철된 지옥과 같은 4개월을 다음과 같은 한 문장으로 요약했다.

"남편은 그냥 저들에게 먹잇감에 불과했던 거예요."

특히 그는 문제의 학생인권교육센터와 학생인권 심의위원회에서 남편에 대한 아이들의 진술마저 완전히 왜곡했다고 주장했다.

"학생인권교육센터에서 5월경에 남학생들을 찾아와 체벌 조사도 했습니다. 그런데 애초에 사건이 접수된 건 '성추행' 건이었고 체벌은 해당 사항이 없었는데 송 교사에 대한 사실상의 '먼지 털이' 조사를 한 거였어요. 남편이 체벌이나 가혹 행위를 했는지에 대해서 어떤 형태로든 '예.'라는 답변이 나올 때까지 계속해서 캐물었다고 합니다. 그 와중에 학생들이 진술한 몇 가지 사건을 확대 해석해서 징계의 근거로 삼으려 했고요…"

강 씨는 문득 생각났다는 듯이 책장을 뒤적거려서 무언가를 꺼내왔다. 성인 남성 팔뚝 길이보다 조금 긴 얇은 지휘봉이었다.

"이게 남편이 생전에 사용하던 교편입니다. 학생인권교육센터

측의 추궁 끝에 학생이 '숙제를 안 했을 때만 1년에 한두 번 정도 이 교편으로 발바닥을 툭툭 쳤다.'고 말했습니다. 학생들은 심지 어 하나도 아프지 않았고 간지러웠다고 저에게 전했습니다. 그 정 황도 선생과 학생 간의 약속에 의한 짓궂은 장난에 가까운 것이 었습니다. 그런데 나중에 학생인권 심의위원회 결정문을 보면 제 남편이 빗자루(대나무)로 남학생들의 발바닥을 때렸다고 나와 있 었습니다."

실제로 당시 결정문을 보면 고인이 "학생들을 빗자루(대나무)로 발바닥을 때렸다"고 나와 있었으며, '2, 3학년 남학생들의 주장'이 라며 옹호관과 주무관이 질문하고 학생들이 단답을 한 내용을 자신들이 작성하여 이를 마치 체벌을 뒷받침하는 남학생들의 진 술서인 것처럼 제시한 뒤 "학생들이 ―송 교사를― 음해할 만한 사유가 없다."는 등의 이유를 붙여 송 교사의 가해 행위를 기정사 실화했다.

하지만 강 씨의 설명에 따르면 학생들의 진술은 전혀 달랐으며 오히려 학생들이 조사관들의 먼지 털이식 유도 질문에 당하고 말 았다는 것이다. 불공정한 조사 과정으로 인해 학생들의 진술을 완전히 왜곡했다는 것으로, 사전에 약속이 있었다는 진술도 고의 로 누락했다고 한다.

이처럼 심의위원회 결정문상에서 고인의 '교편'은 어느새 아이 들을 폭행한 '대나무 빗자루'로 둔갑해 있었고 이러한 결정은 후일 교육청의 징계 절차에 불리한 영향을 미친 것은 물론, 송 교사의 사후에도 송기춘 전북 학생인권심의위원이 드러낸 바 있는 '적반하장식' 태도의 배경이 된다.

그리고 아무도 책임지지 않았다

송 교사의 사망 이후 가해자들의 태도는 '뻔뻔함' 그 자체였다. 그중에서도 가장 심각한 것은 당시 김승환 교육감이 보여준 '조직 보위 논리'와 거기서 파생된 고인과 유족에 대한 '2차 가해'였다. 교육청의 최고 책임자가 그동안의 잘못된 과정을 감싼 결과, 사람이 죽은 사건에 대해서 어떠한 책임을 지는 사람도, 누군가의 반성도, 제도적인 개선도 없었다. 한 추리 소설의 제목을 비틀자면 '그리고 아무 일도 없었다'가 된 것이다.

실제로 그는 송 교사 사망 사건이 쟁점화된 2017년 국회 교문위 국정감사 자리에서도 당시 인권 옹호관과 심의위원회의 책임을 부인하는 데만 급급했다. 그는 당시 경찰의 내사 종결을 참작하지 않은 무리한 조사 과정을 질타하는 국감의원 앞에서 "책임이 있다면 저예요. (하지만) 경찰이 내사종결 했다고 해서 그게 혐의 없다는 것은 아니다."라고 대답했다가 구설에 올랐다. 무죄 추정의 원칙을 정면으로 무시한 발언일 뿐만 아니라 부실한 조사 과정에 대한 반성 없이 고인이 살아생전 겪어야 했던 낙인을 지속한 셈이다.

또한 학생들의 탄원서를 왜 무시했느냐는 질의에 대해 "학생들 탄원서는 자발적으로 작성돼야 하지 않습니까?"라고 반문하며 아무런 근거나 조사 없이 "학생들의 탄원서는 오염됐다."는 말만 반복한 교육청 공무원과 동일한 대답을 내놓았다. 그 두목에 그 부하들인 셈이다. 학생들의 탄원서가 강요에 의해 작성됐느냐는 질문에 대해서는 "그럴 수도 있다."는 유체 이탈 화법을 구사했다.

김승환 교육감은 2018년 전북 교육감 선거에서 재선됐다. 송 교사를 죽음에 몰아넣은 학생부장 교사도 여전히 현직으로 일선 학교 현장에 있는 것으로 확인됐다. 당시 교장으로 재직하던 자는 다른 학교로 전근을 갔고 그 당시 징계에 관여했던 공무원들도 당시 사건을 애써 머릿속에서 지우고 일상을 살아가고 있다. 가해자들의 일상을 지탱하는 또 다른 기제는 도덕적 정당성에 대한 '자기 최면'이었다. 송 교사의 죽음에 일조한 가해자들은 하나같이 자신들은 '양심'에 거리낄 것이 없다고 말한다.

2018년 교육감 선거 토론회 자리에서 한 참가자가 김승환 교육감에게 송 교사 사건에 대한 '도의적 사과'를 요구하자 그는 다음과 같이 '양심의 자유'를 운운했다.

"사과 강제는 헌법상 양심의 자유를 침해하는 것이라는 헌법재판소 판례를 말씀드리고요."

자칭 양심은 있지만, 고인에 대한 인간적인 예의는 없었던 것이다. 이처럼 고인이 사망한 지 1년 가까이 됐지만 고(故) 송경진 교사 사건은 당사자들에게 여전히 '현재 진행형'이다. 강 씨는 지금도 제도적으로 남편의 억울함을 풀어 주길 원하고 있다.

"최소한 남편을 순직 처리해서 아이들을 누구보다 예뻐하고 아꼈던 남편의 명예를 회복해 주었으면 좋겠어요."

누군가 강 씨의 호소에 응답할 차례이다.

《한국일보》를 상대로 승소한 박진성 시인, 절망을 딛고 이후의 삶을 말하다

—
오세라비(2018년 8월)

박진성 시인이 《한국일보》와의 소송에서 승소했다. 2017년 1월부터 2018년 7월까지 이어진 재판이었다. 《한국일보》의 황수현 기자는 2016년 10월 문단 내 성폭력 의혹을 제기하며 유독 박진성 시인의 사진만을 기사에 게재하는 등 사실상 사회적 살인을 자행했다.

사실관계를 무시한 《한국일보》의 보도로 말미암아 죽음의 고비를 여러 차례 넘나든 절망의 삶 속에서도 끈질기게 이어 왔던 그의 투쟁은 인간 승리라 할 수 있다. 하지만 아직 끝나지 않은 그의 진실을 향한 투쟁은 현재 진행 중이다.

사상 초유의 폭염 한가운데 그를 만나 소송 과정, 《한국일보》 황수현 기자의 취재 문제점, 여전히 박 시인의 시집 《식물의 밤》을 출고 정지 처분으로 묶어두고 있는 《문학과지성사》의 문제 등과 앞으로 그의 계획을 들어보았다.

손해 배상금 5,000만 원은 이례적인 사례

Q. 최근《한국일보》와 황수현 기자를 상대로 제기했던 소송의 선고가 있었습니다. 판결의 주된 내용은 무엇인가요.

A. 2016년 10월 당시 저에게 제기됐던 성희롱·성추행·성폭행 의혹 등이 모두 허위라는 취지의 판결입니다. H 기자가 2016년 10월 21일경에 작성한 최초 기사, 그리고 2016년 10월 23일에 작성한 후속 기사, 그리고《H 일보》사설, 카드 뉴스 등 총 4개의 기사에 대한 정정 보도를 이행하고《H 일보》의 트위터 및 페이스북으로 송출한 기사에 대한 정정 보도를 이행하라는 판결입니다. SNS 게시물까지 합하면 총 6개 기사에 대한 정정 보도 이행 명령인 셈입니다.

손해 배상 액수로는 5,000만 원을 지급하라는 판결이었습니다.《H 일보》보도 이후 시인으로서의 활동이 완전히 불가능해진 점 등이 위자료 산정의 기준이었습니다.

Q. 언론사를 상대로 한 소송에서는 이례적으로 높은 금액이 손해 배상액으로 결정됐네요. 판결 이유는 무엇인가요.

A. 한 매체의 보도로는 언론에 대한 손해 배상 평균 인용액은 약 853만 원으로 알고 있습니다. 평균 인용액의 6배가 선고된 셈이네요.《H 일보》의 H 기자의 취재 과정 및 후속 보도에 심대한 문제가 있었다는 게 법원의 판단입니다. H 기자는 기사 작성 이전에 저에게 사실

확인을 하지 않았을 뿐만 아니라 폭로 당사자들과도 일체의 연락을 주고받지 않았다는 것이 소송을 통해 밝혀졌습니다. 트위터상의 폭로를 그대로 기사화한 셈이지요. 이에 대해 재판부는 다음과 같이 판단했습니다. 판결문 중 일부입니다.

"그 서버가 해외에 존재하여 작성자에 대한 추적이 사실상 어렵다는 점 때문에 그곳에 등재된 진술에 대한 신빙성은 일반적으로 매우 낮다고 평가된다."

재판부도 트위터상의 폭로의 신빙성이 매우 낮다고 판단한 것입니다. H 기자는 이러한 폭로들을 저에게 확인하지 않고, 그리고 폭로 당사자들에게도 확인 과정 없이 곧바로 기사화했습니다. 정말 누구를 위한 기사였는지 묻고 싶습니다. 최초 기사에는 제 입장이 들어가 있지만, 그것은 기사 작성 이후에 추가된 것입니다. 재판부는 이 점을 무척 악의적으로 봤습니다. 또한, 우리 쪽 변호사들이 소송 진행 내내 주장했던 "폭로자들의 폭로에 신빙성이 없다."는 의견이 받아들여졌습니다. SNS, 특히 트위터의 허위 폭로에 대해 일종의 경종을 울린 것이 아닌가 생각합니다.

위에서 말씀드렸지만, 재판부가 이행 명령을 내린 정정 보도는 총 6개입니다. 그러니까 《H 일보》와 H 기자는 저를 기사로, 사설로, 카드 뉴스로, SNS로 사회적 살인을 했습니다. 유례를 찾아보기 힘든 사례입니다. 이런 점을 재판부가 참작한 것 같습니다. H 기자의 최초 기사 이후 제가 강하게 항변을 하고 자료까지 제출했는데 전혀 받아들여지지 않았고 《H 일보》와 H 기자는 의혹들을 '확대 재생산' 하기에 급급했습니다. 정말 왜 그랬는지 모르겠습니다. 지금 생각해 봐도 정말 끔찍합니다. 재판부는 다음과 같이 판시했습니다. 판결문 중 일부입니다.

Q. 황수현 기자의 기사가 어떤 의미에서 악의적이었는지 짚어줄 수 있나요.

A. 판결문에는 명시되지 않았지만, H 기자의 저에 대한 기사들은 정말 문제가 많았습니다. 2016년 10월과 11월 당시 성폭력 의혹이 제기된 문인들은 여럿이었습니다. P 소설가를 제외하면 전부 시인들인데, 유독 제 기사에만 사진이 들어가 있습니다. 형평성에도 어긋나는 문제입니다. H 기자가 도대체 왜 그랬는지 정말 묻고 싶습니다. 저는 당시 피의자 신분도 아니었고 어디까지나 '의혹'이었습니다. 그런데 기사 안에 사진이 같이 보도됐죠. 지금 다시 보면 범죄 수배 전단 같습니다.

그리고 최초 기사에서는 성희롱·성추행·성폭행 의혹이라고 보도하더니 후속 기사에서 '성폭행'이 빠졌습니다. 고마워해야 할까요? '성폭행' 의혹이 빠진 이유는, 최초 기사 보도 이후 제가 제시한 카카오톡 대화 내용 등을 H 기자가 확인한 이후, 도저히 성폭행으로는 볼 수 없다고 스스로 판단했던 게 아닌가 생각합니다. '성폭행' 의혹을 제기했다가 후속 기사에서는 그 부분을 빼 버렸습니다. 정말 이상한 일입니다. 저는 H 기자가 보도한 기사의 이러한 문제점들을 제가 운영하는 블로그 등을 통해 계속 공개적으로 항의했습니다. 아무런 답변도 없었죠. 그리고 판결까지 이르게 된 것입니다.

그리고 미성년자 부분인데요. H 기자의 기사 내용을 보더라도 해당 미성년자와 제가 만난 적이 없다는 사실은 H 기자 스스로도 인지하고 있었던 것 같습니다. H 기자가 후속 기사에서 "미성년자를 포함한 작가 지망생 등을 상습적으로 성추행했다는 의혹을 받은 박진성 시인"이라고 기사를 쓰고 있고 《H 일보》의 트위터와 페이스북에서는 "미성년자 성추행 의혹"이라고 보도하고 있는데 완전한 허위입니다. 해당 미성년자와는 만난 사실 자체가 없습니다. H 기자 자신의 자가당착인 셈이죠.

취재 과정이 부실하다 보니 발생한 일이라고 믿고 싶은데 '악의적으로 쓰지 않았나?' 그런 생각이 아예 들지 않는 것도 아닙니다. 해당 미성년자에 대한 '성희롱 의혹'도 재판부는 허위라고 판단했습니다. '미성년자'라는 단어와 '성폭력'이라는 단어가 결합해 말 그대로 폭발적으로 의혹이 재생산됐습니다. 다른 언론사 몇 군데에서는 '미성년자 성폭행 의혹'도 등장했었죠. 2016년 10월에는 다들 정말 제정신이 아니었던 것 같습니다. 이런 '아니면 말고' 식 보도, '자극적 보도'에 재판부가 경종을 울린 판결이 제 사건이 아닌가 싶습니다. 언론이 정말 그러면 안 되는 거죠.

《한국일보》와 황수현 기자의 이상한(?) 항소

Q. 《한국일보》와 황수현 기자가 항소했습니다. 박 시인은 자신의 블로그에 '이상한 항소'라고 지적했던데, 어떤 의미에서 이상한 항소인가요.

A. 제가 소장을 접수한 것이 2017년 1월입니다. 2017년 3월부터 2018년 6월까지, 총 7차례의 변론 기일이 있었습니다. 2018년 6월에 종결됐고 2018년 7월에는 선고를 앞두고 있었습니다. 그런데 《H 일보》 측에서 갑자기 조정을 제안했습니다. 정정 보도 이행과 함께 1,000만 원을 손해 배상하겠다는 내용이었습니다. 《H 일보》와 H 기자 스스로 정정 보도를 해야 한다는 사실을 자인한 셈이었죠.

항소, 상고에 대한 부담이 있었고 긴 소송에 지치기도 했고, 《H 일보》와 H 기자가 제시하는 그대로 조정 제안을 받을 수만은 없어서 금액만 1,500만 원으로 상향해 달라고 역제안을 했습니다. 그렇게 끝내고 싶은 마음이었습니다. 돈 때문에 시작한 소송이 아니었습니다. 그렇게 조정이 성립되고 끝날 줄 알았죠. 그런데 우리 쪽 변호사의 조정안에 대해서 《H 일보》가 가타부타 말이 없어서 끝내 조정이 무산됐고 선고 기일까지 이르게 된 것입니다.

성추행과 성폭행을 당했다고 폭로한 여성들에 대한 형사와 민사 소송이 모두 끝난 상태여서 성추행과 성폭행 의혹 부분에 대해서는 허위라는 판결이 나올 거라고 확신했습니다. 재판부는 성희롱 부분까지 허위라고 인정을 한 셈인데 그렇다면 항소심에서 다툴 것이 사실 많지 않습니다. 손해 배상 액수나 성희롱 의혹 정도인데 '박진성은 그래도 성희롱범이 맞다'는 판결을 원하는 것인지, 저로서는 정말 의문입니다. 금액 때문이라면 더더욱 졸렬한 셈이고요.

스스로 정정 보도를 하겠다고 제안해 놓고 5,000만 원이 손해 배상액으로 책정되니 항소한 것으로밖에 볼 수 없다는 생각입니다. 정정 보도를 할 생각이 애초에 없었다면 조정 제안은 불가능했을 것입니다. 결국 '돈' 때문에 항소했다고 생각합니다. 파렴치할 뿐만 아니라 졸렬하기까지 합니다. 우리 쪽도 항소했습니다. 손해 배상액으로 1억 원을 청구했습니다. 대법원까지 가는 일도 마다하지 않을 생각입니다. 이제는 정말 끝까지 가 보는 거죠.

또한, 1심, 항소심, 대법원의 모든 자료를 모아 백서를 발간할 계획입니다. 한 언론사와 한 언론인의 추악함과 졸렬함을 꼭 기록해 둘 것입니다.

황수현 기자의 또 다른 피해자 시인

Q. 황수현 기자가 보도한 기사의 또 다른 피해자가 있다고 들었는데, 누구이고 어떤 피해를 봤나요.

A. 류근 시인입니다. 2016년 9월에 H 기자가 칼럼 하나를 썼는데 그 당사자가 류근 시인입니다. H 기자는 류근 시인을 '여성 혐오 시인'으로 낙인찍었습니다. 작품 인용도 없었고 아무런 근거가 없었습니다. 그리고 기사 제목으로 쓰인 "왜 내 시집 기사 안 써줘요."[86] 같은 말도 류근 시인은 한 적이 없다고 합니다. 졸지에 류근 시인은 '여성 혐오 시인'에다가 언론사에 기사를 써 달라고 전화를 하는 한심한 시인이 됐고 그 기사 이후 소위 '문단 내 성폭력 시인' 리스트에도 류근 시인의 이름이 오르내리고 있습니다. 류근 시인 입장에서 생각해 보세요. 정말 환장할 노릇입니다.[87]

한 기자에 의해 한 시인이 졸지에, 아무 근거도 없이 '여혐 시인'으로 낙인찍혔는데 그게 또 H 기자입니다. 저는 류근 시인과 지금도 연락을 주고받고 있습니다. 벌써 2년입니다. 엄청난 고통을 호소하고 계십니다. 2017년 9월에 통화를 한 적이 있는데 류근 시인이 많이 취해 있었죠. 왜 술을 드셨냐고 여쭈니, 그 기사 이후 꼭 1년이 되는 날이라서 술을 많이 마셨다고 하시더라고요. 류근 시인에게는 그 기사가 났던 날이 일종의 기일인 셈입니다. H 기자가 '사회적으로' 죽인 거죠. 그 기사 이후 한 달 후에 저에 대한 의혹 보도를 H 기자가 했습니다.

Q. 황수현 기자의 취재에서 또 다른 이상한 점이 있나요.

A. 취재 이야기는 아니고. 2016년 10월 '문단 내 성폭력' 사건 이후 《참고문헌 없음》이라는 단행본이 나왔었습니다. 문단 내 성폭력 피해자들을 돕는다는 명분으로 여성 문인들 위주로 필진을 구성해서 작성한 단행본인데 필진 중에 기자로서는 유일하게 H 기자가 참여하고 있습니다. 그 글은 2016년 9월에 독립 잡지인 《더 멀리》에서 H 기자에게 청탁했던 글로 알고 있습니다.

제가 문제 삼고 싶은 것은 '기자로서의 중립성'입니다. '문단 내 성폭력'의 대척점이 '문단 내 명예 훼손'이고 '문단 내 무고'일 텐데, 애초부터 중립적 시각을 포기하고 이 사건에 접근한 것이 아닌가 하는 의구심이 들 수밖에 없습니다. 이 인터뷰를 읽는 독자들의 판단에 맡기고 싶습니다. 빨간 안경을 끼고 세상을 보면 다 빨갛게 보입니다. 기자가 그러면 안 됩니다.

정정 보도 소송 이후 바로 형사 고소

Q. 황수현 기자를 형사 고소할 건가요.

A. 물론입니다. 정정 보도 및 손해 배상 청구 소송이 마무리되는 대로 진행할 것입니다. 공소 시효가 5년 정도 되는 것으로 알고 있습니다. 끝까지 책임을 물을 것입니다. 민사 소송이 마무리되는 대로 H 기자, 그리고 최초 폭로자를 상대로 형사 소송을 진행할 생각입니다. 《H 일보》 기사에서 D로 언급된 여성도 이에 해당합니다. 성희롱을 당했다고 폭로했는데 이번 1심 재판부가 허위라고 판단했습니다. 세 명 다 '허위 사실 유포 명예 훼손 혐의' 입니다.

Q. 탁수정 관련 판결도 포함됐나요.

A. 직접적인 언급은 없습니다. 《H 일보》와 H 기자가 소송 과정에서 '성 폭력' 증거로 제출한 것 중 하나가 탁수정의 폭로였습니다. 판결문에 서는 일체의 성희롱·성추행·성폭행이 없었다고 명시하고 있습니다. 탁수정이 제기한 성희롱 의혹이 인정됐다면 이 같은 판결 자체가 불 가능했을 것입니다.

탁수정은 자신의 트위터 메인 트윗에 아직도 저와 나눈 카카오톡 대 화 내용을 근거로 자신이 성희롱 피해자라고 주장하고 있습니다. 요 즘 말로 '뇌피셜'인 셈이죠. 지독한 2차 가해입니다. 카카오톡 대화 내용 중 일부만을 악의적으로 올린 것입니다. 대화는 전체 맥락을 봐야 합니다. 끔찍합니다. 탁수정과 더 이상 어떤 일로도 엮이기 싫습니다. 정말 끔찍한 기억입니다.

이번 판결과 다른 이야기지만, 탁수정은 이 모 시인에게 허위 사실 유포 위법 행위로 손해 배상을 한 이후로, 같은 시인에게 같은 혐의로 형사 고소를 당했고 현재 기소 의견으로 검찰로 송치된 것으로 알고 있습니다. 악질입니다. 탁수정에 의한 '허위 사실 유포 피해자'가 정말 많습니다. 대부분 남성 시인입니다. 그런 사람이 자칭 '미투 운동가'로 방송에 소개되는 시대입니다. 지켜보고 있지만 더 이상 탁수정과 어떠한 일로도 연관되기 싫습니다.

아직도 풀리지 않는 출고 정지, 문단의 이상한 관행

Q. 박 시인의 세 번째 시집 《식물의 밤》은 아직도 《문학과지성사》로부터 출고 정지 처분이 풀리지 않은 것으로 알고 있습니다. 이유를 알 수 있나요.

A. 2017년 4월 이후, 10여 차례 《문학과지성사》의 이근혜 주간과 통화를 했었습니다. 출고 정지를 제발 풀어달라고 부탁했습니다. 매번 묵살당했죠. 폭로 여성들에 대한 허위 사실 유포 혐의가 인정됐을 때도 거절당했고 심지어 폭로 여성의 무고 혐의가 인정됐다고 알렸을 때도 묵살했습니다. 이유를 모르겠습니다. 마지막으로 통화한 것이 2018년 7월 《H 일보》 소송 판결이 나온 이후인데 여전히 출고 정지를 풀 수 없다고 하더군요.

그 이유는 출고 정지에 쌍방이 합의했다는 것인데, '출고 정지'라는 조치가 임시적인 것으로 알고 있습니다. 쌍방이 합의해서 출고 정지를 결정했다면 제 쪽에서 출고 정지에 대한 중지 요청을 하면 받아들여야 한다고 생각합니다. 합당한 이유가 있다면 말이죠. 안 합니다. "입장 변화가 없다."는 말만 되풀이하고 있습니다. 2018년이나 2019년에 출간하기로 했던 네 번째 시집에 대한 계약도 일방적으로 파기됐습니다.

Q. 문학계의 관행과도 연관이 있나요.

A. 이른바 '문단'이라는 곳의 의사 결정 과정이나 문화 자체는 무척 폐쇄적이고 또한 권위주의적입니다. 일종의 갑질인 셈이죠. 이 시점에서 《문학과지성사》에 묻고 싶은 게 있습니다. 누가 가해자고 누가 피해자냐고. 정말 간절하게 묻고 싶습니다. 《문학과지성사》 그리고 문단의 이상한 관행들을 여럿 알고 있습니다. 다른 지면에서 알리겠습니다. 바뀌어야 합니다. 이대로는 안 됩니다.

Q. 향후 조치에 대해 계획은.

A. 담당 변호사와 상의 중입니다. 너무 지칩니다. 이런 불명예를 알고 평생을 살 순 없지 않습니까. 특히나 《문학과지성사》의 '사고'로 인해 저에 대한 '의혹'은 '기정사실'로 받아들여진 면이 있습니다. 제 의혹과 함께 《문학과지성사》의 사고가 시각 자료로 자주 인용됩니다. 《문학과지성사》는 제게 일종의 '낙인'을 찍은 셈이죠. 책임을 져야 합니

다. 그 사고는 붉은색입니다. 붉은 낙인이죠. 회복할 수 없는 상처이
기도 합니다.

작가의 명예는 작품이다

Q. 박진성 시인은 '무고 피해자'의 아이콘처럼 됐습니다. 어떤 이유 때
문이라고 생각하나요.

A. H 기자의 최초 《H 일보》 기사에서 성폭력 피해자로 다뤄진 사람
이 4명입니다. 즉, 제가 4명에게 성희롱·성추행·성폭행을 저질렀다
고 보도했습니다. 그게 다 허위라고 판명됐습니다. 이런 사례가 또
있나 싶습니다. 지금은 무고라는 말도 싫습니다. '무고 피해자'로 동
정받는 일도 지쳤습니다. 사건 이전으로 돌아가고 싶습니다. 시를 쓰
고 싶습니다.

Q. 근황과 앞으로의 계획은.

A. 곧 시집이 나옵니다. 사랑에 대한 시들입니다. 그리고 시작법 팁을
정리한 책도 나옵니다. 잠을 자지 않으면서 글을 쓰고 있습니다. 소
송에 이겨서 뭐 하겠나 싶습니다. 명예를 회복할 수 있는 길은 작품
이라고 생각합니다.

조덕제, 통한의 심경을 밝히다

—

오세라비(2018년 9월)

대법원은 지난 13일 강제추행치상 혐의로 기소된 조덕제에게 징역 1년에 집행 유예 2년과 40시간 성폭력 치료 강의 수강을 선고했다. 2015년 4월 《사랑은 없다》(원제 《홍분》) 영화 촬영 현장에서 상대 여배우를 강제 추행한 혐의로 기소된 지 3년 반 만에 대법원에서 확정판결을 받았다. 《리얼뉴스》는 지난 19일 남양주 별내의 한 카페에서 배우 조덕제를 만나 그의 심경을 직접 들어보았다.

Q. 영화 《사랑은 없다》 촬영 현장에서 감독의 "(상대 여배우에게) 미친 놈처럼 옷을 찢어라."라는 지시대로 연기한 조덕제 배우가 강제 추행 판결을 받은 것은 전대미문의 사건이다. 지금 심경은 어떤가요?

A. 영화 설명부터 좀 하겠다. 이 영화는 40대 후반의 유부남과 유부녀가 가정사에 서로 어떤 고충을 가지고 있다가 동창을 만나면서 좋게 말하면 새로운 사랑을 키워간다는 거고 세속적으로 말하면 바람을 피우는 그런 영화다. 주 관객 대상층도 40~50대다.

투자자나 제작사 대표가 투자사로부터 투자받을 때는 영화가 19금, 성인용을 목표로 해서 투자가 진행돼 제작됐다는 제작 과정을 확인해 줬다. 현장에서 많은 스태프와 배우, 감독도 당연히 시나리오를 분석했다. 영화를 많이 해왔던 스태프들이나 배우들은 (시나리오를) 보면 (영화 등급을) 안다. 성인용 영화다.

그런데 《사랑은 없다》가 19금 영화로 제작됐는데도 불구하고 여배우는 물론 공대위(공동대책위원회)도 15세 이상 관람가 등급으로 만들어졌기 때문에 조덕제의 연기가 과도하다는 주장을 계속해 왔다. 영화에 참여했던 분 중에서 여배우만 유독 그렇게 주장한다. 영화는 배우에 의해서 만들어지는 게 아니다. 많은 스태프와 제작진이 공동으로 만드는 작업이다. 조금 심하게 얘기하면 자기가 해 왔던 거짓말을 또 다른 거짓으로 메우는 그런 저열한 작태다.

2016년 12월 1심에서 무죄가 나오자 여배우가 여성 단체를 찾아갔다. 2017년 초 한국여성민우회가 주축이 된 80여 개 여성 단체는 공대위를 만들고 1년 가까이 진행된 재판에서 무죄가 나온 사건을 내 말은 단 한마디도 들어보지 않고 여배우의 주장과 자료만을 살핀 후한 달여 만에 "연기가 아니고 성추행이다."라고 판단한 것이다. 그리고서 2심 재판 때부터 여성 단체들이 개입했다. 다른 목적이 있으면 진실을 못 보지 않는가. 누가 봐도 명백한 무죄인데도 여성 단체들이 의도적으로 자기들의 이익에 의해서 몰아갔다고 생각한다.

Q. 이제는 여배우라 칭하지 말고 본명인 반민정이라 하자.

A. 그 여배우의 본명을 입에 올리기도 힘들지만, 이제는 밝혀도 된다. 그렇다. 반민정이다.

Q. 공대위 주축이 한국여성민우회면 그중에서 어떤 인물이 주도했나요?

A. 한국여성민우회 여성 연예인 인권지원센터 소장 윤정주다. 사건에 개입했다가 재판 진행 중에 여당 추천을 받아 현재는 방송통신위원회 심의위원으로 재직 중이다.

Q. 한국여성민우회 외에 어떤 여성 단체가 공대위에 포함됐나요?

A. 여성 단체가 80여 개가 되다 보니 다 기억하기 어렵다. 공대위가 80여 개 단체의 이름으로 2심 재판 시작하기도 전에 포럼을 열어 "이것은 연기가 아니고 성폭력이다."라며 성폭력으로 규정했다. 누가 나에게 물어보더라. "남자 배우의 의견은 물어봤나?" 공대위 측은 "남자 배우의 말은 들을 필요가 없다. 여배우의 말만 듣는다."라고 했다. 어처구니가 없다.

Q. 그러니까 철저히 '여배우는 피해자 대 남배우는 가해자' 프레임이네요.

A. 그렇게 규정을 해야만 진실은 상관없이 자기들 논리에 맞는 거다. 진실은 필요 없다는 거 아니겠나. 양측의 말을 다 들어봐야지, 재판할 때도 양측의 말을 듣지 않는가. 그런데 여성 단체들은 ─남배우의 말은 들을─ 필요가 없다는 것이다.

Q. 공대위의 활동이 2심 판결에 결정적인 영향을 미쳤을까요?

A. 그렇다고 본다. 이유가 크게 두 가지가 있다. 2심 재판이 열리기 전에 공대위가 포럼을 열고 2심 재판이 열리는 날 법원 앞에서 피켓을 들고 기자회견을 하면서 성명서를 발표했다. 처음 듣는 말인데 '방청 운동'이라며, 재판정에 미리 자리를 다 차지하고 나에게 삿대질과 야유를 퍼부었다. 이들은 마치 반민정의 호위 무사처럼 행동했다. 그런데도 판사는 이들에게 친절하게도 "어디서 오셨나요? 여성 단체인가요?"라고 물으며 이 재판에 대해 상세하게 설명하면서 "이러저러한 부분은 오해하지 마시라."고 했다. 참 이해가 안 가는 상황이었다.

반민정은 한국예술종합학교(약칭 한예종)를 졸업했다고 한다. 한예종 학생들 약 80명 정도를 재판정에까지 동원했다. 연판장까지 가지고 나왔다. 한예종 학생들은 나와는 영화 현장에서 만날 수도 있고 그들도 영화 업계에 종사하는 후배들인데 그런 학생들까지 동원해서 방청석을 장악한 거다. 게다가 고등법원장에게 공대위가 진정서와 탄원서 백여 통을 써서 보냈다고 한다.

2심 재판에서 정말 어이없는 일도 많았다. 검사와 변호사가 사건을 두고 서로 법리 다툼을 하며 판사는 그걸 가지고 판단하는 게 재판이다. 그런데 재판 도중 반민정이 손을 들더니 '판사님께 드리는 편지'라며 손편지를 낭독했다. 판사의 친절한 배려로 반민정은 약 30분 동안 흐느끼며 손편지를 읽었다. 그런 행위를 판사는 다 지켜보며 허용한 거다. 게다가 내가 발언할라치면 반민정이 갑자기 헛구역질하는 등 이상한 행동까지 했다. 연출 아니겠나.

보통 2심은 —새로운 증거나 증인이 없다면— 1심을 뒤집기 어렵다. 1심은 1년 가까이 재판했다. 영화 《사랑은 없다》의 스태프와 증인들이 출석해서 증언도 했고 그래서 2심도 1심과 마찬가지 결과일 거로 생각했다. 반민정이 감정에 호소한다고 해서 진실을 가릴 수는 없다고 생각했다.

2심 재판을 마치고 판결만 남은 상태에서 우리 측 변호사는 100% 무죄를 확신했다. 왜냐하면 1심 재판은 완벽하게 무죄였고 2심에서 1심을 뒤집을 만한 증인·증거가 없었기 때문이다. 그래서 아무리 반민정이 공대위를 앞세우고 감성에 호소해도 재판에 영향을 주지 않는다고 생각했다. 그런데 2심에서 유죄가 나왔다. 1년 징역에 2년 집행 유예라는 예상치 못한 판결이었다. 변호사는 아무리 봐도 유죄를 인정할 만한 사유가 없었다고 말한다. 2심 판결문 내용을 보면 유죄를 내리기 위한 억지스러운 부분이 있다. 판사가 이상하거나, 법과 원칙에 의해 판단할 수 없는 어떤 무언의 힘이 작용하지 않았겠느냐고 볼 수밖에 없다.

2심 판결문에서 가장 황당한 부분이 있다. 반민정은 이렇게 주장했다. "조덕제는 연기를 시작하기 전부터 연기할 생각은 아예 없고 오직 연기를 빙자해서 성추행할 목적이었다." 영화 촬영 현장에 단둘이 있었던 것도 아니고 수많은 스태프가 있었고, 반민정은 여자 주인공으로 미리 촬영도 하고 있었다. 나는 그냥 도와주려고 갔다가 감독이 시키는 대로 연기를 했을 뿐이다. 내가 성도착증 환자인가? 재판부가 보기에도 —반민정의 주장은— 도저히 납득하기 어려웠을 것이다. 미리 조덕제가 계획했다는 고의성을 찾기 어려우니 극구 유죄 판결을 하기 위해 "조덕제가 연기하다 일시적·우발적으로 성적 욕구를 느꼈다."를 넣은 것이다.

연기를 30년 가까이 해 왔다. 액션뿐만 아니라 이 영화처럼 문제가 된 장면도 찍는다. 연기는 일이다. 일하는 사람이 판결문처럼 순간적으로 이런 행위를 하겠나? 판사는 나를 보고 "술을 마셨나?"라고 묻기도 했다. 반민정도 "술을 먹은 것 같다."고 맞장구를 쳤다. 아니 어떻게 배우가 연기 전에 술을 마시나. 말도 안 된다. 말이 안 되는 판결이 나온 것이다.

Q. 반민정의 연기 경력도 오래됐다고 하던데요?

A. 반민정의 연기 경력은 17년이라고 알고 있다.

Q. 서울대 대나무숲이라는 익명 게시판에 최근 올라온 글 중에 "잘생긴 남자가 스킨십을 하면 성적 수치심을 느끼지 않는다."는 내용이 있다. 여자들의 솔직한 속내다. 만약 상대 배우가 조덕제가 아니라 공히 인정하는 미남 배우였다면 이런 일이 발생했을까요?

A. '반민정이 나에게 왜 이럴까?'라고 수도 없이 반문했다. 인간으로서, 배우로서 도저히 이해할 수 없는 주장을 해서 나도 궁금했다. 심지어 전생에 무슨 원한이 쌓였을까 하는 생각도 했다. 이유는 본인만이 잘 알 것이다. 하지만 여러 상황을 추측해보면 반민정은 당시 의

리로 이름을 날린 배우 김보성의 상대 첫 여성 주인공으로 캐스팅됐다. 상당히 고무됐을 거다.

반민정은 상당히 높은 출연료를 받았다. 내 출연료의 10배 정도 된다. 이유는 노출신이 있어서 그렇다. 그런데 반민정은 노출에 대해 부정적인 시각을 갖고 있다. 어느 인터뷰에서 이렇게 말했다. "나는 자신과 앞으로 나의 자식이 함께 볼 수 있는 그런 영화만 찍고 싶다. 노출 영화는 하지 않겠다."

노출신에 대해 엄청나게 꺼리는 배우라는 것이다. 그런 상황에서 보통 배우와 감독, 제작사는 노출이 있는 영화는 노출 수위를 계약서에 쓰던지 구두로도 계약을 한다. 하지만 주장이 서로 다르다. 제작사는 분명히 노출신이 있다고 말했다고 한다. 반민정은 그런 말을 못 들었다고 한다. 입장 차이가 있는 것이다. 이 사실도 나중에 알았다.

반민정과 장훈 감독은 촬영 중이었고 나는 저녁에 합류했다. 알다시피 촬영장에서 감독의 지시대로 연기했다. 모든 스태프가 있는 가운데 —문제의 그 장면이— 잘 마무리됐고 감독과 '오케이' 하며 촬영이 끝났다. 아무 문제 없이 한 테이크로 잘 끝났다. 스태프들은 새벽에 촬영이 있어 이동 준비 중이었다. 그때 반민정이 문제를 제기했다. 반민정은 그 신에서 —나중에 경찰에 가서 주장하는— 유두를 빼고 다 노출됐다고 주장했다. 하지만 (촬영된) 영상을 보면 등만 노출됐다. 촬영된 영상을 안 보고 자신이 느낀 대로 주장한 것이다.

그 장면 외에도 베드신이 반민정의 역할에 두세 번 더 있었다고 한다. 반민정은 본인이 생각하기에 노출 수위에 대한 요구가 더 있으리라는 부담을 느껴 감독에게 문제를 제기한 것으로 짐작된다. 당일 촬영에서 본인 생각에 유두 빼고 다 노출됐다면 반민정은 그 장면을 남기고 싶지 않았을 것으로 보인다. 그렇다면 저예산 영화의 특성상 다시 찍기는 어렵다. 제일 간단한 일은 조덕제를 이 영화에서 하차시켜 버리면 어쩔 수 없이 영화를 다시 찍어야 한다. 실제로 그렇게 한 것이다. 그날 갑자기 반민정과 장훈 감독이 한 시간 동안 사라졌다가 나타났을 때 두 사람은 술을 마신 상태였다. 그때 감독이 이런 말을 했다. "조덕제 나쁜 새끼니까 잘라 버려."

장훈 감독도 반민정 말만 들으면 안 되는 거다. 나중에 스태프들에게 들은 말로는 조덕제가 안타까운 건 알겠지만, 하차시키면 문제가 해결된다고 했다. 왜냐하면 여배우가 없으면 영화가 완성이 안 되기 때문이다. 그래서 실제로 영화를 보면 내가 찍은 신이 없다. 나중에 들으니 반민정이 감독처럼 마음에 안 드는 장면은 삭제하면서 그렇게 영화를 찍었다고 한다. 투자사 입장에서도 노출신이 있어야 했기에 다른 남녀 배우의 올 누드 촬영으로 대신했다. 정작 반민정의 신만 찍지 못했다.

Q. 반민정이 무슨 '파워'를 가진 배우인가? 영화 촬영하면서 이래라저래라했다는데 이해가 안 간다. 조덕제가 결국 희생양이 된 건 아닌가?

A. 원래 여배우 주연이 강수연이었다. 그런데 스케줄이 맞지 않았다. 노출 신이 있다 보니 세 명 정도 물망에 올랐던 여배우 중 반민정이 캐스팅됐다. 영화에서 여배우는 중요하기 때문에 요구 사항을 들어줄 수밖에 없다. 그래도 반민정의 행태는 일반적이지 않다. 영화는 상호 협력하에 촬영하는데 어떤 여배우가 그러겠나. 현장에 있던 스태프들도 대부분 내가 희생물이었다고 생각한다고 말했다. 화살이 나에게로 오는 걸 보고 모두 황당했다고 한다. 그래서 1심 재판 당시 증언을 한 스태프들도 있었다.

이번 사건으로 다른 스태프들도 상처받았다고 한다. 자신들이 열정을 바쳐 만든 영화가 한 마디로 쓰레기 영화가 된 것이다. 원인은 반민정 때문이라고 스태프들도 그렇게 말한다. 반민정의 악행에 다들 지쳤다. 심지어 반민정은 내가 여배우로 만들어주겠다며 금전을 수천만 원이나 갈취했다는 허위 사실도 주장했다. 다른 여배우를 성추행했다는 거짓말도 했다. 또 다른 여성을 시켜 내가 마치 배우 데뷔를 시켜주겠다며 돈을 요구했다는 엉터리 조작까지 했다.

Q. 9월 13일 대법원판결이 났을 때 대다수의 사람이 제작사나 감독은 왜 아무런 책임이 없느냐는 의문을 품었다

A. 시키는 대로 했을 뿐인데 제작사나 감독은 빼고 나에게 모든 책임을 전가했다. 후에 들은 얘기로는 반민정이 다른 사람에게 이렇게 말했다고 한다. "감독님은 우리 편이에요."

Q. 《사랑은 없다》 영화는 개봉했나?

A. 개봉했다. 하루 개봉해서 300명 정도가 봤다고 한다. 그런데 감독도 교묘하다. 영화가 19금이며 올 누드 장면도 있는데 15세 이상 관람 등급으로 개봉했다.

Q. 반민정은 정말 반기문 전 UN 사무총장의 조카인가?

A. 반민정은 자신이 반기문의 조카라고 아주 구체적이고 일관되게 주장하고 있다. 심지어 입증 자료와 가계도까지 법원에 제출했다. 다른 재판에서 본인이 증인 선서까지 했다. 그런데 모 신문사 기자가 반기문 동생에게 직접 문의했더니 그쪽에서는 부인했다. 알고 봤더니 파(派)가 다르다고 한다. 어쨌든 반기문 조카라고 하니 믿을 수밖에 없다.

Q. 그렇다면 당시는 반기문 전 UN 사무총장이 유력한 대선 후보로 거론된 시기 아니었나?

A. 가장 우려했던 점이었다. 보통 성추행 사건은 조사 후 3개월 내로 기소한다고 한다. 그런데 6개월 동안 기소가 안 되고 법원에 계류돼 있었다. 공교롭게도 그 시점에 반민정이 "나는 반기문 씨의 조카다. 거짓말할 이유가 없다. 반 씨 가문의 명예를 지키겠다."는 진정서를 제출했다. 그러자 사건이 기소됐다. 당시 유력한 대권 후보로 거론되던 반기문이었기 때문에 나에겐 악재였다. 2심 재판에도 자신의 가계도를 제출했다. 당시에는 그 사실을 몰랐다.

Q. 지난 9월 13일 대법원판결 당시 필자를 포함한 대부분의 사람이 무죄를 확신했는데 유죄였다. 심경이 어땠나?

A. 2심 유죄 때도 억울했다. 여성 단체들이 말도 못 하게 극성이었다. 그래도 사법 기관 최후의 보루가 대법원 아니겠나. 힘없는 사람들은 법에 기댈 수밖에 없었다. 무죄를 확신했다. 그런데 유죄가 나왔다. 2심과 마찬가지로 반민정이 구체적이고 일관되게 주장하니 그런 판결이 나왔다. 나 역시 구체적이고 일관되게 주장했으나 내 결백은 무시됐다. 너무나도 실망했다. 내가 왜 이런 나라에 살고 있나 싶었다. 9월 13일은 괴물이 탄생한 날이다. 법의 괴물이다.

Q. JTBC 손석희 사장의 어록이 생각나는군요. "피해자의 목소리가 증거다."라는 말이.

A. 1심은 무죄였으나, 2심은 반민정이 피해를 보았다고 구체적이고 일관되게 주장한 것이 받아들여졌다. 그래서 2심은 유죄였다. 간단히 말해서 2심은 유죄로 정해놓고 끼워 맞춘 것 같다.

다른 한 가지 사실은 반민정이 그날 생리 중이었다고 한다. 그래서 팬티스타킹을 입고 있었다. 촬영 당시 반민정은 등산복 바지에 팬티스타킹 그리고 팬티를 입고 있었다. 그 세 가지 옷을 동시에 내리고 짧은 시간 안에 손을 집어넣어 음부를 만졌다? 그렇다면 손에 혈흔이 묻었을 것이 아닌가. 이에 반민정은 이렇게 말했다. "나는 생리를 해도 안 한 듯하고, 해도 안 한 듯한 특이 체질이다." 이게 이해가 되나?

Q. 재판이 시작되고 4년이 다 되어간다. 생활은 어떻게 하나요?

이 질문에 그는 감정이 복받쳤는지 한참 동안 바깥에 나갔다 들어왔다(인터뷰어 주).

A. 지금 나도 가장 답답하지만, 주변 분들도 대법원이 2심 재판의 손을 들어주었다는 것을 납득하지 못한다. 대다수의 일반인이 수용할 수 없는 대법원판결이다. 아직도 여성 단체들이 나를 압박한다. 몇몇 언론들 《한겨레》, 《경향신문》, 《오마이뉴스》, 특히 《한겨레》의 자매지 《씨네21》이 공대위 포럼을 주최했다. 이런 언론이 미투 운동을 이용하는 것이 아니냐는 의문이 든다. 사건을 왜곡 보도하는 행태에 대해서도 개탄스럽다.

일부 여성 단체들, '한경오'라 불리는 언론들이 정말 문제다. 이게 적폐다. 여기서 좌절하거나 의기소침하지 않고 열심히 활동하려고 한다. 영화계 분들도 많이 지지해 주신다. 나는 혼자지만 믿어주고 응원해 주는 분들이 계신다. 그들과 싸우겠다. 나는 여전히 배우다.

페미니즘에 새겨진 피해의식 DNA

급진 페미니즘의 광풍이 몰아친 지 5년째에 접어들었다. 페미니스트의 폭력적이고 광신적인 행위가 갈등과 분열을 넘어 우리 사회를 붕괴시킨다는 표현은 결코 과장이 아니다. 페미니스트 파시즘 시대. 필자가 쓴 《그 페미니즘은 틀렸다》에서 누누이 '남녀 분리주의'를 우려한 이유도 이러한 페미니즘의 극단적인 조류는 남녀 갈등과 분열을 조장한다는 데 있었다.

"모든 일에는 대가가 따르는 법이다. 극단적인 급진 페미니즘은 합리적인 상식과 이성을 잠재우고 사회를 황폐화하는 길로 나아가게 될 것이다. 정치권과 언론계, 다양한 사회 운동 분야에 몸을 담고 있는 이들이 더욱 정확한 이해와 경각심을 가지기 바란다. 어떤 양상의 사회 운동이든 퇴행은 몰락의 길이다. 또한, 페미니즘이 가져온 사회의 황폐화는 현재와 미래 사회 구성원들에게 해로운 결과를 낳게 된다는 점을 명확히 인식해야 한다. 현재 우리 사회를 휩쓰는 페미니즘은 앞서 말했듯 '분리주의적 페미니즘'임이 명확해지고 있다."[88]

2015년 8월 메갈리아 사이트가 개설되며 시작된 페미니즘 운동은 즉시 혐오와 남녀 갈등의 폭풍 속으로 우리 사회를 몰아넣었다. 여기서 짚고 넘어가야 할 대목이 있다. 일련의 정치적 작업으로 기획된 직업(정치) 페미니스트들의 전략이다. 바로 한국여성민우회에서 활동 계획으로 제시한 여성 운동의 키워드가 '여성 혐오'였다. 한국여성민우회는 '여성 혐오 근절 캠페인' 운동을 2015년 7월부터 10월까지 이어나가겠다는 선언을 했다. 상기해 보자. 그전까지 한국 사회가 여성 혐오로 불릴 정도의 수준이었으며 '여성 혐오'라는 용어가 회자됐던 적은 없었다. 한국여성민우회는 메갈리아 사이트가 2015년 8월에 개설되기 직전에 '여성 혐오'라는 키워드를 우리 사회에 던졌다.

이때부터 여성 혐오 사회, 여성 혐오가 공기처럼 떠돈다는 식의 생소한 용어들이 난무하기 시작했다. 한국여성민우회는 메갈리아 사이트가 개설되자마자 첫 번째 운동으로 메갈리안, 대학 내 여성주의 그룹, 흩어져 있는 여성주의 활동가들을 한곳으로 모으는 기획 활동을 진행했다. 2016년 4월 총선을 앞둔 시점에는 의회 진입이 절박한 군소 좌파 정당들인 정의당, 노동당, 구 사회당, 녹색당 내 페미니스트 세력의 각각의 동상이몽 정치적 이해관계가 얽혀 있었다. 최악의 남성 혐오 커뮤니티 메갈리아는 개설되는 즉시 '넷페미'의 결집과 이른바 '영페미'의 출현으로 이어졌다.

페미니즘 소용돌이에서 우리 사회는 두 종류로 나뉜다. 메갈리아·워마드를 아는 자와 모르는 자다. 메갈리아·워마드의 실체를 모르는 자는 586세대와 686세대다. 대표적인 이들로는 정치권 인사, 강단 지식인, 문화 권력을 행사하는 주류에 편입된 자들로, 이들은 "워마드를 이해해야 한다. 워마드의 분노를 들여다봐야 한다. 오죽하면 여성들이 저러느냐."며 메갈리아·워마드를 옹호했다. 국내 최악의 남성 혐오 사이트를 모니터하지도, 그들의 용어도 이해하지 못한 채 단순히 여성은 사회적 약자, 보호받아야 할 대상으로 인식하며 결론적으로 남녀 갈등을 증폭시켰다. 반면, 워마드를 아는 자는 당연히 넷유저 층의 젊은 세대다. 초기부터 현재에 이르기까지의 흐름을 잘 알고 있다. 그래서 586세대와 페미니즘의 직격탄을 맞은 (특히) 20대 남성층은 메갈리아·워마드에 대한 인식의 차이가 크다. 586(686)세대는 베이비붐 세대의 자식 세대인 밀레니엄 세대라 불리는 젊은 층에 대한 탐구가 지극히 낮다. 586세대는 자신들이 살아온 환경과 경험, 세계관의 잣대로 밀레니엄 세대를 이해한다. 밀레니엄 세대는 586세대와는 완전히 다른 세대다. 이들은 586세대와는 달리 이념 갈등이나 지역 갈등이 매우 희박하다. 최근 발표된 여론 조사에서도 드러났듯이 한국 사회에서는 '성 갈등'이 가장 심각한 문제였다. 국민 50%가 남자와 여자 간의 성별 갈등이 심각하다고 응답했다. 이는 전통적인 우리 사회의 갈등 요소 중 하나인 지역 갈등보다 높은 비중을 나타냈다.

　문재인 정부와 여당인 더불어민주당의 친페미니즘 정책에 실망해 상대적 소외감과 박탈감을 느낀 20대 남성의 여론은 여론 조사에서도 드러나기 시작했다. 2018년 12월에 2~3일 동안 《국민일보》는 비영리 조사 네트워크 '공공의창'과 함께 여론 조사 업체인

리얼미터에 의뢰해 한국 사회 갈등에 관한 여론 조사를 실시했다. 사회적으로 뜨거운 이슈인 페미니즘에 대한 남녀의 의견은 극명한 차이를 보였다. 20대 남성은 75.9%가 페미니즘을 반대한다고 답했다. 반면 20대 여성은 64.0%가 페미니즘을 지지했다.[89] 지금까지 정부 여당의 젠더 이슈 행보를 보더라도 친페미니즘 정책을 바꾸기를 기대하기는 어렵다. 따라서 20대 남성들의 마음을 돌리기도 쉽지 않을 것이다.

급진 페미니스트가 주도하는 한국 사회는 남성은 물론 여성까지 부정적인 영향을 미치고 있다. 페미니스트들은 여성 모두가 페미니스트가 되어야 한다고 압박한다. 이들은 페미니즘에 대해 비판적인 의견을 표명하는 여성들을 향해서 자신들이 정한 규칙을 따르지 않는다고 그들이 남성들을 향해 그토록 비난해 왔던 가부장적인 태도로 압박하는 모순을 보인다.

남녀는 점점 멀어져 간다. 서로 사랑에 빠지기도 어렵게 됐다. 자연스럽게 이루어져야 할 남녀의 만남은 자기 검열과 위축된 모습으로 나타나 결국 분리주의로 발전한다. 이것이 페미니스트들이 원하는 관계요, 바라는 사회인가. 남성이든, 여성이든 각자의 개성과 정체성, 욕망, 성적 매력, 추구하는 고유의 가치를 가지고 살아간다. 하나의 이데올로기를 교리로 삼아 모두가 따라야 한다는 것은 있을 수 없다. 급진 페미니스트들의 권력을 위해 여성을, 또 남성을 제물로 삼고 있는 것은 아닌지 성찰해야 한다. 여성의 피해자화, 희생자화를 바탕으로 여성은 억압받고 있는 존재라는 반세기 전의 담론을 가져와 거짓 선동과 책략을 일삼는 행위가 21세기라는 차원이 다른 기술 혁명의 시대에 살아가는 이 시대에 맞단 말인가. 페미니즘 운동은 구시대 사회 운동이다. 물론 1970년대 초 급진 페미니즘의 등장은 사회적으로 불가피한 상황이 분명 존재했다. 하지만 사회 운동도 진화해야 한다. 21세기 기술 혁명의 시대는 우리의 삶을, 이데올로기를, 사회 정책을 바꾸어 놓을 것이다. 퇴행적이고 퇴보적인 페미니즘 운동은 여성은 언제나 약한 성을 가진 존재로 자처한다.

여성은 이제 약자가 아니다. 여성이 강자인 분야가 두드러지게 나타나고 있다. 대학 진학률은 역전된 지 이미 오래다. 2017년 기준 남자 대학 진학률은 65.3%, 여자 대학 진학률은 72.7%이다. 서울시 교육청 자료에 의하면 2015년을 기준으로 여성 교사의 비율은 87.03%다. 압도적인 교단의 여초 현상을 보여준다. 필자가 사는 지역의 동 주민 센터의 경우 전체 공무원 15명 중 11명이 여성이다. 일일이 열거할 수 없을 정도로 '여풍'이 센 분야가 수두룩하다. 정치권에서는 페미니즘 운동 현상에 부응하기 위해서 줄기차게 여성 전용 시설, 여성 할당제, 각종 공직 선거에서 여성 50% 이상 의무화 법안인 「남녀동수법」 발의가 이어지고 있다. 서울시는 2019년 3월부터 여성 전용 예약제 콜택시 서비스를 도입해 운영을 시작한다. 기사와 여성 모두 여성이어야 탈 수 있다. 그런가 하면 여성가족부는 2019년 중점 추진 과제로 '여성 고위 관리직 목표제'를 추진하는데, 이는 여성 임원 비율이 높은 기업에 국민연금·공무원 연금 등 공적 연금의 기금을 투자하는 방안이다. 또한 여성

가족부는 성차별·성희롱 사건에 대해 직권 조사하고 형사 고발권까지 갖는 권한을 가질 수 있도록 법령 개정 추진을 검토하겠다고 밝혔다. 정부 부처 중 막강한 여성가족부의 힘을 행사 중이다.

상황이 이럴진대, 남성들의 불만은 점점 고조되어 가고 있다. 남성 역차별이 아니라 명백한 남성 차별이라 주장한다. 2018년 12월 여·야당의 남성 국회의원들의 초당적 협력으로 국회 본회의를 통과한 「여성폭력방지기본법」은 남성 억압적인 법이라며 크게 반발하고 있다. 국가 정책의 다수가 남성들을 옥죄이는 가운데, 20대 남성 약 72%는 남성 징병제가 차별이라 생각한다. 왜 남성만 보상 없는 의무와 책임을 다해야 하느냐는 것이다. 가부장제는 이미 끝난 시대다. 남성의 권력은 곳곳에서 허물어지고 있다. 그런데도 남성을 적으로, 악당으로 돌리며, 약자를 자처하는 페미니즘 세계관은 결국 여성에게 더 큰 해악을 남기게 됨을 알아야 한다. 세계는 남성 중심이며 남성우월주의이니 그 힘에 대항하기 위해 페미니즘을 옹호해 달라고 주장하는 것이 도덕이며 진리인가. 그것은 니체의 마지막 저서 《권력에의 의지》 중에서 설파한 '노예의 도덕'과 다름 아니다.

독일의 여성 철학자 스베냐 플라스푈러는 급진 페미니즘을 비판하며 이렇게 썼다.

"보부아르는 《제2의 성》을 1940년대에 집필했다. 당시만 해도 대부분의 여성은 실제로 내재성의 형을 살았다. 다시 말해 집과 부엌에 꽁꽁 묶여 있었다. 하지만 지금은 어떤가? 여성은 법적으로 평등하다. 자녀를 돌봐줄 어린이집도 많고 가사나 육아 등의 재생산 노동에 참여하는 남성의 숫자도 날로 늘어나고 있다. 독일 역사상 여성이 수상이며 이렇게 많은 여성 장관이 나온 적이 없었다. 아빠가 없어도 임신할 수 있는 정자은행도 있다. 자세히 들여다보면 곳곳에서 남성의 권력이 무너져 내리고 있다. 그런데도 여성들은 왜 이렇게 이상할 정도로 피해자 담론에 매달리는 것일까? 니체의 말마따나 왜 이런 '노예의 도덕'에 집착하는 것일까? 모든 강자를 깎아내리고 자신의 열등함에서 도덕적 우월감을 끌어내는 그런 '노예의 도덕' 말이다."[90]

  급진 페미니즘이 우리 사회를 휩쓴 지 5년째다. 메갈리아에서 시작해 워마드로 이어지는 페미니즘은 우리 사회를 갈등과 혐오, 분열로 몰아가고 있다. 정치권, 지식인들의 성찰과 각성, 무엇보다 여성 단체들의 혁신적인 마인드가 절실히 요구된다. 페미니즘 운동에는 피해자 DNA가 흐른다. 1g의 이론에 1t의 피해 의식이 담겨있다. 여성은 언제나 약한 존재여야 하고 일과 섹스에 있어 자주성과 자율성이 없는 존재로 만든다. 이런 낡아빠진 담론에서 벗어나야 한다. 페미니즘은 여성성을 잃게 만들어 여성이라는 존재 자체를 부인하게 한다. 끝없이 페미니스트들이 일으키는 성 갈등에서 벗어나려면 무엇보다 여성들이 페미니즘에서 벗어나야 한다. 페미니스트의 지배에서 벗어날 때, 그것이 진정한 여성 해방이다. 페미니스트들이 앞장서서 페미니즘이란 이데올로기를 비판해야 한다. 비판함으로써 자기 성찰이 이루어지는 법이다.

미주

1   주디스 로버 저, 최은정 옮김, 《젠더 불평등: 페미니즘 이론과 정책》, 일신사, 2005년, p. 46.

2   같은 책, pp. 33~34.

3   같은 책, p. 346.

4   같은 책, p. 351.

5   토니 주트, 티머시 스나이더 공저, 조행복 옮김, 《20세기를 생각한다》, 열린책들, 2012년, p. 465.

6   《위키트리》, 〈마리옹 꼬띠아르가 밝힌 페미니스트가 아닌 이유〉, 2015. 09. 29.

7   《BBC》, 〈Suffragette's Meryl Streep 'paid less than male co-stars'〉, 2015. 10. 08. 다소 까다로운 문장이었던 이 발언의 번역에 도움을 준 《일상적인 것들의 철학》 저자 이성민 씨에게 감사드린다.

8   《TIME》, 〈Shailene Woodley on Why She's Not a Feminist〉, 2014. 05. 05.

9   《US Weekly》, 〈Kirsten Dunst Offends With Traditional Gender Role Comments in Harper's Bazaar UK: "You Need a Man to Be a Man and a Woman to Be a Woman"〉, 2014. 04. 08.

10 《Celebitchy》, 〈Meryl Streep makes another nonsense statement about feminism: what the what?〉, 2015. 10. 09.

11 우에노 치즈코 저, 나일등 옮김, 《여성 혐오를 혐오한다》, 은행나무, 2016년, pp. 12~13.

12 《위키백과》, 〈RMS 타이타닉〉, 2019. 01. 19.

13 로이 F. 바우마이스터 저, 서은국, 신지은, 이화령 옮김, 《소모되는 남자: 남녀 차에 대한 새로운 사회진화적 해석》, 시그마북스, 2015년.

14 같은 책.

15 《한겨레》, 〈거시기 사전〉, 은하선, 2017. 07. 27.

16 노라 빈센트 저, 공경희 옮김, 《548일 남장 체험: 남자로 지낸 여성 저널리스트의 기록》, 위즈덤하우스, 2006년, p. 32.

17 고용노동부, 2015.

18 《스포츠조선》, 〈[SC 이슈] "너희 인생 살아" …유아인, 트위터 악플에 맞선 '일당백' 언어들〉, 김영록, 2017. 11. 25.

19 박가분 저, 《혐오의 미러링: 혐오의 시대와 메갈리아 신드롬 바로 보기》, 바다출판사, 2016년.

20 같은 책.

21 박가분 저, 《포비아 페미니즘》, 인간사랑, 2017년.

22 박가분 저, 《일베의 사상: 새로운 젊은 우파의 탄생》, 오월의봄, 2013년.

23 벨 훅스 저, 유은진 옮김, 《페미니즘: 주변에서 중심으로》, 모티브북, 2010년, pp. 68~69.

24 《한겨레》, 〈메갈리아는 일베에 대항한 유일한 당사자〉, 정희진, 2016. 07. 30.

25 페미위키.

26 통계청, 《통계로 보는 여성의 삶》, 2017.

27 앤 스티븐스 저, 김영신 옮김, 《여성, 권력과 정치》, 명인문화사, 2010년, p. 220.

28 박가분 저, 《포비아 페미니즘》, 인간사랑, 2017년.

29 같은 책.

30 목수정 작가 페이스북.

31 슬라보예 지젝 저, 김영찬 옮김, 《성관계는 없다: 성적 차이에 관한 라캉주의적 탐구》, 도서출판 b, 2005년.

32 박가분 저, 《포비아 페미니즘》, 인간사랑, 2017년, pp. 228~229.

33 주노 도슨 저, 《The Gender Games》, 2017년.

34 벨 훅스 저, 유은진 옮김, 《페미니즘: 주변에서 중심으로》, 모티브북, 2010년, p. 121.

35 박가분 저, 《혐오의 미러링: 혐오의 시대와 메갈리아 신드롬 바로보기》, 바다출판사, 2016년.

36 《스포츠조선》, 〈'홍대 누드모델 사진 유출' 워마드는 페미니즘이 아니다〉, 송채경화, 2018. 05. 08.

37 은하선 페이스북.

38 《서울신문》, 〈금기 넘은 혐오 사회〉, 김지예, 기민도, 김성호, 2018. 05. 08.

39 박가분 저, 《포비아 페미니즘》, 인간사랑, 2017년, 로이 F. 바우마이스터 저, 서은국, 신지은, 이화령 옮김, 《소모되는 남자: 남녀 차에 대한 새로운 사회진화적 해석》, 시그마북스, 2015년.

40 《한국일보》, 〈문화계 왜 이러나… 이번엔 시인 상습 성추행 의혹〉, 황수현, 2016. 10. 21.

41 《조선일보》, 〈일베는 봐주고 워마드만 수사한다? 일베 검거율이 더 높다〉, 한동희, 전효진, 2018. 08. 09.

42 한국여성정책연구원, 〈성별 임금 격차와 시사점〉, 2015. 05.

43 고용노동부, 〈고용형태별근로실태조사 보고서〉

44 통계청, 〈2014년 생활시간조사 결과〉, 2015. 06. 29.

45 주 오이시디 대한민국 대표부, 〈OECD Factbook: 가사분담의 성 격차(CARING AND SHARING)〉, 2013. 06. 04.

46 통계청, 《통계로 보는 여성의 삶》, 2015.

47   〈Measuring the Global Gender Gap〉, 2015.

48   《경향신문》〈메갈리아 1년? "나는 왜 메갈리안이 됐나?"〉

49   《시사인》, 〈절호의 기회〉, 장일호, 2016. 08. 21.

50   《시사인》, 〈판잔은 독자에게〉, 고제규, 2016. 08. 22.

51   《시사인》, 〈'메갈리안'··· 여성 혐오에 단련된 '무서운 언니들'〉, 천관율, 2015. 09. 17.

52   《미디어오늘》, 〈'메갈리아=여자 일베' 인정 안 하면 '시사인'처럼 된다?〉, 정철운, 2016. 08. 30.

53   《리얼뉴스》, 〈한겨레·경향·오마이, 유상무 성폭행 미수 무혐의 '모르쇠'〉, 김승한, 2016. 12. 09.

54   《리얼뉴스》, 〈리쌍의 상가 임대차 분쟁과 사회적 운동의 한계〉, 임형찬, 2016. 07. 12.

55   《한겨레》, 〈김민희, 베를린 현지 인터뷰 논란〉, 석진희, 2017. 02. 20.

56   《노컷뉴스》, 〈'베를린의 여왕' 김민희의 '성차별 불감증'〉, 유원정, 2017. 02. 20.

57   《Metro》, 〈Marion Cotillard is not a feminist, and thinks feminism causes 'separation' in film〉, 2015. 09. 28.

58   《한겨레》, 〈'아동 성폭행 파문' 워마드··· '미러링' 사라지고 '혐오'만〉, 박다해, 2017. 11. 23.

59   《한겨레》, 〈메갈리아는 일베에 조직적으로 대응한 유일한 당사자〉, 정희진, 2016. 07. 30.

60   북부 호주, 〈Criminal Code Act〉, p. 106.

61   《중도일보》, 〈학교 화장실의 남녀차별···, 여학생 변기 수 적고 비좁아〉, 맹창호, 2017. 06. 21.

62   《한국기자협회》, 〈JTBC 뉴스룸 '강경화 기획부동산 보도' 사과〉, 김달아, 2017. 06. 01.

63   대검찰청, 〈2017 범죄분석〉

64   조디 래피얼 저, 최다인 옮김, 《강간은 강간이다》, 항아리, 2016년.

65   《한겨레》, 〈메갈리아는 일베에 조직적으로 대응한 유일한 당사자〉, 정희진, 2016. 07. 30.

66   《오마이뉴스》, 〈'여혐 논란' 중식이밴드 "요즘 페미니즘 공부합니다"〉, 서창완, 2016. 08. 17.

67   《경향신문》, 〈[지금 SNS에선] 보통 남자〉, 최민영, 2016. 12. 11.

68   슬라보예 지젝, 《왜 하이데거를 범죄화해서는 안 되는가》, 글항아리, 2016년

69   《아이즈》, 〈너의 이름은 좋아요 vs 싫어요〉, 김봉석, 이지혜, 2017. 01. 16.

70   아즈마 히로키 저, 이은미 옮김, 《(동물화하는) 포스트모던: 오타쿠를 통해 본 일본 사회》, 문학동네, 2007년.

71 아즈마 히로키 저, 장이지 옮김, 《게임적 리얼리즘의 탄생: 오타쿠, 게임, 라이트노벨》, 현실문화연구, 2012년.

72 무라카미 하루키 저, 김난주 옮김, 《태엽 감는 새 연대기》, 민음사, 2018년.

73 홍성수 저, 《말이 칼이 될 때》, 어크로스, 2018년.

74 박가분 저, 《혐오의 미러링: 혐오의 시대와 메갈리아 신드롬 바로보기》, 바다출판사, 2016년.

75 같은 책.

76 스베냐 플라스푈러 저, 장혜경 옮김, 《힘 있는 여성: 페미니즘은 어디로 가야 하는가》, 나무생각, 2018년.

77 《Telegraph》〈'It could all disappear': #Me Too founder Tarana Burke on where the campaign is going wrong〉, Celia Walden, 2018. 03. 07.

78 "Intervista in esclusiva ad Asia Argento - #cartabianca" 17/10/2017, Rai, 2017. 10. 18. https://www.youtube.com/watch?v=lkgoD77BN-0

79 《AFP》, 〈ASIA ARGENTO RECONNAÎT UN RAPPORT SEXUEL AVEC JIMMY BENNETT〉, Le Parisien avec, 2018. 10. 01.

80 《연합뉴스》, 〈견고한 유리 천장… 지방의원 당선 여성 후보 10%대 그쳐〉, 심규석, 2018. 06. 14.

81 《오마이뉴스》, 〈크나큰 1.7%, 신지예가 보여준 '페미 정치'의 순간들〉, 이유정, 2018. 06. 15.

82 《여성신문》, 〈[기자의 눈] '성 평등' 사라진 지방 선거, 퇴보 속 희망을 봤다〉, 이하나, 2018. 06. 13.

83 베티 프리단 저, 김행자 옮김, 《여성의 신비》, 이매진, 2005년.

84 《Salon》, 〈Noam Chomsky: The Left needs to "find common ground" with Evangelical Christians〉, Charles Derber, 2017. 07. 14.

85 버니 샌더스 저, 홍지수 옮김, 《버니 샌더스의 정치 혁명》, 이매진, 2015년.

86 《한국일보》, 〈왜 내 시집 기사 안 써줘요?〉, 황수현, 2016. 09. 15.

87 《리얼뉴스》, 〈고발과 비평의 혼돈, 황수현 기자와 류근 시인 논란에 부쳐〉, 한윤형, 2016. 09. 19.

88 오세라비 저, 《그 페미니즘은 틀렸다: 혐오에서 연대로》, 좁쌀한알, 2018, p. 37.

89 《국민일보》, 2018. 12. 10.

90 스베냐 플라스푈러 저, 장혜경 옮김, 《힘 있는 여성: 페미니즘은 어디로 가야 하는가》, 나무생각, 2018년.